처음 읽는

베트남사

처음 읽는

베트남사

오민영 지음

Humanist

2016년 3월, 내가 근무하는 학교에 베트남어 방과 후 수업이 개설됐다. 베트남어를 배울 좋은 기회다 싶어 학생들과 함께 수강했다. 베트남어를 가르치러 온 분은 베트남 출신 H 선생님이었다.

비록 3개월이라는 짧은 기간이었지만 궁금했던 베트남에 관해 정말 많이 배웠다. H 선생님은 베트남의 언어뿐 아니라 베트남 사람의 일상생활과 문화에 대해서도 다양한 이야기를 들려줬다. 선생님의 가르침 덕분에 책이나 논문으로는 알 수 없는 베트남의 모습을 생생하게 그릴 수 있었다.

스승의 날에 학생들과 함께 간단한 선물을 드렸더니, 선생님은 이렇게 말했다. "베트남에서 스승의 날은 대단히 중요한 기념일이에요. 유교 사상의 영향이죠. 한국도 비슷하지 않나요?" 생각해 보니 같은 유교 문화권으로 베트남도 우리와 비슷한 역사적 경험을 했구나 싶어 기억에 남았다. 베트남 사람과 직접 대화하면서 베트남과 우리나라의 공통점과 차이점을 발견해 나가는 과정은 베트남어 공부 못지않게 소중한 체험이었다.

H 선생님은 한국 사람과 결혼하여 자녀를 둔 다문화 가정의 부모이기도 하다. 선생님이 자기 자녀가 다문화 가정 출신이라는 사실을 주변에서 알아채지 못해 다행이라고 말했을 때, 부끄럽기도 하고 화가 나기도 했다. 다문화 가정에 대한 편견이 우리 사회에 여전히 가득

하다는 사실을 확인했기 때문이다. 자기 아이가 다문화 가정 출신이라는 이유로 차별당하지 않을까 노심초사하고 있을 부모가 어디 H 선생님뿐이겠는가? 다문화 가정에 대한 편견은 순혈주의나 자민족 중심주의에서 나왔지만, 기본적으로는 무지(無知)에서 비롯된 것이다. 무지는 몰이해의 다른 표현이다. 알려고도 하지 않는 것이다.

1992년 국교 수립 이래 베트남과 한국의 교역 규모는 매년 늘어나고 있다. 관세청 통계 자료에 따르면, 2022년 현재 한국에 베트남은 제3위 수출 대상국이자 제7위 수입 대상국이다. 2021년 베트남에 한국은 제3위 수출 대상국이자 제2위 수입 대상국이다. 서로가 서로에게 무시할 수 없는 주요 교역국인 것이다. 통계만 보더라도 베트남을 알아야 할 이유는 충분하다. 그럼에도 '우리보다 못사는 나라'라는 편견 때문에, 진지하게 베트남을 이해하려고 노력하는 사람이 많지 않다. 무엇보다 베트남에 대해 안내하는 친절한 정보 자체가 절대적으로 부족하다.

나는 베트남에 대해 호기심을 가진 독자들, 베트남을 이해하고 싶은 독자들을 위해 이 책을 썼다. 어떤 이를 제대로 알고 싶다면 그가 지금껏 어떻게 살아왔는지 살펴보는 것만큼 좋은 방법은 없다. 누군가의 과거를 보면 그 사람의 현재가 보인다. 마찬가지로 다른 나라와 그 나라 사람을 제대로 이해하려면 그곳의 역사를 공부하는 것보다 확실한 방법은 없다. 그 나라의 역사를 알면 그곳의 오늘이 보인다.

나는 이 책이 베트남 출신의 어머니 또는 아버지를 둔 다문화 가정 청소년에게 도움이 되기를 희망한다. 부모의 나라 베트남에 대해 더 많이 알게 된다면, 한국과 베트남이라는 이중의 정체성을 감추지 않고 좀 더 떳떳하게 내세울 수 있을 것이다.

나는 이 책이 한국과 베트남 사이에 우정을 돈독히 하는 데 조금이라도 기여하기를 희망한다. 생각보다 한국과 베트남이 교류한 역사는 대단히 오래됐다. 13세기 무렵 고려로 이주하여 새로운 성씨를 개창한 베트남 사람이 있었다. 20세기 초 베트남 지식인이 쓴 책이 한국의 민족 운동에 영향을 주기도 했다. 하지만 베트남 전쟁 기간에 한국과 베트남 민주 공화국(북베트남)은 적대 관계였다. 게다가 한국군이 베트남 공화국(남베트남)의 민간인을 학살한 일도 있었다. 민간인 학살 문제와 관련하여 정부 차원의 공식적 사죄나 배상이 이루어지지 않고 있으며, 일부 참전 단체에서는 민간인 학살이 있었다는 사실 자체를 부정한다. 무엇보다 한국인 대다수가 그 사실을 알지 못한다. 진정으로 베트남과 친구가 되고자 한다면 어두운 과거를 직시하고 솔직하게 고백하는 데서 시작해야 할 것이다.

다른 나라의 역사를 공부하는 이유는 우리 역사를 더 잘 이해하기 위해서다. 전통 시대 역사가들은 역사를 거울에 비유했다. 과거라는 거울을 통해 현재가 또렷하게 드러난다는 이유에서다. 마찬가지로 다른 나라의 역사라는 거울을 통해 우리나라의 역사를 더 명확하게 들여다볼 수 있다. 다른 나라의 역사를 공부하다 보면 자연스럽게 우리나라의 역사와 공통점은 무엇인지 차이점은 무엇인지 비교하게 된다. 특히 베트남은 오랫동안 한자를 사용하고 유교와 대승 불교를 받아들였다는 점에서, 그리고 식민 지배와 독립운동, 전쟁과 분단을 경험했다는 점에서 비교할 소재가 대단히 풍부하다. 여러 면에서 베트남은 한국의 거울이 되기에 부족함이 없다. 우리를 더 잘 성찰하기 위해, 여행·경제 교류 등으로 점점 더 가까워지는 베트남을 제대로 이해하기 위해 베트남 역사라는 거울을 자주 들여다보면 좋을 것이다.

한국-베트남 수교 30주년 되는
2022년 12월
오민영

차례

ANH HÙNG DÂN TỘC
LÊ LỢI
1385 - 1433

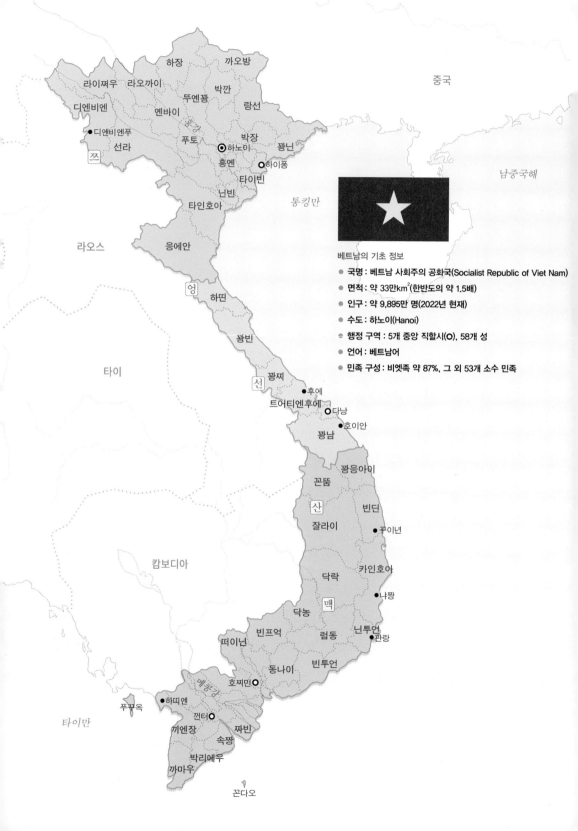

중국

라이쩌우 라오까이 하장 까오방

디엔비엔 엔바이 뚜엔꽝 박깐 랑선

● 디엔비엔푸 푸토 박장 꽝닌

쯔 선라 ◎ 하노이

훙옌 ◎ 하이퐁

타이빈

닌빈

타인호아 통킹만 남중국해

라오스 응에안

영 하띤

꽝빈

타이 꽝찌

선 꽝찌

● 후에

트어티엔후에 ◐ 다낭

● 호이안

꽝남

꽝응아이

꼰뚬

산 빈딘

잘라이 ● 꾸이년

캄보디아 닥락 카인호아

맥 ● 나짱

닥농

빈프억 럼동 닌투언

떠이닌 ● 판랑

동나이 빈투언

메콩강 호찌민 ◐

● 하띠엔

푸꾸옥 껀터 ◐ 짜빈

끼엔장 속짱

타이만 박리에우

까마우

꼰다오

베트남의 기초 정보

● 국명 : 베트남 사회주의 공화국(Socialist Republic of Viet Nam)
● 면적 : 약 33만km²(한반도의 약 1.5배)
● 인구 : 약 9,895만 명(2022년 현재)
● 수도 : 하노이(Hanoi)
● 행정 구역 : 5개 중앙 직할시(◐), 58개 성
● 언어 : 베트남어
● 민족 구성 : 비엣족 약 87%, 그 외 53개 소수 민족

외래 문명에 맞서 통합과 확장을 추구한 '베트남'

베트남은 동남아시아의 인도차이나반도 동쪽 끝에 자리 잡은 나라다. 북쪽은 중국과 맞닿아 있고, 서쪽은 쯔엉선산맥을 사이에 두고 라오스·캄보디아와 이웃하고 있으며, 동쪽은 남중국해를 따라 남서쪽까지 해안선이 길게 이어져 있다.

베트남에서는 전국을 크게 북부, 중부, 남부 지역으로 구분한다. 남북으로 길게 뻗어 있어 세 지역의 자연환경이 매우 다르기 때문이다. 북부는 히말라야산맥에서 뻗어 내려온 산간 지대, 계곡을 거쳐 동남쪽으로 흐르는 여러 가닥의 강줄기, 해안 가까이에 강을 따라 형성된 평야 지대로 이루어진다. 특히 홍강 삼각주는 일찍이 벼농사가 발달하여 인구가 밀집한 지역으로 베트남의 역사가 시작된 곳이다. 월등한 농업 생산력과 풍부한 노동력, 그리고 범람하는 홍강의 치수 과정에서 형성된 강력한 정치권력을 바탕으로 북부 평야 지대에서 탄생한 정치 세력은 중부와 남부까지 영역을 확장했다. 오늘날 베트남의 수도 하노이가 홍강 삼각주에 자리한 것은 결코 우연이 아니다.

중부는 쯔엉선산맥과 중부 고원으로 이어지는 산간 지대, 긴 해안

선을 따라 펼쳐진 모래 언덕, 그리고 산지로부터 흘러 내려온 작은 하천을 따라 형성된 좁은 평야를 특징으로 한다. 농업 생산은 빈약하지만, 장신구나 약재로 애용되던 상아·무소뿔, 침향(沈香) 같은 열대 산림 자원이 풍부하고 하천 어귀에 형성된 항구 덕분에 일찍부터 해외 무역이 발달했다. 바로 이 지역에서 참족의 참파 왕국이 성장하여 중국 왕조, 베트남 왕조와 대결했으나 결국 북부의 베트남 왕조에 통합되고 말았다. 중부 해안은 참파와 베트남이 동쪽으로 중국, 서쪽으로 인도를 거쳐 유럽과 만나는 교역의 중심지 역할을 했다.

남부는 비옥하고 광대한 메콩강 삼각주를 특징으로 한다. 오늘날 베트남 최대의 곡창 지대이지만 우기에 메콩강이 범람하면 메콩강 삼각주 절반 이상이 물에 잠기기 때문에 오랫동안 늪지 상태로 방치되다가 17세기 말부터 본격적으로 개발되기 시작했다. 바로 이때 메콩강 하류 지역의 지배자가 캄보디아에서 베트남으로 바뀌었는데, 이 과정에서 중국계 이주민이 중요한 역할을 담당했다. 오늘날 베트남의 최대 도시 호찌민과 베트남에서 가장 큰 차이나타운이 메콩강 삼각주

에 자리한 것은 17세기 이후 남부의 역사와 밀접한 관련이 있다.

　베트남 영토가 오늘날의 모습을 갖추게 된 것은 불과 200여 년 전의 일이다. 중부와 남부는 오랫동안 베트남의 영역이 아니었다. 정확히 말하면 중남부는 참족의 참파 왕국, 남부는 크메르족의 캄보디아 영토였다. 베트남 중남부에 이전부터 살던 민족들은 베트남의 소수 민족이 됐다. 오늘날 베트남은 전체 인구의 87퍼센트를 차지하는 비엣족('낀족'이라고도 한다)을 포함해 54개 민족으로 이루어진 다민족 국가다.

　베트남의 역사는 베트남의 영역이 북부에서 중부와 남부로 확장되어 가는 과정이자, 중부와 남부의 수많은 민족이 베트남에 통합되어 가는 과정이라 할 수 있다. 이러한 역사적 흐름을 전통 시대 베트남 사람들은 '남띠엔(남진南進)'이라고 불렀다. 남진은 19세기 초에 일단락됐지만, 20세기 중후반에 벌어진 베트남 전쟁에서 북부가 승리하고 베트남을 통일한 일도 '남띠엔'의 재현으로 볼 수 있다.

　한편 베트남은 19세기 이전에는 중국과 인도, 이후에는 유럽과 미국이라는 강력한 외래 문명의 도전에 직면했고, 이에 저항하면서 외

래 문명을 선택적으로 수용하며 내부 역량을 키워 갔다.

전근대 동남아시아 국가들은 바닷길이나 육로로 인도·중국과 교류
하면서 양쪽 모두의 영향을 받았다. 베트남 중부와 남부에서 인도의
영향이 두드러졌다면, 중국과 맞닿아 있는 북부에서는 중국의 영향이
결정적이었다. 북부의 중국 문화에 대한 쏠림 현상은 기원전 2세기
이래 1,000여 년간 중국의 지배를 받으면서 확고해졌다. 그동안 토착
세력은 한자(문자)·율령(법률)·유교(종교)로 대표되는 중국 문화의 영
향을 받으면서도 독립을 추구했는데, 전통 시대 베트남 사람들은 북
쪽의 중국에 저항하는 일을 '박끄(북거北拒)'라고 칭했다. 마침내 10세
기에 베트남은 독립했지만 19세기 후반에 프랑스가 들어오고 중국의
정치적 영향력이 완전히 소멸하기 전까지 베트남 역대 왕조는 대체로
중국의 선진 문물을 적극적으로 받아들였다. 중국의 선진 기술은 홍
강 삼각주의 농업 생산력 증대에, 율령은 왕조의 중앙 집권 체제 강화
에, 유교는 통치 이념과 사회 규범 확립에 기여하면서 북부의 정치 세
력이 베트남 전역을 통합하는 데 큰 역할을 했다.

　19세기 베트남은 프랑스의 침략을 받아 국권을 상실하고 식민지로 전락했다. 독립운동 세력은 프랑스의 식민 통치에 저항하면서도 서구 문명을 적극적으로 수용했다. 이 시기에 서양의 정치사상이 소개되었고, 각각의 사상을 신봉하는 다양한 독립운동 분파가 생겨났다. 그중에서도 최후의 승리를 거둔 정치 세력이 사회주의 세력이었다. 식민지 사회에서 사회 혁명과 평등에 대한 이상이 지식인뿐만 아니라 농민에게도 큰 호소력을 발휘했다. 호찌민을 비롯한 사회주의자들이 프랑스와 미국을 차례로 물리치고 사회주의 공화국을 수립한 일은 '박끄'의 20세기 버전으로 볼 수 있다.

　베트남 사회주의 공화국은 통일 이후 경제 위기를 경험하면서 과감하게 자본주의 요소를 도입했고, 그 결과 20세기 말과 21세기 초에 걸쳐 빠른 속도로 경제 성장을 이루었다. 오늘날 베트남은 '사회주의를 지향하는 국가가 관리하는 시장 경제'를 표방하면서 '평등과 자유의 조화로운 추구'라는, 아직 어떠한 국가도 완벽하게 성공하지 못한 실험을 계속하고 있다.

일러두기

- 이 책에 사용한 베트남의 인명, 지명 등은 국립 국어원 외래어 표기법에 따라 현지에서 쓰는 베트남어 발음에 가깝게 표기하는 것을 원칙으로 삼았으나, 필요한 경우 우리말 한자음을 사용하기도 했다.
- 본문 내용 중 보충 설명이 필요한 부분에는 ● 표시를 사용해 각주를 달았다. 인용 출처를 밝혀야 하는 부분에는 번호를 매겨 미주를 달았다. 그 밖에 내용을 이해하는 데 필요하다고 생각되는 동의어나 간단한 설명글 등은 괄호 안에 표기했다.
- 본문에 나오는 대화체는 낯선 역사를 좀 더 생생하게 이해할 수 있도록 사료를 바탕으로 구성된 것임을 밝힌다.

1장

중국의 지배와 베트남의 저항

동남아시아의 국가 중에서 한자, 율령, 유교 등 중국에서 비롯한 문화유산을 가진 유일한 나라가 바로 베트남이다. 이는 기원전 111년부터 938년까지 중국의 지배를 받았던 사실과 밀접한 관련이 있다. 베트남 사람들은 1,000년 넘게 중국인 통치자의 폭정에 맞서 싸우면서도 중국의 선진 문물을 익혔고, 그 과정에서 장차 독립 국가를 건설하는 데 필요한 실력을 쌓았다. 그 결과, 10세기에 중국 내 정치 분열을 이용해 독립할 수 있었다. 베트남의 건국 신화에는 중국의 침략에 대한 저항과 중국 문물 수용을 통한 국가 형성이라는, 서로 모순되는 것처럼 보이는 두 가지 주제가 함께 반영돼 있다. 베트남 전근대사를 관통하는 핵심 주제 '탈중국화를 위한 중국화'는 바로 중국 지배기에 생겨난 것이다.

기원전 207년	**조타, 남비엣 건국**
기원전 111년	**남비엣 멸망, 한 군현 설치**
40~43년	**쯩 자매의 저항 운동**
187~226년	**사섭 정권**
544년	**리비, 반쑤언 건국**
679년	**당, 안남도호부 설치**
906년	**쿡트어주, 정해절도사 자칭**
938년	**응오꾸옌, 남한 군대 격퇴**

기원전 27년	로마, 실질적 제정 시대 돌입
395년	로마 제국, 동·서로 분열
476년	서로마 제국 멸망
962년	신성 로마 제국 성립

기원전 194년	위만 왕조 성립
기원전 108년	고조선 멸망, 한 군현 설치
기원전 57년	신라 건국
676년	신라의 삼국 통일
918년	고려 건국

기원전 247년경	파르티아 성립
224년	사산 왕조 페르시아 성립
661년경	우마이야 왕조 성립
750년	아바스 왕조 성립

기원전 221년	진의 중국 통일
기원전 202년	한의 중국 통일
220년	한 멸망, 삼국 시대 시작
420년	남북조 시대 시작
589년	수, 남북조 통일
618년	당 건국
907년	당 멸망, 5대 10국 시대 시작

기원전 320년경	마우리아 왕조 성립
40년경	쿠산 왕조 성립
320년	굽타 왕조 성립
963년경	가즈니 왕조 성립

1 | 신화에서 역사로

홍득 10년, 탕롱의 밤

때는 1479년, 다이비엣(대월大越, 1054년부터 1804년까지 사용된 베트남의 옛 이름) 레 왕조의 타인똥(성종) 황제가 즉위한 지 20년째인 해였다. 다이비엣 달력은 그해를 '홍득(洪德) 10년'이라고 기록했다. 이즈음은 '임금님의 위대한 은혜'라는 연호에 걸맞게 다이비엣 역사에서 보기 드문 태평성대였다.

수도 탕롱(하노이의 옛 이름)의 어느 저택에 70대 초반의 노인이 손자와 증손자 들에게 둘러싸여 있다. 그는 조정에서 예부우시랑 겸 국자감사업 겸 사관수찬 벼슬을 지내는 고위 관료 응오시리엔이다. 오늘날 대한민국으로 치면 교육부 제2차관 겸 서울대학교 부총장 겸 국사 편찬 위원인 셈이다. 건강만큼은 누구보다 자부했지만(실제로 그는 93세까지 살며 천수를 누렸다), 칠순이 넘으면서 점차 기력이 쇠하는 것은 어쩔 수 없었다. 국사° 편찬에 몰두하느라 퇴청할 때가 되면 눈이 침침하고 어깨가 욱신거리곤 했다. 그래도 손자들과 이야기하노라면 어느샌가 피로가 사라졌다.

"할아버지, 오늘도 옛날이야기 들려주세요."

"오냐. 엊그제 어디까지 얘기했더라?"

"태초에 하느님이 돌기둥을 세워 하늘을 떠받쳤다고 하셨어요."

"하느님이 돌기둥을 부숴 버렸더니, 돌덩이가 뭍에 떨어져 산이 되고 바다에 떨어져 섬이 됐다고 하셨어요."

"모두들 잘 기억하고 있구나. 오늘은 태초 이후에 우리나라가 어떻게 생겨났는지 이야기해 주마."

노인이 지그시 눈을 감는다. 아이들은 또랑또랑 눈을 크게 뜨고 노인의 입만 쳐다본다.

"옛날 옛적에 염제 신농씨의 3대손 제명이 제의를 낳은 뒤 남쪽으로 놀러 왔지. 그곳에서 선녀를 만나 록뚝이라는 아들을 낳았단다."

"신농씨가 누구예요?"

"신농씨는 아주 먼 옛날에 세상을 다스리던 임금님이야. 소의 머리에 사람의 몸을 하고 있었다는구나. 인류에게 농사짓는 법과 약초 고르는 법을 가르쳐 줬지. 여하튼 제명은 제의에게 북쪽 땅을 다스리게 하고, 록뚝을 낀즈엉브엉(경양왕)으로 봉해 남쪽 땅을 다스리게 했어."

"남쪽이 우리나라인가요?"

● 응오시리엔은 《대월사기전서(大越史記全書)》 편찬의 총책임자였다. 《대월사기전서》는 베트남에서 오늘날까지 전해지는 가장 오래된 역사서다.

처음 읽는 베트남사

"똑똑하구나. 여기서 북쪽은 중국, 남쪽은 우리나라를 가리키지."

노인은 어린 손자의 머리를 쓰다듬으면서 이야기를 이어갔다.

"록뚝은 용왕의 딸에게 장가들어 락롱꾸언이란 분을 낳았지. 락롱꾸언은 백성에게 밭 갈고 씨 뿌리고 누에 치는 법을 가르쳐 주었어. 그리고 군신과 부자와 부부 사이에서 지켜야 할 도리, 즉 인륜을 마련했지. 백성은 편안하여 아무 말썽이 없었어. 그런데 제의의 아들이자 북쪽 나라 임금인 제래가 딸 어우꺼와 시종들을 거느리고 남쪽 나라에 와서 백성들을 못살게 굴었단다."

"중국인들이 쳐들어왔군요."

"그래, 그랬지."

락롱꾸언 사당 베트남 북부 홍강 삼각주의 서쪽 끝에 위치한 푸토성의 심 언덕 위에는 락롱꾸언을 기리는 사당이 자리하고 있다.

노인이 길게 한숨을 쉬었다. 아이들이 침을 삼키면서 귀를 쫑긋했다. 노인은 잠시 어린 시절을 떠올렸다. 명나라 병사들이 마을에 와서 사람들을 잡아가고 명나라 관리들이 곡식을 빼앗아 가던 쓰라린 기억이 머릿속을 스쳐 갔다.

"백성들이 살려 달라고 외치자, 락롱꾸언이 바로 나타났어. 마침 제래는 자리를 비웠고 어우꺼 혼자 있었지. 어우꺼는 락롱꾸언에게 홀딱 반했지. 그래서 락롱꾸언은 어우꺼를 손쉽게 데려갈 수 있었단다. 제래는 신하들에게 명령하여 어우꺼를 찾게 했지만 찾을 수 없었어. 왜냐하면……."

"왜냐하면?"

"락롱꾸언이 도술을 부려 정령이 되었다가 귀신이 되었다가 용·뱀·호랑이·코끼리가 되었다가 했거든. 북쪽 나라 병사들이 잔뜩 겁에 질려서 도망가 버렸지. 제래도 어우꺼를 버리고 병사들과 함께 내뺐단다."

"와아, 정말 통쾌해요."

"락롱꾸언은 진짜 대단한 분이셨군요."

노인은 40여 년 전에 승하한 타이또(태조) 황제를 떠올렸다. 명군의 탄압을 받아 독립운동이 거의 소멸했을 때, 선제 폐하 타이또께서 불굴의 의지를 가지고 끝까지 투쟁하여 결국 다이비엣에서 명나라 세력을 몰아내지 않았던가? 그분이 아니었다면, 지금도 다이비엣은 명나라의 지배 아래 신음하고 있었을지도 모른다. 자신도 젊은 시절에 그분의 명성에 이끌려 독립운동에 가담하지 않았던가? 노인에게는 타이또 황제가 바로 락롱꾸언이었다. 다이비엣의 역사를 살펴보면, 중국의

락롱꾸언과 어우꺼가 그려진 우표 베트남의 건국 신화를 그림으로 그려 우표로 만들었다. 락롱꾸언과 어우꺼의 자식들이 베트남 최초의 국가인 반랑국을 세웠다고 전한다.

침략이 있을 때마다 어김없이 락롱꾸언과 같은 위대한 영웅이 등장해서 침략자를 물리쳤다.

"할아버지, 어우꺼는 어떻게 됐나요?"

"어우꺼는 락롱꾸언의 아내가 됐지. 100개의 알을 낳았는데, 알에서 사내아이가 한 명씩 태어났단다. 젖을 먹이지 않아도 알아서 쑥쑥 컸다고 하는구나. 그런데 락롱꾸언은 오랫동안 용궁에 있으면서 가족들을 돌보지 않았어."

"북쪽 나라에서 오긴 했지만 어우꺼가 불쌍하네요."

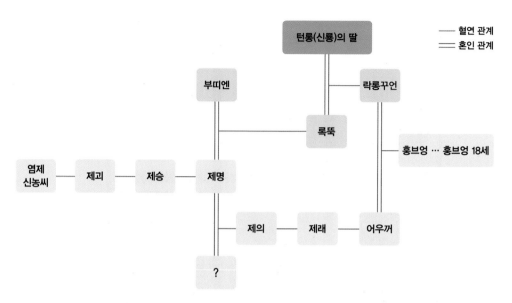

——— 혈연 관계
═══ 혼인 관계

턴롱(신롱)의 딸

락롱꾸언

록뚝

부띠엔

홍브엉 … 홍브엉 18세

염제
신농씨 — 제괴 — 제승 — 제명

제의 — 제래 — 어우꺼

?

베트남 건국 신화의 제왕 계보 염제 신농씨의 후손인 록뚝의 아들 락롱꾸언과 어우꺼 사이에서 태어난 아들 중 하나가 홍브엉이 되어 나라 이름을 '반랑'이라 했다. 신화에 따르면 반랑은 기원전 258년에 멸망할 때까지 2,622년 동안 18명의 홍브엉이 대를 이어 통치했다고 한다.

"아이들도 정말 가여워요."

"어우꺼가 원망하자, 락롱꾸언이 이런 제안을 했단다. '나는 물의 세계에 속한 존재이고 당신은 땅의 세계에 속한 사람이니 물과 불처럼 상극이오. 성질이 서로 다른지라 오래도록 함께 살기는 어렵소. 그러니 이제 헤어집시다. 50명의 아이는 내가 용궁으로 데리고 갈 테니, 당신은 나머지 50명과 함께 뭍에 남아 땅의 세계를 다스리도록 하오.' 100명의 자식은 모두 그 말을 따르기로 했단다."

"그래서 어떻게 됐어요?"

"뭍에 남은 50명의 아들은 형제 중에 가장 뛰어난 자를 임금으로 추대했는데, 이분이 바로 홍브엉(웅왕)이란다. 나라 이름은 '반랑'이라고 정했지. 반랑은 우리 역사상 최초의 국가란다."

"반랑 왕국은 얼마나 오래됐나요?"

노인은 잠시 생각하다가 빙긋 웃으며 말했다.

"계산이 좀 복잡하지만 잘 들어 보렴. 반랑 왕국의 임금은 대대로 '홍브엉'이라고 불렸단다. 이를테면 여섯 번째 임금은 홍브엉 6세인 식이지. 홍브엉 18세 때 반랑 왕국이 망했는데, 그해가 록뚝이 낀즈엉브엉에 책봉된 때로부터 2,622년 뒤라고 하는구나. 반랑 왕국이 망한 해가 중국 주(周)나라 난왕 57년 계묘년(기원전 258)이라고 하니, 록뚝이 낀즈엉브엉에 책봉된 때로부터 올해까지 몇 년이 흘렀겠느냐?"

"너무 어려워요."

"하하. 그런가? 정확히 4,358년이란다."

"할아버지, 너무해요. 그걸 어떻게 맞혀요?"

홍브엉 사당 푸토성 비엣찌시에 위치해 있다.
홍브엉의 기일을 맞아 이곳에서 축제가 열린다.

"중요한 건 그만큼 우리나라가 오래됐다는 사실이지. 우리나라는 세상에서 중국 다음으로 오래된 나라고, 그만큼 일찍부터 문명이 발달한 나라란다. 너희도 알다시피, 중국은 큰 나라고 다이비엣은 작은 나라다. 하지만 다이비엣은 일찍이 성인의 교화를 받아 찬란한 문화를 꽃피웠지. 그 결과 문화 수준이 중국과 맞먹을 정도가 됐단다. 그래서 뜻있는 선비들이 우리나라를 '남국(南國)'이라고 불렀지. '북국(北國)'인 중국과 대등하다는 뜻이다. 우리나라의 도덕과 학문과 기술의 수준이 높은 까닭에 중국도 감히 우리를 넘보지 못하고 있는 거란다. 만약 우리나라의 도덕과 학문이 쇠퇴한다면 어떻게 되겠느냐?"

"또다시 중국의 침략과 지배를 받게 됩니다."

"잘 말했다. 그래서 너희는 늘 성인의 가르침을 배우고 몸에 익혀야 한단다. 중국의 성인이라고 해서 배척해서는 안 된다. 특히 주공과 공자, 주자는 온 인류의 스승이지. 그리고 우리나라의 유래에 대해서도 잘 알고 있어야 한다. 일찍이 공자께서 '이성과 상식에 비추어 이해할 수 없는 일은 말하지 않는다'라고 말씀하셨지만, 우리나라에는 중국의 가치관으로는 알 수 없는 독자적인 문화가 있단다. 고유한 우리 문화를 지키지 못한다면, 중국이 쳐들어왔을 때 그들의 논리에 굴복할 수밖에 없게 되지."

노인은 젊은 시절을 다시 떠올렸다. 함께 공부했던 벗 중에 명나라 관리가 되어 앞잡이 노릇을 한 자들이 제법 있었다. 그들은 말했다. 비록 외국의 지배를 받더라도 성인의 가르침을 널리 펼 수 있다면 오히려 쌍수 들고 환영할 일이 아니냐고. 젊은 시절의 노인은 이렇게 반박했다. 아무리 공자가 삼천 제자를 거느리고 쳐들어오더라도, 우리는 공자의 가르침에 따라 공자 군단을 깨부수어야 한다고.

"귀신이나 정령이 나온다고 해서 우리나라의 옛이야기를 허무맹랑하다고 배척해서는 안 되는 이유가 바로 여기에 있단다. 우리의 근본을 알지 못하면, 우리는 우리가 누구인지, 어디서 왔는지, 어디로 가야 하는지도 알 수 없게 된단다. 근본을 모르는 백성은 다른 나라의 지배를 받을 수밖에 없다는 사실 꼭 명심하렴. 자, 오늘 이야기는 여기서 끝내자꾸나."

노인은 피곤한 듯이 손을 저었고, 아이들은 공손히 절을 하고 물러났다. 노인은 따뜻한 차를 한 모금 마신 뒤에 국사원에서 가져온 서책을 책상 위에 펼쳐 놓았다. 그러고는 자신이 쓴 원고를 천천히 읽어 내려갔다.

> 다이비엣은 다섯 고개●의 남쪽에 있으니, 곧 하늘이 남과 북의 경계를 정한 것입니다. 그 시조는 신농씨의 후예에게서 나왔으니, 곧 하늘이 진정한 군주를 탄생시킨 것입니다. 그런 까닭에 북쪽 왕조와 더불어 각각 황제를 세워 하나의 국가를 이룰 수 있었습니다.
>
> — 《대월사기전서》 〈서〉

노인은 생각했다. 지금까지 다이비엣 역사가 중 누구도 낀즈엉브엉,

● '다섯 고개(오령五嶺)'는 중국 동남부 최대의 산맥인 난링산맥의 별칭이다. 중국은 과거에 난링산맥의 남쪽에 있는 지역을 '영남(嶺南)'이라고 불렀는데, 오늘날의 광둥성과 광시성을 비롯한 중국 동남부와 베트남 북부가 바로 영남에 해당한다.

락롱꾸언, 훙브엉 등 태곳적 제왕에 대해 서술하지 않았다. 황당무계하여 믿기 어렵다고 여겼기 때문일 것이다. 하지만 중국의 위대한 역사가 사마천은 《사기(史記)》 첫 장에 태곳적 제왕의 사적을 서술했다. 그 이유가 무엇일까? 그것은 황제·요·순 임금 등이 중국 문명을 창시했다고 여겼기 때문이다. 태곳적 일이라 사실이 정확하지 않고 호사가들이 지어낸 이야기도 섞여 있지만, 그렇다고 해서 중국 문명의 기원이 존재한다는 사실 자체를 부정할 수는 없다. 노인도 마찬가지로 낀즈엉브엉과 락롱꾸언 등을 바로 중국 문명의 정수를 수용하여 다이비엣의 위대한 전통을 창시한 제왕들로 보았다. 따라서 다이비엣의 역사는 반드시 이들로부터 시작되어야 했다. 만약 태곳적 제왕들의 사적을 신빙성이 없다거나 기이하다고 역사 서술에서 배제한다면, 다이비엣이 중국과 대등하게 맞설 만한 어떠한 역사적 근거도 확보하지 못하게 될 터였다.

노인은 책상 위에 종이를 펼치고 붓을 들었다. 국사 편찬을 시작한 지 벌써 9년째나. 이제는 마무리해야 한다. 올겨울 동지가 오기 전에 국사를 완성해서 황제 폐하께 바쳐야 한다. 바람이 차서 날씨가 제법 쌀쌀했으나 호롱불은 꺼질 줄 몰랐다. 탕롱의 밤이 서서히 깊어 갔다.

건국 신화에 담긴 비밀

앞에서 응오 할아버지의 목소리로 건국 신화를 들었다. 세상의 모든 신화가 그렇듯이, 베트남 건국 신화도 언제 누가 처음 지었는지 알 수

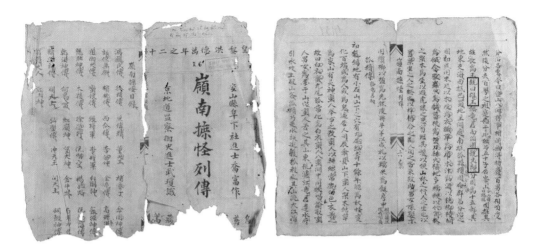

《영남척괴(嶺南摭怪)》 '영남'은 베트남을 가리키고, '척괴'는 괴이한 이야기를 모았다는 뜻이다. 베트남의 신화와 전설을 모은 설화집으로, 14세기 후반에 한문으로 쓰였다. 고려 후기의 《삼국유사(三國遺事)》와 견줄 만한 베트남 고전이다. 여기에 '왕을 홍브엉이라 부르고[號曰雄王], 나라 이름을 반랑이라고 했다[號文郞]'라는 기록이 나온다.

없다. 오랜 세월 구전되다가 14세기 후반에 《영남척괴》라는 설화집에 처음 실렸다. 응오시리엔은 《영남척괴》를 국사 편찬 자료로 활용했는데, 유학자답게 유교 윤리에 어긋나는 내용은 적당히 바꿨다. 예를 들어, 《영남척괴》에서는 어우꺼가 제래의 아내였지만, 응오시리엔은 제래의 딸로 고쳐 썼다. 남의 아내를 훔치는 일은 용납할 수 없는 비도덕적 행위이고, 시조는 도덕적으로 완벽해야 하기 때문이다.

베트남 건국 신화의 가장 중요한 모티브는 북쪽과 남쪽, 즉 중국과 베트남의 대립이다. 북쪽 나라는 남쪽 나라 백성을 괴롭히는 존재로, 남쪽 나라 군주는 북쪽 나라의 침략으로부터 백성을 구하는 존재로 설정되어 있다. 그리고 비엣족의 조상이 중국 한족의 조상과 마찬가지로 신의 자손이라고 주장함으로써 베트남이 중국과 대등한 위치에 있다는 점을 강조한다.

한편, 북쪽에서 내려온 사람과 남쪽 사람 사이에서 태어난 자식이 시조가 되었다는 설정은, 중국 문명의 수용이 베트남의 국가 성립과 문화 발전에 큰 영향을 주었음을 의미한다. 더 나아가 베트남을 문명 세계로, 이웃 나라를 야만 세계로 나누는 근거가 중국 문명을 받아들였는지 아닌지에 있다는 뜻도 된다. 베트남 건국 신화에는 중국의 간섭이나 지배에서 벗어나려는 욕구와 중국처럼 되고자 하는 욕구가 동시에 반영되어 있다. 이른바 '탈(脫)중국을 위한 중국화'는 베트남 전근대 역사를 이해하는 중요한 단서이다.

응오 할아버지의 이야기대로라면, 반랑 왕국의 건국은 단군 신화에 등장하는 고조선의 건국보다 수백 년 더 앞선다. 반랑 왕국은 정말로 기원전 2800년경에 세워졌을까? 아니, 반랑 왕국이 실제로 존재하기는 했을까?

씬스엉브엉이 즉위한 기원전 2879년이나, 단군왕검이 즉위한 기원전 2333년은 아직 신석기 시대라서 국가가 출현할 수 있는 단계가 아니었다. 잉여 농산물이 생겨나고 청동기 또는 철기를 사용하고 계급이 발생하는 등 농업 생산력·기술·사회 조직이 일정 수준에 도달해야 국가가 성립할 수 있는데, 베트남 지역이 그 단계가 되려면 최소 1,000년을 더 기다려야 했다. 따라서 응오 할아버지가 말한 '2,622년'이라는 숫자는 건국 신화가 전승되는 과정에서 누군가 꾸며낸 숫자라고 보아야 한다. 그렇다면 베트남에서는 언제, 어떻게 국가가 등장했을까?

동선 문화, 최초의 국가가 탄생하다

북부에서 청동기를 본격적으로 제작한 시기는 기원전 1000년 무렵이다. 처음에 청동은 도끼·화살촉·작살·낚싯바늘 등 주로 수렵과 어로에 필요한 도구를 제작하는 데 쓰였지만, 시간이 지나면서 낫·가래·쟁기날·칼·창·팔찌·귀걸이 등 농기구나 무기 또는 장신구로도 만들어졌다. 기원전 5세기에는 청동기와 더불어 철기가 제작되기 시작했다. 철은 낫·칼날·도끼 등 농기구나 무기 제작에 쓰였고, 중국으로부터 U자 모양 쟁기날 같은 철기를 수입하기도 했다. 철제 농기구가 보급되면서 농업 생산력이 증가했고 더 많은 자원과 노동력을 금속기 제작에 투입할 여유가 생겼다.

금속기의 증가는 당시 사회의 변화를 반영한다. 무덤의 규모와 부장품을 비교하면 계급이 발생했다는 사실을 알 수 있다. 청동제·철제 무기와 청동제 장신구는 지배 계급이 피지배 계급에 무력과 권위를 과시하기 위한 도구였다. 이러한 사회 변화를 뚜렷하게 보여 주는 것이 '동선 문화'다.

동선 문화는 기원전 5세기경 북부의 홍강 삼각주에서 탄생하여 동남아시아 전역으로 확산한 금속기 문화다. 동선 문화는 철기 시대의 산물이지만 청동 북과 발 모양 도끼 등 독특한 청동기로 널리 알려졌다. 그중에서도 가장 유명한 것이 청동 북이다. 청동 북은 제사 때 사용하는 도구로, 권력자의 무덤으로 추정되는 유적에서 종종 발견된다.

동선 문화는 철제 농기구를 이용한 벼농사를 경제적 기반으로 삼아 계급 사회를 형성하고 청동 검과 철검으로 정복 전쟁을 벌이고 청동

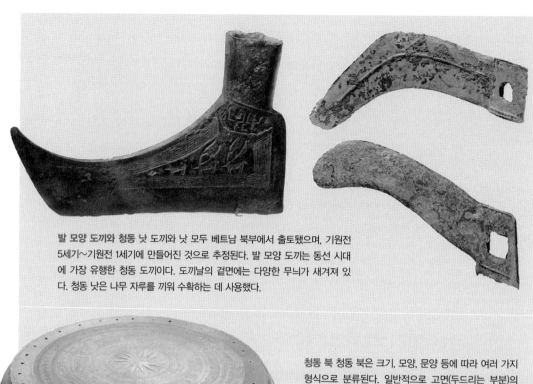

발 모양 도끼와 청동 낫 도끼와 낫 모두 베트남 북부에서 출토됐으며, 기원전 5세기~기원전 1세기에 만들어진 것으로 추정된다. 발 모양 도끼는 동선 시대에 가장 유행한 청동 도끼이다. 도끼날의 겉면에는 다양한 무늬가 새겨져 있다. 청동 낫은 나무 자루를 끼워 수확하는 데 사용했다.

청동 북 청동 북은 크기, 모양, 문양 등에 따라 여러 가지 형식으로 분류된다. 일반적으로 고면(두드리는 부분)의 중앙에 여러 갈래의 빛줄기를 내뿜는 태양이 도드라지게 자리하고, 그 주변에 동심원을 그리면서 기하학적 무늬가 새겨져 있는데, 사이사이 커다란 깃털로 머리를 장식한 인물이나 새, 그밖에 여러 동물 문양이 새겨져 있다. 측면에는 여러 척의 배를 형상화해 새기기도 했다. 그 자체로 훌륭한 예술품이라고 할 수 있는 청동 북은 당시 베트남 북부에 뛰어난 기술을 가진 장인이 있었음을 짐작하게 한다.

북과 도끼로 지배자의 권위를 과시한 사회의 산물이다. 동선 문화는 계급이 존재하고 금속기 제작 기술을 가진 베트남 역사상 최초의 국가에서 탄생한 금속기 문화였다.

동선 문화의 주인공들은 문자 기록을 남기지 않았다. 그래서 그들의 정체를 정확하게 알 수는 없다. 역사학자들은 베트남 건국 신화에 등장하는 반랑 왕국의 지배자를 동선 문화의 주인공으로 추정하고 있다. 반랑 왕국의 지배자는 자신의 권위를 높이고 백성의 복종을 끌어내기 위해 자기 조상의 신성한 기원을 이야기하는 건국 신화를 만들었을 것이다.

반랑 왕국이 생길 즈음만 해도 중국의 정치적 압력은 미미했고 중국 문화의 영향도 크지 않았다. 하지만 시간이 지날수록 중국의 압력과 영향력이 커져서 응오시리엔처럼 중국과의 대립 구도 속에서 국가의 기원을 상상하는 사람들이 늘어났다.

반랑 왕국의 모습에 대해서는 단군의 고조선만큼이나 정보가 부족하다. 《영남척괴》를 비롯한 후대의 문헌에 단편적으로 전하는 기록에 의존해서 그 모습을 추측할 뿐이다. 반랑의 국왕 훙브엉은 홍강 삼각주의 중심부를 직접 통치하고, 주변 지역에 대해서는 '락후' 또는 '락장'이라 불리는 지배 계급을 통해 다스렸다. 락후와 락장은 왕에게 공물을 바치고 노동력을 제공함으로써 충성의 의무를 다했다. 피지배 계급인 '락민'은 지배 계급에 세금을 바치고 노동력을 제공했다. '락후', '락장', '락민'이라는 명칭은 후대 중국 사람들이 베트남 북부에 거주하던 민족을 '락월'이라고 부른 데서 비롯됐다. 락월은 오늘날 베트남에서 가장 많은 인구를 차지하는 민족인 비엣족의 조상이다.

락월 사회에서 여성의 사회적 지위는 남성과 동등했다. 이는 락롱꾸언과 어우꺼가 100명의 아들을 50명씩 똑같이 나누어 데려갔다는 건국 신화의 내용을 봐도 알 수 있다. 저항 운동의 지도자로 활약한 여성이 많다는 점 또한 락월 사회에서 여성의 사회적 지위가 비교적 높다는 사실을 보여 준다.

금빛 거북의 발톱이 지켜준 어울락 왕국

반랑 왕국이 생기기 훨씬 전부터 중국 동남부와 베트남 북부에 걸친 광대한 지역에는 백월 계통의 여러 민족이 거주하고 있었다. 백월의 한 갈래인 락월은 주로 베트남 북부에 살았다. 베트남 건국 신화에 따르면, 어우꺼가 낳은 100명의 아들이 바로 백월의 조상이라고 한다. 이 때문에 훗날 베트남 왕조 시대의 역사가뿐만 아니라 일반 백성들도 백월을 자신들의 신조라고 믿었다.

백월은 중원(중국 문명의 발상지인 황허 중·하류 지역)의 영향을 받으면서도 그들과 다른 독자적인 문화를 가지고 있었다. 백월의 터전인 중국 동남부는 중원의 금속기 문화가 베트남 북부로 전파되는 통로였다.

반랑 왕국의 북쪽(오늘날 베트남과 중국의 접경 지역)에 백월 계통의 민족이 세운 '남끄엉'이라는 나라가 있었다. 기원전 3세기 후반 남끄엉의 왕 툭판이 반랑 왕국을 정복한 뒤 남끄엉과 합쳐서 어울락 왕국을 세우고, 안즈엉브엉(안양왕)을 자칭했다.

남끄엉의 성장에 관해서는 남아 있는 사료가 없어 자세히 알기 어려우나, 중국의 정치 변동에 많은 영향을 받았을 것으로 추정된다. 기원전 221년에 중국을 통일한 진(秦)의 시황제는 기원전 214년에 50만 대군을 동원하여 중국 동남부에 살던 백월 계통의 민족들을 복속시키고 그 지역에 3개의 군(郡)을 설치했다. 이때 백월 계통인 서구족이 진의 침략을 피해 남쪽으로 가다가 남끄엉에 이르렀고, 툭판이 이들을 받아들이고 세력을 강화하여 반랑 왕국을 병합했다.

안즈엉브엉(툭판)은 진의 압박을 피하고 비옥한 평야를 확보하기 위해 옛 반랑 왕국의 거점인 홍강 삼각주로 이주하여 오늘날의 꼬로아 자리에 성을 쌓고 도읍으로 삼았다. 성의 모양이 소라고둥[螺]과

안즈엉브엉 하노이에서 20킬로미터 떨어진 꼬로아성 유적 중 하나인 안즈엉브엉 사당에서는 매년 음력 1월 6일 어울락 왕국의 왕 안즈엉브엉을 기리는 의식이 거행된다.

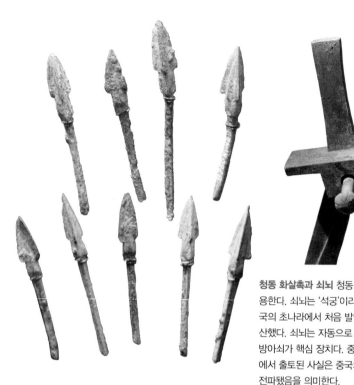

청동 화살촉과 쇠뇌 청동 화살촉을 쇠뇌에 장착하여 사용한다. 쇠뇌는 '석궁'이라고도 하며 기원전 4세기에 중국의 초나라에서 처음 발명되어 전국 시대 각국으로 확산했다. 쇠뇌는 자동으로 화살을 발사하는 무기로 청동 방아쇠가 핵심 장치다. 중국에서 발명된 쇠뇌가 꼬로아에서 출토된 사실은 중국의 군사 기술이 베트남 북부로 전파됐음을 의미한다.

비슷하게 생겨서 로이티인(나성螺城)이라고도 불렀다.

건국 신화를 보면, 안즈엉브엉이 꼬로아성을 쌓는 과정에서 금빛 거북의 도움을 받았다는 이야기가 나온다. 금빛 거북은 발톱 하나를 왕에게 떼어 주면서 그것으로 쇠뇌를 만든다면 어떠한 적도 물리칠 수 있다고 말했고, 왕은 거북이 말한 대로 쇠뇌를 만들어 외침에 대비했다. 이 신화는 안즈엉브엉이 중국으로부터 최신 건축 기술과 군사 기술을 받아들여 반랑 왕국을 제압하고 새로운 국가의 토대를 마련했음을 시사한다.

어울락 왕국은 '어우(구甌)'와 '락(貉)'을 합친 그 이름에도 잘 나타나 있듯이, 외래 세력인 서구족과 토착 세력인 락월족이 결합해 세운 나라다. 어울락 왕국은 기원전 179년 조타(趙佗)의 남비엣에 복속될 때까지 30여 년 동안 지속됐다.

어울락 왕국은 금빛 거북의 발톱으로 만든 쇠뇌를 이용해서 여러 차례 남비엣의 침략을 물리쳤으나 조타의 꾀에 넘어가 금빛 거북의 발톱을 넘겨주었고, 결국 그 때문에 멸망했다고 전한다.

◉ 베트남의 개천절 행사 '훙브엉 축제'

베트남의 위대한 역사가 응오시리엔이 국사를 지어 황제에게 바친 지 500여 년이 지난 2007년, 베트남 사회주의 공화국에서 새로운 국경일을 추가했다. 바로 반랑 왕국을 세운 훙브엉을 제사 지내는 '훙브엉 기일'이다. 훙브엉을 국가 시조로 모시고 있어 '국조기일(國祖忌日)'이라고도 한다. 우리나라로 치면 개천절인 셈이다.

우리나라의 개천절처럼, 베트남도 훙브엉 기일에 제사를 지내고 기념행사와 축제를 벌인다. 그러나 규모는 베트남 쪽이 훨씬 크다. 매년 음력 3월 10일이 되면 국가 주석 등 정부 요인들이 하노이에서 약 90킬로미터 떨어진 푸토성 비엣찌시의 훙브엉 사당에 가서 제사를 지낸다. 훙브엉 축제는 나

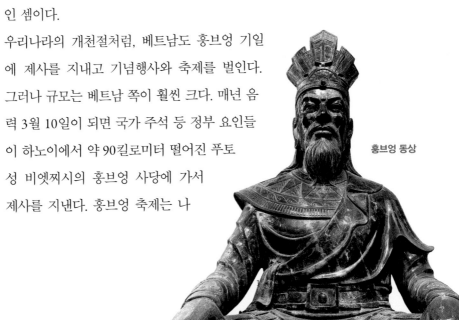

훙브엉 동상

훙브엉 축제 국조 훙브엉의 기일을 맞아 기념 행진을 하는 사람들 뒤로 훙브엉 사당이 보인다.

홀에 걸쳐서 전국 각지에서 떠들썩하게 치러진다. 그 때문에
"어디에 가든지 국조의 기일인 3월 10일을 꼭 기억하라"라는 말
이 생겼다.

개천절 날짜인 양력 10월 3일이 역사적 근거가 희박한 것처럼,
훙브엉 기일인 음력 3월 10일도 정확한 유래를 알 수 없다. 게
다가 사회주의를 따르는 베트남은 무신론자들의 공화국이다.
그런데도 훙브엉 축제를 성대하게 치르는 이유는 무엇일까? 베
트남 사회주의 공화국은 오랜 식민 통치와 내전을 거친 끝에 탄

생한 나라다. 비엣족을 포함해 54개의 민족으로 구성된 다민족 국가이기도 하다. 그런 만큼 남부와 북부, 비엣족과 그 외 다양한 소수 민족을 하나로 묶을 수 있는 계기가 절실하게 필요했다. 일개 지방의 전통 행사에 불과했던 홍브엉 축제를 국가 행사로 격상한 것도 그 때문이다. 500여 년 전에는 건국 신화가 중국과 대등한 독립 국가로서 왕국 다이비엣의 위상을 확인하기 위해 재발견됐다면, 21세기에는 공화국 베트남의 정치적·사회적 통합의 근거로서 건국 신화가 재활용됐다고 볼 수 있다.

2 | 중국의 영향 속에 남비엣이 성립하다

조타가 남비엣을 세우다

기원전 214년, 진나라 시황제가 백월 사람들이 주로 거주하는 영남 지역에 세 개의 군(남해군, 계림군, 상군)을 설치했다. 이때부터 진의 관리나 군인, 죄수 들이 이곳으로 이주하여 백월 사람들과 쉬어 살기 시작했다. 원래 조(趙)나라 사람이었던 조타는 자기가 살던 지역이 진나라에 정복되면서 진나라 백성으로 편입됐는데, 이후 진나라의 관리가 되었다. 조타는 시황제가 영남에 군을 설치하자 고향에서 남쪽으로 수천 킬로미터 떨어진 남해군 용천현의 현령으로 부임했다. 북방 출신의 조타와 그 부하들은 남방의 고온다습한 기후와 각종 풍토병으로 고생했다. 하지만 여러 해 동안 백월 사람들과 어울려 살면서 백월의 언어와 문화를 익힐 수 있었다.

기원전 210년 시황제가 사망했을 때, 중국 최초의 통일 제국 진은 겨우 12년째를 맞이하고 있었다. 따라서 조타를 비롯한 대부분의 진나라 백성에게 '하나의 중국'이라는 관념은 여전히 낯설었다. 진나라 백성으로 편입된 지 얼마 안 된 백월 사람들에게는 더욱 그러했다.

물론 '중국인'이라는 관념은 존재했다. 하지만 오늘날 중화 인민 공화국 공민(公民)과 같은 국민 국가의 '국민' 개념은 아니었다. 막연하게 '중원 사람' 정도를 의미했다. 조타와 그 부하들이 자신들을 '중국인'이라고 말했을 때 백월 사람은 그 안에 포함되지 않았다. 시황제 사후 진나라가 붕괴하기 시작했을 때, 조타와 그 부하들이 다수의 백월 사람 틈에서 고립감을 느낀 것은 당연했다. 극심한 파괴와 살육이 이어지는 천하 대동란 속에서 살아남으려면 고립 상태에서 벗어나야 했고, 백월 사람들을 포용하기 위해 중국인이라는 틀을 벗어던져야 했다. 당시에 중국인의 정체성을 포기하는 일은 그다지 어렵지 않았다.

자립을 결심한 조타는 재빠르게 움직였다. 우선, 남해군에 파견된 진나라 관리들을 죽이고 자기 부하들을 그 자리에 앉혔다. 기원전 207년에 진이 사실상 멸망하자, 이웃한 계림군과 상군을 공격하여 자기들 땅으로 삼았다. 이로써 독자적인 왕국을 세울 기반을 마련한 조타는 나라 이름을 '남비엣(남월南越)'으로 정하고 스스로 '무왕(武王)'이라고 칭했다(기원전 207).

조타의 성공은 그와 함께 남비엣을 세운 소수의 단합만으로는 어림도 없는 일이었다. 그 지역 토착민들, 즉 백월 사람들의 지지가 있었기에 가능했다. 백월 사람들로서도 중국의 정치적 혼란으로부터 자신들을 보호해 줄 강력한 지도자가 필요했다. 만약 시황제가 중국을 통일하지 않았다면 중국 세력이 백월의 터전까지 진출하지 못했을 것이

조타 중국 허베이성 정딩현에 있는 조타의 동상에는 남비엣의 건국자인 그의 이름이 간체자로 새겨져 있다[赵佗]. 당시 남해군에 속해 있던 광둥성 허위안시에는 진나라 관리 시절 조타가 판 비엣브엉 우물(오른쪽)이 남아 있다.

고, 조타가 제국의 남쪽 변경까지 올 일도 없었을 것이다. 진나라가 멸망하지 않았다면, 그래서 중국이 다시 분열하지 않았다면, 조타는 감히 자립하여 왕국을 세울 엄두를 내지 못했을 것이다. 그러한 의미에서 남비엣의 탄생은 진나라의 중국 통일과 멸망이라는, 중국을 뒤흔든 거대한 정치 변동의 산물이었다.

무왕이 남비엣을 세우고 5년이 지난 뒤인 기원전 202년, 한(漢)나라 고조 유방이 중국을 통일했다. 그러나 이때 한나라는 흉노의 침략을 막고 제후들의 반란을 진압하느라 무력으로 남비엣을 정복할 형편이 아니었다. 그 대신 말주변이 뛰어난 외교의 달인 육가를 사신으로 파견하여 무왕을 남비엣 국왕으로 책봉했다.

'책봉(册封)'이란 중국 황제와 이웃 나라의 왕이 명목상 군신 관계를 맺는 외교 형식 중 하나이다. 중국 황제는 특정 지명 또는 민족명이 들어가는 칭호를 주고 임명장과 인장을 하사했는데, 그 지역 또는 민족에 대한 지배권을 인정한다는 의미다. 무왕을 남비엣 왕으로 책봉한 것은 그를 남비엣의 지배자로 인정한다는 뜻이다. 책봉을 받은 이웃 나라의 군주는 중국 황제에게 사신을 보내 공물을 바침으로써 복종 의사를 표시했는데, 이것을 '조공(朝貢)'이라고 부른다. 남비엣은 무소뿔, 바다거북의 등껍질 등 토산물을 한나라 황제에게 공물로 바쳤다. 한 고조가 육가를 남비엣에 파견한 목적은 화살 한 방 안 쏘고 무왕의 복종을 유도하기 위해서였다.

기원전 196년 육가가 남비엣의 왕궁에 도착했을 때, 무왕은 거만하게 다리를 쭉 뻗고 앉아 있었다. 육가가 무례한 태도를 지적하자, 무왕은 오랑캐 무리 속에서 오래 살다 보니 중국의 예절을 잊었노라고 답했다. 중국의 예법에 따르면, 중국의 사신은 황제의 대리인이기 때문에 사신을 맞이한 이웃 나라의 군주는 마치 신하가 황제를 대하듯 사신 앞에 무릎을 꿇고 머리를 조아려야 했다. 그러나 무왕은 그렇게 하지 않았다. 자신은 황제의 신하가 아니라고 생각했기 때문이다.

육가도 보통 인물은 아니었다. 자칫 목이 달아날 수도 있는 상황임에도 불구하고 위축되지 않고 당당하게 복종을 요구했다. 무왕에게 육가의 목을 베는 것쯤은 아무 일도 아니었지만, 그의 배후에 있는 거대한 제국을 의식하지 않을 수 없었다. 무왕은 한갓 자존심 때문에 한

남비엣 왕궁터 중국 광둥성 광저우시에서 발굴된 남비엣의 왕궁터 모습이다. 궁궐, 왕실 정원 및 궁궐 담의 흔적과 함께 그곳에 쓰인 벽돌, 바닥재 등이 출토되었다. 무왕은 이곳에서 한나라의 사신 육가를 맞이했다.

나라 대군과 일전을 벌일 정도로 어리석지 않았다. 게다가 육가라는 호걸에게 호감도 생겼다. 무왕은 마음을 고쳐먹고 육가에게 사과했다. 그리고 책봉을 받아들이고 사신을 보내 조공을 바치겠다고 약속했다.

하지만 무왕은 속마음을 어떻게 해서라도 드러내고 싶었다. 그래서 육가에게 넌지시 물었다.

"나와 황제를 비교한다면 누가 더 뛰어납니까?"

육가는 한 고조의 업적을 열거하고 한나라의 광대함과 풍요로움을 설명한 뒤에 다음과 같이 말했다.

"지금 왕의 백성은 수십만 명에 불과하고 영토는 험한 산과 바다 사이에 끼여 있으니, 굳이 비유하자면 한나라의 일개 고을과 같습니다. 왕께서는 어찌하여 자신을 한나라 황제와 비교하십니까?"

무왕이 껄껄 웃으면서 말했다.

"내가 이곳의 왕이 된 것은 중원에 있지 않았기 때문입니다. 만일 내가 중원에 있었다면 어찌 한나라 황제만 못하겠습니까?"

중국 측 역사서에는 무왕이 이런 식의 질문을 했다는 기록이 없다. 그러나 베트남 역사서 《대월사기전서》에는 이런 무왕의 질문과 함께 결국 기세가 꺾인 육가가 아무 말도 하지 못했다는 기록이 전한다. 사실, 육가가 마음만 먹었다면 얼마든지 반박할 수 있었을 것이다. 하지만 이미 사신으로서 목적을 달성한 마당에 굳이 무왕의 기분을 상하게 할 이유가 없었다. 기세가 꺾였다기보다는 무왕의 체면을 고려해 가만히 있었다고 보아야 할 것이다. 육가는 탁월한 외교관이었다. 무왕도 그러한 육가가 마음에 쏙 들었는지 육가를 극진히 대접했다.

겉으로는 무왕이 한나라의 제후라는 불평등한 지위를 받아들인 듯 보인다. 하지만 무왕은 앞에서 보았듯 자신이 한의 황제와 대등하다는 생각을 의식적으로 드러냈고, 그런 만큼 한나라 쪽에서도 무왕이 야심만만한 인물임을 모르지 않았을 것이다. 이러한 상황에서 책봉-조공 관계가 오래가기는 힘들었다.

남비엣이 한과 국교를 맺은 이듬해(기원전 195)에 한 고조가 사망하자, 그의 뒤를 이은 어린 황제 혜제(惠帝)를 대신해 태후 여씨(呂氏)가 한나라의 실권을 장악했다. 여후(태후 여씨)는 남비엣의 세력이 커지

쇠가래 남비엣 사람들은 나무로 만든 자루에 이런 쇠가래를 끼워서 땅을 일구었다. 사진의 쇠가래는 남비엣 고위 관리의 무덤에서 출토된 것인데, 이는 남비엣 사회에서 철제 농기구가 얼마나 중요시되었는지를 짐작케 한다.

는 것을 우려하여 철과 농기구의 남비엣 수출을 금지했다. 한에서 수입하는 철제 농기구는 남비엣의 농업에 필수 도구였다. 이에 무왕은 스스로 무제(武帝), 즉 남비엣 황제를 칭하면서 한의 변경을 침략했다. 한나라의 정치가 어지러운 상황을 이용하여 자신이 한의 황제와 대등하다는 평소 생각을 실천에 옮긴 것이다. 여후는 남비엣을 정벌하기 위해 군대를 보냈으나, 한의 군대는 무더위와 전염병으로 큰 피해를 보고 물러나야 했다.

여후가 사망한 뒤 한에서는 극심한 권력 투쟁이 벌어졌다. 이 틈을 이용하여 무왕은 어울락 왕국을 비롯한 백월 계통의 여러 왕국을 복속시켰다. 그 결과 남비엣 영토는 오늘날의 중국 남동부에서 베트남 북부까지 확대됐다.

무왕은 베트남 북부에 관리를 파견하여 락장 또는 락후라고 불리는 토착 지배층을 감독하게 했다. 남비엣이 토착 지배층을 통해 토착민을 다스리는 간접 지배 정책을 폈기 때문에, 주민들은 대체로 새로운 지배자에게 순응했다. 아직 '베트남 민족'이라는 정체성이 생겨나기 훨씬 전의 일이다.

한편 한에서는 고조의 또다른 아들 문제(文帝)가 즉위하면서 정치가 안정되자 다시 육가를 남비엣에 파견하여 복종을 요구했다. 이때 무왕은 자신을 '오랑캐 추장'으로 낮춰 부르면서 앞으로는 한의 신하로서 조공을 바치겠다고 약속했다. 불필요한 갈등을 피함으로써 남비엣의 안전을 꾀한 것이다. 하지만 육가가 돌아간 뒤에도 남비엣 내에서는 여전히 황제를 자칭하며 '황옥(黃屋)'이라는 황제 의전용 수레를 타고 다녔다.

기원전 137년, 즉위한 지 71년째 되는 해에 무왕이 세상을 떠났다. 《대월사기전서》에 따르면 무왕은 121세에 사망했다고 한다. 그렇게 따지면 무왕은 기원전 260년경에 태어난 것이니 40대 후반에 백월 땅에 와서 50세에 왕이 되었다는 이야기인데, 아무래도 무왕의 권위를 높이기 위해 나이를 부풀린 듯하다. 어쨌든 오랫동안 살면서 왕국을 반석 위에 올려놓았고 한에 남비엣을 침략할 틈을 주지 않았던 것만은 분명한 사실이다.

한의 침략으로 남비엣이 멸망하다

무왕이 죽은 뒤 손자 조호가 문왕(文王)에 올라 뒤를 이었다. 즉위한 지 3년째 되는 해(기원전 135)에 백월 계통의 국가인 민월(閩越)이 남비엣을 공격하자, 문왕은 한에 사신을 보내 원병을 요청했다. 한나라의 출병으로 민월 군대가 물러나자, 한은 이를 구실로 문왕이 직접 한의 수도 장안(오늘날 시안)에 와서 황제를 알현할 것을 요구했다. 문왕은 태자를 장안으로 보내고 자신은 병을 핑계로 가지 않았다. 한의 간섭을 피하라는 신하의 조언 때문이었다.

할아버지 무왕과 달리, 문왕은 한나라 사신 앞에 공손히 머리를 조아렸다. 민월이 침공했을 때도 즉각 군대를 동원해 반격하지 않았는데, 이는 한의 의심을 피하기 위해서였다. 당시 한나라 황제인 무제(武帝)는 흉노를 공격하기 위해 장건을 중앙아시아로 파견하는 등 적극적인 팽창 정책을 추진하고 있었다. 남비엣으로서는 대외 정책을 신중하게 펼 수밖에 없는 상황이었다. 그렇지만 국내에서는 여전히 남비엣 황제임을 주장하여 '문제(文帝)'로 자칭했다.

기원전 125년, 문왕이 사망하자 태자가 뒤를 이어 명왕(明王)으로 즉위했다. 명왕은 태자 시절에 10년 동안 한에 인질로 잡혀 있었는데, 그때 한나라 여인 규씨(樛氏)와 결혼하여 아들을 낳았다. 명왕이 즉위

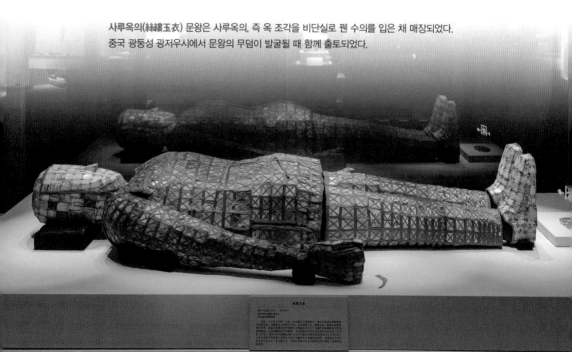

사루옥의(絲縷玉衣) 문왕은 사루옥의, 즉 옥 조각을 비단실로 꿴 수의를 입은 채 매장되었다. 중국 광둥성 광저우시에서 문왕의 무덤이 발굴될 때 함께 출토되었다.

하면서 규씨는 왕후, 규씨 소생의 아들은 태자가 되었다. 한은 이후에도 여러 차례 사신을 보내 명왕이 직접 수도에 와서 황제를 알현할 것을 요구했으나, 문왕과 마찬가지로 왕자를 대신 보내 우호 관계를 유지하면서도 간섭은 피하려고 했다.

명왕이 죽은 뒤 어린 태자가 애왕(哀王)으로 즉위하자, 태후 규씨가 섭정으로서 실권을 장악했다. 한나라 출신인 태후 규씨는 예전과 달리 애왕이 직접 한의 황제를 알현하기를 바랐다. 이에 애왕이 한나라로 떠날 채비를 하자, 한의 영향력이 커질 것을 우려한 신하들이 강하게 반발했다. 남비엣 조정은 친한파와 반한파로 나뉘어 대립했고, 결국 반한파가 애왕과 태후 규씨 일당을 제거하고 왕의 이복형을 새로운 왕으로 추대했다.

한 무제는 제후국의 반란을 진압한다는 명분을 내걸고 남비엣으로 대군을 파견했다. 친한파와 반한파로 분열한 남비엣 조정은 한나라 대군을 제대로 막지 못했다. 기원전 111년, 남비엣이 멸망하자 대부분의 토착 지배층은 자발적으로 한나라에 항복했다.

한 무제는 남비엣의 옛 터전에 7개, 이후 인근 섬 하이난에 2개를 추가하여 총 9개의 군을 설치하고, 이를 총괄하는 교지자사부(交趾刺史部)를 설치했다(기원전 106). 교지자사부의 중심은 홍강 삼각주 일대에 설치된 교지군으로서 중국과 동남아시아를 연결하는 해상 무역의 중심지였다. 교지자사부의 가장 남쪽에 설치된 일남군은 베트남 중북부에 속하는 지역으로 남중국해 해상 무역에서 현관 역할을 했다.

한 무제가 남비엣을 정복한 가장 중요한 목적은 남중국해의 해상 무역을 장악하는 데 있었다. 한에서 파견한 태수의 주요 임무는 무소

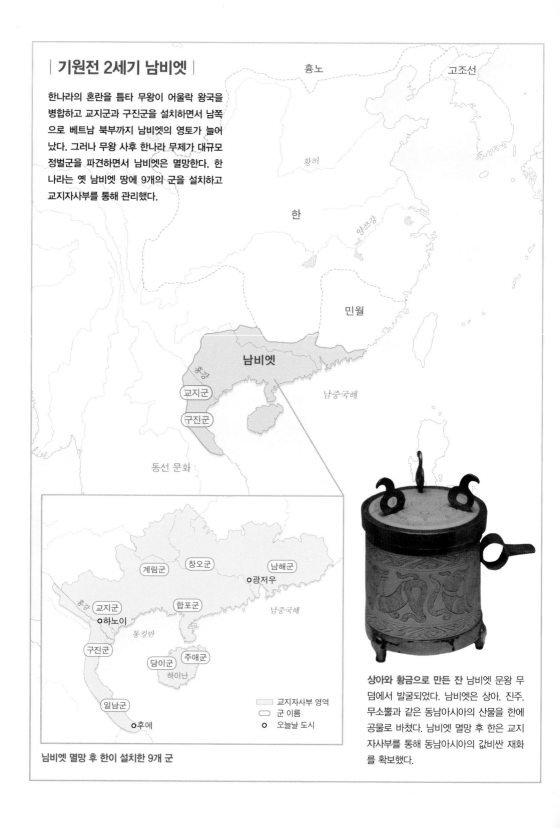

기원전 2세기 남비엣

한나라의 혼란을 틈타 무왕이 어울락 왕국을 병합하고 교지군과 구진군을 설치하면서 남쪽으로 베트남 북부까지 남비엣의 영토가 늘어났다. 그러나 무왕 사후 한나라 무제가 대규모 정벌군을 파견하면서 남비엣은 멸망한다. 한나라는 옛 남비엣 땅에 9개의 군을 설치하고 교지자사부를 통해 관리했다.

흉노

고조선

황허

한

양쯔강

민월

남비엣

교지군

구진군

남중국해

동선 문화

계림군

창오군

남해군

ㅇ광저우

교지군

ㅇ하노이

합포군

통킹만

남중국해

구진군

담이군

주애군

하이난

일남군

ㅇ후에

교지자사부 영역
군 이름
오늘날 도시

님비엣 멸망 후 한이 설치한 9개 군

상아와 황금으로 만든 잔 남비엣 문왕 무덤에서 발굴되었다. 남비엣은 상아, 진주, 무소뿔과 같은 동남아시아의 산물을 한에 공물로 바쳤다. 남비엣 멸망 후 한은 교지자사부를 통해 동남아시아의 값비싼 재화를 확보했다.

뿔, 바다거북의 등껍질, 상아, 진주 등 동남아시아의 값비싼 물산을 확보하는 일이었다. 따라서 이들은 현지 사회를 지배하는 일에는 큰 관심을 두지 않았다.

한나라는 남비엣 시절과 마찬가지로 토착 지배층을 통해 간접적으로 백월 사람들을 다스렸다. 락장과 락후는 한에서 파견한 태수에 의해 관리로 임명되어 전과 다름없이 자기 지역을 다스렸다. 이 때문에 남비엣 멸망이라는 정치 변동에도 불구하고 베트남 기층 사회는 별다른 변화가 없었다.

베트남과 중국 사이, 이중의 정체성을 가진 남비엣

조타는 중국 조나라의 백성으로 태어나 남비엣의 무왕으로 죽었다. 전통 시대의 베트남 역사가들은 남비엣을 베트남 왕조로 여겼고, 무왕을 중국과 맞선 위대한 황제로 떠받들었다. 13세기 후반에 《대월사기(大越史記)》를 저술한 레반흐우는 남비엣 무왕의 치세에서 베트남의 진정한 역사가 시작된다며 베트남 역사의 기원을 남비엣에서 찾았다. 15세기 후반에 《대월사기전서》를 편찬한 응오시리엔은 베트남 문명의 기원을 훙브엉의 반랑 왕국에서 찾았고, 남비엣의 무왕을 베트남의 군주로 봐야 한다고 주장했다. 그는 무왕을 베트남 백성을 다스릴 만한 '덕'을 갖춘 인물로서 베트남 후대 왕들에게 모범을 보인 군주로 평가했다.

전통 시대 베트남 역사학자들은 베트남이 중국의 선진 문명을 도입한, 중국 못지않은 '문명 국가'라는 입장에서 '중국인'이 세운 남비엣을 베트남 왕조로 받아들였다. 조선 시대 성리학자들이 중국 상(商, '은殷'이라고도 한다)나라의 현인 기자(箕子)가 조선에 와서 왕이 되었다는 중국 측 사서의 기록을 바탕으로 기자 조선을 존숭한 것과 비슷한 태도다. 하지만 무왕이 중국 출신이라는 사실은 베트남 역사학계에서 무왕과 남비엣의 정체성에 관한 논란을 불러일으켰다.

민족주의로 무장한 오늘날 베트남 역사학계에서는 무왕을 중국인으로, 남비엣을 중국의 지방 정권으로 보는 시각이 지배적이다. 이러한 관점에서는 남비엣이 어울락 왕국을 병합한 것도 중국이 베트남을 침략한 사건이 된다. 조타가 진나라 관리 출신이라는 사실을 지나치게 강조한 해석이다.

유물이나 유적을 통해 남비엣의 정체성을 생각해 볼 수도 있다. 남비엣의 흔적은 중국 남부 곳곳에 남아 있는데, 특히 남비엣의 수도가 있던 광저우 일대에서 가장 많이 발견됐다. 그중 제일 유명한 것이 남비엣의 두 번째 군주인 문왕의 무덤이다. 이곳에서만 1,000여 점의 유물이 나왔는데, 그 가운데 '문제행새금인(文帝行璽金印)'이 사람들의 눈길을 가장 많이 끌었다.

'문제행새금인'은 남비엣 문왕(문제)이 명령을 내리거나 제후를 책봉할 때 사용하던 금 도장이다. 금인에 '문제행새'라고 새긴 것은 남비엣 군주가 한나라 황제와 대등한 존재임을 보여 주기 위함이었다. '문제'는 '문왕' 같은 제후의 호칭이 아니라 황제의 호칭이며, '행새'는 황제가 사용하는 도장을 의미한다. 원래 '새'는 진의 시황제 때부터 이미 천자만 사용하는 도장을 가리키는 글자였는데, '행새'는 한의 무

문제행새금인 '문제행새(文帝行璽)'라는 네 글자를 오목새김하고, 손잡이 부분을 용의 형상으로 장식했다. 용은 중국과 베트남 역대 왕조에서 제왕의 상징으로 여긴 상상 속 동물이다.

제가 만든 관인(官印, 관청이나 관료가 사용하는 도장) 등급 제도에서 황제만 사용할 수 있는 등급의 도장에 속했다.

그와 동시에 남비엣이 중국의 관인 제도와 문자를 사용했다는 사실은 다른 관점에서 주목할 만하다. 중국에서 벗어나겠다는 의지를 바로 중국 문화를 빌려 표현한 것이기 때문이다. 이후 베트남의 왕조들이 줄기차게 추구한 '탈중국을 위한 중국화'의 원형을 일찌감치 보여 준 셈이다.

남비엣이 중국 문화의 영향을 받았다는 증거는 많다. 철제 농기구, 청동제 창 같은 무기, 악기, 등잔을 비롯한 생활용품, 한자가 새겨진 용기 등 일일이 세기 어려울 정도다. 적어도 남비엣의 지배층은 중국 문화에 꽤 익숙했던 듯하다.

그렇지만 고위 관리의 무덤에서 출토된 청동 북은 남비엣 시대에도 여전히 비엣족의 전통인 동선 문화가 계승되었다는 사실을 보여

문왕 무덤에서 발굴된 유물 말을 탄 기사와 네 마리의 소, 두 마리의 맹수를 조각한 상으로 장식된 청동 화폐 용기다. 남비엣의 유물에는 지역적·민족적 특성이 강하게 반영되어 있어 중국 중원 지역의 유물과는 뚜렷이 구분된다.

준다. 중국 문화에 익숙한 관리들조차 백성 앞에서 위신을 세우기 위해 청동 북을 사용할 필요가 있었던 것이다. 중국에서는 볼 수 없는 독특한 모양의 장신구나 생활용품은 남비엣 문화의 독자성을 뒷받침한다.

　남비엣은 이렇듯 중국의 역사와 베트남의 역사, 어느 쪽에도 속할 수 있는 이중의 정체성을 가지고 있다. 따라서 남비엣의 실체를 알고자 한다면, 중국 또는 베트남이라는 오늘날의 국가 개념에서 벗어날 필요가 있지 않을까?

3 | 중국의 지배를 벗어나 독립을 쟁취하다

쯩 자매, 한나라의 지배에 맞서다

한의 지배가 시작된 지 150여 년이 지난 42년, 홍강 삼각주의 어느 평야에서 토착민 군대와 한나라 군대가 마주 보고 진을 쳤다. 토착민 군대의 대장은 '쯩짝'이라는 이름의 여성이었다. 그는 한나라 관리를 내쫓고 왕이 되었다고 하여 베트남 역사서에서 '쯩 여왕'이라고 불린다. 쯩짝은 어쩌다 한의 지배에 맞서게 되었을까? 그리고 어떻게 여성으로서 왕이 될 수 있었을까?

쯩짝은 교지군 어느 락장의 딸로 같은 군의 락장인 티싸익에게 시집을 갔다. 그런데 교지군 태수 소정이 한의 법률을 적용하여 그녀의 남편을 체포한 후 살해하는 사건이 일어났다. 분노한 쯩짝은 동생 쯩니와 함께 고을 사람들을 규합하여 한의 관리를 공격했고, 태수 소정은 제대로 싸워 보지도 않고 달아났다. 쯩 자매의 봉기에 자극을 받은

쯩 자매의 봉기 쯩 자매가 봉기를 일으켜 한의 태수 소정을 내쫓는 모습을 새긴 목판화로, 베트남 특유의 민화를 찍어내는 것으로 유명한 북부 박닌성 동호 마을의 판화 중 하나다.

다른 고을들에서도 잇달아 한의 지배에 저항하는 무장봉기가 일어났다. 그 결과 교시군을 포함한 4개 군이 한의 지배로부터 해방됐다.

쯩짝의 봉기에 토착민 다수가 호응한 이유는 무엇일까? 그것은 한의 통치 방식이 달라진 사실과 밀접한 관련이 있다. 한의 지배가 시작된 기원전 111년 이후 100여 년 동안 한 조정은 이곳에 관리를 파견하기는 했으나, 토착 지배층을 통해 간접적으로 지배하는 정책을 폈다. 군의 장관으로 파견된 태수는 해외 무역으로 동남아시아 물산을 확보하는 데 몰두했을 뿐 현지 사회를 지배하는 일에는 그다지 관심이 없었다. 락장과 락후가 군 아래 행정 조직인 현(縣)의 수장으로서 실질적으로 토착민을 다스렸다. 따라서 한의 지배가 곧바로 토착 사회에 큰 변화를 가져오지는 않았다.

8년, 한 황실의 외척 왕망이 제위를 찬탈하고 신(新)나라를 건국했으나, 각지에서 왕망의 권위를 부정하는 반란이 일어났다. 이때 난리를 피해 교지자사부로 이주한 중국 지식인들의 영향으로 베트남 토착 사회에 중국의 기술과 문화를 전파하려는 군 태수들이 나타났다. 예를 들어 구진군 태수 임연은 현지 주민에게 소를 이용한 농경법과 철제 농기구 사용법을 가르쳤고, 일부일처제와 가부장제 같은 중국식 풍습을 보급했다.

당시 토착 지배층은 한의 관리들이 보급한 중국 문화가 토착 사회의 전통을 무너뜨린다며 불만을 품었다. 게다가 한 관리들의 폭정도 토착 사회의 반발을 초래했다. 교지자사부는 중원으로부터 멀리 떨어져 있고 더위와 풍토병으로 고생한다는 인식이 있어서, 한의 관리들이 부임을 꺼리는 곳이었다. 따라서 이곳에 파견된 관리들은 대부분 지방관으로서의 자질이 형편없는 데다가, 과중한 세금을 부과해 토착민과 갈등을 빚었다.

이렇게 토착 사회에서 한의 통치에 대한 불만이 커지는 상황에서 교지군 태수 소정이 한의 법률을 무리하게 적용하여 쯩짝의 남편을 처형하는 사건이 일어난 것이다. 40년에 시작된 쯩 자매의 봉기는 쯩짝 개인의 복수심에서 출발했지만, 토착민의 불만과 맞물려 한의 지배에 저항하는 대규모 무장봉기로 발전했다.

쯩짝은 대단히 씩씩하고 용맹한 인물로, 저항 운동의 구심점 역할을 했다. 그 때문에 그녀가 왕이 되겠노라고 선포했을 때 어떤 남성도 감히 이의를 제기하지 않았다. 당시 한나라에서는 여성의 순종을 강조하는 유교 윤리의 영향으로 여성 지도자는 상상조차 할 수 없었다. 한의 여성은 남편이 억울하게 살해당하더라도 고을 수령에게 호소하거나 평생 절개를 지키는 것 외에 할 수 있는 일이 없었다. 반면에 베트남 여성은 사회적 지위가 남성과 대등했을 뿐만 아니라 결혼한 뒤에도 남성의 권위에 예속되지 않고 독립적으로 행동했다. 그래서 여성이 저항 운동에 참여하여 전투를 벌이거나 조직의 우두머리가 되었다는 기록을 베트남 역사에서는 종종 찾아볼 수 있다.

쯩 여왕의 군대는 한의 군대와 싸워 이겼을까? 유감스럽게도 결과는 그렇지 못했다. 쯩 여왕의 왕국은 한의 공격을 막아 낼 만한 정치 체제를 갖추지 못했다. 쯩 여왕이 어떻게 나라를 다스렸는지는 알 수 없다. 2년 동안 세금을 면제해 주었다는 기록이 남아 있을 뿐이다. 만약 쯩 여왕이 한의 침략에 대비해 통치 체제를 정비하려 했다면 오히려 세금을 올려야 했을지도 모른다. 하지만 쯩 여왕에게는 그 정도의 정치적 능력이 없었던 것 같다.

한의 징수 마원(馬援)이 1만여 명의 병사를 이끌고 홍강 삼삭주에 나타났을 때, 한의 군대는 수개월 동안 행군했음에도 장수의 통제에 맞춰 일사불란하게 움직였다. 반면 쯩 여왕의 군대는 무기도 제각각이고 갑옷과 투구를 제대로 갖춰 입은 자도 드물었다. 대오는 가지런하지 못하고 들쭉날쭉했다. 전투 결과는 냉혹했다. 수천 명이 전사하고 수만 명이 항복했다.

쯩 여왕은 그 후에도 여러 차례 한나라 군대와 맞서 싸웠으나 번번이 패했다. 2년 전 봉기를 처음 일으켰을 때 구름같이 모여들었던 사람들은 거의 다 흩어졌고, 동생 쯩니와 극소수의 측근만이 남아 외로

쯩 자매를 기리는 행진 쯩 자매의 반란이 진압된 후 베트남에 대한 중국의 지배권은 확고해졌지만, 쯩 자매는 베트남 최초의 독립운동을 이끈 민족의 영웅으로 오랫동안 민간에 전승되었다. 사진은 1957년 사이공(오늘날 호찌민) 하이바쯩 거리에서 펼쳐진 행진 광경으로, 쯩 자매를 기리는 행사 가운데 일부였다.

운 투쟁을 계속해야 했다. 결국 쯩 여왕은 즉위한 지 3년째 되던 해에 동생과 함께 한나라 병사들에게 붙들려 목이 베였다. 마원은 쯩 자매의 머리를 소금에 절여 황제에게 보냈다.

쯩 자매는 비록 비참한 죽음을 맞았지만, 후세의 베트남 사람들은 쯩 자매를 영웅으로 떠받들었다. 전설에서는 쯩 자매가 처형된 것이 아니라 강에 몸을 던져 자살한 것으로 윤색되었다. 오늘날에도 쯩 자매는 외세에 맞선 민족의 영웅으로 추앙받는다.

한편, 남방의 고온다습한 기후와 풍토병을 극복하고 토벌 작전을 승리로 이끈 마원은 유능한 행정 관료이기도 했다. 마원은 토벌 작전을 마친 뒤에도 1년을 더 교지에 머물면서 여러 개혁을 단행했다. 먼저, 행정 조직을 한의 실질적 지배가 가능한 방향으로 개편했다. 쯩 자매의 봉기에서 보았듯 언제든 저항의 구심점 역할을 할 수 있는 락장과 락후를 폐지하고, 현의 장관인 현령을 조정에서 파견한 인물들로 교체했다. 또한, 성곽을 보수하고 관개 수로를 만들었다. 여기에는 전란으로 피폐해진 농촌을 안정시키는 동시에 한의 관리에게 치안과 수리 시설 관리 권한을 넘겨 토착 지배층의 영향력을 약화하려는 목적이 있었다.

마원 마원의 정벌과 개혁으로 교지자사부 지역에 한의 제도와 문화가 이식되었다.

마원의 개혁 결과, 교지자사부에 대한 한의 직접 지배가 확립됐다. 한 조정에서 파견한 관리들은 한의 법률에 따라 토착민을 심판하고 처벌했으며, 세금을 징수하고 노동력과 군사를 징발했다. 직접 지배의 강화는 필연적으로 이전보다 많은 수의 관리를 요구했다. 하지만 한 조정에서 남쪽 변경에까지 충분한 수의 관리를 파견할 수 없었으므로, 태수나 현령 밑의 하급 관리는 토착 지배층 중에서 뽑을 수밖에 없었다. 토착 지배층은 자치권을 상실했지만 한의 지배하에서도 어느 정도 영향력을 유지할 수 있었다.

마원의 토벌이 불러온 또 하나의 중요한 결과는, 교지자사부에 중국 출신 이주민들이 늘어났다는 점이다. 한의 지배가 시작된 뒤로 관리, 군인, 죄수 등 다양한 신분의 중국인이 이곳으로 이주했는데, 그중에는 왕망이 일으킨 정치적 혼란을 피해 이주한 사람들도 있었다. 특히 쯩 자매의 봉기를 진압한 마원의 병사 중에 귀국하지 않고 교지자사부에 눌러앉은 자들이 상당수 있었다. 중국계 이주민 중 일부는 관리로 임명되어 기존의 토착 지배층과 함께 교지자사부의 새로운 지배층으로 성장했다.

중국계 이주민은 대체로 중국 황제의 권위에 복종했으며 중국의 문화를 현지 사회에 퍼뜨리는 역할을 했다. 하지만 현지의 풍토와 풍습에 적응하고 결혼을 매개로 현지인과 교류하면서 점차 '교지(교지자사부) 사람'의 정체성을 갖게 됐다. 그래서 이들은 중국이 정치적 혼란에 빠졌을 때 교지 사회를 안정시키는 역할을 맡거나, 중국에서 파견한 관리들의 가혹한 수탈에 저항하는 무장봉기를 주도하기도 했다.

토착 지배층이 독립을 꾀하다

196년, 한나라 마지막 황제가 조조의 본거지 허도(오늘날 허난성 쉬창)에서 그의 보호를 받는 처지가 되었다. 같은 해, 교지자사부 자사가 백성들에게 살해당했다. 교지자사부도 한나라 말기 군웅할거 시대의 거대한 혼란 속에 휩쓸릴 처지에 놓였다. 이때 혼란을 수습하고 교지 사회에 평화와 안정을 가져다준 인물이 바로 사섭(士燮)이다.

사섭은 교지자사부에서 지배층으로 성장한 중국계 이주민의 자손이었다. 그의 조상은 왕망의 난을 피해 중국에서 교지자사부로 이주했고, 사섭의 아버지는 일남군 태수를 지냈다. 사섭은 한나라 수도 낙양에 유학하여 유교 경전을 익혔고, 그 덕분에 제국의 관리로 출세할 수 있었다. 한의 조정은 사섭의 능력과 교지 사회에 대한 영향력을 인정하여 그를 교지군 태수로 임명했다(186).

자사가 살해당하면서 교지자사부가 혼란에 빠지자, 사섭은 허도에 있는 한나라 조정에 자신의 세 동생을 교지자사부 3개 군의 태수로 임명해 달라고 요청해 승인을 받았다. 일개 군의 태수가 자기 형제들을 이웃 고을의 태수로 천거하여 허가를 받다니, 한나라 역사에서 전례가 없는 일이었다. 이는 한나라 조정이 교지자사부를 직접 통제하기 어려운 상황이었기 때문이다. 당시 조정이 있는 허도와 교지자사부 사이를 유표와 손권 같은 쟁쟁한 군벌이 가로막고 있었던 것이다. 조정은 교지자사부라는 행정 구역 명칭을 '교주(交州)'로 고친 것 말고는 사섭에게 거의 모든 문제를 일임하다시피 했다.

사섭이 토착민들로부터 높은 지지를 받고 있다는 점도 조정이 사섭의 요청을 받아들이는 데 일조했다. 그때까지 교지에 부임한 한나라 관리 대부분은 현지 사정은 아랑곳없이 토착민을 착취하여 재산을 늘리고 승진하는 데만 관심을 가졌다. 사섭은 이들과 달랐다. 무엇보다도 사섭은 교지 출신이었다. 그래서 현지 사정을 잘 알았을 뿐만 아니라 교지 사람이라는 정체성을 가지고 교주 사람들의 이익과 안전을 위해 헌신적으로 일했다. 교주의 주민들은 사섭을 외부인으로 여기지 않고 동족의 지배자로 존경하여 '브엉', 즉 '임금님'이라고 불렀다.

208년, 적벽에서 손권이 유비를 도와 조조의 군대를 대파한 뒤 강남에서 손권의 세력이 강해졌다. 2년 뒤에는 손권이 교주에 자사를

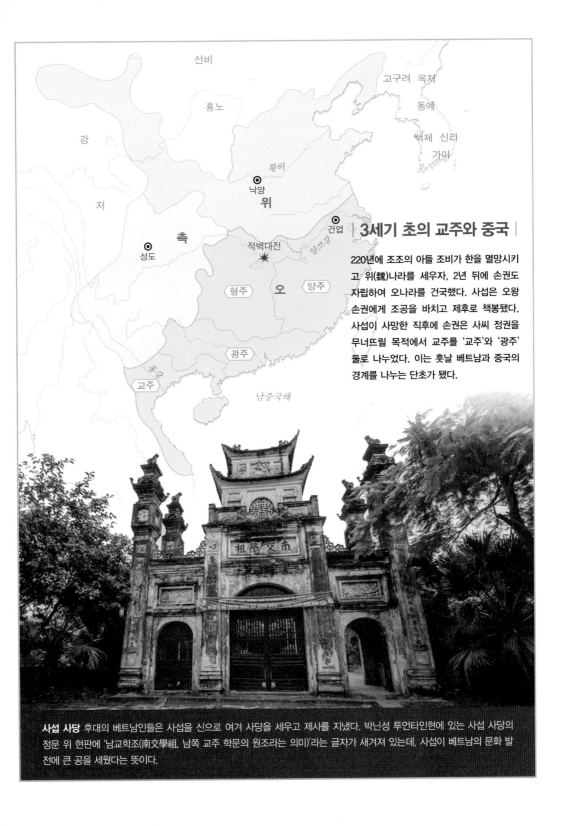

| 3세기 초의 교주와 중국 |

220년에 조조의 아들 조비가 한을 멸망시키고 위(魏)나라를 세우자, 2년 뒤에 손권도 자립하여 오나라를 건국했다. 사섭은 오왕 손권에게 조공을 바치고 제후로 책봉됐다. 사섭이 사망한 직후에 손권은 사씨 정권을 무너뜨릴 목적에서 교주를 '교주'와 '광주' 둘로 나누었다. 이는 훗날 베트남과 중국의 경계를 나누는 단초가 됐다.

사섭 사당 후대의 베트남인들은 사섭을 신으로 여겨 사당을 세우고 제사를 지냈다. 박닌성 투언타인현에 있는 사섭 사당의 정문 위 현판에 '남교학조(南交學祖. 남쪽 교주 학문의 원조라는 의미)'라는 글자가 새겨져 있는데, 사섭이 베트남의 문화 발전에 큰 공을 세웠다는 뜻이다.

파견했는데, 사섭과 그 형제들은 새로운 자사의 권위를 인정하고 강남을 장악한 손권에게 복속했다. 손권은 교주에 자사를 파견하기는 했지만 실질적 통치를 사섭에게 맡겼다. 222년 손권이 오(吳)나라를 세우자 사섭은 손권에게 조공을 바치기 시작했다. 아들을 인질로 보내기도 했다. 사섭이 바친 동남아시아 산물은 오나라의 주요 재원이 됐다. 그러나 226년 사섭이 사망하자, 손권은 교주를 직접 통제하기 위해 군사를 동원해 사씨 정권을 무너뜨리고 사씨 일가를 몰살하다시피 했다. 이후 오나라 관리의 착취가 이어지면서 교주 곳곳에서 무장봉기가 일어났다. 280년, 서진(西晉)이 오나라를 멸망시키고 교주를 병합했지만, 교주의 정치적 혼란은 잠잠해질 기미가 없었다.

한나라 이후 중국의 역대 왕조에 교주는 늘 수도에서 가장 멀리 떨어진 남쪽 변경이었다. 316년 서진이 멸망하고 강남에서 동진(東晉), 송(宋), 제(齊), 양(梁), 진(陳) 왕조가 잇달아 성립한 뒤에도, 그 사실은 변하지 않았다. 강남 왕조들의 주된 관심사는 북방 유목민 왕조의 침략에 대비하는 일이었다. 그들에게는 남쪽 변경에 관심을 기울일 만한 여유가 없었다. 따라서 교주의 안녕과 안정은 강남 왕조들의 흥망성쇠보다는 그들이 교주에 파견한 관리들의 자질에 달려 있었다. 교주에 부임한 관리들은 조정의 통제가 약해진 틈을 타 사욕을 채우는 데 몰두했다. 특히 동남아시아나 인도에서 온 상선들이 교주의 항구로 싣고 오는 진귀한 물품을 착복하기에 바빴다. 이와 함께 남쪽에서는 참파 왕국이 빈번하게 교주를 침략했다. 이들 역시 교주가 강남의 조정에 갖다 바쳐야 할 남방의 값비싼 물품을 노렸다. 특히 대외 무역의 현관 역할을 하던 일남군이 그들의 주요 목표가 되어 잦은 침략을

반쑤언 황제 리비 18세기에 그려진 리비와 황후 도티크엉의 초상화이다. 도티크엉은 전장에서 리비와 함께 싸운 것으로 알려져 있다.

받았고, 때로 참파의 영향 아래 놓이곤 했다. 이렇게 안팎으로 수탈과 침탈이 계속되자 교주의 토착 사회에서는 중국의 지배를 거부하고 독립을 추구하는 사람들이 점차 늘어났다.

　교주의 토착 지배층인 리비는 중국계 이주민의 후손이었다. 젊은 시절 정치적 야망을 품고 양나라 조정에 나아가 벼슬을 얻으려고 했으나 문벌을 중시하는 중국 사회에서 변방의 한 토착화한 중국인이 뜻을 이룰 수 없음을 깨닫고 고향으로 돌아왔다. 때마침 교주 자사의 폭정을 보고는 사람들을 규합하여 반란을 일으켰는데(541), 각지의 토착 지배층이 호응하며 합세했다. 이듬해 양나라 토벌군이 처들어왔으나 고온다습한 기후와 질병으로 다수의 사상자를 내고 물러났다. 그다음 해에는 리비의 군대가 양의 침략을 틈타 쳐들어온 참파의 군대를 물리쳤다.

544년, 리비는 남과 북 양쪽의 적을 물리친 자신감을 바탕으로 '남비엣 황제[南越帝]'라 자칭하고, 연호를 '티엔득(天德)', 나라 이름을 '반쑤언'으로 정했다. 그러고는 교주의 중심 도시인 롱비엔에 궁궐을 짓고 문무백관을 임명했다. 여기서 '남비엣 황제'란 칭호는 황제를 자칭하면서 한나라에 맞선 조타의 선례를 따른 것이다. '티엔득'이라는 연호는 조타도 시도해 보지 못한 것으로, 리비가 천명을 받아 나라를 세웠다는 의미를 담고 있다.

반쑤언

양나라는 독립을 선언한 리비의 국가를 무너뜨리기 위해 다시 군대를 보냈다. 양나라 군대를 이끈 진패선은 야심만만하고 유능한 지휘관으로, 반쑤언 군대를 여러 차례 격파했다. 그 와중에 리비는 피신한 곳에서 주민들에게 살해당했다.

그러나 교주 토착민의 저항은 계속됐다. 강남에서는 진패선이 양나라를 타도하고 진(陳)나라를 세웠는데(557), 그 혼란을 틈타 리비의 친척인 리펏뜨가 왕국을 재건했다(571). 진나라는 북쪽의 선비족과 전쟁 중이어서 난링산맥 이남에 적극적으로 개입할 여유가 없었다. 그 덕분에 리펏뜨의 왕국은 30여 년 동안 지속될 수 있었다. 리펏뜨의 왕국은 겉으로는 진 왕조에 속했으나 실제로는 독립국이나 마찬가지였다.

쩐꾸옥 사원 하노이에서 가장 오래된 사원으로 리비 재위기 롱비엔에 세워졌다. 1,450년이 넘는 역사를 자랑한다.

589년, 수나라가 진나라를 멸하고 중국을 통일했다. 300년 넘게 지속된 중국의 분열 시대를 끝낸 것이다. 이에 리펏뜨는 한동안 수나라에 복속했다. 그러던 중 수나라에서 파견한 관리가 병사한 틈을 타 다시 반란을 일으켰다(601). 수 왕조는 즉시 유방을 총사령관으로 삼아 리펏뜨의 반란을 진압할 원정대를 파견했다. 유방의 군대는 군율이 엄정하고 훈련이 잘돼 있었다. 반면에 리펏뜨의 군대는 제대로 된 훈련을 받지 못했을 뿐만 아니라 무장도 변변치 않았다. 수나라 군대는 리펏뜨의 군대를 쉽게 격파했고, 리펏뜨를 생포해 수도 대흥(오늘날의 시안)으로 끌고 갔다(602). 결국 리비가 시작한 독립운동은 58년 만에 이렇게 막을 내렸다. 이후 수나라는 오늘날의 하노이에 교주총관부(交州総管府)를 설치하고 3군(교지군, 구진군, 일남군)을 관할하게 했다.

당의 흥망에 따라 안남이 요동치다

618년, 수나라가 멸망하고 당나라가 들어섰다. 당은 처음에는 수의 제도를 따라서 교주총관부를 유지했다가, 628년에 이를 교주도독부(交州都督府)로 고쳤다. 679년에는 이를 안남도호부(安南都護府)로 승격시켜 교주(교지군)·애주(구진군)·환주(일남군) 등을 관할하게 했다. 여기서 '안남'이라는 이름은 문자 그대로 '남쪽을 안정시킨다'라는 뜻으로 중국 중심의 세계관을 반영한다. 베트남이 '안남'이라고 불리게 된 것이 바로 이때부터다.

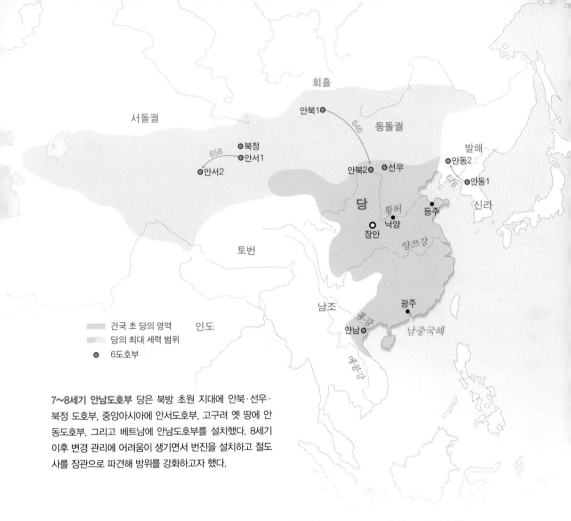

회흘

서돌궐

안북1

동돌궐

646

북정
안서1

658

안서2

발해

안북2 선우

안동2

646

안동1

당

황허

등주

신라

낙양

장안

양쯔강

토번

남조

인도

광주

남중국해

안남

메콩강

▨ 건국 초 당의 영역
▨ 당의 최대 세력 범위
● 6도호부

7~8세기 안남도호부 당은 북방 초원 지대에 안북·선우·북정 도호부, 중앙아시아에 안서도호부, 고구려 옛 땅에 안동도호부, 그리고 베트남에 안남도호부를 설치했다. 8세기 이후 변경 관리에 어려움이 생기면서 번진을 설치하고 절도사를 장관으로 파견해 방위를 강화하고자 했다.

　당은 서쪽으로 중앙아시아의 아랄해에서 동쪽으로 한반도 북부에 이르는 대제국을 건설했다. 진의 시황제 이래 가장 넓은 영토를 차지했을 뿐만 아니라 돌궐, 위구르, 거란 등 다양한 민족을 지배했다. 따라서 광대한 영토 구석구석에 일일이 관리를 파견해서 지배하기란 애당초 불가능했다. 당은 변경의 민족에 대해서는 대체로 자치에 맡기는 방식을 택했다. 변경에 주와 그 아래 현을 설치하고 토착 세력(또는 부족장)을 자사나 현령으로 임명했으며, 이들을 감시하고 통제하기 위해 도호부를 두고 조정의 고위 관료를 도호로 임명해 파견했다. 안남 도호부는 당이 변경에 설치한 여러 도호부 중 하나였다.

당 이전의 베트남에서 토착 세력이 지방관으로 임명된 것은 종종 있는 일이었다. 하지만 당나라 때처럼 대부분의 지방 장관이 토착민으로 구성된 적은 없었다. 한 왕조 때 마원이 확립한 직접 지배의 원칙이 600여 년 만에 폐기되고 만 것이다.

안남은 수도에서 멀리 떨어져 있어 당의 관료들도 기피하는 곳이었다. 그러다 보니 무능하고 탐욕스러운 관리가 종종 도호로 파견됐고, 그 결과 여러 차례 토착민의 저항 운동이 일어났다. 하지만 8세기 중반까지는 당 왕조가 정치적 안정을 바탕으로 강력한 군대를 유지했기 때문에 저항 운동은 쉽게 진압됐다.

756년, 지방의 행정 장관 겸 군사령관인 절도사 안록산과 그 부하 장수 사사명이 이끄는 반란군이 제국의 수도 장안을 함락했다. 황제는 백성을 버리고 달아났고, 장안을 비롯한 화북 전역이 잿더미로 변했다. 반란은 진압됐지만, 조정의 권위는 심각하게 훼손됐다.(안사의 난, 755~763) 그 후로도 안록산 같은 절도사들이 조정의 권위에 끊임없이 도전했다. 조정의 쇠퇴는 필연적으로 안남에 대한 지배가 느슨해지는 결과를 낳았다.

9세기 중반, 티베트-미얀마 계통의 민족이 세운 남조(南詔)가 안남의 북서쪽(오늘날의 윈난성 일대)에서 안남으로 세력 확대를 꾀했다. 당은 안남도호부를 유지하는 것만으로도 벅찼지만, 남조의 팽창을 막으려면 전략적으로 중요한 안남을 놓칠 수 없었다. 이에 안남을 둘러싸고 당과 남조 사이에 전쟁이 벌어졌다.

862년 봄 남조의 5만 대군이 안남에 쳐들어오자, 당의 조정은 지원군 3만 명을 보내 이들을 막게 했다. 남조의 위협을 과소평가한 당 조정이 얼마 안 가 지원군을 철수하자, 같은 해 겨울에 남조가 다시 침입하여 이듬해 정월 안남도호부의 소재지인 나성(오늘날 하노이)을 함락했다. 남조의 침략으로 15만 명의 안남 백성이 살해당하거나 포로로 잡혔으며, 수많은 마을이 파괴되었고 백성들은 사방으로 흩어졌다.

864년, 당은 고병을 총사령관으로 임명하여 안남을 탈환하는 임무를 맡겼고, 2년 만에 고병은 임무를 완수했다. 그 직후 당은 안남도호부를 폐지하고 '정해군'이라는 번진(藩鎭)을 새롭게 설치한 뒤 고병을 절도사(번진의 장관)로 임명했다. 고병은 정해절도사로 있으면서 수비를 강화하기 위해 나성의 외곽에 성벽을 쌓고 '대라(大羅)', 즉 다이라성이라고 불렀다. 또한 전란으로 폐허가 된 마을을 재건하기 위해 도로와 다리를 건설했으며, 제방을 쌓고 수로를 냈다. 그리고 토착신을 모시는 사당을 짓고 불교 사원을 세워 민심을 수습하려고 노력했다.

당은 이렇듯 고병의 군사적 활약 덕분에 베트남에 대한 지배권을 회복할 수 있었지만, 안남도호부를 폐지하고 번진을 설치해야 했다. 이는 이미 베트남을 통제할 능력을 상실한 당의 조정이 절도사에게 베트남 통치라는 골치 아픈 짐을 떠넘겼음을 의미한다.

880년, 황소(黃巢)가 이끄는 농민군이 장안을 함락했다. 황제는 도망가고 남은 백성들은 만세를 불렀다. 875년에 시작되어 무려 10년간 지속한 이 봉기로 당나라 전역이 철저하게 파괴됐고, 수백만 명이 목숨을 잃었다. 당의 조정은 일개 지방 정권으로 전락한 것이나 마찬가지였고, 번진들은 사실상 독립 상태에 놓였다. 당 조정은 이제 베트남

쿡트어주 **사당과 동상** 베트남 역사학계는 쿡트어주에 대해 명목상으로는 당의 절도사였지만 사실상 독립 정권을 세웠던 인물로 평가한다.

에 절도사를 파견할 수 없었다.

　당이 멸망하기 직전, 홍강 삼각주의 토착 지배층인 쿡트어주가 정해절도사로 임명됐다. 사실 이는 20년 넘도록 당 조정이 절도사를 파견하지 못하는 상황을 이용해서 쿡트어주 스스로 절도사의 자리에 오른 뒤 당 조정에 승인을 요청한 것이다. 베트남에 신경 쓸 겨를이 없었던 당 조정은 그의 요구를 그대로 수락했다. 907년, 절도사 주전충이 당 왕조를 멸망시키고 후량(後梁)을 세웠다. 하지만 당 멸망을 전후한 시기에 여러 번진이 자립하면서, 중국은 이후 70여 년 동안 완벽한 분열 상태에 놓였다.

　당이 멸망한 후에도 베트남 지역에서는 쿡씨가 대를 이어 정해절도사 자리를 꿰찼다. 당이 멸망한 그해에 쿡트어주의 아들 쿡하오가, 이듬해에는 손자 쿡트어미가 절도사가 됐다. 후량 역시 건국 초기라 베트남에 간섭할 겨를이 없어 쿡씨 가문의 절도사직 승계를 인정했다.

쿡트어미는 정권을 안정시키기 위해 후량에 조공을 바쳤다.

911년, 후량은 정해군의 이웃 번진인 청해군 절도사에 유암을 임명했다. 유암은 대단히 야심 찬 인물로, 후량으로부터의 자립과 베트남 지배를 꿈꾸고 있었다. 917년, 유암은 스스로 제위에 올라 나라 이름을 '대월(大越)'이라 했다. 이듬해에 다시 나라 이름을 대한(大漢), 즉 남한(南漢)으로 고치고, 자신의 이름도 유공으로 고쳤다. 923년에 쿡씨 정권을 지원하던 후량이 망하고 후당(後唐)이 들어서자, 유공은 군대를 보내 다이라성을 함락하고 쿡트어미를 포로로 잡았다(930). 이로써 20여 년에 걸친 쿡씨의 베트남 지배는 끝났지만, 토착민의 저항은 계속됐다.

응오꾸옌, 독립을 쟁취하다

유공의 남한이 베트남을 합병한 이듬해(931), 쿡씨의 부하 장수였던 즈엉딘응에가 무장봉기를 일으켜 남한의 군대를 몰아내고 절도사 자리에 올랐다. 그러나 6년이 채 되지 않아 또 다른 토착 세력인 끼에우꽁띠엔에게 죽임을 당하고 절도사 자리를 빼앗겼다. 이에 즈엉딘응에의 사위이자 부하 장수였던 응오꾸옌이 세력을 규합하여 끼에우꽁띠엔을 공격했고, 끼에우꽁띠엔은 남한에 사신을 파견하여 뇌물을 바치며 도움을 요청했다.

이를 기회라고 생각한 유공은 아들 유홍조를 정해절도사 겸 교왕(交王)으로 임명하여 끼에우꽁띠엔을 구할 군대를 이끌게 했다. 그러나 유홍조의 수군이 박당강 어귀에 도착했을 때 이미 응오꾸옌은 끼에우꽁띠엔을 죽이고 남한의 수군과 싸울 준비를 마친 상태였다.

응오꾸옌은 끝을 뾰족하게 깎아 쇠를 씌운 커다란 말뚝들을 강바닥에 박아 두었다. 유홍조의 함대가 밀물을 타고 강어귀로 들어오자, 응오꾸옌의 병사들은 작고 날랜 배를 타고 싸움을 걸었다가 못 이기는 척 도망치면서 말뚝을 박아 놓은 곳으로 남한의 수군을 유인했다. 유홍조는 함정인 줄도 모르고 신이 나서 추격했다. 남한의 배들이 함정 안으로 완전히 들어왔을 때, 썰물이 지기 시작하면서 말뚝이 모습을 드러냈다. 남한의 장병들은 아차 싶었지만 빠져나갈 수가 없었다. 이때 응오꾸옌이 총공격을 명하자, 숨어 있던 병사들이 함성을 지르며 나타나 적함을 향해 화살을 쏘아 댔다. 남한의 함선들에서 불길이 치솟았고 병사들은 화살을 맞고 강물 속으로 고꾸라졌다. 남한의 선원들은 필사적으로 뱃머리를 돌리려고 했지만, 물살이 워낙 거세 배를 뜻대로 움직일 수 없었다. 수많은 함선이 말뚝을 들이박고 전복됐고, 병사의 절반 이상이 물에 빠져 죽었다. 유홍조는 사로잡힌 뒤 목을 베였다. 뒤따라오던 유공은 패전 소식을 듣고 통곡하면서 남은 병사를 끌고 퇴각했다. 이렇게 남한의 베트남 침략은 완전히 실패로 끝났다.

박당강 전투에서 승리한 이듬해인 939년, 응오꾸옌은 절도사 대신 '왕'을 칭하면서 중국으로부터 독립을 선언하고 응오 왕조를 개창했다. 그리고 베트남의 지배자로서 중국의 잔재가 남아 있는 다이라성을 버리고 어울락 왕국의 수도였던 꼬로아성에 도읍하여 베트남 왕권의 정통성을 계승하려는 의지를 드러냈다. 베트남에서 1,000여 년에 걸친 중국의 지배가 끝나고 독립 국가가 탄생한 것이다.

박당강 전투(938) 베트남 국립 역사 박물관에 전시된 박당강 전투 그림이다. 강 수면 위로 솟아 있는 말뚝이 보인다. 응오꾸옌의 박당강 전투 승리는 베트남이 중국의 오랜 지배에서 벗어나 독립으로 나아가는 계기가 됐다.

후대의 역사가 응오시리엔은 베트남의 역사를 다음과 같이 평했다. "북쪽 나라(중국)가 약해지면 우리나라가 강해지고 북쪽 나라가 강해지면 우리나라가 약해지는 것은 국제 질서의 보편적 원리에 비추어 볼 때 당연하다." 중국에서 통일 제국이 성립했을 때 베트남에서는 국가가 멸망하거나 독립의 움직임이 억제됐고, 중국이 분열됐을 때 베트남은 독립을 유지하거나 독립운동을 활발하게 해 나갔다는 말이다.

물론, 베트남에서 독립 국가가 성립한 사건을 중국의 통일과 분열이라는 외부 원인만 가지고 설명할 수는 없다. 중국의 지배를 받는 동안에도 베트남의 독립 역량은 지속적으로 성장했고, 그것이 중국의

초

남한

응오 왕조

꼬로아

다이라●

호아르●

박보만

응오 왕조 베트남 역사상 처음으로 베트남인
이 세운 왕조로, 이후 베트남 왕조의 토대가
된다. 939년부터 963년까지 24년간 명맥을
이어 갔다.

참파

정세 변동이라는 외부 요인과 맞물려 임계점에 도달했을 때 폭발하듯
중국의 지배로부터 완전히 벗어날 수 있었다고 보아야 할 것이다.

응오꾸옌이 거느린 군대는 쯩 여왕이나 리비의 군대와는 비교가 되
지 않을 정도로 강했다. 응오꾸옌의 병사들은 강바닥에 말뚝을 박는
고된 노역을 감내했을 뿐만 아니라, 적군을 매복한 장소로 정확히 유

인한 뒤 명령이 떨어지자마자 적시에 공격하는 어려운 전술을 수행할 정도로 훈련이 잘돼 있었다.

어떻게 된 일인가? 베트남 사람들은 오랫동안 중국의 지배를 받으면서 중국 군대로부터 군사 기술을 배우고 독자적인 작전 능력을 키워왔다. 또한 교주자사와 안남도호의 밑에서 중국식 통치 기술을 습득하고, 중국인 통치자들이 세운 학교에서 중국의 학문과 기술을 익히면서 장차 독립 국가를 운영할 수 있는 역량을 축적했다. 이러한 흐름을 종합한다면 '탈중국을 위한 중국화'라고 정리할 수 있다.

'탈중국을 위한 중국화'를 주도한 사람들은 중국계 이주민을 포함한 베트남의 토착 지배층이었다. 그들은 교주 또는 안남을 삶의 터전으로 두고 그 속에서 베트남인으로서의 정체성을 키워 나갔고, 내외의 정치적 혼란이나 이민족의 침입에 맞서 자신들의 사회를 지키려고 했다. 동시에 그들은 중국 황제의 신하라는 의식도 가지고 있었다. 오랜 세월 중국의 지배를 받으면서 중국의 울타리 안에 있는 게 자기 가족과 사회를 보호하는 데 도움이 된다고 생각했기 때문이다.

하지만 중국 조정의 무능과 무관심, 조정이 파견한 관리의 착취와 횡포 등 사회 모순에 직면했을 때 조정에 반기를 들고 봉기를 조직한 세력도 토착 지배층이었다. 특히 왕조 말기에 사회의 모순이 극에 달해 중국의 황제로부터 더는 보호받지 못한다고 판단되면, 중국의 지배에서 벗어나 독립 국가를 건설할 꿈을 꾸었다. 그 과정에서 중국의 지배가 시작되기 전 존재했던 옛 왕국의 전통을 끄집어내기도 했다. 그러면서도 자신들이 학습한 중국의 정치 제도나 사상을 독립 국가 건설에 적극적으로 활용했다.

사회주의 국가 베트남의
'자유의 여신' 쯩 자매

'하이바쯩 거리(Đường Hai Bà Trưng)'는 베트남에서 흔하게 볼 수 있는 거리 이름이다. 하노이와 호찌민 같은 대도시뿐만 아니라 꼰뚬 같은 작은 도시에서도 만날 수 있다. '하이바쯩'이란 '두 분의 쯩씨'라는 뜻으로, 쯩 자매를 높여서 부르는 말이다.

베트남에서는 거리나 학교 이름에 역사 인물의 이름을 붙이는 경우가 많다. 국가 차원에서 역사 인물의 업적을 널리 기념하기 위해서다. 유명한 인물일수록 도로 표지판에 등장하는 빈도가 높은데, 그런 만큼 쯩 자매가 베트남에서 얼마나 유명한 역사 인물인지 알 수 있다. 베트남에서 쯩 자매를 기념하는 이유는 바로 그들이 중국의 지배에 맞서 독립운동을 펼친 최초의 인물이기 때문이다. 쯩 자매는 애국의 상징이자 자주독립의 표상으로 존경받고 있다.

쯩 자매에 대한 숭배는 지금으로부터 1,000여 년 전부터 시작됐다. 베트남 역대 왕조가

하노이 하이바쯩 사당 베트남에는 쯩 자매를 기리는 하이바쯩 사당이 여럿 있다. 하노이의 하이바쯩 사당에는 쯩 자매가 전투에 나설 때 탔던 동물인 두 마리의 코끼리 동상이 서 있다.

하이바쯩 거리임을 알리는 도로 표지판(왼쪽)과 하이바쯩 축제

쯩 자매를 기리는 사당을 세웠고, 오늘날에도 여러 곳에 사당이 남아 참배객을 맞이하고 있다. 쯩 자매의 출신지에 세워진 하로이 사당에서는 매년 음력 1월 6일에 쯩 자매를 기념하는 축제를 연다. 축제가 시작되면 수백 명의 주민이 전통 의상을 입고서 깃발을 흔들고 북을 치고 여왕의 가마를 매거나 전투용 코끼리 모형을 끌면서 거리를 행진한다. 쯩 자매의 독립운동을 재현하는 행사를 통해 주민들은 쯩 자매에게 감사하는 마음을 키우고, 더 나아가 축제에 참여한 사람 모두가 같은 베트남 민족이라는 것을, 자유와 독립이 소중하다는 것을 강렬하게 느끼게 된다.

하노이시에 있는 핫몬 사당에서는 매년 음력 3월 6일에 주민들이 모여서 쯩 자매에게 제사를 지내고 축제를 연다. 음력 3월 6일은 쯩 자매의 봉기가 일어났다고 추정되는 날이다. 2016년 4월 12일(음력 3월 6일), 핫몬 마을에서 정부 주도로 대중국 항쟁 1,976주년을 기념하는 행사가 성대하게 치러졌다. 오늘날 쯩 자매는 사회주의 국가 베트남을 수호하는 '자유의 여신' 역할을 하고 있다.

2장

북부에서 초석을 닦은 왕조 국가

중국의 지배에서 벗어난 후 베트남 북부는 70년 사이에 무려 세 왕조가 차례로 생겼다가 사라지는 등 정치적으로 불안했다. 11세기에 이런 상황을 마감하고 성립한 리 왕조는 왕위의 장자 상속 제도, 과거 제도 등을 도입해 중앙 집권 체제를 강화함으로써 200년 넘게 지속할 수 있었다. 13세기에 성립한 쩐 왕조는 황실 부계 친족 간 단결을 통해 황제 권력을 강화했다. 15세기에 잠시 베트남 북부를 장악했던 명을 몰아내고 성립한 레 왕조는 유교를 통치 이념으로 삼고 과거 제도를 강화해 문인 관료를 적극적으로 등용했다. 이렇듯 리 왕조를 비롯해 북부에서 일어난 역대 베트남 왕조는 중국의 문물을 수용함으로써 중앙 집권 체제를 강화하고, 송·몽골(원)·명으로 이어지는 중국 역대 왕조의 침입을 물리칠 역량을 쌓을 수 있었다. 동시에 참파, 란쌍 등 주변 약소국과 소수 민족을 복속하면서 중국과 대등한 소제국을 추구했다.

939~963년	응오 왕조
968~980년	딘 왕조
980~1009년	전(前) 레 왕조
1009년	리 왕조 성립
1225년	쩐 왕조 성립
1400년	호 왕조 성립
1407~1428년	명 지배기
1428년	레 왕조 성립
1527년	막씨의 황위 찬탈(막 왕조 성립)
1592년	레 왕조 부흥(찐씨 정권 수립)

1054년	동·서 교회 분열
1096~1099년	제1차 십자군 전쟁
1337~1453년	백년 전쟁
1453년	비잔티움 제국 멸망

918년	고려 건국
936년	고려, 후삼국 통일
1259~1356년	원 간섭기
1392년	조선 건국

1040년경~1307년	셀주크 제국
1299년	오스만 제국 성립
1370~1507년	티무르 제국
1501년	(이란) 사파비 왕조 성립

907~960년	오대
916~1125년	요
960~1127년	북송
1115~1234년	금
1127~1279년	남송
1206년	몽골 제국 성립
1368년	명 건국

1192년	(북인도) 이슬람 지배 시작
1206~1526년	(북인도) 델리 술탄 왕조
1336~1646년	(남인도) 비자야나가르 왕국
1526년	무굴 제국 성립

1 | 리 왕조가 다이비엣을 세우다

까인투이 2년, 쿠데타가 일어나다

"황상께서 붕어하셨다!"

때는 1009년, 다이꼬비엣(베트남의 옛 이름) 황제 레롱딘이 즉위한 지 5년째 되던 해 겨울이었다. 당시 다이꼬비엣 달력은 그해를 '까인투이 2년'이라고 썼다. '까인투이(景瑞)'는 '황제의 정치가 찬란한 빛을 발하고 좋은 일만 가득하라'는 염원을 담은 연호였다. 하지만 레롱딘의 통치는 그와 정반대였다.

레롱딘은 죄인을 꽁꽁 묶어서 불태운다든가, 나무에 매단 채로 그 나무를 베어서 쓰러뜨린다든가, 우리에 넣은 채로 물에 빠뜨린다든가 해서 그 사람이 죽어가는 걸 지켜보며 즐거워할 만큼 잔인한 성품이었다. 행실 또한 어릿광대를 시켜 신하들을 웃음거리로 만들고는 손뼉을 치며 큰 소리로 웃곤 할 만큼 경박했다. 레롱딘은 치질이 심해서 앉

레롱딘 전(前) 레 왕조의 3대 황제로 1005년에 형 쫑똥(중종) 황제를 시해하고 제위를 찬탈했다. 당시 수도였던 호아르(오늘날 닌빈)에 그의 동상이 있다.

지를 못하고 누워서 신하들을 맞이하곤 했는데, 그 때문에 '와조(臥朝) 황제'로 불렸다. '누울 와(臥)'에 '알현할 조(朝)' 자를 쓴 것이니, 누워서 정치를 한다는 조롱 섞인 별명이었다. 백성들은 황제가 술과 여자에 빠져 방탕한 생활을 하다가 치질에 걸렸다고 수군거렸다.

와조 황제가 사망했을 당시, 그의 아들은 겨우 12세였다. 황제의 동생들이 제위를 다투었지만, 두각을 나타내는 인물이 없었다. 그런데 이들 간의 황위 다툼이 지지부진한 틈을 타 어느 날 친위전전지휘사(親衛殿前指揮使, 친위대 사령관) 리꽁우언이 병사들을 이끌고 순식간에 궁궐을 장악했다. 조정 신료들이 서로 눈치만 살피고 있을 때, 다오깜목이라는 관리가 리꽁우언 앞으로 나아갔다.

근래 주상(와조 황제)께서 어리석고 포악하여 의롭지 못한 일을 많이 행하시니, 하느님께서 주상을 꺼리어 천수를 누리지 못하게 했습니다. 후사가 있되 나이가 어려서 허다한 난관을 감당할 수 없습니다. 번다한 일들이 산더미처럼 쌓여 있고 뭇 신령이 편안하지 못하니, 백성이 불안에 떨면서 임금다운 임금을 고대하고 있습니다. 친위(리꽁우언)께서는 이러한 위기 상황에서 탁월한 계책과 성스러운 결단을 내리시어, 멀게는 성탕과 무왕●의 사적을 살피고 가깝게는 딘 왕조와 레 왕조의 업적을 참고하여 위로는 하늘의 뜻을 따르고 밑으로는 백성의 기대에 부응하소서.

　　　　　　－《대월사기전서》〈본기〉 권2 와조 황제 까인투이 2년(1009) 10월 조

　유교 사상을 빌려서 반역 행위를 정당화하는 논리는 어느 시대 어느 왕조에서나 통하는 모양이다. 리꽁우언은 관료 집단의 지지를 확인한 뒤에 못이기는 척 그들의 요청을 받아들였다. 리꽁우언이 옥좌에 앉자, 백관이 궁궐 뜰 아래 모여 일제히 절을 올렸다. 그러고는 궁궐 전체가 들썩거릴 정도로 목청을 높여 만세를 불렀다. 전(前) 레 왕조●●를 대신해 리 왕조가 들어서는 순간이었다. 리꽁우언은 왕조의 시조로서 죽은 뒤에 '타이또'라는 묘호를 받았다. '묘호'란 종묘에 죽은 임금의 신위를 모실 때 붙이는 이름으로, 원래 중국에서 임금이 사망한 뒤에 생전의 공덕을 기리기 위해 붙이던 것이다. 리 왕조는 묘호

● 성탕과 무왕은 각각 역성혁명으로 새로운 왕조를 세운 상(은) 왕조와 주 왕조의 왕이다. 성탕은 하나라를 멸하고 상나라를 세웠으며, 무왕은 상나라를 멸하고 주나라를 세웠다.

●● 이로부터 400여 년 뒤인 1428년에 성립한 레 왕조와 구분하기 위해 '전 레 왕조'라고 부른다.

를 채택한 최초의 베트남 왕조다.

남한 군대를 격파한 응오꾸옌이 939년에 '왕'을 칭한 뒤부터 리꽁우언이 리 왕조를 수립할 때까지 70년 동안 응오 왕조, 딘 왕조, 레 왕조가 차례로 생겼다가 사라졌다. 이들 왕조는 오래가지 못했다. 응오 왕조는 4대 24년(939~963), 딘 왕조는 2대 12년(968~980), 전 레 왕조는 3대 29년(980~1009) 만에 멸망했다. 응오 왕조의 경우, 죽은 왕의 처남이 잠시 조카가 이어야 할 왕위를 찬탈한 일도 있었다(944~950). 딘 왕조의 경우, 왕자들이 제위 쟁탈전을 벌이다가 엉뚱하게도 신하에게 제위를 빼앗기는 사태가 벌어졌다. 레 왕조에서는 동생(레롱딘)

딘띠엔호앙 사당 사진은 호아르에 수도를 건설한 딘 왕조의 시조 딘띠엔호앙의 사당이다. 호아르는 탕롱으로 천도하기 전까지 딘 왕조와 레 왕조의 수도였지만, 지금은 왕들의 위패를 모신 사당만이 남아 옛 수도를 지키고 있다.

이 형(쭝똥)을 죽이고 제위에 올랐다가 죽자, 끝내 신하(리꽁우언)에게 제위가 넘어가는 상황이 전개되었다. 딘 왕조에서 레 왕조, 다시 리 왕조로의 왕조 교체는 이렇게 이루어졌다.

중국의 지배에서 벗어난 지 70년이 지났지만, 베트남의 정치는 여전히 불안했다. 후계를 둘러싼 분쟁이 계속되었고, 중앙 정부의 권력은 지방 세력을 완전히 제압할 정도로 강하지 못했다. 거기에 더해 중국의 위협과 참파의 침입이 끊이지 않았다. 리꽁우언과 그의 후계자들은 끊임없이 고민했을 것이다. 어떻게 해야 이런 상황을 극복하고 나라를 안정된 기반 위에 올려놓을 수 있을까?

다이꼬비엣에서 다이비엣으로

리 왕조의 창업자 타이또(리꽁우언)가 가장 먼저 추진한 사업은 수도를 홍강 삼각주 남부의 호아르에서 홍강 삼각주 중심부의 다이라로 옮기고 '탕롱'이라는 새로운 이름을 붙인 일이다. 다이라는 8세기 이래 중국이 베트남 통치의 거점을 마련하기 위해 건설한 도시라서 중국계 이주민들이 많이 살았다. 그러나 응오꾸옌이 독립을 선언한 뒤 한동안 정치의 중심에서 벗어나 있었다. 응오꾸옌과 그 후계자들이 다이라를 버린 이유는 독립의 의지를 보여 주기 위해서였다. 그렇다면 리 왕조의 타이또가 다시 다이라로 천도한 이유는 무엇일까?

베트남 사람들에게 중국은 극복의 대상인 동시에 학습의 대상이었다. 중국은 거대한 규모만으로도 갓 독립한 베트남 왕조에 큰 위협이

리꽁우언 리 왕조의 타이또 리꽁우언은 불교계의 전폭적인 후원을 받아 레 왕조에서 승진을 거듭했고 마침내 제위에 올라 새로운 왕조를 수립할 수 있었다.

였다. 베트남 사람들은 거대한 제국이 오랫동안 통일성을 유지하면서 위세를 떨치는 비결이 궁금했다. 이들은 유교나 율령 같은 중국의 문화와 제도에서 그 비결을 찾았다. '중국의 문화와 제도를 잘 배워서 제대로 써먹는다면 베트남의 정치를 안정시키는 데 도움이 되지 않을까?' 하는 기대가 리 왕조의 통치자를 다이라로 이끌었다.

베트남 사람들이 제일 신기하게 생각한, 그러면서도 중국식 통치 체제의 핵심이라고 생각한 것은 첫째 아들에게 임금 자리를 물려주는 제도였다. 왕위의 부자(父子) 상속, 그중에서도 장자 상속은 베트남을 비롯한 동남아시아에서 대단히 낯선 문화였다. 동남아시아에서는 왕위 계승이 혈연보다는 실력에 따라 이루어졌다. 선왕의 아들이나 형제라고 해서 자동으로 왕위가 계승되지는 않았다. 그렇다고 원칙이 따로 있는 것도 아니었다. 오직 힘에 따를 뿐이었다. 따라서 동남아시아 역대 왕조에서는 왕위 계승을 둘러싼 분쟁이 끊임없이 일어날 수밖에 없었다. 베트남도 예외가 아니었다.

타이또는 자신의 첫째 아들을 황태자로 책봉했지만 다른 아들들도 제후로 봉하고 세력을 인정해 주었다. 그래서 황태자의 지위가 확고하지 못했다. 이는 결국 타이또가 사망하자마자 왕자들이 황태자의 제위 계승에 반발하여 반란을 일으키는 사태를 낳았다.

형제들의 반란을 진압하고 간신히 제위에 오른 타이똥(태종)은 중국의 문물과 제도를 도입하여 황제의 권력을 강화하고자 했다. 우선, 제위 계승 분쟁을 방지하기 위해 다섯 살밖에 안 된 자신의 첫째 아들을 황태자로 삼았다. 장자 계승 원칙을 분명히 한 것이다. 리 왕조의 황제는 모두 9명인데, 선제의 아들로서 제위에 오른 자가 6명, 그중에서도 첫째 아들은 4명이었다. 이는 제위 계승이 비교적 안정적으로 이루어졌다는 사실을 알려 준다. 리 왕조는 베트남 최초의 장기 왕조로 이전 왕조들과 달리 200년 넘게 장수했는데, 그 기초를 닦은 인물이 바로 타이똥이다.

타이똥은 당의 율령을 모방하여 베트남 최초의 법전인 《형서(刑書)》를 반포했다. 오늘날까지 전해지지 않아서 구체적인 내용은 알 수 없지만, 황제에게 불충하는 행위에 대해 매우 무겁게 처벌하는 등 '충(忠)'을 중시하는 유교 윤리가 반영된 것으로 추측된다. 타이똥은 황제의 친위대를 강화했고, 관리의 근무 성적을 평가하여 승진과 좌천을 결정하는 고과 제도도 도입했다.

타이똥의 장남으로 제위에 오른 타인똥(성종)은 나라 이름을 딴 왕조 때부터 사용되어온 '다이꼬비엣(大瞿越)'에서 '꼬(瞿)'를 뺀 '다이비엣(大越)'으로 고쳤다. 가운데 '꼬'는 한자가 아니라 쯔놈●으로, '나라'라는 뜻이다. 한자의 음을 빌려서 베트남 고유어를 표기하는 문자인 쯔놈은 베트남 고유의 정서를 표현할 때 사용됐다. 타인똥이 쯔놈을 빼고 온전한 한자 국명을 채택한 것은 적극적으로 중국 문화를 수용하려는 그의 의지를 보여 준다. '다이비엣('위대한 비엣족의 나라'라는 의미)'은 15세기 호 왕조 때를 제외하고 이후 750년 동안 베트남 역대 왕조의 국명으로 사용됐다.

타인똥은 문묘(文廟, 공자를 모신 사당)를 세우고 공자에게 제사를 지냈다. 문묘 안에는 학교를 세워 황태자에게 유학을 가르쳤다. 역시 타인똥의 장남으로 제위에 오른 년똥(인종)은 1075년 베트남 역사상 최초로 과거제를 실시하여 유학에 밝은 인재를 관리로 뽑았고, 이듬해에는 국자감(국립대학)을 설치하여 관리들에게 유학을 가르쳤다. 리 왕조의 황제들이 공자를 숭배하고 유학을 장려한 목적은 무엇일까? 이는 문서 행정을 담당할 인재를 기르기 위한 것이자, 궁극적으로는 새로운 유학자 관료를 양성함으로써 귀족 관료의 세력을 약화하고 황제에게 충성하는 관리를 확보하기 위해서였다.

● 한자의 요소를 독특하게 결합하여 만든 베트남 고유의 문자로, 글자 수는 2만 개가 넘었다. 예를 들어, '하늘'을 뜻하는 베트남어를 비슷한 뜻의 한자 천(天)과 상(上)으로 조합해 '𡗶'라고 썼다. 20세기에 로마자 표기를 도입하면서 쓰지 않게 되었다.

하지만 리 왕조에서 유학은 아직 발달하기 전이었고, 그런 만큼 과거 제도의 발달도 미진했다. 과거가 정기적으로 실시된 것도 아니었고, 뽑는 인원도 적었다. 게다가 과거 합격이 반드시 정치적 출세를 보장하지도 않았다. 리 왕조의 고위 관료들은 대체로 황제의 측근 출신이었다. 출세하는 데는 유교적 소양이나 과거 합격보다 황제와의 사적인 인연이 훨씬 중요한 요인으로 작용했다. 과거 합격자는 주로 실무 행정을 담당하는 하급 관리로 임용됐다.

리 왕조의 황제들은 유교보다 불교를 더 중시했다. 리 왕조의 창시자 타이또는 어려서 절에서 자랐고 제위를 차지하는 과정에서 불교계의 지원을 받았다. 게다가 백성 대부분이 불교를 믿었기 때문에 민심

못꼿 사원 베트남에 현존하는 가장 오래된 불교 사원으로 타이똥 황제 때 지어졌다. 황제가 꿈속에서 관세음보살이 연화대(연꽃 모양의 자리)에 앉아 있는 모습을 본 뒤 지은 절이라고 한다. 한 개[Một]의 돌기둥[Cột] 위에 건물을 짓고 그 안에 관세음보살을 모셨다고 하여 '못꼿(Một Cột)' 사원이라고 불린다.

을 얻기 위해서라도 부처의 권위를 빌릴 필요가 있었다. 황제들은 사찰을 건립하고 탑을 세우고 종을 주조하여 사찰에 기증하는 등 불교를 후원하고 장려했다. 유학을 장려한 타인똥과 년똥도 예외가 아니었다. 불교계 지도자는 국사(임금의 스승)로 우대받았으며, 승려는 관리를 선발할 때 추천권을 행사하는 방식으로 정치에 관여했다. 리 왕조의 실질적 통치 이념은 불교였고, 유교는 보조적 역할을 하는 데 지나지 않았다.

단기적으로 보았을 때, 중국의 문화와 제도는 베트남 사회에서 제한적인 역할만 했다. 하지만 사회를 서서히 변화시켰고 다른 동남아시아 국가와는 구별되는 독특한 개성을 베트남 사회에 부여했다. 무엇보다 황제 권력을 강화하는 데 이바지했으며, 그 때문에 리 왕조와 후대 왕조의 통치자들은 계속해서 중국의 문물제도에 관심을 기울이며 모방하려고 노력했다. 그러한 노력은 중국의 침략에 맞서 싸우는 동안에도 멈출 줄 모르고 계속됐다.

'안남'의 탄생, 송과 싸우면서도 조공을 바치다

타이또는 즉위한 이듬해(1010) 곧바로 중국의 송나라에 사절을 보내 상아·무소뿔·코끼리 등을 공물로 바쳤고, 송나라 황제는 타이또를 교지군왕(交趾郡王)에 책봉했다. 그 결과 다이비엣과 송 사이에 조공-책봉 관계가 성립되었다. 여기서 '군왕(郡王)'은 중국의 여러 군 중 일개 군의 지배자에 불과하다는 뜻으로, 베트남을 독립 국가로 인정하

리트엉끼엣 송나라군에 대한 선제공격과 이후의 참파 공략을 이끈 다이비엣의 명장이다. 하노이에 그의 이름을 딴 리트엉끼엣 거리가 있다.

지 않겠다는 의미였다. 그런데도 타이또 이래 역대 리 왕조 (1009~1225)의 황제들은 송(960~1279)과 우호 관계를 유지하려고 노력했다. 북쪽 국경을 안정시키고 송의 선진 문물을 수용하기 위해서였다. 하지만 국경 지역의 소수 민족에 대한 지배권을 놓고 종종 송과 갈등을 빚었다. 송은 겉으로는 조공을 받고 책봉을 내리면서도 속으로는 다이비엣을 침략할 기회만 엿봤다.

1072년 년똥이 불과 여섯 살의 나이에 제위에 오르자, 이를 기회로 여긴 송은 다이비엣 침략 준비에 박차를 가했다. 년똥은 기선을 제압하기 위해 선제공격을 결정하고, 1075년 리트엉끼엣에게 10만 대군을 주어 송의 국경 도시를 공격하게 했다. 이듬해에는 송의 군대가 대

〈직공도〉 '직공도(職貢圖)'란 중국에 조공하러 오는 외국 사신의 생김새나 복식 등을 그린 풍속화다. 이 그림은 15세기 명나라 화가 구영이 그린 〈직공도〉로, 남송으로 가는 리 왕조 사신들(오른쪽)과 요나라 사신들(왼쪽)의 행렬이 보인다. 리 왕조의 사신들은 코끼리를 타고 있다.

대적인 침공에 나서 다이비엣의 수도 탕롱에서 멀지 않은 홍강 북안까지 밀고 내려왔지만, 홍강 남안에 포진한 리트엉끼엣 군대의 반격을 받아 큰 피해를 보고 물러나야 했다.

전쟁의 장기화로 백성들의 피해가 커지는 것을 원하지 않았던 다이비엣은 분쟁의 조속하고 원만한 해결을 위해 송과 협상을 시작했다. 송나라 군대의 완전한 퇴각을 위해 일단 다이비엣은 송에 북쪽 변경의 땅을 양도했다. 이에 송의 군대가 완전히 물러나자, 이듬해 송에 사절을 보내 양도한 땅의 일부 반환을 요청했다. 수년간의 협상 끝에

영토 반환이 이루어지고 양국 간의 국경도 정해졌다(1084). 다이비엣
은 원하던 땅을 얻었고, 송은 조공-책봉 관계의 유지를 약속받음으로
써 천자의 나라로서 체면치레를 할 수 있었다.

　이후로는 두 나라 사이에 분쟁이 거의 일어나지 않았다. 다이비엣
은 3년 또는 4년마다 한 번씩 송에 조공 사절을 파견했고, 송은 다이
비엣에 대한 야심을 접었다. 하지만 송은 여전히 다이비엣 황제를 '교
지군왕'이라 칭함으로써 독립 국가로 인정하려 들지 않았다. 자존심
이 허락하지 않았던 것이다. 그런데 송이 마지막 남은 자존심마저 버

려야 할 순간이 다가오고 있었다.

1126년, 여진족의 금나라 군대가 송의 수도 변경(오늘날의 허난성 카이펑)을 점령하고, 이듬해 송의 황제를 포로로 끌고 갔다(정강의 변). 이에 황제의 아우가 양쯔강 이남으로 피신하여 임안(오늘날의 저장성 항저우)을 수도로 왕조를 재건했는데, 이때를 기점으로 이전의 송나라를 '북송(北宋)', 이후의 송나라를 '남송(南宋)'이라고 부른다. 이후 40여 년 동안 남송은 두 차례에 걸쳐 금의 침공을 받았다. 이런 상황에서도 다이비엣은 남송에 조공을 바쳤고, 남송도 전례에 따라 다이비엣 황제를 교지군왕으로 책봉했다. 1170년, 남송의 사절과 금의 사절이 경쟁적으로 다이비엣을 방문했다. 두 나라 사신 모두 다이비엣에 우호적 조건을 제시하며 자신의 나라를 지지해 달라고 했다. 특히 남송은 앞으로 발생할지 모르는 금의 위협에 대응하기 위해서 다이비엣을 확실히 자기 편으로 만들 필요가 있었다.

1174년, 남송은 다이비엣 군주를 안남국왕(安南國王)에 책봉했다. '군왕'에서 '국왕'으로 격상하는 조치로서, 다이비엣이 실질적으로 독립한 지 230여 년 만에, 그리고 리 왕조가 들어선 지 160여 년 만에 중국이 공식적으로 다이비엣을 독립국으로 인정한 것이다. 이러한 다이비엣의 국제적 지위 격상은 '금의 흥기와 송의 영토 축소'라는 동아시아 국제 질서의 변동이 낳은 결과였다.

'안남(安南)'이란 중국의 남쪽 변경을 안정시키는 임무를 베트남에 준다는 뜻으로, 다이비엣을 제후국으로 여기는 중국 중심의 세계관이 반영된 말이다. 이후 18세기까지 베트남 왕조들은 중국을 대할 때 '안남'을 국호로 사용하면서 중국과 조공－책봉 관계를 유지했다. 그러나 나라 안에서는 다이비엣을 국호로 사용하면서 중국과 대등한 독립 제국을 지향했다.

리 왕조 이래로 베트남 왕조들은 중국과 맞먹는 위대한 나라를 자처했다. 중국의 선진 문물을 받아들이고 중국의 제도를 모방하면서 베트남을 중국에 버금가는 문명 세계, 중국에 버금가는 위세를 가진 '소(小)제국'이라 여겼다. 제국으로 뻗어 나가고자 하는 욕망은 중국의 지배를 극복하고 중국 문화를 학습하는 과정에서 생겨난 것이다. 그런데 제국이 되려면 주변국들을 속국으로 거느리고 그들로부터 조공을 받아야 한다. 리 왕조는 제국이 되기 위해 어떤 노력을 기울였을까?

앙코르 왕국과 참파에 맞서며 성장하다

《대월사기전서》에 따르면, 리 왕조 200년 동안 앙코르 왕국(크메르 제국, 오늘날의 캄보디아)이 13회, 참파가 12회 다이비엣으로 사신을 보내 조공을 바쳤다고 한다. 그렇다면 앙코르 왕국과 참파가 다이비엣의 속국이었을까? 그렇지는 않다. 당시 앙코르 왕국은 수도 앙코르 일대에 거대한 사원을 세우고 베트남 남부까지 지배한 인도차이나반도의 강대국이었다. 다이비엣에 조공을 바칠 이유가 없었다. 참파는 베트남 중부에서 성립한 나라로 앙코르 왕국만큼 강대국은 아니었지만 다이비엣의 속국도 아니었다. 그렇다면 '앙코르 왕국과 참파의 사신이 다이비엣에 와서 조공을 바쳤다'라는 기록의 실상은 무엇일까?

리 왕조 시대 다이비엣의 남쪽 변경 지방인 응에안은 대(對) 참파 군사 작전의 전초 기지였지만, 중국과 동남아시아 각지를 연결하는 중계 무역의 거점이기도 했다. 앙코르 왕국을 비롯한 동남아시아 각국의 상인들이 쯔엉선산맥을 넘거나 배를 타고 이곳에 와서 중국 상인들과 거래했다. 앙코르 왕국에서 왔다는 사신의 정체는 바로 상인이었다.

앙코르 국왕이 파견한 사신은 중국 상인과 거래하면서 다이비엣에 대한 외교 활동도 함께했다. 그 과정에서 리 왕조의 군주들에게 예물을 바쳤는데, 협조를 부탁하려는 의도였지 복종을 뜻하진 않았다. 하지만 다이비엣의 통치자들은 그것을 '조공'으로 간주했다.

12세기 이후로는 리 왕조와 앙코르 왕국 간에 전쟁이 벌어지면서 종래의 교류가 거의 끊기고 말았다. 12세기 중반에 수리야바르만 2세●가 파견한 앙코르 군대가 네 차례나 쯔엉선산맥을 넘어 응에안을 공격했다. 13세기 초에는 자야바르만 7세●●가 파견한 군대가 두 차례 응에안을 공격했다. 앙코르 왕국의 번영을 이끈 위대한 군주로 평가

● 캄보디아 역사상 가장 넓은 영토를 지배한 왕으로 앙코르와트를 세운 왕이기도 하다.
●● 참파를 격퇴하고 앙코르 왕국의 마지막 전성기를 이끈 왕으로 수도인 앙코르톰을 완성하고 바욘 사원을 세웠다.

앙코르와트 12세기 초 앙코르 왕국의 수리야바르만 2세가 힌두교의 신 '비슈누'를 모시기 위해 세운 대규모 석조 사원이다. 사원의 규모를 통해 당시 앙코르 왕국의 위세를 짐작할 수 있다.

받는 두 사람은 왜 응에안을 공격했을까? 중계 무역의 이익을 빼놓고는 그 이유를 생각할 수 없다. 리 왕조는 응에안을 지키는 데 가까스로 성공했고, 그로써 중계 무역의 이익을 계속해서 누릴 수 있었다.

다이비엣이 가장 많이 싸운 나라는 참파다. 참족이 오늘날의 베트남 중남부에 세운 참파는 하나의 국가가 아니라 인드라푸라(오늘날의 꽝남성 동즈엉), 비자야(오늘날의 빈딘성 꾸이년), 카우타라(오늘날의 카인호아성 냐짱), 판두랑가(오늘날의 닌투언성 판랑) 등 다수의 지방 세력이 느슨하게 결합한 연합 왕국이었다. 참파는 1,000년 동안 열세 번이나 왕조가 교체됐는데, 그때마다 경쟁에서 승리한 지방 세력이 새로운 왕조를 세워 왕국 전체를 이끌어 가는 식이었다. 참파의 영토는 해안을 따라 남북으로 길게 늘어서 있는 데다가, 정치의 중심지인 항구 도시들이 동서 양쪽으로 바다와 산지로 가로막혀 있어서 강력한 중앙 정부가 성립하기 어려웠다. 경제도 배후지의 농업 기반이 취약한 탓에 농업보다 해외 무역에 더 의존했다.

2세기 말에 세워진 참파는 중국에 조공을 바치면서도 남중국해 해상 무역의 이익을 둘러싸고 중국과 종종 전쟁을 벌였다. 베트남이 중국으로부터 독립한 뒤에는 베트남과 중계 무역의 이익을 둘러싸고 경쟁하는 사이가 됐다.

참파는 여러 차례 다이비엣의 변경을 침공했으나 번번이 방어선을 돌파하지 못하고 물러났다. 리 왕조도 타이똥과 타인똥 황제 때 참파에 대한 대규모 원정을 감행하여 수도 비자야를 파괴하고 참파 국왕을 비롯해 많은 포로를 획득하고 재물을 약탈하고 돌아왔다. 년똥 황제 때는 리트엉끼엣이 이끄는 군대가 두 차례에 걸쳐 참파의 변경을

대리

남송

쯔

홍강

⊙탕롱

호아르●

박보만

다이비엣

응에안

영

선

인드라푸라 ●

참파

앙코르 왕국

산

비자야 ⊙

⊙앙코르

카우타라 ●

맨 판두랑가 ●

메콩강

| 11~12세기 다이비엣과 참파 |

다이비엣과 참파는 응에안 이남의 접경 지역을 둘러싸고 일진일퇴를 거듭했다. 리 왕조 200년 동안 참파에서는 왕조가 네 차례 교체되었다. 참파는 수세기에 걸쳐 다이비엣의 침략을 받으며 수도를 점차 남쪽으로 옮겼다.

꾸이년의 쌍둥이 탑 참파의 수도가 비자야일 때 세워진 탑이다.

공격했다. 다이비엣의 대규모 침공이 예상될 때마다 참파 국왕은 사신을 보내 공물을 바치고 공격을 사전에 차단하려고 했다.

리 왕조는 제국을 지향했지만, 현실은 베트남 북부의 신흥 강국에 머무를 수밖에 없었다. 쯔엉선산맥을 넘어 군대를 이동시킬 능력이 없는 그들에게 앙코르 영토 공략은 꿈도 꿀 수 없는 일이었다. 참파에 대해서는 대체로 우세한 입장이었으나 완전히 제압할 정도는 아니었다. 리 왕조가 멸망하기 직전까지 앙코르와 참파의 침략이 잦았던 이유다. 그렇다면 리 왕조가 더는 발전하지 못했던 이유, 궁극적으로 외적 쩐씨에게 제위를 빼앗길 수밖에 없었던 이유는 무엇일까?

리 왕조의 황제들이 중국의 선진 문물을 받아들여 왕권을 강화하려고 노력했음에도 불구하고, 직접 지방관을 파견할 수 있었던 지역은 수도인 탕롱 일대와 남쪽의 요충지 응에안, 북쪽 변경의 몇몇 요충지 정도였다. 지방을 지배한 주체는 여전히 호족들이었고, 리 왕조의 지방 통치는 호족들의 지역 지배권을 인정하는 수준에 불과했다.

리 왕조는 징세를 통한 수입이 부족했기 때문에 관료들에게 봉급을 지급하는 대신 일정 지역에서 세금을 징수하고 노동력을 징발할 권리를 부여했다. 상비군이라고는 황제의 친위대 2,000~3,000명에 불과했고, 전쟁이나 반란이 일어났을 때만 임시로 지방군을 편성했다. 따라서 적국의 수도를 함락시켜도 이를 유지할 능력이 없었다. 대외 침략은 영토의 확장이 아니라 자원이나 노동력의 약탈이 주된 목적일 수밖에 없었다.

요컨대, 리 왕조 시대의 베트남은 호족 연합 정권을 약간 넘어선 단계였다. 유능한 황제가 즉위해서 부지런히 국정을 주도하고 황제의 측근 세력이 황제를 중심으로 일치단결했을 때는 지방 호족들이 감히 제위를 넘보지 못했다. 하지만 리 왕조 말기에 황제가 환락에 빠져 정사를 돌보지 않고 측근 세력마저 타락하여 권력 투쟁을 일삼자, 그렇잖아도 독립적 성격이 강한 지방 호족들이 중앙에 반기를 들었다. 결국 반란을 진압하는 과정에서 세력을 키운 외척 쩐투도가 일곱 살짜리 베트남 최초이자 유일의 여제(女帝)를 대신해 실권을 장악했다. 쩐투도는 허수아비에 불과한 여제를 압박하여 여제의 남편이기도 한 자기 조카 쩐까인에게 제위를 양도하게 했다. 1225년, 리 왕조는 허망하게 무너지고 말았다.

2 쩐 왕조가 몽골의 침입을 물리치다

쭝흥 3년, 몽골이 세 번째로 쳐들어오다

1287년 11월, 쩐 왕조의 황제 년똥이 즉위한 지 10년째 되는 해 겨울이었다. 다이비엣 달력은 그해를 '쭝흥 3년'이라고 썼다. '쭝흥(중흥)'은 년똥의 두 번째 연호인데, 몽골의 두 번째 침입(1284~1285)을 물리친 일을 기념하고 피폐해진 국가를 재건하겠다는 의지를 드러낸 것이었다. 그러나 년똥과 신하들에게는 중흥을 도모할 여유가 없었다.

"원나라 황자 토곤이 국경을 침범했습니다."

"적병의 수가 30만(실제로는 10만)이나 된다고 합니다."

탕롱 조정에 긴장감이 감돌았다. 올 것이 오고야 말았다는 분위기였다. 황제가 어두운 표정으로 황실의 어른이자 조정의 원로대신인 쩐흥다오에게 물었다. "적들이 쳐들어왔으니, 어찌하면 좋겠소?" 쩐흥다오가 대답했다. "올해 쳐들어온 적들은 물리치기 쉽습니다."

순간 황제의 낯빛이 밝아졌다. 30세의 청년 황제는 자기보다 서른 살이나 연상인 신하 쩐흥다오의 얼굴을 처다보았다. 3년 전, 몽골군의 추격을 피해 도망 다닐 적에 쩐흥다오는 늘 곁에서 그를 지켜 주었다. 상황(上皇)* 타인똥이 절망 속에서 항복하겠다는 뜻을 내비쳤을 때, 쩐흥다오가 강력하게 반대했다. "제 목을 친 뒤에 항복하소서!" 적들은 결국 제풀에 지쳐 물러가려 했고, 쩐흥다오가 그런 적군을 공격해서 적장의 목을 베고 다수의 적병을 살상하거나 사로잡았다. 쩐흥다오가 아니었다면 황제는 지금쯤 원나라 수도에 끌려가서 온갖 수모를 감내해야 했을 것이다.

쩐흥다오는 황제의 친족으로, 타이똥·타인똥·넌똥 세 명의 황제**를 섬긴 조정의 원로였다. 30세 때 이미 몽골의 첫 번째 침입에 맞서 변경을 방어하는 중책을 맡았다. 몽골의 두 번째 침입 때는 총사령관으로서 전군을 지휘했다. 종실과 귀족들이 항복하려는 상황에서도 쩐흥다오는 황제의 용기를 북돋고 장병들의 사기를 높여 전세를 역전시키는 데 결정적 역할을 했다. 따라서 이번 적들은 물리치기 쉽다는 쩐흥다오의 말 한마디가 황제와 조정에는 결코 허언으로 들리지 않았다.

몽골군은 결코 쉬운 상대가 아니었다. 처음부터 파죽지세로 국경을 돌파하더니 곳곳에서 다이비엣 군대를 격파했다. 쩐흥다오도 요새를 버리고 도망쳤다. 몽골군은 국경을 넘은 지 한 달 만에 수도 탕롱을

● 태상황제(太上皇帝)의 준말. 쩐 왕조에서는 황제가 살아 있을 때 제위를 황태자에게 물려 주고 상황의 자리에 올라 황제의 후견인 역할을 했다.

●● 전쟁이 끝난 뒤 즉위한 아인똥(영종)까지 포함하면 총 네 명의 황제를 섬겼다.

점령했다. 상황과 황제도 도성을 버리고 탈출했다. 하지만 곧 다이비엣 군대의 반격이 시작됐다. 몽골군을 습격하고 군량과 무기를 실은 몽골 함대를 공격해 보급로를 차단했다. 몽골군은 점차 굶주리고 지쳐 갔다. 이듬해(1288) 토곤은 고뇌에 찬 결정을 내렸다. 전군 퇴각.

몽골군 선발대가 배를 타고 박당강을 향해 출발했다. 몽골군의 움직임을 파악한 쩐흥다오는 몽골 함대가 도착하기 전에 강바닥에 말뚝을 박고 수풀을 덮어 말뚝을 숨겼다. 350년 전 응오꾸옌이 남한 함대를 격파할 때 쓴 전술이었다.

밀물이 들어와 강의 수위가 높아졌을 때 몽골 함대가 나타났다. 다이비엣 소함대가 나타나 싸움을 걸고는 달아나는 척 뱃머리를 돌렸다. 이를 몽골 함대가 추격했다. 그러다 물이 빠지면서 수위가 낮아지자 몽골 함선이 연달아 말뚝에 부딪혀 뒤집히거나 부서졌다. 숨어 있던 다이비엣 병사들이 배를 타고 나타나 일제히 화살을 퍼부었다. 불붙은 채로 강물로 뛰어내리는 자, 화살에 맞아 고꾸라지는 자 등 지옥이 따로 없었다. 강물이 온통 시뻘건 핏빛으로 물들었다.

칭기즈 칸이 몽골 제국을 수립한 이래 쿠빌라이 칸에 이르기까지 몽골군은 천하무적이었다. 팔레스타인에서 이집트(맘루크 왕조) 군대에 패한 것을 제외하면 그때까지 몽골군이 전쟁에서 패한 적은 거의 없었다. 서하·금·남송 등 주변 강대국이 모두 몽골군에 의해 멸망했다. 고려는 26년 동안 여덟 차례 침략을 받은 끝에 몽골에 항복했다. 일본은 몽골의 침입을 두 차례 물리치기는 했지만, 때마침 태풍이 몽골군을 덮친 덕분이었다. 쩐 왕조의 다이비엣이 세 차례에 걸친 몽골의 침략을 물리칠 수 있었던 비결은 무엇일까?

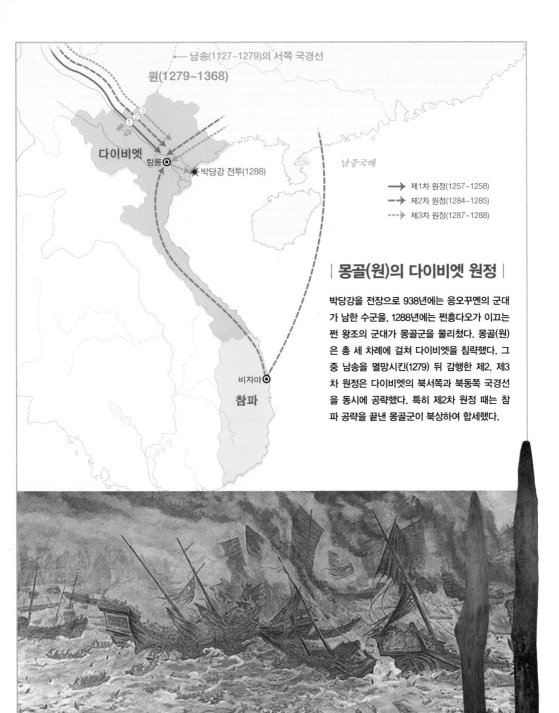

남송(1127~1279)의 서쪽 국경선

원(1279~1368)

다이비엣

탕롱

★ 박당강 전투(1288)

남중국해

→ 제1차 원정(1257~1258)
⇢ 제2차 원정(1284~1285)
⇢ 제3차 원정(1287~1288)

비자야

참파

| 몽골(원)의 다이비엣 원정 |

박당강을 전장으로 938년에는 응오꾸옌의 군대
가 남한 수군을, 1288년에는 쩐흥다오가 이끄는
쩐 왕조의 군대가 몽골군을 물리쳤다. 몽골(원)
은 총 세 차례에 걸쳐 다이비엣을 침략했다. 그
중 남송을 멸망시킨(1279) 뒤 감행한 제2, 제3
차 원정은 다이비엣의 북서쪽과 북동쪽 국경선
을 동시에 공략했다. 특히 제2차 원정 때는 참
파 공략을 끝낸 몽골군이 북상하여 합세했다.

박당강 전투(1288) 쩐 왕조가 박당강에서 몽골 수군을 물리치는 역사화이다.
당시 사용했던 말뚝의 모형(오른쪽)이 베트남 국립 역사 박물관에 전시되어 있다.

지배층이 똘똘 뭉쳐 쩐 왕조를 지키다

몽골의 침략을 견딜 수 있었던 이유로 흔히 베트남인들의 단결과 쩐 흥다오의 지략, 리더십을 말한다. 틀린 말은 아니지만, 너무 빤한 이야 기다. 이른바 '단결'의 실체와 그 속에서 쩐흥다오가 리더십을 발휘할 수 있었던 배경을 밝혀야 하지 않을까?

왕조 시대에 군주의 권위와 지배층의 단결은 국가 안보의 핵심이었 다. 쩐 왕조는 이를 강화하는 여러 제도를 창출해 냈다. 쩐 왕조는 황 실 부계 친족의 근친혼을 추진했다. 종실의 지지를 바탕으로 황제의 권력을 안정화하고 종실의 단합을 강화하기 위해서였다. 몽골 격퇴에 결정적 역할을 한 쩐흥다오는 쩐 왕조의 초대 황제 타이똥의 조카, 2 대 황제 타인똥의 사촌 형이자 매부였고, 3대 년똥의 오촌 당숙이자 장인, 4대 아인똥의 외조부로서 종실의 핵심 인물이었다. 타인똥은 쩐 흥다오의 누이를 황후로 맞이했고, 년똥은 쩐흥다오의 딸을 황후로 맞이했으며, 아인똥은 쩐흥다오의 손녀를 황후로 맞이했다. 쩐흥다오 의 아내와 며느리는 모두 공주였다. 쩐 왕조 '단결'의 실체는 황제 집 안과 황제의 부계 친족 간 근친혼에 의한 결합이었던 것이다.

리 왕조의 황제는 황자나 황후 및 처가 일족에 의지해서 정치를 했 다. 황제의 친형제나 백부, 숙부 같은 부계 혈족은 거의 정치판에 끼 지 못했다. 따라서 성씨가 다른 권력자가 정치에 개입할 여지가 많았 다. 이에 비해 쩐 왕조의 황제는 친형제나 자식뿐만 아니라 백부나 숙 부, 사촌 형제의 지지를 바탕으로 국정을 주도했다. 이들은 같은 조상 을 가진 혈연 공동체라는 의식을 바탕으로 강력하고 지속적인 단합을

쩐흥다오 호찌민시 중심가에 쩐흥다오 동상이 세워져 있다. 쩐흥다오의 원래 이름은 쩐꾸옥뚜언이다. 타이똥 때 흥다오왕(興道王)에 봉해졌기에 쩐흥다오로 불리게 됐다. 쩐흥다오는 종실의 핵심 인물로서 몽골과의 전쟁을 승리로 이끌었다. 1960년대 남베트남 지폐에 초상이 들어갔을 만큼 민족 영웅으로 추앙받는다.

도모할 수 있었다. 그 결과 쩐 왕조는 이전 시기보다 더 강력한 황제 권력을 창출해 냈다.

물론 혈연만으로 단결을 공고히 하기는 힘들다. 쩐 왕조는 종실, 즉 황실 부계 친족 집단의 유력 남성에게 정치권력과 부를 독점할 수 있는 특권을 부여했다. 특권을 미끼로 황제에 대한 복종을 유도하기 위해서였다. 만약 쩐흥다오가 황제의 친족이 아니었다면 제아무리 능력이 뛰어나도 전군을 지휘하는 총사령관 자리에 오르지도, 많은 노비가 딸린 홍강 삼각주 일대의 광대한 농장을 소유할 수도 없었을 것이다. 몽골의 두 번째 침입 때, 쩐흥다오와 그의 아들들은 영지의 노비와 인근 지역 농민을 이끌었는데, 그 병력이 20만 명이나 됐다고 한다. 쩐흥다오를 비롯한 종실이 상황과 황제를 중심으로 단결하지 않았더라면 결코 몽골의 침입을 물리칠 수 없었을 것이다.

쩐 왕조는 몽골이 쳐들어오기 전부터 종실의 협력을 바탕으로 중앙집권 체제를 강화했다. 전국을 로(路)·부(府)·주·현으로 나누고 지방관을 파견했는데, 그중 상급 행정 구역의 장관으로 대부분 종실이 임명됐다. 쩐 왕조는 황제의 친척들에게 지방 통치를 부분적으로 위임함으로써 호족 자치에 의존했던 리 왕조 때보다 지방에 대한 통제를 강화할 수 있었다. 말단 행정 단위로는 사(社)를 설치하고 마을의 우두머리를 사관(社官)으로 삼아 호구를 조사하고 세금을 징수하게 했다. 이를 통해 리 왕조 때는 일부 지역에서만 실시됐던 호구 조사가 쩐 왕조 때에는 평야 지대 전역으로 확대됐다.

쩐 왕조는 통치 기구가 커지면서 관료 수요가 늘어나자 과거 제도를 정비했다. 리 왕조 때는 과거가 부정기적으로 드문드문 시행됐으나, 쩐 왕조에서는 7년마다 정기적으로 실시하기로 정하면서 한층 체계가 잡혔다. 규정대로 7년마다 실시되지도 않았고 전쟁으로 중단된 적도 있지만, 17회나 치러져 왕조의 수명이 엇비슷한 리 왕조 때보다 두 배 이상 많았다. 그만큼 유교적 소양을 쌓은 문인의 등용도 활발해졌다. '문학지사(文學之士)'라고 불린 이들은 상황과 황제의 궁정이나 지방 행정 조직에서 실무를 담당했다. 유능한 문인 관료를 양성하기 위해 타이똥은 수도 탕롱에 국자원을 설치하여 유교 경전을 가르치게 했다. 종실도 학당을 개설했다. 그 결과 유학을 익힌 지식인들이 점차 늘어났다.

통치 기구가 확장되고 관료의 수가 늘어나면 당연히 통치 비용이 증가한다. 쩐 왕조는 특히 몽골과 세 번이나 전쟁을 치렀기 때문에 막대한 전쟁 비용을 지출했고, 이로 인한 피해도 작지 않아 세금 징수에 어려움을 겪었다. 호구 조사를 확대해서 징세 대상을 늘리는 것만으로는 비용 문제를 해결할 수 없었다. 쩐 왕조는 어떤 방법으로 재정 수입을 확보했을까?

농민이 바친 곡식이 국가 재정의 대부분을 차지하던 시대, 왕조 국가는 농업 생산력의 발전에 큰 관심을 가졌다. 리 왕조 때까지는 저습지에서 거의 농사를 짓지 못했는데, 이는 홍수로 인한 피해를 우려했기 때문이다. 그런데 쩐 왕조는 하천에 제방을 쌓아 농경지를 보호하는 한편, 때로 그 안의 물을 빼내거나 바닷가에 방조제를 쌓아 새로운 농경지를 확보하는 대규모 간척 사업을 자주 벌였다. 그 결과 농경지가 늘

국자감 베트남 최초의 대학교로 불리는 국자감은 리 왕조 때인 1076년에 처음 세워져 후대 왕조들에 계승되었다. 쩐 왕조 타이똥 때인 1236년에 '국자원'으로 개칭되었고, 황실과 문관의 자녀들이 이곳에서 공부했다.

어났을 뿐만 아니라 우기에도 농사를 지을 수 있게 됐다. 간척 사업의 주역은 국가와 종실이었다. 특히 종실은 가난한 백성을 데려다가 새로 개발된 토지에서 개간을 시키는 방식으로 대농장을 경영했다.

주로 홍강 삼각주 일대에서 대규모 간척 사업이 추진되고 대농장이 만들어졌다. 그 결과 홍강 삼각주는 다이비엣에서 가장 농업 생산력이 높고 인구가 조밀한 지역으로 발전했다. 쩐 왕조는 홍강 삼각주의 높은 농업 생산력을 바탕으로 통치 체제를 강화했을 뿐만 아니라 몽골의 침입도 물리칠 수 있었다. 쩐흥다오 일족이 동원한 20만 대군이 어디서 나왔겠는가?

홍강 삼각주 홍강 하구에는 비옥한 삼각주가 있어 쌀을 재배하기 적합한 환경이다. 오늘날에도 벼농사가 활발히 이루어진다.

몽골을 물리치면서 자의식이 싹트다

몽골의 침입은 쩐 왕조의 문화에도 영향을 줬다. 1257년의 첫 번째 침입을 물리친 직후, 쩐 왕조는 몽골의 무리한 요구를 줄이고 재침략을 방지하기 위해 문인 관료를 내세워 교섭에 임했다. 몽골의 쿠빌라이 칸이 중국을 직할지로 삼고 다수의 중국인 관리를 등용하자, 쩐 왕조는 중국 문화에 익숙한 문인 관료를 적극적으로 활용했다.

애초에 쿠빌라이가 동남아시아 각지를 침공한 목적은 영토 확장보다는 무역 거점의 확보에 있었다. 다이비엣·참파·자와(Jawa) 침공에 잇달아 실패한 몽골은 동남아시아에 대한 정책을 무력에 의한 침략에서 경제 교류를 주축으로 하는 평화 노선으로 전환했다. 이러한 몽골의 정책 변화는 쩐 왕조의 문인 관료들이 몽골 제국의 수도 대도(오늘날의 베이징)와 탕롱을 오가면서 교섭에 힘쓴 덕분이기도 했다. 그 결과 조정에서 문인 관료의 지위가 점차 높아졌다.

과거 급제자 출신으로 병부상서(오늘날의 국방부 장관)를 지낸 레반흐우는 몽골의 압력에 맞서 어떻게 하면 독립을 지킬 수 있을지 고민했고, 그러한 문제의식을 오롯이 담아 역사서 《대월사기》*를 편찬했다(1272). 《대월사기》는 남비엣 무왕(조타) 때부터 리 왕조 말기까지 다뤘는데, 남비엣 무왕을 베트남을 중국과 대등한 위치에 올려놓은

● 전란 중에 소실되어 오늘날 전해지지 않는다. 《대월사기》가 베트남 최초의 역사서인지에 관해서는 논란이 있지만, 후대의 역사 서술에 지대한 영향을 준 것만은 틀림없다. 응오시리엔은 《대월사기》를 토대로 《대월사기전서》를 저술했는데, 곳곳에서 레반흐우의 논평을 인용했다.

최초의 인물이자 정통성을 갖춘 최초의 군주로 평했다.

《대월사기》의 편찬은 당시 쩐 왕조 지식인들이 자국 문화가 중국 문화와 다를 뿐만 아니라 대등하다고 자부한 모습을 보여 준다. 이러한 자의식은 문학에도 영향을 줬다. 몽골의 침입을 받던 시기에 쯔놈으로 시가를 창작하는 전통이 생겨난 것이다. 쯔놈을 '꾸옥엄(국음)', 또는 '꾸옥응으(국어)'라 부르고, 쯔놈으로 지은 시를 '국음시(國音詩)' 또는 '국어시(國語詩)'라고 불렀는데, 이는 각각 한자 그리고 한시와 의식적으로 구별하고자 한 표현이다.

그런데 자의식의 성장이 중국 문화의 배척으로 이어진 것은 아니었다. 예를 들어 쯔놈으로 시를 지으려면 한문과 한시를 알아야 했다. 《대월사기》는 중국의 역사서를 모방하여 연·월·일 순으로 사건을 기술하는 편년체로 구성했다. 쩐 왕조의 통치 기구는 송나라의 제도를 본떴다. 과거는 원래 중국의 관리 임용 제도였다. 몽골과 전쟁하는 과정에서 중국의 화약 무기를 들여왔고, 홍강 삼각주 개발 과정에서 중국의 농업 기술과 토목 기술을 도입했다.

이 모든 것은 중국에 버금가는 위세를 가진 제국이 되고자 하는 욕망에서 비롯됐다. 제국이 되려면 적극적으로 중국의 제도를 받아들여야 한다는 논리, 중국과 구별되는 정체성을 가진 나라가 되려면 철저하게 중국 문화를 학습해야 한다는 논리가 쩐 왕조의 지배층, 특히 유교적 소양을 갖춘 지식인들의 사고를 지배했다. 이른바 '탈중국을 위한 중국화'라는 주제는 쩐 왕조 시대에도 면면히 이어졌다. 오히려 몽골의 침입을 계기로 더욱 심화했다고 볼 수도 있다.

베트남의 자의식은 특히 참파와의 관계에서 여실히 드러난다. 몽골

후옌쩐 공주 사당 후옌쩐 공주와 참파 국왕의 국혼으로 쩐 왕조는 후에까지 영토를 넓힐 수 있었다. 공주의 사당 은 후에에 있다.

침입기에 쩐 왕조는 참파와 우호 관계를 맺고 몽골에 대처했다. 몽골 이 참파를 침공할 때, 쩐 왕조는 몽골의 협력 요구를 거부하여 참파가 몽골을 물리칠 수 있도록 도왔다. 전쟁이 끝난 뒤에도 쩐 왕조와 참파 사이에 우호 관계가 지속됐고, 상황 년똥이 참파를 방문해 9개월 동 안 머물기도 했다. 이때 참파 국왕 자야 심하바르만 3세가 쩐 왕조의 후옌쩐 공주와 혼인하기를 청했는데, 년똥이 이를 승낙했다.

탕롱 조정에서는 공주의 혼인을 반대했다. 문명국의 공주를 야만국 의 임금에게 시집보낼 수 없다는 이유에서였다. 그러자 이 혼사에 국운이 걸렸다고 생각한 참파 왕은 엄청난 양의 예물을 보내는 것으로도 모자라 영토를 떼어 주겠다고까지 했다. 결국 공주가 참파로 시집을 가게 되자 문인들은 쯔놈으로 시를 지어 이를 풍자했다.

> 오(烏)와 리(里) 두 주●가 아무리 넓다고 하여도
> 후옌쩐 공주 한 사람은 그 수십 배의 가치가 있는 것을.[1]

황실은 몽골의 침공에 대비한다는 현실적 이유에서 참파와의 국혼을 추진했지만, 문인들은 국가의 자존심을 내세워 국혼에 반대했다. 불행히도 참파 왕이 결혼한 지 1년 만에 사망하자, 공주의 안전을 우려한 쩐 왕조가 사신을 보내 공주를 빼돌렸다. 이를 계기로 쩐 왕조와 참파는 적대 관계에 돌입했다. 쩐 왕조는 참파를 속국으로 여기며 조공을 요구했고 여의찮으면 침공했으나 참파를 완전히 제압하지는 못했다.

지배층의 분열로 쩐 왕조와 호 왕조가 허무하게 멸망하다

쩐 왕조의 5대 황제 민똥(명종) 말년, 년똥의 아들이자 쩐흥다오의 외손자이고 황제의 장인이기도 한 쩐꾸옥쩐이 옥사하는 참변이 일어났다. 황태자 책봉을 둘러싼 종실 간 권력 투쟁에 희생된 것이다. 쩐 왕조를 지탱해 온 종실의 단합이 이때부터 흔들리기 시작했다. 민똥 이

● 참파가 쩐 왕조에 넘겨준 영토로, 오늘날 베트남 중부의 꽝찌성과 트어티엔후에성이다.

후의 황제들은 후사 없이 일찍 사망하는 경우가 잦았고, 제위를 둘러싼 권력 다툼은 이로 인해 더욱 심해졌다.

황제의 권위가 실추되고 종실의 단결력이 약해진 틈을 타 부패한 신하들이 국정을 농단했다. 대농장을 소유한 종실과 귀족, 불교 사원이 더욱 가혹하게 농민을 착취했다. 몰락하여 노비나 도적이 되는 농민이 점점 늘어났다.

쩐 왕조의 정치가 이처럼 혼란에 빠졌을 무렵, 참파에서는 '쩨봉응아'라는 베트남식 이름으로 더 잘 알려진 포 비나수오르가 왕이 되어 여러 차례 다이비엣 변경을 침략했다. 쩐 왕조는 원정대를 파견하여 참파를 쳤으나 도리어 복병을 만나 참패했다(1368). 이에 자신감을 얻은 비나수오르는 탕롱에 쳐들어가 궁궐을 불태우고 재화를 약탈했고, 수많은 사람을 포로로 끌고 갔다(1371). 참파가 다이비엣의 수도를 점령한 것은 이때가 처음이었다. 6년 뒤 다이비엣의 황제 주에똥(예종睿宗)이 12만 대군을 이끌고 참파의 수도 비자야에 쳐들어갔지만 도리어 복병에게 살해당했고(1377), 탕롱은 같은 해와 이듬해 두 차례 더 참파군에 약탈당했다. 이러한 풍전등화의 위기 상황에서 새롭게 권력을 장악한 인물이 바로 외척 레꾸이리다.

레꾸이리는 그의 두 고모 덕분에 권력에 다가갈 수 있었다. 그들은 민똥의 후궁이 되어 각각 제9대 황제 응에똥(예종藝宗), 제10대 황제 주에똥을 낳았다. 레꾸이리는 응에똥의 누이를 아내로 맞이했고, 자기 사촌 누이를 주에똥에게 시집보내 쩐 황실과 더욱 밀착했다. 레꾸이리가 참파의 침략을 물리치는 데 큰 공을 세우기까지 하자, 무능한 데다가 자신감마저 잃은 응에똥은 레꾸이리에게 맹목적으로 의지했다. 심지어 레꾸이리에게 다음과 같은 유언을 남겼다.

"지금 국운이 쇠약하고 짐은 너무 늙었다. 짐이 세상을 떠난 뒤에 황제에게 자질이 있으면 보필하고, 황제의 자질이 용렬하면 네 자신 (레꾸이리)이 취해도 좋다."

응에똥은 《삼국지》의 유비를 흉내 내면서 레꾸이리에게 제갈량 역할을 기대했던 것인데, 유감스럽게도 현실은 그렇지 않았다. 이미 한 번 황제를 갈아 치운 경력이 있던 레꾸이리는 두 명의 황제를 더 갈아 치운 뒤 자신이 직접 황제 자리에 올라 새로운 왕조를 창시했다. 1400년, 쩐 왕조는 허무하게 멸망했다.

제위에 오른 레꾸이리는 국호를 '다이비엣'에서 '다이응우(大虞)'로, 자신의 성(姓)을 '레(黎)'에서 '호(胡)'로 고쳤다. 여기서 베트남어로 '응우'라고 발음하는 '우(虞)'는 유교의 성인인 순임금의 성이고, '호(胡)'는 순임금의 후손인 호공(胡公)을 뜻한다. 순임금은 덕이 높아 요임금으로부터 천하를 물려받았다고 전해지는 전설상의 제왕이다. 요임금과 순임금은 혈연 관계가 아니었다. 호꾸이리는 자기가 순임금의 후손이며, 순임금처럼 혈통과 관계 없이 도덕적 자질을 인정받아 제위에 올랐다고 선전했다. 자신의 제위 찬탈을 정당화하고 새로운 왕조의 정통성을 확립하기 위해서였다. 후세의 역사가들은 2대 7년 (1400~1407)으로 단명한 호꾸이리의 왕조를 '호 왕조'라고 부른다.

호꾸이리는 우선 쩐 왕조 지지 세력을 대대적으로 숙청하여 개혁을 가로막는 장애물을 제거했다. 그런 뒤 조세 제도를 개혁하여 농민의 부담을 덜어 주고, 토지 제도를 개혁하여 일정 규모 이상의 토지를 소유하지 못하도록 제한함으로써 종실과 귀족의 힘을 약화하고 농민의 토지 소유를 보장했다. 이뿐만 아니라, 노비 제도를 개혁하여 신분과 지위에 따라 소유할 수 있는 노비의 수를 제한했다. 이는 쩐 왕조 지지 세력을 약화하는 동시에 국가 재정과 노동력을 확보하기 위함이었다.

과거 제도에도 변화가 있었다. 호꾸이리는 7년마다 치르기로 되어 있던 과거를 3년마다 한 번씩 세 단계로 나눠 치르게 하고, 이전보다 합격자 수도 늘렸다. 대량 숙청으로 인한 관료 부족 문제를 해결하는 동시에, 유학을 익힌 지식인을 자기 편으로 끌어들이기 위해서였다.

1368년, 중국에서는 몽골의 쇠퇴를 틈타 명(明) 왕조가 들어섰다. 몽골 세력을 고비 사막 너머로 몰아낸 명나라는 쩐 왕조에 군량을 비롯한 공물을 요구했다. 그리고 이듬해 쩐 왕조의 황제를 안남국왕에

떠이도성의 남문 1377년, 호꾸이리는 쩐 왕조의 투언똥(순종)을 압박하여 자신의 고향인 타인호아 지방에 새로 성을 쌓아 천도하게 했다. 새로운 도읍은 '떠이도'라고 불렸고, 이후 호 왕조의 도성이 됐다. 오늘날에는 성문만 남아 있다. 2011년 세계 문화유산으로 지정됐다.

책봉함으로써 조공–책봉 관계를 맺었다. 쩐 왕조의 뒤를 이은 호 왕조도 명과 조공–책봉 관계를 이어갔다.

그럼에도 명의 영락제(永樂帝)는 호꾸이리의 제위 찬탈을 빌미로 베트남 침략을 꾀했다. 호 왕조는 병사를 징발하고 전함을 건조하고 요새를 쌓아 침공에 대비했다. 그러나 명은 21만 대군을 보내 2개월 만에 호 왕조의 수도를 함락했고, 1년도 못 되어 호꾸이리를 포로로 잡았다. 호꾸이리는 명의 수도 난징으로 끌려가 처형당했다. 호 왕조는 개창한 지 겨우 7년 만에 멸망했고, 베트남은 독립한 지 400여 년 만에 또다시 중국의 지배 아래 놓이게 됐다.

아시아와 유럽을 휩쓸다시피 했던 몽골군의 침입도 물리친 베트남이 어째서 명의 침략에 제대로 저항 한번 못 해보고 무너졌을까? 먼저, 지배층의 분열을 들 수 있다. 쩐 왕조 말기부터 시작된 지배층의 분열은 호꾸이리의 황위 찬탈과 반대파 숙청으로 더욱 심각해졌다. 그 때문에 명군이 쳐들어왔을 때 도망가거나 명에 투항하는 관료나 장수가 많았다. 둘째, 백성과 병사들이 호 왕조를 믿고 따르지 않았다. 일반 백성은 호꾸이리가 추진한 개혁 정치의 가장 큰 수혜자가 될 수 있었다. 하지만 개혁 정치의 결실을 맛보기 전에 명군이 들이닥쳤고, 이미 전쟁 준비로 노동력과 재산을 징발당한 터라 오히려 호 왕조를 원망하는 상황이 되었다. 한편 병사들은 쩐씨를 복위시키겠다는 명군의 선전에 넘어가 제대로 싸우지 않았다. 무엇보다도 호 왕조의 운수가 매우 사나웠다. 왕조 교체기라는 가장 취약한 시기에 중국을 통일하고 몽골 초원과 인도양까지 세력을 떨치게 될, 가장 강력한 외세의 침략을 받았기 때문이다.

● 참파를 물리친 쩐 왕조의 비밀 병기 '화총'

1390년, 탕롱에서 남쪽으로 수십 리 떨어진 하이찌에우강 양안에 다이비엣 군대와 참파 군대가 진을 치고 대치했다. 참파군의 총대장 비나수오르 왕은 100여 척의 전선을 강물에 띄워 놓고 형세를 관망했다. 이번이 벌써 열한 번째 침공이었다. 참파군은 석 달 전에 호꾸이리가 이끄는 군대를 격파한 뒤라 사기가 하늘을 찌를 듯했다. 반면, 쩐캇쩐이 이끄는 다이비엣군은 사기가 땅에 떨어져 과연 얼마나 버틸지 알 수 없었다.

1월 23일 새벽, 쩐캇쩐 장군 앞에 참파 관리가 엎드려 머리를 조아렸다. 참파 왕에게 죄를 지어 탈영했다는 것이다. 그리고 건너편 강가에 정박한 녹색 옻칠을 한 커다란 전선을 가리키며 "저 배가 바로 저희 국왕이 탄 배"라고 말했다.

전투를 알리는 북소리가 울려 퍼졌다. 수백 척의 전선이 서로 거리를 좁히면서 다가왔다. 병사들의 함성과 함께 화살이 양 진영으로 비 오듯 쏟아졌다. 수십 척의 다이비엣 전선이 비나수오르가 탄 배를 향해 돌진했다. "발포!" 순간 요란한 폭발음과 함께 매캐한 냄새가 나고 불꽃이 튀면서 연기가 피어올랐다. 수백 개의 탄환이 연막을 뚫고 비나수오르를 향해 날아갔다. 참파 왕은 피투성이가 된 채 갑판 위에 쓰러졌다. 그날 전투에서는 다이비엣군이 크게 승리했다.

참파에 궤멸적 타격을 안기고 쩐 왕조를 총체적 위기로부터 구

화총 13~14세기 무렵 사용된 중국의 화총으로 당시 다이비엣의 전력에 크게 기여했다.

한 다이비엣의 비밀 병기는 바로 '화총(火銃)'이었다. 하이찌에 우강 전투는 베트남 역사에서 베트남군이 화약 무기를 사용한 최초의 전투다. 화총은 청동으로 만든 파이프 안에 납이나 쇠로 된 탄환을 넣고 화약을 폭발시켜 그 힘으로 탄환을 발사하는 무기로, 13세기 몽골 지배하의 중국에서 처음 발명됐다. 14세기 중반 몽골의 지배가 무너지고 군웅이 중국의 패권을 놓고 전쟁을 벌일 적에 화총이 널리 사용됐다. 화약과 화총 제작 기술은 전란 중에 중국의 상인이나 탈영병을 통해 베트남에 들어왔을 것으로 추정된다.

화총을 비롯한 화약 무기는 다이비엣과 참파 간에 오랫동안 유지되던 세력 균형을 일거에 무너뜨렸다. 화약 무기는 참파에 대한 다이비엣의 군사적 우위를 확립하는 데 크게 이바지했다. 그뿐만 아니라, 다이비엣의 화약 무기 제조 기술은 명의 지배를 받던 시기에 중국에 역수출되어 중국의 화약 무기 발전에도 기여했다.

3 레 왕조가 유교 이념을 내세우다

선덕 2년, 명을 몰아낸 사실을 널리 알리다

1427년은 명의 지배가 시작된 지 21년째이자 레 왕조의 창시자 레러이가 명에 맞서 무장봉기를 일으킨 지 10년째 되던 해였다. 당시 달력은 그해를 '선덕(宣德) 2년'이라고 기록했는데, 명나라 황제 선덕제가 즉위한 지 2년째라는 뜻이다. 그해 12월, 다이비엣의 백성들은 만세를 불렀다. 레러이의 군대가 명나라 군대를 다이비엣 땅에서 완전히 몰아냈기 때문이다. 레러이는 명의 지배를 물리치고 거둔 위대한 승리를 영원히 기념하고 싶었다. 그래서 신하 중 가장 뛰어난 시인이자 문장가인 응우옌짜이에게 이를 기념하는 글을 지으라 명령했다.

응우옌짜이가 레러이를 주군으로 모시기 시작한 것은 그로부터 10년 전이었다. 원래 호 왕조의 관리였던 응우옌짜이는 명나라 관리에게 체포되어 관직을 박탈당하고 부친이 명으로 끌려가는 수난을 당했다. 원망과 실의에 빠져 방랑하던 응우옌짜이는 의병을 일으킨 레러이의 휘하로 들어갔다. 응우옌짜이는 전략가로서 재능을 발휘하여 레러이가 가장 신뢰하는 참모가 됐다. 특히 그의 문장은 화살 한 발 쏘지 않고 명나라 장수들의 항복을 받아낼 만큼 위력을 발휘했다.

이때 응우옌짜이가 쓴 글이 바로 〈평오대고(平吳大誥)〉다. 여기서 '대고'란 '널리 알리다'라는 뜻이니, 〈평오대고〉는 '오나라 평정 사실을 널리 알리는' 일종의 포고문 혹은 선언문인 셈이다. 이 글은 명백히 《상서(尚書)》라는 유교 경전을 흉내 냈다. 《상서》 〈대고〉는 주나라 성왕의 숙부인 주공이 임금을 대신해 신하들에게 반란을 토벌해야 하는 이유를 밝힌 글이다. 유학자인 응우옌짜이는 자신의 주군이 유교 경전에 나오는 어진 군주처럼 어지러운 세상을 바로잡기를 희망했다.

그런데 왜 명나라를 '오나라'라고 했을까? 응우옌짜이는 중국 고전에 익숙한 독자들을 염두에 두고 글을 썼다. 이들에게 오나라는 춘추

호안끼엠 호수의 거북탑 명과 전쟁 중이던 레러이의 앞에 거북이 나타나 신성한 검을 줬다는 전설이 깃든 거북탑이 하노이시의 호안끼엠 호수에 있다.

시대 월나라와 자웅을 겨룬 나라였다. 월나라는 백월 계통의 민족이 세운 나라인데, 오나라의 지배에서 벗어났을 뿐만 아니라 그들을 멸망시키기까지 했다. 응우옌짜이는 오·월 항쟁의 고사를 빌려 베트남이 중국의 침략을 물리친 사실을 기념한 것이다.

하지만 '오나라를 평정했다'라는 표현은 다소 과장됐다. 월나라가 오나라를 멸망시킨 것과 달리, 다이비엣은 명의 침략을 물리쳤을 뿐이지 명을 멸망시킨 것은 아니었기 때문이다. '평정'이란 문명 세계의 제왕이 변방의 이민족이나 반란의 무리 또는 도적을 토벌할 때 사용하는 용어다. 그런데도 '평(平)'이라는 글자를 골라 쓴 이유가 있다. 레 러이를 명과 대등한 문명국의 군주로 추켜올리기 위해서다.

어짊[仁]과 올바름[義]을 실천하는 핵심 원리는 백성을 편안하게 하는 데 있고, 백성을 위로하고 죄인을 토벌하기 위한 군대는 포악한 자를 제거하는 일을 최우선으로 삼는다. 우리 다이비엣은 진실로 문명이 발달한 나라다. 중국과는 본래 자연환경이 다르고 풍속도 다르다. 남비엣 및 딘·리·쩐 왕조가 성립할 때부터 우리나라는 중국의 한·당·송·원 왕조와 더불어 각자의 영역에서 황제의 나라로 자처했다.

－《대월사기전서》〈평오대고〉 명 선덕 2년(1427) 12월 조

어떤 근거에서 다이비엣을 문명국이라고 주장했을까? 응우옌짜이는 역대 다이비엣 통치자들이 인의(仁義)로 대표되는 유교 사상을 통치 이념으로 받아들였기 때문에 문명 세계를 건설할 수 있었다고 했다. 물론 쩐 왕조 때까지 유교는 통치 이념의 지위를 차지한 적이 없

탕롱 황성 1010년 탕롱에 도읍한 리 왕조 타이또가 건설했다. 명의 지배를 물리친 레러이는 '탕롱'을 '동낀'이라 개명하고 다시 레 왕조의 수도로 삼아 황성으로 돌아왔다. 2010년 유네스코 세계 문화유산으로 지정됐다.

다. 응우옌짜이는 사실을 진술한 것이 아니라 새로운 왕조가 앞으로 나아갈 방향을 제시한 것이다. 베트남이 중국과 대등해지려면 중국의 유교 이념을 적극적으로 받아들여야 한다는 신념의 표현이었다.

　명의 지배가 끝난 이듬해(1428), 레러이가 황제 자리에 올랐다. 나라 이름은 예전처럼 '다이비엣'으로 하고 동낀(탕롱, 오늘날의 하노이)을 도읍으로 정했다. 연호는 '투언티엔(順天)'이라고 지었는데, '하늘 [天]의 뜻에 따라[順] 백성을 다스리겠다'라는 의미이다. 이때부터 명나라 연호를 폐지하고 다시 독자 연호를 사용했다. 레 왕조는 이후 360여 년 동안 베트남을 지배(1428~1527, 1533~1789)했다.

첫출발부터 명과 대등한 황제의 나라를 자처한 레 왕조는 명과의 외교를 어떻게 풀어 나갔을까? 오랜 독립 전쟁으로 나라가 피폐해진 상황에서 명과 대결하는 것은 어리석은 짓이었다. 국내에서는 천자지만 명과의 관계에서는 제후 노릇을 하는 편이 국가 안보를 위해 더 현실적인 방책이었다. 레 왕조의 타이또(레러이)는 즉위하자마자 명에 사신을 보내 안남국왕으로 책봉을 요청했다. 명은 3년 뒤에야 마지못해 타이또를 권서안남국사(權署安南國事)로 책봉했는데, '안남의 국정을 맡은 임시 통치자'라는 뜻이다. 명이 레 왕조의 황제를 안남국왕으로 책봉한 것은 타이또의 아들 타이똥이 즉위한 지 5년째 되는 해(1437)였다. 이로써 레 왕조가 성립한 지 9년 만에 다이비엣과 명의 관계가 완전히 정상화됐다.

유교 국가를 지향하다

쩐 왕조 말기부터 수십 년 동안 지속된 정치적·사회적 혼란 속에서 어떻게 새로운 질서를 확립하고 지배 체제를 구축할 것인가? 타이또와 그 후계자들은 그에 대한 해답을 유교 이념에서 찾았다.

유교가 황제의 권력을 강화하고 사회의 질서를 확립하는 데 도움이 된다는 인식은 레 왕조 이전부터 있어 왔다. 하지만 유교를 신봉하는 사람이 적어 정치에 큰 영향을 미치지는 못했다. 유학을 익힌 지식인이 크게 늘어난 것은 호 왕조 때 과거 제도를 정비하고 합격자 수를 늘리면서부터였다. 출세하려면 유교 경전을 공부해야 하는 시대가 온 것이다. 응우옌짜이도 1400년 호 왕조가 들어선 첫해에 실시된 과거에 합격한 사람 중 한 명이었다.

명이 다이비엣을 지배하던 시기에 이러한 추세가 더 확고해졌다. 명은 다이비엣 사람들에게 중국의 문화를 전하고 중국식 예절을 익히게 하는 한편, 베트남 고유의 관습은 '오랑캐의 풍속'이라며 금지했다. 지방 행정 단위마다 학교를 세워 유학을 가르치고 유학을 익힌 자들에게 관리로 임용될 수 있는 길을 열어 주었다. 이렇게 명이 유교를 보급한 것은 명의 지배에 순종하라는 뜻에서였다. 하지만 응우옌짜이처럼 독립운동에 가담하여 레 왕조의 개국 공신이 된 문인도 있었다. 이들은 중국 문화에 익숙한 홍강 삼각주 출신으로, 레 왕조의 황제들을 유교 정치 이념으로 이끌었다.

홍강 삼각주의 남쪽 변두리에 있는 타인호아 지방에서 태어난 레러이는 유학을 배우지는 못했지만, 나라를 다스리는 데 유학이 필요하다는 사실을 잘 알았다. 그는 유능한 인재를 확보하기 위해 수도 동낀에 국자감을 재설립하고, 지방에 학교를 세워 유교 경전을 익히게 했다. 군인이나 은둔한 선비를 대상으로 시험을 치러 그중 유교 경전에 능통한 사람을 관리로 등용했다. 또한, 유교 윤리를 장려하기 위해 70세

레러이 타인호아성의 성도 타인호아시의 시청 앞에 레러이 동상이 세워져 있다.

ANH HÙNG DÂN TỘC
LÊ LỢI
1385 - 1433

이상 노인에게 요역을 면제해 주고 효자나 열녀를 배출한 마을에 상을 내렸다.

레러이의 반(反)명 독립 전쟁에서 군공을 세운 무인 중에는 타인호아 출신이 많았다. 레 왕조가 들어선 뒤 그들은 개국 공신으로서 고위 관직을 독점했다. 주로 무인이었던 타인호아 집단은 불교를 신봉했고 유교적인 중국 문화에 거부감을 느끼고 있었는데, 특히 유학을 익힌 문인들의 관계(官界) 진출을 자신들의 기득권이 위협받는 것으로 여겨 못마땅해했다. 타이또가 죽고 타이똥이 열 살의 나이로 즉위하자, 타인호아 무인 집단의 우두머리인 레삿이 섭정 자리에 올라 권력을 독점하고 문신들을 탄압했다.

1437년 친정(親政)을 시작한 타이똥은 타인호아 집단을 견제하기 위해 레삿을 축출하고 문신을 우대하는 정책을 폈다. 무엇보다 과거 제도를 부활시켜 문인들의 관리 임용 기회를 넓혀 주었다. 즉위한 지 10년째 되는 해(1442)에는 과거를 치른 후 진사제명비(進士題名碑), 즉 과거 합격자들의 이름을 새긴 비석을 세워 명예를 빛내 주는 제도를 도입한다. 출세하려면 열심히 글공부하라는 황제의 뜻을 드러낸 것이다. 이때 과거에 합격한 사람 중에는 장차 《대월사기전서》의 저자로 명성을 떨칠 응오시리엔도 포함돼 있었다.

타이똥이 문신 우대 정책을 펴면서 타인호아 출신의 무인과 홍강 삼각주 출신의 문인 간에 권력을 차지하기 위한 경쟁이 더욱 치열해졌다. 타이똥은 타인호아 집단의 압력을 피해 벼슬을 내놓고 고향에 내려간 응우옌짜이를 찾아갔다. 그런데 응우옌짜이의 첩에게 홀딱 반해 그녀를 데리고 귀경하던 중 갑자기 사망하고 말았다. 황제의 돌연

진사제명비 유교를 통치 이념으로 천명하고, 과거제가 뿌리 내리게 하고자 세워진 진사제명비에는 합격자의 이름부터 출생지, 나이 등이 새겨졌다. 82개의 진사제명비가 하노이 문묘에 세워져 있다.

사라는 엄청난 사건의 뒤처리는 마치 각본이라도 써놓은 것처럼 일사천리로 진행됐다. 황제가 죽은 다음 날 조정에서는 타이똥이 시해되었다고 발표했고, 그로부터 열흘 뒤 응우옌짜이를 사형에 처했다.

타이똥의 셋째 아들이 황위를 이었는데(년똥, 재위 1443~1459), 태어난 지 14개월밖에 안 된 어린아이였다. 타인호아 출신의 황태후가 어린 년똥의 후견인이 되어 나라를 다스렸다. 그 결과 타인호아 집단이 다시 조정의 주도권을 장악했다.

원래는 타이똥의 첫째 아들이자 년똥의 이복형인 응이전이 타이똥의 뒤를 이을 황태자였다. 그런데 모친이 질투심이 많다는 석연치 않은 이유로 태자 책봉 1년 만에 폐위됐고, 그 대신 어린 년똥이 옥좌에 앉았던 것이다. 응이전이 태자 자리에서 쫓겨난 것은 사실 그의 모친이 홍강 삼각주 출신이었기 때문이다. 태자 폐위는 응이전을 경계한 타인호아 집단의 작품이었던 것이다. 이 일로 불만을 품은 응이전은 1459년 쿠데타를 일으켜 년똥과 황태후를 죽이고 황제 자리에 올랐다. 응이전은 타인호아 집단을 견제하기 위해 홍강 삼각주 출신의 문인을 대거 등용했다. 그러나 응이전 정권은 타인호아 집단의 역(逆)쿠데타에 의해 8개월 만에 붕괴하고 말았다.

유교 이념의 실현을 사명으로 삼은 타인똥

응이전 정권이 몰락한 후 새롭게 황제로 옹립된 인물은 타이똥의 넷째 아들인 타인똥이었다. 어려서부터 유교 경전을 탐독한 타인똥은 유교 이념의 실현을 사명으로 삼았다. 또한 조정 내 파벌 싸움을 억제하지 못한 이전 황제들을 반면교사로 삼아 황제 권력을 강화하는 데 힘썼다.

명나라 제도를 면밀히 연구한 타인똥은 재상 제도를 폐지하고 응이전 때 설치된 이·호·예·병·형·공의 6부를 강화하여 황제 직속 기관으로 삼았다. 종래에는 재상이 황제를 대신해서 국가의 크고 작은 일을 결정하기도 했었다. 그런데 타인호아 집단이 재상직을 독점하며 황제를 견제하자 타인똥이 재상 벼슬을 아예 없애 버린 것이다. 그 대신에 황제가 직접 각 부 장관인 상서를 통해 조정 내 모든 일을 보고받고 결정을 내렸다.

타인똥은 명나라의 지방 행정 제도를 참고해 지방 세력의 자치나

꽝투언 4년 계미과 진사제명비기
[光順四年癸未科進士題名碑記]

황월 홍득 15년 8월 15일에 세우다.
최우수자 3명에게 진사급제를 수여하다.

1등: 르엉테빈, 티엔반현 출신, 33세.
2등: 응우옌덕찐, 타인럼현 출신, 25세.
3등: 꾸앗딘바오, 타인란현 출신, 24세.

진사제명비 탁본 꽝투언 4년(1463), 타인똥이 즉위한 지 4년째 되던 해 실시된 과거의 합격자 49명을 기념하기 위해서 제작한 진사제명비의 탁본으로, 실제로 비석을 세운 것은 홍득 15년(1484)의 일이다. 1442년 제도로 도입된 진사제명비는 1484년부터 문묘 안에 설치되기 시작했다.

지방관의 자의적 통치를 허용한 기존의 지방 통치 체계를 전면 쇄신했다. 전국을 12도(道)로 나누고 각 도에 도사(都司)·승사(承司)·헌사(憲司)를 두어 각각 치안·행정·감찰을 맡겨 종래에 지방관에게 집중되었던 권력을 분산시켰다. 각 도의 도사·승사·헌사는 모두 중앙에 있는 승선(承宣)의 통제를 받게 했다. 도 밑에 부, 부 밑에는 현을 두고 과거 출신 문신을 지방관으로 파견하여 유교 정치 이념에 따라 지방을 다스리게 했다. 그리고 수시로 어사를 파견해 지방을 감찰하게 했다.

과거 제도도 새롭게 정비했다. 유교 사상으로 무장한 유능한 관료

《국조율례촬요》 베트남 국립 도서관이 소장한, 형률의 내용을 간추려 정리한 《국조율례촬요》의 첫 페이지이다. '촬요(撮要)'는 요점을 골라 간추린 문서를 말한다.

를 양성하려는 목적이었다. 무엇보다 과거를 실제로 3년마다 정기적으로 시행했다. 이는 베트남에서 처음 있는 일이었다. 호 왕조 때 도입한 3단계 시험 제도도 다시 손보았다. 과거 합격자 명단을 발표할 때 궁궐에서 엄숙한 의식을 치렀고, 진사제명비를 문묘 안에 세워 합격자를 영원히 기념했다. 인재를 과거 시험장으로 끌어들이기 위한 유인책이었던 셈이다. 한편 유교 윤리를 강조하기 위해 불효나 불륜을 저지른 사람에게는 과거 응시 자격을 주지 않았다.

타인똥은 중국의 법을 참고하여 유교 윤리를 반영한 법전을 편찬했다. 그중에서도 특히 중요한 것이 베트남의 현존하는 가장 오래된 성문법인 〈국조형률(國朝刑律)〉이다. 〈국조형률〉은 중국의 법과 마찬가지로 왕조나 군주에 대한 범법 행위, 유교적 가족 윤리에 저촉되는 행위를 가장 무거운 형벌로 다스렸다. 예를 들어, 군주를 해치려는 행위와 부모를 죽이려는 행위는 각각 모반죄와 악역죄(도리에 어긋나는 극악한 범죄 행위)로 간주하여 능지처사라는 가장 끔찍한 형벌을 가했다. 아내가 남편을 살해하려고 한 경우에는 목을 베어 죽이는 참형에 처했다. 단순히 부모의 뜻에 따르지 않았다는 이유만으로도 불효죄로 자식을 목매달아 죽이는 교형에 처할 수 있었다. 특이하게도 남편이 아내를 살해하거나 부모가 자식을 살해한 경우에는 그 반대의 경우보다 형벌이 가벼웠다. 이러한 차별적인 법 적용은 아내에 대한 남편의 법적 우위, 자식에 대한 부모의 법적 우위를 인정한 유교의 법사상에서 비롯됐다.

〈국조형률〉에는 중국의 법과 명백하게 다른 부분도 있다. 이는 유교 윤리가 아니라 베트남 고유의 관습을 반영한 부분이다. 첫째, 아내가 재산을 소유할 수 있고, 남편은 아내의 재산에 대해 어떠한 권리도 주장할 수 없었다. 둘째, 부모의 특별한 유언이 없는 경우, 재산은 나이나 성별과 무관하게 모든 자녀에게 똑같이 상속됐다. 셋째, 중국에서는 부모가 살아 있는 동안 아들이 분가하는 행위를 불효죄로 간주하여 처벌했지만, 베트남에서는 부모가 살아 있을 때라도 분가하여 독립된 가정을 이룰 수 있었다. 유교 사회를 추구한 타인똥도 이처럼 재산 문제에서만큼은 유교 윤리를 따르지 않고 베트남 고유의 관습을 존중했다. 백성의 반발을 의식했기 때문이다.

타인똥은 출세라는 미끼를 던져 유교 경전을 공부하고 유교 윤리를 몸에 익히도록 유도했으며, 법이라는 채찍을 휘둘러 유교 윤리를 따르도록 강제했다. 그러나 타인똥의 열정적인 노력에도 불구하고, 유교가 사회 전반에 깊숙이 침투하지는 못했다. 다만, 타인똥의 치세를 지나면서 베트남 사회에서 유교가 지배층의 의식과 일상생활을 규제하게 된 것만은 분명한 사실이다. 백성 대부분은 유교 윤리를 무시하고 촌락의 관습을 따랐다. 하지만 촌락에 황제의 법을 관철하려고 한 지방관과 출세 지향적인 촌락 지배층을 통해 서서히 농촌 사회에도 유교 윤리가 퍼져 나갔다.

참파를 침공하여 소제국의 꿈을 이루다

즉위한 지 11년째 되던 해인 1470년 11월 초, 타인똥은 직접 군대를 이끌고 참파를 정벌하겠다는 조칙을 내렸다. 레 왕조가 성립한 이래로 참파는 다이비엣 변경을 여러 차례 침공했다. 타이똥 때 다이비엣 군대가 참파의 수도 비자야를 점령한 적이 있으나, 그때는 재물을 약탈하고 포로를 끌고 오는 데 만족했다. 즉위하고 10년 동안 정치의 안정과 경제적 번영에 힘쓰던 타인똥은 몇 달 전 참파의 침략을 계기로 대규모 원정에 나섰다. 다시는 다이비엣 변경을 넘보지 못하도록 철저하게 참파를 파괴하려는 목적이었다.

이듬해 2월 비자야 근처의 해안에 상륙한 다이비엣의 10만 대군은 타인똥의 지휘 아래 천자의 깃발을 들고 북을 두드리며 진격했다. 참파군 5,000여 명은 공포에 질려서 제대로 싸워 보지도 못하고 무너졌다. 정신없이 도망치던 참파군은 후방에서 나타난 베트남 복병들에게

15세기 다이비엣과 참파 1471년 타인똥의 참파 원정 결과, 비자야 북쪽은 완전히 다이비엣에 편입되어 꽝남승선의 통제를 받게 됐다. 이후 참파는 카우타라와 판두랑가에서 간신히 명맥을 유지했다.

▬▬▬ 15세기 말 레 왕조 치하 다이비엣
　　　다이비엣에 조공을 바친 지역

철저히 도륙당했다. 타인똥은 여세를 몰아 비자야를 함락하고 참파 국왕을 비롯한 포로 3만여 명을 끌고 수도 동낀으로 개선했다.

　타인똥은 역대 황제들이 비자야를 약탈하는 데 그친 것과 달리, 새로운 점령지에 '꽝남승선(廣南承宣)'이라는 특수 행정 구역을 설치하고 관리를 파견하여 다스리게 했다. 이는 이 지역이 다이비엣의 영토로 편입되었음을 의미한다. 이후 오랫동안 꽝남 지방은 범죄자가 향하는 유배지로 활용됐다. 꽝남승선의 설치는 다이비엣의 영토 확장을 의미하기 때문에 이른바 '남진'의 역사에서 중대한 진전이었다.

한편, 참파의 나머지 세력은 남쪽으로 도망하여 다시 나라를 세우고 다이비엣에 조공을 바쳤다. 이때 참파 영토는 전성기의 5분의 1에 불과했다. 명이 참파의 간청에 따라 점령지를 참파에 돌려주라고 했지만, 다이비엣은 이를 받아들이지 않았다. 이후 참파는 다이비엣의 속국이 되어 점차 쇠락해 갔다.

참파를 제압한 타인똥은 서쪽 변경의 소수 민족을 복속시키는 일로 시선을 돌렸다. 1479년 소수 민족의 반란을 지원했다는 이유로 오늘날 라오스 지역에 있던 라오족의 왕국 란쌍을 침공하여 수도를 함락하고 재물을 약탈하여 다이비엣 제국의 위용을 과시했다. 일찍이 중국과 대등한 제국을 표방한 다이비엣은 레 왕조의 타인똥 때 이르러 참파 왕국, 란쌍 왕국 등 이웃나라와 변경의 소수 민족을 제압하고 이들로부터 조공을 받으며 중국의 간섭도 배제하는 명실상부한 '소제국'이 됐다.

레 왕조가 쇠퇴의 길을 걷다

타인똥이 다스리던 15세기 후반은 레 왕조의 전성기였다. 타인똥은 유교 국가의 군주라는 의식을 깊이 새기며 학자를 우대하고 문화 사업을 후원했다. 바로 이 시기에 응오시리엔이 《대월사기전서》를 편찬하고, 부꾸인이 쩐 왕조 후기의 설화집 《영남척괴》를 발견한 후 이를 교정하여 세상에 선보였다. 각각 역사서와 설화집이지만, 두 작품 모두 베트남 역사가 락롱꾸언에서부터 시작된다고 서술했다. 이는 명을 물리치고 참파를 제압한 실력을 바탕으로 역사와 문화를 주체적으로 인식하려고 한 시대정신을 반영한다.

타인똥은 뛰어난 시인으로 시회(詩會)를 주재하며 문학을 후원했다. 그는 도덕적 교화에 기여하고 태평성대를 추구하는 작품이야말로 진정한 문학이라고 생각했다. 타인똥은 말년에 자신의 치적을 다음과 같이 노래했다.

> 하나라와 상나라의 예법을 거울로 삼고,
> 문왕과 무왕의 지혜를 마음에 새기고자 한다.
> 좋은 징조로 감응하여 백성들이 배부르고 따뜻하지만,
> 이른 아침부터 늦은 밤까지 애쓰고 삼가는 마음 변함없노라.
>
> ‒ 〈모든 곡식이 잘 여무니 노래가 저절로 나오네〉[2]

타인똥은 자신의 시대에 태평성대가 도래했다고 자부한 것 같다. 뒤를 이은 히엔똥(헌종) 때까지만 해도 타인똥 시대의 분위기는 대체로 유지됐다. 하지만 히엔똥이 죽고 23년 동안(1504~1527) 일곱 명의 황제가 교체되는 정치적 혼란이 이어졌는데, 지나치게 어리거나 포악한 황제가 잇달아 즉위한 탓이다. 즉위하고 3일 만에 살해된 여덟 살짜리 꼬마 황제도 있었다.

조정에서 여러 파벌이 권력을 다투는 동안, 지방 곳곳에서 농민 반란이 일어나 수도 동낀을 위협했다. 이러한 상황에서 홍강 삼각주 출

레 왕조 타인똥 하노이 문묘에서는 유교 보급에 힘쓴 레 왕조 타인똥의 동상을 제작해 모시고 있다.

신의 군부 실력자 막당중이 두 명의 황제를 갈아치운 뒤 1527년 스스로 제위에 올랐다. 11대에 걸쳐 100년 동안 지속한 레 왕조가 이렇게 일시적으로나마 단절됐다.

막 왕조를 연 막당중은 문신들의 지지를 얻기 위해 레 왕조의 제도를 답습했고, 명에 사절을 보내 책봉을 요청했다. 하지만 타인호아 집단을 중심으로 레 왕조 부흥 운동이 일어나 막 왕조를 위협했다. 레 왕조의 귀족 출신인 응우옌낌은 레 왕조의 후손을 황제로 옹립하며 부흥 운동을 주도했다. 하지만 황제는 명목상 군주에 불과했고, 실권은 응우옌낌을 이어 조정을 장악한 그의 사위 찐끼엠과 그 후손에게 넘어갔다(1545). 1592년, 마침내 찐씨가 이끄는 부흥 운동 세력이 막 왕조를 타도하고 레 왕조를 다시 일으켰다. 이후 찐씨가 실권을 쥔 레 왕조는 18세기 말에 멸망할 때까지 200여 년 동안 명맥을 유지했다.

레 왕조가 비정상적인 형태로라도 장수할 수 있었던 이유는 무엇일까? 역시 유교의 영향을 빼놓고 이야기할 수 없다. 유교 사상이 정치적 음모로부터 황제를 보호하지는 못했지만, 야심가들이 왕조를 바꾸는 데 제동을 걸 수는 있었다. 지배층 대부분이 유교 윤리를 받아들인 탓에, 신하로서 제위를 찬탈하려는 자는 명분 싸움에서 불리함을 감수해야 했다. 막 왕조가 실패한 이유가 바로 여기에 있다. 찐씨 정권의 실력자들은 레 왕조를 타도하는 대신 떠받드는 시늉을 하면서 배후에서 황제를 조종했기에 200여 년 동안 권력을 독점할 수 있었다. 찐씨 정권이 관료와 백성의 지지를 얻기 위해 강조한 것은 다름 아닌 유교 윤리였다.

◉ 베트남 최고의 역사서 《대월사기전서》와 응오시리엔

《대월사기전서》의 저자라는 명성에도 불구하고 응오시리엔의 행적은 잘 알려지지 않았다. 1400년 무렵에 태어나 99세까지 산 것으로 추정되는데, 역사의 격변기를 살아간 만큼 그의 인생 역시 여러 차례 굴곡을 겪었다.

청년기에는 독립 전쟁에 가담했다. 1442년 과거에 급제했을 때

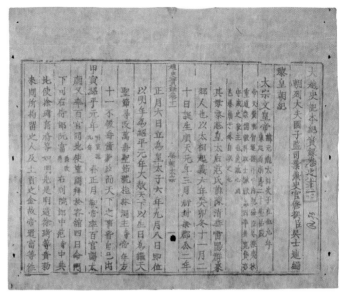

《대월사기전서》 응오시리엔이 편찬한 《대월사기전서》는 현존하는 가장 오래된 베트남 역사서이다. 한자로 쓰인 편년체의 통사다.

이미 40대였다. 그 후 년똥의 조정에서 도어사(都御使, 감찰 기구의 장관)라는 높은 벼슬을 지내다가 돌연 응이전 정권에 가담했다. 명색이 유학자인 응오시리엔은 왜 군주를 시해하고 제위를 강탈한 응이전을 지지했을까? 아마도 응오시리엔이 홍강 삼각주 출신의 문인이었기 때문일 것이다. 그에게는 타인호아 집단에 휘둘리는 10대 소년 황제보다는 유학을 존중하고 문인을 우대하는 20대 청년 황제가 유교 정치에 더 적합한 인물로 보였다.

하지만 응이전 정권이 무너지고 타인똥이 즉위하자, 전(前) 정권의 인사인 응오시리엔은 '적폐 청산'이란 명분 아래 숙청 대상으로 몰렸다. 타인똥으로부터 "나라를 팔아먹은 간신"이라는 질책까지 당했으니 큰 충격이었을 것이다. 이후 10년 동안 응오시리엔의 행적은 알려지지 않았다. 아마도 관직을 내놓고 고향에서 은거한 것으로 보인다.

1471년, 응오시리엔은 국사원에서 근무하며 《국사》 편찬에 참여했는데, 도중에 부친상을 당하여 잠시 벼슬에서 물러났다가 돌아와 보니 이미 편찬이 끝난 뒤였다. 하지만 응오시리엔은 포기하지 않고 혼자 힘으로라도 역사를 편찬하겠다고 결심했다. 국사원이 소장한 베트남과 중국의 역사서뿐만 아니라 민간의 야사까지 폭넓게 섭렵했고, 그 결과 《대월사기전서》를 완성하여 타인똥에게 바칠 수 있었다.

응오시리엔은 낀즈엉브엉 이래 상고 시대의 신화와 전설을 정리하고, 레반흐우의 《대월사기》와 판푸띠엔의 《대월사기속편》을 토대로 남비엣부터 명 지배기까지 베트남의 역사를 서술했다. 응오시리엔의 역사 서술에서 가장 중요한 특징은 신화와 전설을 역사의 범주 안에 적극적으로 끌어들였다는 점이다. 베트남의 역사적 기원이 중국만큼 오래됐다고 주장하면서 베트남이 중국과 대등하다는 역사의식을 보여 줬다.

유교 윤리를 잣대로 역사적 사건과 인물을 엄격하게 평가했다는 점도 특징이다. 예를 들어, 호 왕조의 창시자 호꾸이리의 비참한 최후에 대해서는 다음과 같이 논평했다. "극악무도한 죄를 범했으니 어찌 하늘의 토벌을 피할 수 있겠는가!" 호꾸이리가 임금을 시해하고 제위를 찬탈했기 때문에 하늘이 명나라 사람의 힘을 빌려 그를 주살했다는 뜻이다. 응오시리엔은 개혁을 추진하고 명의 침략에 맞선 '공'보다는 유교 윤리를 위반한 '과'를 더 무겁게 생각했다.

현존하는 《대월사기전서》는 레 왕조가 멸망하기 직전인 1788년에서 끝난다. 《대월사기전서》의 저자 응오시리엔은 15세기 사람인데 어찌 된 일일까? 이후 '유교의 시대'를 살아간 후대 역사가들이 응오시리엔의 역사 서술을 모범으로 삼아 레 왕조의 역사를 이어서 썼기 때문이다. 국사원의 《국사》뿐만 아니라 《대월사기》와 《대월사기속편》 모두 전해지지 않기 때문에, 오늘날 《대월사기전서》는 현존하는 가장 오래된 베트남 역사서라는 영예를 누리며 18세기 이전 베트남 역사 연구에 기초 자료로 활용되고 있다.

베트남 유교 이념의 상징
'하노이 문묘'

문묘는 공자와 그 제자 및 역대 유학자의 위패를 모신 사당으로, '공자묘'라고도 불린다. 어떤 나라에 문묘가 있다면, 과거에 그 나라 사람들이 공자를 숭배했다는 뜻이다. 베트남에도 문묘가 여러 군데 있는데, 가장 유명한 것이 하노이 문묘다.

좁은 의미에서 문묘는 제사 공간인 사당만을 가리키지만, 넓은 의미에서는 교육 공간인 학교까지 포함한다. 국가의 통제 아래 종교와 교육이 긴밀하게 연계된 유교 사회의 특징을 잘 보여 주는 공간이 바로 문묘다. 하노이 문묘에도 공자의 사당인 대성전과 왕조 시대의

하노이 문묘 호안끼엠 호수에서 서쪽으로 2킬로미터 지점에 자리 잡고 있다. 사진은 규문각 안쪽의 연못으로 하늘의 빛을 담은 우물이라는 뜻의 티엔꽝 우물[天光井]이다.

대성전 하노이 문묘 내 공자의 위패를 모신 사당이다.

국립대학인 국자감이 일정한 간격을 두고 자리했다.

　하노이 문묘가 처음 세워진 것은 1070년 리 왕조 타인똥 때다. 그로부터 6년 뒤 년똥 때
는 문묘 안에 국자감을 설치했다. 타인똥이 문묘를 만든 이유는 유교 사상으로 무장한 유능
한 관리를 양성하기 위해서였는데, 이러한 목표는 후대 황제와 왕조들에 계승됐다. 시간이
지나고 문묘가 증축되면서 부속 건물이 늘고 규모가 더 커졌다. 레 왕조 타인똥 때부터 300
여 년 동안 문묘 안에 진사제명비가 계속해서 세워졌다.

　19세기 이후 프랑스의 식민 통치와 두 차례의 베트남 전쟁을 겪으면서 문묘의 일부가 훼
손됐으나 지금은 대부분 복구된 상태다. 식민지 시대에는 프랑스 국립 극동 연구원이 복원
사업을 주도했고, 베트남 전쟁 후에는 베트남 정부 주도로 복원 사업이 이루어졌다.

규문각 하노이 문묘의 세 번째 출입문인 규문각은 높은 석조 기둥에 겹지붕을 얹은 형태로, 오늘날 하노이를 상징하는 건축물로 손꼽힌다. 베트남 10만 동짜리 지폐 뒷면에 규문각이 그려져 있다.

하노이 문묘는 한때 하노이가 베트남 왕조의 수도였음을 떠올리게 하는 역사적 상징물이다. 베트남의 10만 동짜리 지폐의 모델로 하노이 문묘가 선택된 것은 결코 우연이 아니다. 하노이 문묘는 원래 황제와 관리 및 국자감 학생만 드나들 수 있는 특별한 공간이었지만, 오늘날에는 모두에게 열려 있는 휴식 공간이자 관광 명소다. 음력 설날 즈음이면 서예가들이 이곳에 모여 가훈이나 새해 소원이 담긴 멋진 글을 써서 전시하고 팔기도 한다.

3장

분열과 확장, 교역과 개발

16세기 말 이래 200년 가까이 레 왕조는 명맥을 유지하기는 했지만, 실권은 찐씨에게 있었다. 찐씨의 권력 독점에 반발한 응우옌씨는 남쪽으로 내려가 독자 정권을 수립했다. 17세기에는 찐씨 정권과 응우옌씨 정권이 여러 차례 전쟁을 벌이기도 했다. 응우옌씨 정권은 더욱 남쪽으로 영토를 확장하여 참파 왕국의 영역은 물론 메콩강 삼각주까지 진출했다. 18세기 이후 북부와 남부 양쪽에서 모두 토지 겸병과 조세 수탈이 심해지고 자연재해가 빈발하면서 농민과 소수 민족의 반란이 자주 발생했다. 특히 18세기 후반에 시작된 떠이선 운동은 응우옌씨 정권과 찐씨 정권, 레 왕조 모두를 무너뜨리면서 베트남의 통일에 성공했다. 떠이선 운동을 끝장내고 19세기 초에 성립한 응우옌 왕조는 중앙 집권 강화를 통해 오랫동안 별개의 정치권력이 지배하던 북부와 남부의 통합을 추구했다. 아울러 청에 조공을 바치면서도 주변 약소국에 조공을 요구하며 소제국으로서 영향력을 떨치고자 했다.

1558년	응우옌호앙, 투언호아로 이주
1592년	레 왕조 재건
1599년	찐씨, 왕을 칭함.
1627~1672년	찐-응우옌 전쟁
1677년	막씨 잔당 완전히 소탕
1771년	떠이선 운동 시작
1789년	레 왕조 멸망
1802년	떠이선 운동 종말, 응우옌 왕조 수립
1820~1840년	민망 황제 재위

1568~1648년	네덜란드 독립 전쟁
1602년	네덜란드 동인도 회사 설립
1789년	프랑스 혁명 발발
1804~1815년	나폴레옹 1세 재위

1592~1598년	임진왜란
1636~1637년	병자호란
1724~1800년	영조·정조 재위

1520~1566년	(오스만) 쉴레이만 1세 재위
1588~1629년	(이란) 아바스 1세 재위
1683년	제2차 빈 포위
1805~1848년	(이집트) 무함마드 알리 재위

1590년	도요토미 히데요시의 전국 통일
1603년	에도 막부 성립
1635년	일본인 해외 도항 금지
1716~1745년	도쿠가와 요시무네 치세

1567년	명의 해금 완화
1616년	후금 건국
1644년	명 멸망, 청 베이징 점령
1735~1796년	건륭제 재위

1556~1605년	아크바르 재위
1658~1707년	아우랑제브 재위
1757년	플라시 전투
1826년	얀다보 조약(영국-미얀마)

1590~1605년	아유타야 왕조 나레수안 재위
1767년	톤부리 왕조 성립
1782년	라따나꼬신 왕조 성립
1782~1809년	라마 1세 재위

1 찐씨와 응우옌씨, 나라를 분열시키다

빈또 9년, 찐-응우옌 전쟁이 시작되다

1627년, 레 왕조의 턴똥(신종) 황제가 즉위한 지 9년째 되던 해였다. 다이비엣 달력은 그해를 '빈또(永祚) 9년'이라고 기록했다. 하늘이 내린 축복이 영원히 지속하기를 기원하는 연호였지만, 당시의 정치는 축복과 거리가 멀었다. 새로운 전쟁이 시작됐기 때문이다.

그해 정월, 황제의 칙사가 남쪽 변경의 두 고을, 투언호아(오늘날의 트어티엔후에성)와 꽝남을 다스리던 응우옌푹응우옌 앞에서 조서를 읽어 내려갔다.

"타인도왕(찐짱의 작위)은 어질고 덕이 후한 성품으로 …… 군주를 환란에서 구출하고 종묘사직을 위기에서 구했으니……."

이 대목에서 응우옌푹응우옌은 "으흠!" 하고 소리를 냈다. 순간 칙사가 읽기를 멈췄다. 긴장한 모습이 역력했다. 응우옌푹응우옌은 생각했다. '9년 전, 황제를 목매 자결하게 만든 사람도 타인도왕 아니던가?' 지금의 턴똥 황제도 찐씨의 꼭두각시나 다름없었다. 황제의 칙사라고는 하지만 실은 찐짱의 명령을 전달하는 심부름꾼에 불과했다. 칙사가 다시 조서를 읽기 시작했다.

> 너는 군신 상하의 의리를 돌아보고, 조부(응우옌낌)가 세운 공로를 생각하여 삼가 정성 어린 공물을 바치고 조정의 명령에 귀의하라. …… 이 조서가 도착하는 대로, 너는 병사와 코끼리·군마·선박을 정비해서 수도로 올라와 짐을 알현하고 군신의 의리에 부합하도록 하라. 만약 미혹한 데 집착하여 관군의 진입을 막고 짐의 명령을 거부한다면, 하늘의 위엄이 닿는 곳마다 높은 산이 순식간에 낮은 평지가 될 것이다. 길흉의 향배는 네게 달렸으니 잘 생각해 보라.
>
> ─《대월사기전서》〈본기〉권18 빈또 9년(1627) 정월 조

사실상 최후통첩이었다. 4년 전 찐짱이 집권한 이래 북부 찐씨 정권의 조공 요구가 반복되었지만, 남쪽 응우옌씨 정권의 수장 응우옌푹응우옌은 이를 번번이 거절했다. 만약 이번에도 거절한다면 역적 토벌을 핑계로 쳐들어올 게 분명했다. 응우옌푹응우옌은 껄껄 웃으면서 칙사에게 말했다.

"저희에게 무기를 수선하고 변방의 요새를 수리하라고 명하시니, 만약 수년 내에 오신다면 늦지 않은 시기에 삼가 뵙고자 합니다."

조공을 바칠 의사가 전혀 없으니 쳐들어온다면 언제든지 맞서 싸우겠다는 뜻이다. 칙사의 보고를 받은 찐짱은 어전 회의를 소집하여 응

우엔씨 토벌을 결정했다. 앞으로 50년 가까이(1627~1672) 계속될 '찐-응우옌 전쟁'의 시작이었다.

사실, 응우옌씨와 찐씨는 인척 관계였다. 찐짱과 응우옌푹응우옌 두 사람의 부친은 서로를 경쟁자로 여기면서도 같은 타인호아 집단의 일원으로서 사돈을 맺었으며, 막씨 정권 타도와 레 왕조 부흥을 위해 협력했다. 그러던 두 집안이 자식 대에 와서 나라를 둘로 쪼개 전쟁을 벌인 이유는 무엇일까? 이 전쟁의 최종 승자는 누구였을까? 다이비엣의 분열과 두 세력 간 전쟁은 이후 역사에 어떤 영향을 미쳤을까?

다이비엣, 찐씨와 응우옌씨 정권으로 분열되다

레 왕조 부흥 운동 세력이 막씨 정권을 타도한 이듬해인 1593년, 응우옌호앙(응우옌푹응우옌의 부친)이 군대를 이끌고 수도 동낀으로 올라와서 황제 테똥(세종)을 알현했다. 이때 응우옌호앙은 병력과 군량 및 각종 재화를 기록한 장부를 헌납했다. 복종의 뜻을 분명히 한 것이다.

권신 찐뚱(찐짱의 부친)은 응우옌호앙의 벼슬과 작위를 올리고, 황제에게 청해 응우옌호앙이 막씨의 잔여 세력을 토벌하게 했다. 막씨 잔당의 소멸과 경쟁자인 응우옌씨 세력의 약화라는 일석이조의 효과를 노린 것인데, 응우옌호앙에게 도리어 공을 세울 기회를 준 셈이 되고 말았다. 응우옌호앙은 무사히 임무를 완수하고 본거지인 투언호아로 돌아왔다. 아마도 호랑이 입속에서 빠져나온 기분이었을 것이다.

응우옌호앙의 본거지는 원래 남쪽 변경인 투언호아가 아니라 대대

찐씨 정권 (11대, 1545~1787)		응우옌씨 정권 (9대, 1558~1777)	
1대	찐끼엠(재위 1545~1570)	추존	응우옌낌
2대	찐뚱(재위 1570~1623)	1대	응우옌호앙(재위 1558~1613)
3대	찐짱(재위 1623~1657)	2대	응우옌푹응우옌(재위 1613~1635)
4대	찐딱(재위 1657~1682)	3대	응우옌푹란(재위 1635~1648)
...		4대	응우옌푹떤(재위 1648~1687)
9대	찐섬(재위 1767~1782)	...	
10대	찐카이(재위 1782~1786)	9대	응우옌푹투언(재위 1765~1777)
11대	찐봉(재위 1786~1787)		

찐씨 정권과 응우옌씨 정권의 군주들 찐씨와 응우옌씨는 서로 인척 관계였으나 레 왕조 조정의 주도권을 둘러싸고 싸우는 과정에서 각각의 정권으로 분열됐다.

로 고위직 무관을 배출한 타인호아였다. 응우옌호앙은 막씨의 제위 찬탈에 맞서 레 왕조 부흥 운동을 일으킨 응우옌낌의 아들이고, 찐뚱은 응우옌낌의 외손자다. 그런데 응우옌낌이 막씨가 보낸 자객에게 독살되자 권력이 그의 사위 찐끼엠에게 넘어갔다. 딸(사위)도 상속권을 가지는 베트남 관습에 따른 것이었다. 자신이 부친의 합법적 계승자라고 생각했던 응우옌호앙은 매형 찐끼엠의 권력 상속을 못마땅해했다. 찐끼엠도 용맹하고 지략이 뛰어난 처남 응우옌호앙이 부담스러울 수밖에 없었다.

응우옌호앙은 찐끼엠의 경계를 늦추고 훗날을 도모하기 위해 자신을 투언호아로 보내 달라고 요청했다. 당시 투언호아는 유배지로 쓰이던 변경 지역으로, 치안이 불안하고 참파의 침입도 잦았다. 찐끼엠은 야심만만한 처남을 멀리 보내고 변경도 안정시킬 수 있겠다 싶어서 응우옌호앙의 요청을 받아들였다.

1558년, 응우옌호앙은 가족과 추종자들을 이끌고 투언호아로 이주했다. 응우옌호앙 집단의 남하는 레 왕조의 다이비엣이 북부의 찐씨 정권과 중·남부의 응우옌씨 정권으로 분열하는 계기가 됐다. 하지만 처음부터 두 정권이 대립한 것은 아니다. 자기 세력이 약하다는 것을 알았던 응우옌호앙은 찐씨에 대한 도전을 자제하면서 우호 관계를 유지했다. 매년 황제에게 공물을 바치고 찐씨가 주도한 막씨 토벌에도 참여했다. 찐끼엠도 막씨 토벌에 집중해야 했기 때문에 응우옌씨를 자극하지 않으려 했다.

그런데 찐끼엠의 뒤를 이은 찐뚱은 1599년 '빈안왕(평안왕)'이라는 작위를 얻은 후 황제를 대신해서 국가의 모든 일을 주관했다. 당시 북부를 방문 중이었던 응우옌호앙은 찐뚱의 의심을 피하려고 자기 아들을 인질로 동낀에 남겨 둔 채 남쪽으로 돌아갔다. 그뿐만 아니라 딸을

역사 도시 후에 응우옌호앙이 정착한 투언호아는 응우옌씨 정권의 본거지가 됐고, 19세기 이후에 응우옌 왕조의 수도 후에가 된다. 사진에 오랜 역사의 흔적을 간직한 후에를 남북으로 가르는 흐엉강이 보인다.

쩐뚱의 아들 쩐짱에게 시집보냈다. 응우옌호앙과 쩐뚱은 서로 의심하고 경계했지만 레 왕조에 대한 얼마간의 충성심을 공유했고 같은 고향 출신에 친족이라는 의식도 있어서 정면 대결을 자제했다. 게다가 막씨 세력이 명의 보호 아래 북쪽 변경(까오방)에 남아 있었기 때문에, 쩐씨 정권은 응우옌씨 정권의 자립을 묵인 또는 방관할 수밖에 없었다.

하지만 그들의 아들 대에 이르자, 동향인이라는 생각이나 친족 의식은 옅어지고 대결 의식만 짙어졌다. 결국 쩐씨가 고압적인 태도로 응우옌씨에 조공을 요구하고 응우옌씨가 이를 거절한 것이 계기가 되어 쩐-응우옌 전쟁의 막이 올랐다.

쩐씨와 응우옌씨가 전쟁을 벌이다

빈또 9년(1627) 2월, 쩐짱은 응우옌씨를 토벌하기 위해 직접 군대를 이끌고 출정했다. 쩐짱의 이런 결정에는 후금의 공격을 막아 내느라 명이 베트남의 내부 사정에 개입하기 어려운 상황이라는 점도 작용했다. 턴똥 황제도 권신 쩐짱의 눈치를 보면서 그 뒤를 따랐다. 바다에서는 병사를 가득 실은 200여 척의 전선이 앞장섰고 500여 척의 보급선이 그 뒤를 받쳤다. 육지에서는 10만 대군이 출동했는데, 그중에는 대포를 견인하는 코끼리 300마리도 있었다. 이 모습을 관찰한 어느 프랑스인 선교사는 전쟁에 동원된 쩐씨 정권의 총 병력을 육군과 수군 통틀어 약 20만 명으로 추산했다. 반면, 쩐씨에 맞서는 응우옌씨의 군사력은 병사 약 4만 명에 전선 130척이 다였다. 양측이 충돌한 결과

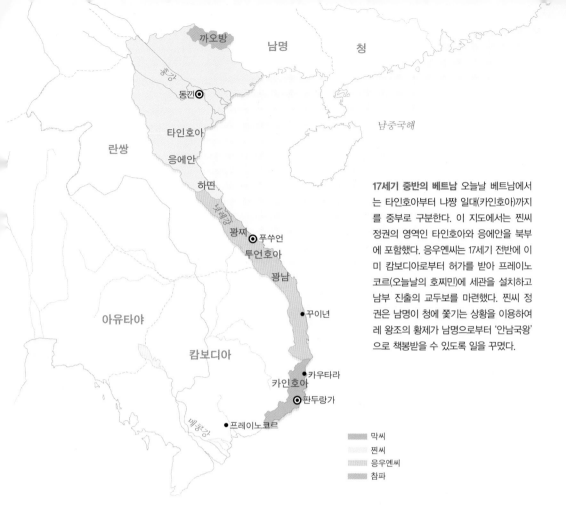

17세기 중반의 베트남 오늘날 베트남에서는 타인호아부터 냐짱 일대(카인호아)까지를 중부로 구분한다. 이 지도에서는 찐씨 정권의 영역인 타인호아와 응에안을 북부에 포함했다. 응우옌씨는 17세기 전반에 이미 캄보디아로부터 허가를 받아 프레이노코르(오늘날의 호찌민)에 세관을 설치하고 남부 진출의 교두보를 마련했다. 찐씨 정권은 남명이 청에 쫓기는 상황을 이용하여 레 왕조의 황제가 남명으로부터 '안남국왕'으로 책봉받을 수 있도록 일을 꾸몄다.

막씨

찐씨

응우옌씨

참파

는 어땠을까?

찐씨의 선발대와 응우옌씨의 본대는 해안을 옆에 끼고 넛레강 양안에 각각 진을 쳤다. 넛레강은 해안으로부터 10킬로미터 떨어진 산악지대에서 흘러오는데, 산언저리에서 해안까지 구릉 지대와 평야, 모래 언덕과 모래사장이 차례로 펼쳐져 있다. 따라서 좁다란 평야만 차단하면 적은 병력으로도 다수의 적을 상대할 수 있었다.

찐씨 군대가 기병을 앞세워 돌격하자 응우옌씨의 대포가 불을 뿜었다. 찐씨의 병사들은 혼비백산해서 많은 사상자를 낸 채 물러났다. 그리고 그날 밤 응우옌씨의 수군이 밀물을 타고 접근하여 대포를 쏘아 대자 찐씨 진영은 혼란에 빠졌다.

찐짱이 직접 지휘하는 본대가 도착하면서 수적 열세인 응우옌씨 진영이 불리해졌다. 하지만 찐씨의 병사들이 약탈하느라 정신없는 틈을 타 응우옌씨의 코끼리 부대가 역습을 감행했다. 찐씨 군대는 무너져 버렸고, 찐짱은 남은 병사들을 수습해서 퇴각할 수밖에 없었다.

이후에도 찐씨와 응우옌씨는 여섯 차례 더 전쟁을 벌였다. 찐씨는 월등한 군사력을 바탕으로 주도권을 쥔 채 전쟁을 시작했지만, 한 번도 응우옌씨의 방어선을 뚫지 못했다. 반면에 응우옌씨는 매번 찐씨의 매서운 공격을 막아 냈지만, 전쟁을 지속하기에는 이를 뒷받침할 인구와 자원이 부족했다. 결국 양 진영은 1672년을 끝으로 장기간 휴전에 들어갔다. 찐씨가 다스리는 북부의 인구와 자원이 훨씬 더 많고 풍부하다는 점을 고려한다면, 전쟁은 실질적으로 응우옌씨의 승리라할 수 있다. 응우옌씨가 찐씨의 침공을 막아 낼 수 있었던 이유, 즉 찐씨의 북부가 응우옌씨의 남부를 정복하지 못한 이유는 무엇일까?

우선, 응우옌씨의 대비가 철저했다. 첫 번째 전쟁이 끝난 직후에 응우옌씨는 넛레강 일대에 산비탈과 해안을 연결하는 6미터 높이의 장성을 쌓고 일정한 간격으로 대포를 배치했다. 이들은 마카오의 포르투갈인으로부터 대포를 구매했을 뿐만 아니라 장성 근처에 주물 공장을 세워 직접 유럽식 대포를 생산했다. 그래서 포병 화력만큼은 응우옌씨가 찐씨보다 앞섰고, 그 덕분에 찐씨의 공격을 물리칠 수 있었다.

둘째, 찐씨는 무덥고 습한 남쪽 지방에서 치르게 될 전투에 충분히 대비하지 못했다. 그래서 군량 보급이 여의치 못했고 북부와는 확실히 다른 기후에 대한 대비도 부족해 많은 병사가 질병에 시달려야 했다. 반면에 응우옌씨 군대는 지형과 기후가 모두 익숙한 데서 생기는 이점이 있었다.

셋째, 찐씨는 북쪽 변경에서 막씨 잔당과도 싸워야 했던 만큼, 우세한 군사력이 주는 이점을 누리지 못했다. 즉, 찐씨는 막씨 잔당을 토벌하기 위해 군사력을 분산해야 했고, 그 바람에 응우옌씨 토벌에 집중할 수 없었다.

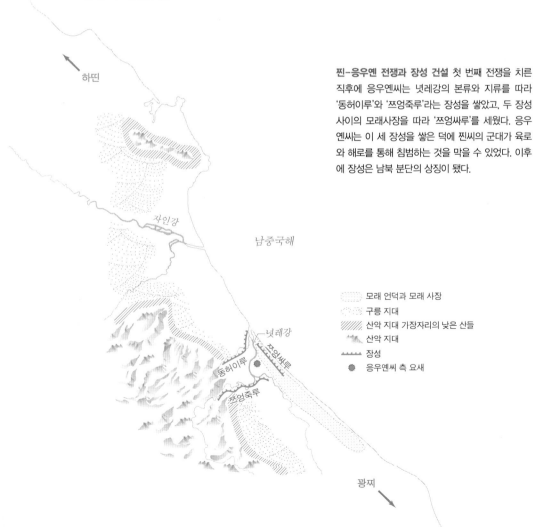

찐-응우옌 전쟁과 장성 건설 첫 번째 전쟁을 치른 직후에 응우옌씨는 녓레강의 본류와 지류를 따라 '동허이루'와 '쯔엉죽루'라는 장성을 쌓았고, 두 장성 사이의 모래사장을 따라 '쯔엉싸루'를 세웠다. 응우옌씨는 이 세 장성을 쌓은 덕에 찐씨의 군대가 육로와 해로를 통해 침범하는 것을 막을 수 있었다. 이후에 장성은 남북 분단의 상징이 됐다.

하띤

자인강

남중국해

녓레강
쯔엉싸루
동허이루
쯔엉죽루

꽝찌

⠿ 모래 언덕과 모래 사장
⠿ 구릉 지대
▨ 산악 지대 가장자리의 낮은 산들
⛰ 산악 지대
⌄⌄⌄ 장성
⬤ 응우옌씨 측 요새

1672년의 일곱 번째 전쟁을 끝으로 무력 충돌이 일어나지 않은 이유는 무엇일까? 그것은 중국의 정세 변화와 밀접한 관련이 있다. 찐씨 정권은 그간 명·청 교체기라는 정치 혼란을 이용해서 북쪽으로는 막씨 잔당을 소탕하는 데 공을 들였고, 남쪽으로는 응우옌씨 정권을 무너뜨리는 데 주력했다. 하지만 그사이에 청이 명을 멸망(1644)시킨 데 이어 명의 잔존 세력(남명)마저 제압(1662)하고 질서를 회복했다. 이제 찐씨는 응우옌씨에 대한 새로운 침공을 시도할 수 없었다. 청이 내전을 핑계로 베트남의 내부 문제에 개입할 우려가 있었기 때문이다.

오랜 전쟁을 치르면서 찐씨와 응우옌씨 모두 군사력 강화에만 전념해 온 탓에 백성의 삶이 피폐해졌다. 건강한 성인 남성은 고향을 떠나 전쟁터에서 지내야 했고, 전장에 끌려가지 않은 사람들도 진지 구축 등 노역에 동원되었을 뿐만 아니라 과중한 세금에 시달렸다. 게다가 두 정권이 전쟁에 몰두한 틈을 타서 지방 관리들이 착취와 부정부패를 일삼았다. 이러한 상황에 대해 두 정권은 각각 어떻게 대응했을까?

찐씨 정권이 내정 개혁을 추진하다

찐씨 정권은 레 왕조 부흥 운동 중에 들어선 정권이다. 즉, 막씨와 전쟁을 치르는 과정에서 성립한 정권이라 찐씨 일족을 비롯한 타인호아 출신의 무인들이 고위 관직을 독점하는 '무인 정권'의 성격을 띠고 있었다. 그런데 찐씨는 타인호아 집단 내에서 문벌이 그다지 좋은 편이 아니었다. 따라서 다른 가문을 제압하고 정권의 정통성을 확보하려면

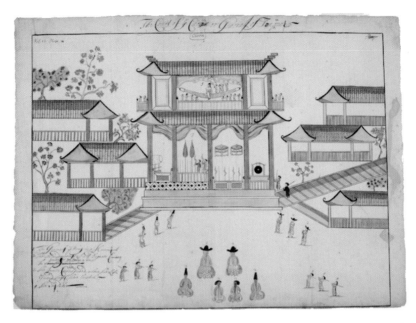

찐씨 가문의 저택 레 왕조 황제를 허수아비로 만들고 실질적인 통치자 노릇을 했던 찐씨 일족은 11대에 걸쳐 '왕'의 지위를 세습하며 240여 년간 다이비엣 북부를 다스렸다. 영국학사원이 소장한 17세기 후반 찐씨 가문의 저택을 그린 그림에서 그 위세가 엿보인다.

강력한 명분이 필요했다. 바로 '레 왕조의 수호자'란 명분이었다.

찐씨는 레 왕조를 지킨다는 명분 덕에 다른 무인 가문들의 도전을 막으면서 250년 가까이 장기 집권할 수 있었다. 막씨나 응우옌씨와 전쟁을 벌일 때 공격의 주도권을 쥘 수 있었던 것도 이런 명분을 내세워 레 왕조의 황제를 배후에서 조종할 수 있었기 때문이다. 하지만 바로 그 명분 때문에 레 왕조를 타도하고 새로운 왕조를 세우는 데까지는 나아갈 수 없었다. 정통성의 기반을 스스로 허물 수는 없었던 것이다.

1599년 '왕'에 봉해진 찐씨는 황제의 조정과는 별도로 '왕부(王府)'

찐씨의 연회와 군대 그림 상단부에는 찐씨 가문이 별장에서 연회를 벌이는 장면이, 하단부에는 찐씨 군대가 행진하는 모습이 묘사되어 있다.

를 설치해 실권을 행사했다. 왕부는 찐씨 정권의 정부인 셈인데, 그 때문에 문인 관료에 대한 수요가 더 늘어났다. 이후 지속해서 과거를 시행한 것도 유능한 관료를 확보하는 동시에 홍강 삼각주 출신 문인들의 지지를 얻기 위해서였다. 그 결과 찐씨 정권에서 문인 관료의 세력이 점차 커졌다.

17세기 후반에 이르러 응우옌씨와의 전쟁이 교착 상태에 빠지자, 찐씨 정권은 무인들의 주장대로 전쟁을 계속할지, 문인들의 주장대로 내정에 충실을 기할지 선택해야만 했다. 1657년 병사한 찐짱의 뒤를 이은 찐딱은 문인 관료의 지지를 바탕으로 국정의 중심을 점차 전쟁에서 내정으로 옮겼다. 내정의 핵심 과제는 오랜 전쟁으로 피폐해진 농촌을 재건하고 국가 재정을 확충하는 일이었다.

당시 촌락의 지배자는 촌장을 비롯한 지방 세력이었는데, 이들은 중앙에서 파견한 지방관과 결탁하여 세금을 지나치게 많이 거두거나 농민의 토지를 빼앗곤 했다. 몰락한 농민이 늘면서 국가의 재정 수입이 줄어들자, 찐씨 정권은 촌락을 실제로 관리하는 촌락의 우두머리를 종래 촌락민의 추천을 받아 임명하던 방식에서 지방관이 유학자 중에서 선발하는 방식으로 바꿔 촌락에 대한 통제를 한층 강화했다.

유교를 신봉하는 문인 관료들이 보기에 레 왕조의 황제 중에서 가장 정치를 잘한 임금은 유교 정치를 지향한 타인똥이었다. 찐딱과 문인 관료들은 타인똥의 정치를 되살리면 사회 문제를 해결할 수 있다고 생각했다. 유학자를 촌락의 우두머리로 세우려 한 것도 유교 윤리를 철저히 익힌 촌장이라면 공정하게 법을 집행할 것으로 기대했기 때문이다. 그리고 세금을 징수하고 노동력을 징발하는 일뿐만 아니라 촌민에게 유교 윤리를 심어 주는 일이 촌장의 중요한 소임이라고 여겼다.

농촌을 재건하는 일에서 촌장 이상으로 중요한 사람은 촌장을 선발하고 감독할 관료들이었다. 유교 사상으로 무장한 관료를 양성하는 일이 무엇보다 시급했다. 이를 위해 과거 제도를 개혁하고 과거 합격자의 정원을 늘리고 국자감의 규모를 확대했다.

그 외 촌락을 살리려는 조치들이 이어졌다. 세금과 군역 부과의 기준이 될 호적을 작성하는 한편, 조세 징수와 군역 동원 절차를 간소화하여 지방관이나 촌장이 부정을 저지를 여지를 없애고, 토지 제도를 개혁하여 관리와 지방 세력의 토지 탈점이나 겸병을 막고 농민 소유의 토지를 보호하려 했다. 그러나 17세기 중반 이후 실시한 개혁 조치들은 큰 성과를 내지 못하고 중단되고 말았다. 개혁이 실패한 가장 큰 원인은 농업 생산력이 정체되어 만성적인 재정 부족에 시달리게 됐기 때문이다.

레 왕조 초기에 추진한 제도 개혁과 대외 팽창의 주요 동력은 홍강 삼각주 개발에서 나왔다. 대규모 제방과 방조제를 쌓아 경작지를 확보하는 기본적인 개발은 이미 쩐 왕조 때 끝났고, 레 왕조 때에는 홍강 삼각주 주변의 산악 지대와 해안 지대에서 농경지 확장 사업을 진행했는데, 이는 15세기 후반 타인똥 시대에 완료됐다.

홍강 삼각주 개발이 한계에 도달한 16세기 이후 농업 생산력이 정체되면서 비상시를 대비해 비축해 두는 곡식의 양도 부족해졌다. 그에 따라 자연재해나 전쟁이 일어날 때마다 고향을 등지고 떠도는 백성들이 생겨났고, 촌락 자체가 소멸하는 일도 드물지 않게 됐다. 이러한 상황에서는 아무리 개혁을 하더라도 세수 증가를 기대하기가 어려

홍강 삼각주 홍강 하류와 타이빈강이 만나는 곳에 생긴 평원으로, 인구가 밀집하고 농작물이 잘 자라는 북부 최대의 곡창지대다. 사진은 홍강 삼각주에서 벼농사를 짓는 모습이다.

웠다. 결국 찐씨 정권은 재정난 타개를 위해 관직 매매에까지 손을 댔는데, 이는 관료의 질적 저하로 이어져 그나마 이룩한 개혁의 성과마저 헛수고가 되고 말았다.

응우옌씨 정권이 남진을 통해 자립을 도모하다

마뜩한 출구가 없었던 북부의 찐씨와 달리, 중부의 응우옌씨에게는 남부라는 신천지가 있었다. 응우옌씨가 진출하기 전까지 베트남 중부와 남부에는 비엣족이 거의 살지 않았다. 오랫동안 참족이 차지했던 중부의 해안 지대는 평야가 좁고 강어귀에 항구 도시가 발달해 있었

메콩강 삼각주 남부 최대의 비옥한 곡창 지대다. 이곳에서 생산되는 쌀만으로 1억 명의 베트남인을 먹여 살릴 수 있다고 한다. 사진은 메콩강 삼각주에서 크메르족 농부들이 벼농사를 짓고 있는 모습이다.

다. 중부의 하천을 따라 내륙으로 들어가면 나타나는 산맥과 고원 지대에는 소수 민족이 살았다. 응우옌씨가 처음 정착한 투언호아도 중부의 해안 지대에 있었다.

남부에는 메콩강 삼각주에 습지와 평야가 펼쳐져 있는데, 규모가 홍강 삼각주의 두 배에 달했다. 그래서 개발 잠재력이 풍부했으나 대부분 미개척지였다. 이곳에는 주로 크메르족(캄보디아의 최대 민족)이 거주하면서 농사를 지었고, 말레이와 중국 등 다양한 지역 출신들이 고기잡이·장사·해적질 등을 하면서 섞여 살았다. 응우옌씨는 어쩌다가 남부로 진출할 결심을 했을까?

처음부터 남쪽에서 자립하겠다는 계획을 세웠던 것은 아니다. 하지만 16세기 말 막 왕조가 무너지고 찐씨가 왕부를 만들어 레 왕조를 실질적으로 장악하자, 응우옌씨는 정권 탈환을 포기하고 독자적인 정권 수립을 모색하게 됐다. 앞으로 응우옌씨 정권의 생존은 자립에 필요한 인구와 자원을 어떻게 확보하는가에 달려 있었다.

응우옌씨는 유능한 인재를 중용하고 백성의 세금 부담을 덜어 주면서 새로운 정착지를 개척하는 일에 힘썼다. 그러자 정치적 망명자와 피난민 등이 응우옌씨 쪽으로 넘어오기 시작했다. 찐-응우옌 전쟁이 벌어지는 동안에는 전쟁 포로를 동원해 정착지를 개척했다.

병력과 자원이 부족했던 응우옌씨 정권은 정착지 개척을 주도하기보다는 민간의 개척을 뒤에서 지원하는 방법을 택했다. 이주민(비엣족)이 원주민(참족 또는 크메르족) 속에 섞여 살다가 세력이 우세해지면 군대를 파견하여 점령하고 새로운 행정 구역을 설치하여 식민지로 삼는 식이었다. 새로 점령한 지역에는 비엣족을 이주시켜 토지를 개간하고 촌락을 이루도록 독려했다.

식민지 개척과 영토 확장은 해안선을 따라 남쪽으로 진행됐고, 그 과정에서 참파의 영토를 점차 잠식하여 17세기 말에는 안 그래도 줄어든 참파 왕국의 영역(카우타라와 판두랑가 일대)마저 일개 행정 구역으로 편입시켰다. 그리고 참파 왕에게는 번왕(藩王, 속국의 군주)의 지위를 주어 명목상의 자치를 허용했다.

17세기 중반 이래 응우옌씨 정권은 캄보디아 정치에 개입하며 여러 차례 군대를 출동시켰다. 당시 캄보디아에서는 메콩강을 경계로 두 세력이 대립하고 있었다. 서쪽의 왕권은 아유타야 왕조(오늘날의 타이)와 통했고, 동쪽의 왕권은 응우옌씨 정권과 결탁했다. 응우옌씨는 동쪽의 왕권을 지원하는 대가로 조공을 받았고, 17세기 말에 이르러서는 메콩강 하류의 동쪽 지역 대부분을 영토로 편입했다.

응우옌씨가 남부로 진출한 가장 큰 이유는 이곳에 넓고 비옥한 평야 지대가 있었기 때문이다. 응우옌씨는 찐씨에 맞서 독자적인 국가를 운영할 만한 경제력을 갖추기 위해 메콩강 삼각주 개발에 힘썼다. 처음에는 중국계 이주민들이 남부 개척을 주도했으나 곧 응우옌씨가 주도권을 쥐고 조직적으로 남부 개발을 추진했다. 중부의 가난한 농민을 남부로 이주시키거나 병사를 동원해 촌락을 만들고 습지를 개간하게 했다. 이곳에서는 조세와 요역이 일정 기간 면제되고 관리나 지주의 착취가 다른 지역보다 덜했기 때문에, 남부로 이주해 정착하는 농민이 점차 늘어났다.

응우옌씨는 이러한 남진을 통해 찐씨의 침공을 물리치고 찐씨로부터 정치적으로 독립하는 데 성공했다. 여기서 얻은 자신감을 바탕으

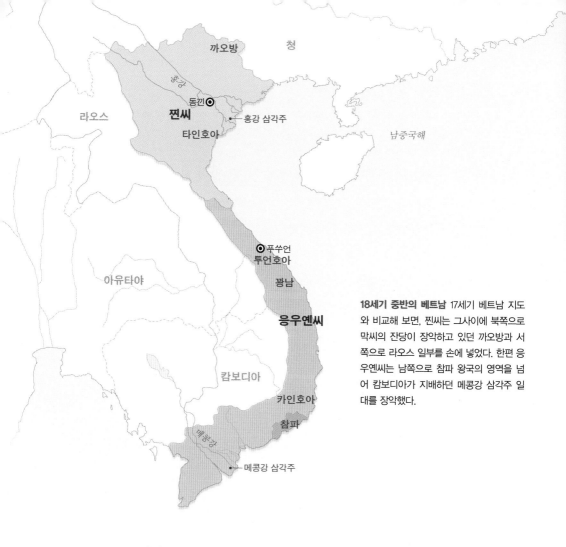

18세기 중반의 베트남 17세기 베트남 지도
와 비교해 보면, 찐씨는 그사이에 북쪽으로
막씨의 잔당이 장악하고 있던 까오방과 서
쪽으로 라오스 일부를 손에 넣었다. 한편 응
우옌씨는 남쪽으로 참파 왕국의 영역을 넘
어 캄보디아가 지배하던 메콩강 삼각주 일
대를 장악했다.

로 17세기 말에는 최고 지배자의 호칭을 '총진(總鎭, 총사령관)'에서
'국주(國主)'로 고쳤고, 18세기 중반에는 다시 '국왕(國王)'으로 바꿨다.
자신들의 정권은 '남조(南朝)'라고 불렀다. 이 때문에 중국이나 일본에
서는 응우옌씨 정권이 지배하는 영역을 레 왕조의 다이비엣과 별개의
국가로 인식하여 '광남국(廣南國)'이라고 불렀고, 유럽에서는 '코친차
이나(Cochin China)'라고 불렀다. 그러나 응우옌씨는 국호를 바꾸지도,

독자적인 연호를 사용하지도 않았다. 레 왕조의 국호와 연호를 그대로 사용했다. 찐씨와 맞서는 데에는 레 왕조의 권위를 이용하는 편이 자신들에게 더 유리했기 때문이다.

응우옌씨 정권은 북부에서 내려온 이주민들이 중부와 남부의 신천지에 세운 새로운 국가나 다름없었다. 이주민들이 낯선 환경에 적응하고 다양한 문화적 배경을 가진 원주민과 교류하는 과정에서 북부와는 다른 사회와 문화가 탄생했다.

유교를 통치 이념으로 받아들인 찐씨와 달리, 응우옌씨는 불교를 통해 백성의 지지를 얻고 북부와 다른 독자적인 정통성을 확립하고자 했다. 불교는 참족이나 크메르족도 믿는 종교라서 유교보다 사회 통

티엔무 사원 1601년에 세워진 불교 사원으로, 후에에서 가장 큰 사원이다. 응우옌호앙이 '이곳에 탑을 세우면 나라가 번영할 것'이라는 예언을 듣고 건설을 명했다고 전해진다.

합에 훨씬 유리했다. 이 때문에 응우옌씨 정권의 통치자들은 불교 사찰과 탑을 세우는 데 힘썼다.

중부와 남부는 일찍부터 중국 문화를 받아들인 홍강 삼각주로부터 멀리 떨어져 있어서 중국 문화의 영향을 북부보다 덜 받았다. 찐씨 정권이 중국식 관제를 채택한 데 반해, 응우옌씨 정권의 관제에는 중국에 없는 독자적인 관청이 많았다. 과거 제도를 시행하기는 했으나 비정기적인 데다 시행 횟수도 훨씬 적었고, 유교 경전에 대한 지식보다는 문장력을 중시했기 때문에 과거의 시행으로 유학을 장려하는 효과가 거의 없었다. 게다가 과거 합격자는 하급 관리로 임명되어 정치적 역할이 미미했다. 따라서 북부와는 달리 유교적 소양을 지닌 문인 관료가 성장하지 못했고, 지배층조차 유교 윤리를 따르지 않았다.

응우옌씨 정권에서는 타인호아 출신의 무인들이 고위 관직을 대대로 독점했고, 그 자손들까지 면세 혜택을 누렸다. 다른 지역 출신은 전공을 세우더라도 출세에 한계가 있었다. 또한 북부와의 전쟁이 중단된 후 오랫동안 평화가 유지되면서 지배층이 사치와 향락을 좇으며 백성을 가혹하게 착취하는 폐단이 날로 심각해졌다.

● 참파의 마지막 영광을 간직한 포로메 사원

중국과 인도를 연결하는 중계 무역으로 번성한 참파는 인도 문화의 영향을 받아 국왕이 곧 힌두교의 신이라는 '신왕(神王) 사상'을 발전시켰다. 참파 국왕은 힌두교 사원을 세우고 신상을

포로메 사원 베트남 남부 닌투언성 산 속에 지어진 높이 약 8미터의 힌두 사원이다. 포로메 사원 내부에는 포로메 왕의 동상이 있다.

안치하여 자신의 권력을 과시했다.

15세기 후반에 레 왕조가 수도 비자야를 함락하고 비자야와 그 북쪽을 다이비엣 영토로 편입하자, 참파의 잔당은 남쪽 판두랑 가로 수도를 옮기고 참파의 옛 영광을 되살리려 했다. 하지만 그들의 힘은 이미 줄어든 영토만큼이나 작아져 있었다. 참파의 정치적 쇠락은 사원 건축에도 영향을 미쳤다. 이 시기에 만들어진 사원들을 보면 예전보다 규모가 작아지고 장식도 간소해진 경향을 확인할 수 있다. 17세기 이후, 포로메 사원을 마지막으로 더는 힌두교 사원이 건립되지 않았다. 사원 건축의 주체인 왕권이 유명무실할 정도로 약해졌기 때문이다.

이 사원 유적은 17세기 초에 참파를 다스린 포로메 왕의 전설을 간직하고 있다. 포로메 왕에게는 세 명의 왕비가 있었는데, 그중 세 번째 왕비는 응우옌씨 집안의 공주였다. 사실 그녀는 참파 왕국의 비밀을 캐려고 일부러 왕에게 시집온 터였다. 왕비는 중병에 걸린 것처럼 꾸미고 끄렛 나무 때문에 병이 생겼다고 말했다. 왕궁에 있는 끄렛 나무는 참파 왕국을 수호하는 신성한 나무였으나 왕비를 사랑한 왕은 신하들의 반대를 무시하고 나무를 베어 버렸다. 왕비가 모친의 병문안을 핑계로 친정으로 돌아간 뒤 곧 응우옌씨의 군대가 쳐들어왔다. 포로메 왕은 맞서 싸웠으나 결국 생포되어 끌려갔고, 감옥에서 죽었다. 그의 첫째, 둘째 왕비는 불 속에 뛰어들어 왕과 운명을 같이했다. 참파 왕국의 신하와 백성이 비참하게 죽은 포로메 왕과 그 두 명의 왕비를 위로하기 위해 세운 것이 바로 포로메 사원이다.

포로메 사원은 오늘날 참족이 거주하는 닌투언성의 외로운 산속 황량한 언덕 위에 자리 잡고 있다. 언덕 위에 쓸쓸히 남아 있는 이 참파의 마지막 유적은 응우옌씨 정권의 남진 정책으로 쇠락의 길을 걸었던 참파 왕국의 운명을 보여 준다.

2 | 교역이 활성화되고 남부가 개발되다

베트남 함대가 네덜란드 함대를 격파하다

때는 1643년 여름, 네덜란드 동인도 회사˙의 범선 세 척이 녓레강에
서 북쪽으로 30킬로미터 떨어진 자인강 어귀에 닻을 내렸다. 육지에
서는 찐씨의 군대가 녓레강을 따라 설치된 응우옌씨의 장성을 향해
진격하고 있었다. 함대를 이끌던 피터르 바에크 제독은 찐씨 군대를
지원하라는 회사의 명령에 따라 응우옌씨 진영에 포탄을 퍼부을 생각
이었다. 당시 네덜란드 동인도 회사는 베트남과의 무역을 유지하기 위
해 찐씨 정권과 동맹을 맺고 있었다. 게다가 응우옌씨 정권과는 몇 차

˙ 1602년에 창설되었으며, 네덜란드 공화국 정부에 세금을 내는 대가로 아시아 무역에 대한
독점권을 인정받았다. 네덜란드 동인도 회사는 민간 회사였지만 선전 포고, 조약 체결, 요
새 건설, 총독 임명, 병사 고용 등의 권한을 행사했다.

례 무력 충돌을 한 적이 있어서 찐씨의 편에 설 충분한 이유가 있었다.

"적함이 나타났다!" 갑자기 돛대 꼭대기에서 감시병이 외쳤다. 망원경으로 응우옌씨의 함대를 본 제독은 얼굴이 하얗게 질리고 있었다. 적함의 수가 적어도 50척은 넘어 보였기 때문이다. "전속력으로 해안을 이탈하라!" 그러나 속도가 훨씬 빠른 응우옌씨의 갤리선(노를 주로 사용하는 군용 선박)들이 순식간에 포위망을 좁혀 왔다. "발포!" 기함 베이데네스호의 우현에서 함포들이 일제히 불을 뿜었다.

네덜란드와 응우옌씨 함대 간에 격렬한 포격전이 벌어졌다. 돌연 커다란 폭발음이 들리면서 베이데네스호가 불길에 휩싸였고, 결국 침몰했다. 응우옌씨 갤리선에서 쏜 포탄이 베이데네스호의 화약고에 명중했기 때문이다. 다른 두 척의 네덜란드 범선은 간신히 포위망을 빠져나와 베이데네스호의 비극적 운명을 회사에 보고했다. 네덜란드 함대의 패배가 결정적인 원인은 아니었지만, 결국 찐씨의 군대는 응우옌씨의 거대한 장성을 돌파하지 못했다.

네덜란드가 찐-응우옌 전쟁에 끼어든 이유는 무엇일까? 응우옌씨가 네덜란드 함대를 격파할 수 있었던 배경은 무엇일까? 네덜란드 함대의 패전은 이후 네덜란드와 베트남의 관계에 어떤 영향을 주었을까?

해외 무역의 지평을 넓히다

바에크 제독이 승선한 베이데네스호를 비롯한 세 척의 네덜란드 동인도 회사 선박은 '요트(jacht)'라고 불리는, 두세 개의 돛대에 삼각돛을

단 소형 범선으로, 대포 20여 문을 장착한 무장상선이었다. 대형 범선은 수심이 얕은 항구에 정박하거나 수심이 얕은 강을 지나다닐 수 없었기 때문에 베이데네스호 같은 소형 범선이 무역선으로 더 환영을 받았다.

당시 유럽 각국은 수시로 편을 바꿔가며 육지와 바다를 가리지 않고 서로 전쟁을 벌였다. 따라서 네덜란드 동인도 회사 선박을 비롯한 대부분의 유럽 무역선은 군함처럼 대포를 장착했다. 대포는

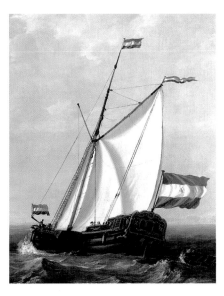

요트 네덜란드 무역상들은 아라비아해, 인도양, 남중국해 등지에서 소형 범선을 널리 사용했다.

아시아의 비무장 상선을 약탈하는 데도 유용했다. 대포가 없었더라면 유럽 세력은 감히 아시아 무역에 끼어들지 못했을 것이다. 찐씨 정권이 응우옌씨를 토벌하기 위한 전쟁에 네덜란드 동인도 회사를 끼워준 것도 네덜란드 대포의 성능을 높이 평가했기 때문이다.

네덜란드 동인도 회사의 본사는 암스테르담에 있었지만, 아시아 무역에 관한 업무는 대부분 바타비아(오늘날의 인도네시아 자카르타)에 있는 네덜란드령 동인도 총독이 결정했다. 베트남 무역을 중시했던 총독은 바에크 제독에게 범선 세 척을 이끌고 베트남에 가서 찐씨 정권의 군대와 연합 작전을 펼 것을 명령했다. 바에크 함대는 자인강 어귀에 도착할 때까지 베트남 남부 해안을 약탈하면서 항해했다. 이로써

포히엔

호이안

무역 거점 호이안 무역을 위해 호이안을 찾은 일본의 무역선을 그린 17세기 그림으로, 일본 규슈 국립 박물관에 소장된 족자화의 일부이다. 왼쪽에는 호이안 항구에 정박한 일본 배가 묘사되어 있고, 오른쪽에는 일본 상인이 호이안의 지방관에게 인사를 올리는 모습이 보인다.

준비 운동은 충분하다고 생각한 바에크 제독은 응우옌씨 정권을 상대로 본때를 보여 주리라 마음먹고 있었다. 또한 이번 전투의 승리는 찐씨 정권을 상대로 회사의 협상력을 높일 수 있는 계기가 될 터였다.

원래 네덜란드 동인도 회사가 거래를 트려고 생각했던 쪽은 북쪽이 아니라 남쪽이었다. 찐씨의 무역항 포히엔(오늘날의 흥옌)보다 응우옌씨의 무역항 호이안이 훨씬 더 유명했기 때문이다. 호이안은 참파의 옛 수도 인드라푸라 근처에 있는 항구 도시로, 14세기까지 참파 해상 무역의 중심지 역할을 했다. 이후 15세기에 베트남의 영토로 편입됐고, 16세기 중반부터는 응우옌씨 정권의 국제 무역항 노릇을 했다. 호이안이 중국뿐만 아니라 일본 및 유럽 각국의 상인이 몰려드는 국제

무역항으로 번성한 것은 16세기부터였다. 호이안의 번영은 16~17세기에 동중국해와 남중국해 해상에서 전개된 거대한 물류의 흐름과 밀접한 관련이 있다.

이 흐름을 주도한 것은 중국산 비단과 일본산 은이었다. 당시 중국의 비단(명주실로 짠 피륙)과 생사(生絲, 삶아서 익히지 않은 명주실)는 세계 어디서나 환영받는 값비싼 상품이었다. 16세기 이후 일본의 은 산출량이 많이 늘어나면서 일본이 중국산 생사의 가장 중요한 고객이 됐다. 중국에서는 일본산 은에 대한 수요가 컸고 일본에서는 중국산 생사에 대한 수요가 컸기 때문에, 중국의 동남 해안 및 동중국해 해상에서 중국산 생사와 일본산 은을 교환하는 무역이 활발히 전개됐다.

명 왕조가 14세기 후반 건국 초부터 관이 통제하는 조공 무역만 허용하고 민간의 대외 무역을 금지하는 해금(海禁) 정책을 실시하면서 중국과 일본 사이에 밀무역이 생겨났다. 16세기 중반, 명이 밀무역에 대한 단속을 강화하자 밀무역 상인이 '왜구'라고 불리는 해적이 되어 명의 남동부 해안 지방을 돌아다니며 약탈을 일삼았다. 명은 왜구 발생 요인을 차단하고 밀무역을 억제하기 위해 민간에 동남아 국가 및 포르투갈과의 해상 무역을 허용했다(1567). 가장 큰 이익을 낼 수 있는 일본과의 무역은 여전히 금지된 상태였다.

하지만 중국 상인과 일본 상인은 이렇게 해금이 완화된 틈을 타 서로 간의 거래를 성사시켰다. 바로 동남아시아로 우회하여 거래하는 길을 택한 것이다. 이 때문에 베트남의 호이안, 필리핀의 마닐라, 타이의 아유타야 등 동남아시아 각국의 항구 도시가 중국과 일본 간의 중개 무역으로 번성했다. 동중국해 해상 무역 변동의 여파가 남중국해로 번진 것이다.

여기에 유럽 각국의 상인이 끼어들었다. 유럽의 무역상은 원래 아시아의 상품을 유럽에 팔기 위해 아시아의 바다에 진출했지만, 곧 아시아 각국 간 무역에 끼어드는 편이 더 큰 이익을 낸다는 사실을 알아차렸다. '아시아 역내 무역' 중에서도 가장 규모가 큰 것이 바로 중국과 일본 간 비단-은 무역이었다. 이 때문에 포르투갈, 네덜란드 등 유럽의 상인이 호이안을 비롯한 동남아시아의 항구 도시에 찾아왔다.

당시 유럽은 제조업 분야에서 중국이나 인도를 따라잡을 수 없었다. 유럽에는 화약 무기를 제외하면 아시아 시장에 내다 팔 만한 매력적인 공산품이 거의 없었다. 그 대신 아메리카 식민지에서 착취한 막대한 양의 은을 가지고 아시아 시장에서 중개 무역을 할 수 있었다.

베트남으로 항해하는 일본의 무역선 일본 국립 공문서관이 소장한 그림으로, 나가사키에서 동낀으로 향하는 일본의 무역선을 그렸다. 동남아시아로 도항하는 일본 무역선은 막부로부터 슈인죠(朱印狀, 해외 도항 허가증)를 발급받았는데, 그 때문에 '슈인센(朱印船)'으로 불렸다.

그런데 유럽 상인이 찐씨 정권의 무역항보다 응우옌씨 정권의 무역항을 더 선호한 이유는 무엇일까? 이는 두 정권의 무역 정책과 밀접한 관련이 있다. 16세기 중반에 성립한 찐씨 정권은 농업을 중시하고 상업을 억제하는 유교 사상의 영향을 받아 국가가 대외 무역을 통제하는 정책을 폈다. 우선 외국 상인의 수도 출입을 엄격히 제한했다. 외국 상인은 수도 동낀에서 수십 킬로미터 떨어진 항구 도시 포히엔에 머물면서 당국의 허가를 기다려야 했다. 외국 상인이 동낀에 입성해서 영업까지 하려면 각종 세금과 수수료를 내야 할 뿐만 아니라 관

17세기 후반 동낀 1685년 동낀 강안의 전경을 그린 그림이다. 다양한 무역선이 드나드는 모습을 볼 수 있다. 일찍이 무역 거점으로 주목받았던 호이안과 비교해 홍강 삼각주의 포히엔은 16~17세기가 되어서야 비로소 동남아시아와 동북아시아를 연결하는 해상 무역의 중심지로 성장했다. 자체 생산 기반이 취약한 베트남 중부와는 달리 홍강 삼각주 지역은 비단, 도자기 등 값비싼 수출 상품을 생산했다. 홍강 하류의 항구 도시 포히엔은 수도 동낀의 외항으로서 번영을 누렸다. 동낀 진입을 희망하는 외국 상인은 포히엔에서 일정 기간 머물러야 했다.

료들에게 선물에 뇌물까지 바쳐야 했다.

외국 상인이 찐씨 정권의 까다로운 통제와 무리한 요구를 감수한 이유는 비단-은 교환 무역에서 얻는 이익이 매우 컸기 때문이다. 특히 명·청 교체기의 동란으로 중국산 비단과 도자기의 거래가 일시적으로 중단됐을 때, 북부 베트남에서 생산된 비단과 도자기가 희소성을 띠고 대단히 높은 가격으로 거래됐다.

찐씨 정권이 유럽 상인에게 무역을 허용한 목적은 경제적 이익보다는 유럽식 총포를 구매하는 데 있었다. 응우옌씨 정권과의 전쟁에서 유럽식 화약 무기의 필요성을 절감했기 때문이다.

응우옌씨 정권은 찐씨 정권보다 해외 무역 의존도가 높았다. 응우옌씨 정권이 터를 잡은 베트남 중부는 약간의 해안 평야 외에는 농경지가 별로 없어 농업 생산력이 낮았기 때문이다. 응우옌씨 정권은 외국 상인을 끌어들이기 위해 호이안을 관세와 무역 규제가 없는 자유 무역항으로 개방했다. 그 결과 호이안에는 중국인 마을과 일본인 마을이 형성되었고, 유럽 여러 나라의 무역 거점도 생겨났다.

무역의 이익이 정권의 실세와 소수의 관료에게 집중된 북부와는 달리, 남부의 응우옌씨 정권은 정부가 직접 무역에 참여하는 한편, 백성의 무역 참여를 적극적으로 장려했다. 국가의 무역 독점을 통해 얻는 이익보다는 민간의 무역을 허용하고 장려하여 얻는 이익이 더 컸기 때문이다. 민간의 상업 활동 자체에 세금을 부과하지는 않았지만, 조세 수입의 큰 몫을 차지하는 인두세를 은이나 동전 등의 화폐로 내게 함으로써 상품 화폐 경제를 발전시키고 재정 수입 확대를 꾀한 것이다. 무역의 이익은 유럽식 총포 구매를 위한 중요한 재원이기도 했다.

응우옌씨 정권은 포르투갈로부터 무기를 수입했을 뿐만 아니라 포르투갈인을 기술 고문으로 고용하여 총포 제작을 돕게 했다. 포르투갈은 무기 판매와 제작 기술 이전을 통해 응우옌씨 정권과 돈독한 유대를 쌓았고, 이를 바탕으로 중부 베트남에서 다른 유럽의 경쟁국들을 따돌릴 수 있었다.

네덜란드가 아시아 무역에 뛰어든 것은 17세기 초였다. 당시 네덜란드는 가톨릭 신앙을 강요하는 에스파냐에 맞서 독립 전쟁을 벌이는 중이었다(1568~1648). 네덜란드는 아시아에서도 이베리아반도의 가톨릭 국가들(에스파냐, 포르투갈)과 경쟁을 벌였고, 그 결과 포르투갈의 주요 무역 거점을 빼앗는 데 성공했다. 하지만 중부 베트남의 응우옌씨 정권과는 포르투갈의 방해로 원만하게 교류할 수 없었다.

포르투갈인들은 응우옌씨 정권에 네덜란드에 대한 온갖 악선전을 일삼았는데, 이 때문에 응우옌씨 정권은 처음부터 네덜란드인을 의심하고 적대시했다. 상호 불신 속에서 네덜란드 선원이 살해되고, 네덜란드인들이 마을을 약탈하는 일이 일어났다. 결국 네덜란드 동인도 회사는 응우옌씨 정권과의 교섭을 포기하고 찐씨 정권과의 교섭에 나섰다. 호이안을 떠나 동낀으로 발걸음을 옮긴 것이다.

포르투갈과 응우옌씨 정권의 우호 관계, 네덜란드와 응우옌씨 정권의 불편한 관계를 소상히 파악하고 있던 찐씨 정권은 네덜란드인들을 따뜻하게 맞이했다(1637). 찐씨 정권은 네덜란드인들의 수도 거주를 허용하는 파격적인 대우를 해주었는데, 응우옌씨와의 전쟁에 네덜란드를 끌어들이고 그들의 화약 무기를 구매하기 위해서였다.

네덜란드 동인도 회사 역시 자신들의 무기와 군사력에 대한 찐씨 정권의 기대와 관심을 최대한 활용했다. 당시 베트남 남부는 견직물 생산 능력이 없었지만, 북부는 생산 능력을 갖추고 있었다. 네덜란드인들은 찐씨 정권의 배려 덕에 베트남 북부에서 생산된 생사와 비단을 유리한 조건으로 구매하여 일본에 수출하는 방식으로 막대한 이익을 남길 수 있었다. 1643년에 네덜란드 동인도 회사가 베이데네스호를 비롯한 세 척의 범선을 베트남에 파견한 것도 찐씨 정권과의 동맹을 강화하고 비단 무역을 계속하기 위해서였다. 하지만 네덜란드 함

대는 그 전투에서 패배했고, 이는 당연히 네덜란드 동인도 회사의 대
베트남 무역에 부정적인 영향을 끼쳤다.

유럽의 영향으로 군사 기술이 혁신되다

베이데네스호를 날려 버린 대포는 응우옌씨 정권이 포르투갈의 무기
제조업자로부터 구매했거나, 포르투갈 기술자의 감독하에 응우옌씨
정권의 주물 공장에서 만든 것이었다. 응우옌씨 정권은 막씨 토벌 작
전에 참여할 때부터 유럽식 대포를 사용했다. 일찌감치 유럽 군사 기
술의 우수성을 인정했기 때문이다.

　사실 베트남은 유럽식 총포가 도입되기 200여 년 전부터 화약 무기
를 제작하고 사용했다. 14세기 말에 참파의 침략을 물리칠 때도, 15세
기 초에 명의 군대를 격퇴할 때도 화약 무기를 사용했다. 레 왕조의
수군은 '대장군화통(大將軍火筒)'이라고 불리는 대형 화포를 비롯해
다양한 크기의 총포로 무장했다.

　16세기 이전, 베트남의 화약 무기는 중국의 화약 무기 제작 기술을
토대로 만들어졌다. 중국은 화약 무기를 발명한 최초의 국가였고, 14
세기까지 총포의 발전을 주도했다. 중국의 화약 무기는 13~14세기에
몽골 제국이 확대되는 과정에서 유라시아 각지로 전파됐고, 몽골 제
국을 찾아온 유럽인을 통해 유럽에도 화약 무기가 전해졌다. 그러나
15세기 이후 중국의 화약 무기 제작 기술은 정체됐다. 장기간 평화가
계속되면서 무기 개발에 대한 투자가 크게 줄었기 때문이다.

17세기에 사용된 대포와 포탄 당시 베트남에서는 포르투갈, 네덜란드 등 유럽 여러 나라와 교류하면서 유럽식 화약 무기를 사용했다.

　16세기 이후 화약 무기의 발전을 주도한 쪽은 유럽이었다. 당시 유럽에서는 전쟁이 끊이지 않았다. 특히 에스파냐, 프랑스, 영국 같은 서유럽의 절대 왕정은 포르투갈의 대서양 항로 개척으로 시작된 대항해 시대의 주도권 다툼에서 승리하기 위해 군사력을 강화했는데, 그 과정에서 군사 기술의 혁신이 일어났다. 군사 기술의 혁신이란 개인 화기, 대포, 범선에 장착하는 함포 같은 무기를 제작하는 기술의 발전뿐만 아니라, 전술·병력 편성 방법·보급품 운송 체계의 개선과 징병 및 세금 징수 제도의 발전을 포함하는 광범위한 개념으로서 훗날 서유럽이 식민지 경쟁을 벌일 수 있게 된 중요한 배경 중 하나였다.

　16세기 이래 유럽 세력이 아시아의 바다에서 현지인의 상선을 약탈하고 무역의 거점을 확보할 수 있었던 것은 총포의 위력 덕분이었다. 하지만 명·청 제국, 아유타야 왕국, 무굴 제국, 오스만 제국 등 아시아의 대국들은 18세기 말까지 유럽 세력의 침략에 굴복하지 않았다. 그들이 동원할 수 있는 병사의 수가 유럽의 기술적 우위를 압도할 정도로 많았기 때문이다. 유럽의 혁신된 군사 기술을 부분적으로 도입한 것도 그들이 유럽 세력에 맞서는 데 큰 역할을 했다. 베트남도 그러한 아시아의 대국 중 하나였다.

일찍이 포르투갈로부터 유럽식 총포를 도입한 응우옌씨의 육군은 베이데네스호가 폭침될 당시에 200여 문의 유럽식 대포를 보유했고, 4만 명의 병사가 유럽식 소총으로 무장했다. 그보다 늦기는 했지만 찐씨 정권도 유럽의 군사 기술을 수용하여 찐-응우옌 전쟁이 끝날 무렵인 17세기 후반에는 60여 문의 유럽식 대포를 보유했고, 7만 명의 병사를 유럽식 소총으로 무장시켰다.

응우옌씨는 수군에도 유럽식 무기를 도입했다. 응우옌씨의 수군은 200여 척의 갤리선을 보유했는데, 갤리선 한 척당 대포 세 문을 장착했고 노잡이와 병사 60여 명을 태웠다. 당시 네덜란드 동인도 회사의 선박 한 척이 승무원 200~300명, 함포 20~30문을 탑재할 수 있었던 것과 비교하면 갤리선의 크기도 작고 무장도 빈약했지만, 응우옌씨의 갤리선 20척으로 네덜란드 범선 한 척을 상대한다면 충분히 해볼 만한 싸움이었다. 1643년 여름에 바에크 제독이 경악했던 그 전투에서 바로 응우옌푹떤이 이끄는 응우옌씨 수군이 60척의 갤리선으로 네덜란드의 무장상선 세 척을 상대하여 격파했다.

16~17세기는 유럽뿐만 아니라 아시아에서도 화약 무기를 중심으로 군사 기술의 혁신이 진행된 시기였다. 오스만 제국은 소총수와 포병을 앞세워 발칸반도와 이집트를 정복했고, 무굴 제국과 청 제국도 같은 방법으로 각각 인도아대륙과 중국을 제패했다. 임진·정유 전쟁

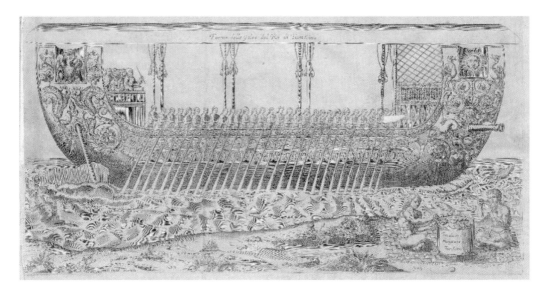

베트남 군용선 '몽동' 1,000년 넘게 중세 베트남 해군에서 중추 역할을 했던 갤리선 몽동을 묘사한 삽화이다. 갤리선은 노를 젓는 인력을 주동력으로 삼는 군용선을 말한다.

과 정묘·병자 전쟁에서 조선, 일본, 명, 후금(청)은 화약 무기를 광범위하게 사용했다. 동남아시아도 예외가 아니어서, 따웅우 왕조(미얀마)와 아유타야 왕조 사이에 벌어졌던 공방전에서도, 그리고 찐-응우옌 전쟁에서도 총포가 널리 사용됐다.

계속되는 전쟁은 각국의 중앙 정부가 군사 기술 혁신에 막대한 비용을 투자하게 만들었다. 이때 기술 혁신의 핵심은 유럽식 총포를 도입하고 그 제조 방법을 익히는 것이었다. 찐-응우옌 전쟁 기간에 베트남의 기술자들은 유럽의 총포에 뒤지지 않을 만큼 우수한 무기를 만들었다. 게다가 응우옌씨의 포병은 유럽의 포병보다 대포를 더 잘 쏜다는 평가를 받을 정도로 훈련이 잘돼 있었다.

17세기 말 이후 남북이 장기간 휴전에 들어가면서 베트남의 군사 기술도 정체됐다. 전쟁의 절박함에서 벗어난 남과 북의 정권은 무기 수입이나 기술 개발에 이전만큼 열의를 보이지 않았다. 양측 모두 정착지 개척과 내정 개혁에 힘을 쏟느라 군사 기술 혁신에 투입할 재정적 여유가 없었다. 그 결과 유럽 군사 기술의 발전 속도를 따라잡지 못하게 됐다. 그래도 16~17세기에 이룩한 군사 기술의 혁신 덕분에, 베트남 왕조는 19세기 중반까지 정치적 분열을 극복하고 중국이나 유럽의 침략을 막아 내면서 주변 약소국에 영향력을 행사할 수 있었다.

남부의 메콩강 삼각주를 개발하다

1643년 여름 네덜란드 함대의 패전을 계기로 찐씨 정권은 네덜란드 동인도 회사와의 동맹을 재검토하게 됐다. 아무짝에도 쓸모없는 외국인에게 경제적 이익을 안겨 주면서까지 동맹을 유지할 필요가 없다고 판단했기 때문이다. 그리하여 네덜란드인들은 지난 수년 동안 누려왔던 특권을 박탈당한 상태에서 중국 상인들과 비단·생사 무역의 이익을 놓고 경쟁하게 됐다. 이후 몇 년 안 가 네덜란드 동인도 회사는 수익성 악화를 견디지 못하고 동낀에서 철수하고 말았다(1696). 네덜란드 동인도 회사의 베트남 시장 철수는 17세기 후반 동남아시아 해상 무역의 전반적인 퇴조와 밀접한 관련이 있다. 이즈음 일본산 은의 유입량이 감소하면서 동남아시아 해상 무역이 불황에 빠졌다.

1630년대 말 일본의 에도 막부가 자국 내 크리스트교(가톨릭)를 뿌리 뽑기 위해 포르투갈과 에스파냐 선박의 내항과 일본인의 해외 항해를 금지하는 쇄국(鎖國) 정책˙을 시행했다. 이 때문에 동남아시아의 항구 도시에서 은을 실은 일본 선박을 볼 수 없게 됐다. 은 유통량의 격감은 동남아시아 각국에서 대외 무역의 부진 및 경기 침체를 초래했다. 명 왕조를 멸망시키고(1644) 중국을 정복한 청 왕조가 반청(反淸) 운동을 진압하기 위해 17세기 말까지 중국 상인의 해외 진출을 금지한 것도 해상 무역의 붐을 꺼뜨리는 데 한몫했다. 일본산 은과 중국산 비단을 중심으로 아시아의 바다를 관통하던 거대한 물류의 흐름이 일시적으로 단절된 것이다. 남·북 베트남의 두 정권은 해상 무역의 침체라는 이 경제 위기에 어떻게 대응했을까?

　찐씨 정권은 청과의 조공 무역을 제외한 모든 무역을 축소하는 정책을 시행했다. 청을 뺀 나머지 외국 상인을 축출하고 그들의 상품을 강탈하기까지 했다. 동시에 중국계 이주민을 자국 백성들로부터 격리하고 크리스트교 포교를 금지하는 등 외국 문화의 영향을 배제하려고도 했다. 이러한 정책 변화는 동아시아 해상 무역의 전반적인 침체로 인해 무역 이익이 감소한 데서 비롯됐지만, 응우옌씨 정권과의 전쟁이 중단되면서 유럽 상인에게서 총포를 구매할 필요가 없게 된 점도 큰 영향을 끼쳤다. 반면에, 응우옌씨 정권은 메콩강 삼각주로 진출하

● 일본의 '쇄국 정책'과 중국의 '해금 정책' 모두 국가가 무역을 통제한다는 점에서 근본적인 차이는 없다. 단, 일본의 쇄국 정책은 명의 해금 정책과 달리 '크리스트교 금지'라는 요소를 포함한다.

17~18세기의 베트남 남부 프레이노코르는 사이공강과 동나이강을 통해 메콩강 및 중부 고원 지대와 연결되는 교통의 요지였다. 응우옌씨 정권은 1623년 프레이노코르에 세관을 설치하여 메콩강 삼각주 진출의 발판을 마련했고, 1698년에는 자딘성을 설치하여 메콩강 하류 동부 지역에 대한 지배권을 확립했다. 이 과정에서 양언적이 이끄는 집단은 미토에, 진상천이 이끄는 집단은 비엔호아에 정착하여 메콩강 삼각주 개발을 주도하면서 캄보디아를 압박했다.

여 경제 위기를 돌파하고자 했는데, 이 과정에서 중국계 이주민이 중요한 역할을 담당했다.

17세기 말, 망한 명나라 장수 출신이자 반청 무장 집단의 우두머리이던 양언적, 진상천 등이 함대를 이끌고 와서 응우옌씨 정권에 귀순을 요청했다(1679). 당시 응우옌씨 정권은 메콩강 하류의 동쪽 지역에 진출하기는 했지만, 인구와 병력이 턱없이 부족한 탓에 이 지역 캄보디아계 선주민과의 마찰을 해결하거나 캄보디아 내정에 개입해 영토를 확장하는 데 어려움을 겪고 있었다. 응우옌씨 정권은 이 같은 문제를 해결하는 데 중국계 이주민의 무력을 이용할 요량으로 양언적, 진상천의 무리를 프레이노코르 근처에 정착하게 했다.

진상천 등은 응우옌씨 정권의 요청이 있을 때마다 군대를 이끌고 캄보디아를 침공하는 한편, 토지 개간과 농업 경영에 힘썼다. 응우옌씨 정권은 진상천 집단의 도움을 받아 메콩강 하류의 동쪽에서 캄보디아 세력을 축출하고 지배권을 확립할 수 있었다.

프레이노코르는 내륙 수운을 통해 중부 고원과 메콩강 삼각주 및 남중국해를 연결하는 경제적·군사적 요충지로서 한때 캄보디아의 도읍이었다. 원래 한적한 어촌 마을이었으나, 베트남의 빈민·부랑자

온랑 회관(溫陵會館) 불교와 도교의 신을 섬기는 중국풍의 사원으로 19세기 말에 중국계 이주민이 세웠다. 그에 앞서 17세기 후반에 중국계 이주민이 프레이노코르에 정착하면서 중국인 마을인 사이공이 생겨났다. 온랑 회관 일대가 그곳으로, 19세기 초부터 '쩌런'이라고 불리며 오늘날에 이르렀다. 쩌런은 '큰 시장'이라는 뜻으로, 세계 최대의 차이나타운이다. 쩌런에는 중국계 주민이 세운 향우 회관과 사당, 불교·도교 사원이 많다.

와 중국계 이주민이 몰려들면서 베트남 남부에서 가장 큰 도시로 성장했다. 당시 중국계 이주민들은 이 도시를 '사이공'이라고 불렀다. 17세기 말에 응우옌씨 정권은 사이공 외곽에 자딘성(城)이라는 새로운 도시를 건설했다(1698). 자딘은 이후 메콩강 삼각주 지배의 거점 도시가 됐다.

진상천 등이 귀순하기 수년 전(1671), 반청 무장 집단의 우두머리 막구가 캄보디아로 망명했다. 캄보디아 왕의 신하가 된 막구는 몇 년 후 메콩강 하류 서쪽에 있는 항구 도시 하띠엔의 총독으로 임명됐다. 막구는 하띠엔에서 무역, 토지 개간, 도박장 개설, 은광 개발 등을 통해 부를 축적했고, 캄보디아 왕으로부터 메콩강 하류 서쪽 지역을 지배할 수 있는 권한을 부여받았다.

18세기 초 캄보디아에서 정치 불안이 가중되자, 막구는 응우옌씨 정권에 보호를 요청했다. 이에 하띠엔은 응우옌씨 정권의 영토가 되었고, 막구는 하띠엔의 총사령관으로 임명됐다. 막구에 이어 그의 아들 막천사는 응우옌씨 정권의 군주에게 공물을 바치는 대가로 하띠엔의 자치를 인정받았다. 18세기 말, 하띠엔의 막씨 정권은 톤부리 왕조(타이)와 응우옌씨 정권 간의 캄보디아를 둘러싼 분쟁에 휩쓸렸다. 그리하여 여러 차례 타이의 침공을 받아 쇠퇴하다가 떠이선 군대의 공격을 받고 소멸했다(1777). 이후 응우옌씨가 떠이선 운동을 진압하는 과정에서 메콩강 하류의 서부 지역에 대한 베트남 왕조의 지배권이 확립됐다.

● 해외 무역으로 번성했던 호이안의 옛 거리

호이안은 투본강을 끼고 있는 작고 조용한 마을이지만, 16~19세기에 국제 무역으로 번영했던 곳이다. 특히 중국계 이주민과 일본계 이주민이 정착했던 곳이라 기와를 올린 목조 건물이 많다. 19세기 말 투본강 하구에 토사가 많이 쌓여 큰 배가 들어오기 힘들어지자, 인근의 다낭이 호이안을 대신해 국제 무역항의 역할을 하게 되었고, 호이안은 점차 쇠락해 갔다. 하지만 옛 모습을 거의 그대로 간직한 데다 중국 문화와 일본 문화 등 외래 문화가 융합된 흔적도 남아 있어 1999년에는 호이안의 옛 거리 전체가 유네스코 세계 문화유산으로 지정됐다.

호이안의 옛 일본인 마을에 있는 '라이비엔교'는 일본 상인이 세웠다고 해서 '일본인 다리'로도 불리는데, 이곳이 일본인이 모여 살던 곳임을 알려 주는 유일한 흔적이다. 도쿠가와 막부의 쇄국 정책으로 일본인의 해외 이주가 불가능해진 후 종래의 일본계 이주민들이 현지 사회에 동화되면서 일본의 정체성을 내세울 만한 건축물을 많이 남기지 못했다.

반면에 중국 분위기가 물씬 나는 건축물은 찾기 쉽다. 일본인과 달리 중국인은 계속해서 호이안에 유입됐기 때문이다. 오늘날 호이안의 복고적인 도시 외관은 대부분 중국계 이주민들이 조성한 것이다. 옛 가옥의 이끼 낀 기와지붕과 대들보, 한자가 적힌 현판에서 과거의 영화와 중국적 정취를 한껏 느낄 수 있다.

호이안의 옛 거리 투본강을 따라 2층짜리 기와집들이 늘어서 있다. 강 중간에 라이비엔교가 보인다.

곳곳에 항해의 안전을 기원하기 위해 세운 도교·불교 사원과 동향 사람끼리의 친목 도모를 위해 세운 출신 지역별 향우 회관도 눈에 띈다.

오늘날 호이안의 옛 거리는 복고적인 분위기 덕에 관광지로 주목받고 있다. 부유한 상인의 저택 겸 점포였던 옛 가옥이 공예품 가게나 식당으로 변신하여 관광객을 유혹한다. 또한 베트남에서는 상상하기 힘든, 자동차와 오토바이가 없는 거리라는 점도 매력이다.

3 응우옌 왕조가 남북을 통일하다

까인흥 34년, 떠이선의 오합지졸이 세상을 뒤집기 시작하다

때는 1773년, 레 왕조의 히엔똥(현종) 황제가 즉위한 지 34년째, 찐씨 정권의 띤도왕(정도왕)과 응우옌씨 정권의 딘왕(정왕)이 즉위한 지 각 각 7년째와 9년째 되던 해였다. 당시 다이비엣 달력에서는 이 해를 "까인흥 34년"이라고 썼다. '까인흥(景興)'은 히엔똥 황제의 연호로서 레 왕조의 '찬란한 발전'을 기원하는 뜻을 담고 있다. 하지만 당시는 레 왕조가 찐씨 정권의 허수아비로 전락한 지 200년이 넘은 때였다. 찬란한 발전은커녕 암담한 종말을 염려해야 할 판이었다.

18세기에 들어와 베트남 북부와 남부 양쪽 모두에서 지배층의 토지 겸병과 조세 수탈이 날로 심해지고 자연재해가 자주 발생하면서 농민 과 소수 민족의 반란이 빈번해지고 규모도 더 커졌다. 특히 남부에서 는 딘왕의 외척인 쯔엉푹로안이 권력을 독점하고 부정부패를 일삼아,

관리와 백성의 불만이 폭발 직전에 이르렀다. 이러한 상황에서 베트남 중부 고원 지대의 떠이선(오늘날의 잘라이성 안케현)에서 반란이 일어났다 (1771). 훗날 '떠이선 운동'이라고 불리게 될 이 반란은 응우옌씨 정권, 찐씨 정권, 레 왕조를 차례로 무너뜨리면서 베트남 전역을 30여 년간 전란의 소용돌이로 몰아넣게 된다.

까인흥 34년 가을, 떠이선의 한 마을에 수천 명의 병사가 열을 지어 서 있었다. 무기도, 갑옷도 제대로 갖추지 못한 영락없는 오합지졸처럼 보였

떠이선 병사 18세기 영국인 화가가 그린 한 떠이선 병사의 인물화로 떠이선 반란군의 차림새를 엿볼 수 있다.

지만, 사기만은 하늘을 찌를 듯했다. 대장으로 보이는 한 남자가 돌무더기 위로 올라갔다. 응우옌반냑이라는 이름의 청년으로, 한때 산간 지방의 소수 민족을 상대로 약초를 팔러 다니던 장돌뱅이였다. 그가 큰 소리로 말했다. "지금 간신 쯔엉푹로안이 국정을 농단하고 재물을 탐하여 조정을 어지럽히고 있다. 무기를 들어 간신을 처단하자!" 이에 병사들이 창검을 들고 외쳤다. "간신을 처단하자!", "처단하자!"

"돌아가신 세자의 아들 응우옌푹즈엉이 어질고 총명하니 마땅히 임금으로 모셔야 할 것이다. 왕실을 지키고 민생을 안정시키자!" 다시 병사들이 외쳤다. "왕실을 지키자!", "민생을 안정시키자!"

확실히 응우옌푹즈엉은 무능한 딘왕과 비교하면 평판이 좋기는 했

다. 그렇지만 반란군 지도자 중에서 응우옌푹즈엉을 임금으로 떠받들 겠다고 진심으로 생각한 사람은 아무도 없었다.

분위기가 달아오르자 응우옌반냑이 검을 빼 들었다. 검이 햇빛을 받아 번쩍거렸다. 일순간 침묵이 흘렀다. "이 검이 무엇인지 아는가?" 병사들이 외쳤다. "하늘이 내린 '신령스러운 물건'입니다." 응우옌반냑 이 하늘을 향해 검을 쳐들고 외쳤다.

> 도참에 이르기를, "서쪽에서 의병을 일으켜 북쪽에서 업적을 이룬다[西起 義北收功]"라고 했다. 우리가 누구냐? 떠이선(西山, 서산) 사람, 서쪽 사람 아니더냐? 온 힘을 다해 간신을 처단하고 남과 북의 두 나라를 합쳐야 할 막중한 임무가 우리에게 있다. 하늘이 나에게 신성한 보검을 내렸으니, 의 심하지 말고 나를 따르라! 산을 박차고 내려가 진격하라!
>
> － 《대남정편열전초집(大南正編列傳初集)》 권30, 〈위서열전(僞西列傳)〉

"나가자!", "싸우자!" 병사들이 발을 쿵쿵 구르며 산이 떠나가도록 외쳤다. 병사들의 환호를 받는 응우옌반냑 뒤에 서 있던 그의 막냇동 생 응우옌반후에가 입가에 미소를 띠며 작은형 응우옌반르에게 말했 다. "냑 형님이 말 참 잘하죠?" 둘째가 정색하며 말했다. "후에야, 무슨 말을 하는 게냐?" 응우옌반후에가 대답했다. "르 형님. 이제 이 땅에 파괴와 살육이 난무할 겁니다. 지금부터 정신 똑바로 차리고 천명이 어디로 가는지 살피셔야 합니다. 그래야 살아남을 수 있으니까요." 두 형제의 대화는 병사들의 함성 속에 파묻혀 더는 들리지 않았다.

베트남 역사에서 하층민이 봉기를 일으킨 일은 많지만 성공한 사례

응우옌 삼 형제 베트남 꽝쯩 박물관에 세워진 응우옌 삼 형제의 동상이다. 왼쪽부터 응우옌반후에, 응우옌반냑, 응우옌반르이다.

는 거의 없다. 그런데 떠이선의 응우옌씨 삼 형제가 일으킨 반란은 지방 정권을 타도하는 데 그치지 않고 독자적인 왕조를 세우는 데까지 나아갔으니, 베트남 역사에서 유일무이한 대사건이었다. 이른바 '떠이선 운동'이 많은 이의 지지를 받은 요인은 무엇일까? 이후 30여 년간 지속한 떠이선 운동은 베트남 역사에 어떤 영향을 끼쳤을까?

떠이선의 응우옌씨 삼 형제가 응우옌씨 정권을 무너뜨리다

까인흥 34년(1773) 가을, 지난 2년간 떠이선 외곽에서 세력을 키운 응우옌씨 삼 형제가 마침내 공격에 나섰다. 떠이선 군대는 여러 차례 관군을 격파하면서 베트남 중부의 항구 도시 꾸이년을 함락했다. 같은 해 겨울에는 북쪽으로 응우옌씨 정권의 수도 푸쑤언(오늘날의 후에)과 남쪽의 자딘을 압박하기에 이르렀다. 불과 수개월 만에 응우옌씨 정권의 영토 절반을 점령한 것이다.

이들이 이토록 빠른 속도로 세력을 확장할 수 있었던 이유는 무엇일까? 무엇보다 부패하고 무능한 통치자에 대한 백성의 불만이 워낙 큰 탓에 가난한 농민뿐만 아니라 억압받는 소수 민족, 권력 투쟁에서 패배한 관리, 가혹한 수탈에 노출된 지주 등 다양한 계층의 사람들이 떠이선의 깃발 아래 몰려들었기 때문이다.

이들에게는 운도 따랐다. 떠이선 군대가 꾸이년을 공략하기 2년 전 (1771), 톤부리 왕조(타이)의 군대가 응우옌씨 정권의 공격에 시달리던 캄보디아를 원조하러 메콩강 삼각주에 쳐들어왔다. 이에 맞서 응우옌씨 정권이 군사력을 메콩강 하류 지역에 집중하느라 떠이선 운동 초기에 제대로 대응하지 못했던 것이다. 떠이선의 오합지졸로서는 행운이 아닐 수 없었다. 하지만 이러한 행운이 계속될지는 아무도 장담할 수 없었는데, 타이 군대를 몰아내고 복귀한 응우옌씨 정권의 주력 부대가 반격을 개시했기 때문이다.

이때 극적인 반전이 일어났다. 남쪽 정권의 내란 소식을 접한 북쪽 찐씨 정권의 군대가 쯔엉푹로안 축출과 떠이선 반란 평정을 명분 삼아 남쪽으로 원정에 나선 것이다(1774). 응우옌씨 정권은 공황 상태에 빠졌다. 유능한 장수들이 지휘하는 군대를 모조리 떠이선 반란 토벌에 동원했기 때문이다. 찐씨의 군대는 넛레강 방어선을 가뿐하게 돌파하

고 응우옌씨의 수도 푸쑤언
을 향해 진격했다. 다급해진
응우옌씨 정권은 찐씨 군대
에 쯔엉푹로안을 넘겨주었지
만, 푸쑤언 함락을 막을 수는
없었다(1775). 딘왕을 비롯한
응우옌씨 일족은 푸쑤언 함락 직
전 신하들과 함께 자딘으로 몸을
피했다. 그리고 그곳에서 조정을
꾸린 뒤 다시 북쪽으로 반격에

떠이선 군대의 검 베트남 국립 역사 박물관이 소장한 떠이선 군대의 검이다. 떠이선 군대는 처음에는 검 중심으로 무장했으나 운동에 참여하는 사람이 많아져 병력이 증원되면서 점차 소총, 대포 등의 병기를 갖추게 된다.

나섰다. 찐씨 군대도 푸쑤언 남쪽으로 진군을 계속했다.

이제 떠이선 군대는 찐씨와 응우옌씨 양쪽 군대에 협공당하는 처지가 됐다. 이 위기를 어떻게 헤쳐 나갔을까? 응우옌반냑은 둘 중 어느 한쪽과 연합하지 않으면 살아남기 어렵다고 판단했다. 덜 위험한 쪽에 붙어야 후일을 도모하기 쉬울 터였다. 그래서 남쪽 지리에 어두운데다 군량 조달에 어려움을 겪고 있는 찐씨 쪽에 뇌물을 바치며 복종의 뜻을 내비쳤다. 소수의 병력만으로 남쪽을 병합하기 어렵다고 판단한 찐씨 측은 이를 받아들이고 떠이선 군대를 응우옌씨 정벌의 선봉으로 세웠다.

이때 하늘이 또다시 떠이선의 편을 들어주었다. 찐씨 군대가 전염병으로 큰 타격을 입고 푸쑤언으로 물러난 것이다. 응우옌반냑은 이 기회를 놓치지 않고 응우옌씨 정권을 자딘까지 몰아붙였다. 잇단 승리에 자신감을 얻은 응우옌반냑은 꾸이년 근처에 성을 쌓고 스스로

'떠이선 왕'을 칭했다(1776). 그리고 막내 응우옌반후에에게 군대를 주고 응우옌씨 정권의 숨통을 끊어놓게 했다. 응우옌반후에의 군대는 자딘을 점령하고 딘왕을 비롯한 응우옌씨 왕족 대부분을 살해했다. 이로써 응우옌씨 정권은 '자립'을 선포한 지 200여 년 만에 무너지고 말았다(1777).

그 와중에 열다섯 살 난 응우옌씨 왕족 소년 한 명이 살아남았다. 딘왕의 조카 응우옌푹아인이었다. 그는 떠이선 군대의 추격을 피해 메콩강 삼각주의 늪지대나 외딴 섬에 숨었다가 떠이선 군대가 물러난 뒤 추종 세력을 모아 자딘을 탈환하고 그곳에서 독자 정권(자딘 정권)을 수립했다(1777년 말).

자딘 정권은 응우옌씨 정권의 잔여 세력뿐만 아니라 중국계 이주민들의 지지를 얻었다. 떠이선 군대의 침공으로 타격을 입은 중국계 이주민들은 자딘 정권을 지원하여 생명과 재산을 보호받고자 했다. 그러나 자딘 정권은 또다시 떠이선 군대에 자딘을 빼앗겼다(1782). 이때 떠이선 군대는 자딘 정권을 지원한 데 대한 보복으로 중국계 이주민 수만 명을 학살했다.

응우옌푹아인은 이듬해 타이로 건너가 원병을 요청했다. 떠이선 군대에 자딘을 빼앗기기 얼마 전 타이의 새 왕조(라따나꼬신 왕조)로부터 캄보디아에 대한 타이의 패권을 인정하는 대가로 지원을 약속받았기 때문이다. 응우옌푹아인의 요청을 받은 타이 군대가 실제로 메콩강 하류 지역을 공략했으나 응우옌반후에가 지휘하는 떠이선 군대에 격퇴당했다(1784).

응우옌푹아인은 타이뿐 아니라 프랑스에도 군사 원조를 요청하려

피뇨 주교와 까인 왕자 피뇨 주교(왼쪽)는 프랑스의 원조를 얻는 데 실패하자, 스스로 자금을 마련하여 무기와 탄약을 사들이고 의용병을 모집했다. 베트남에 돌아온 후, 떠이선 군대와 전투 중에 포로로 잡혔다가 질병으로 사망했다(1789). 응우옌푹아인의 장남인 까인 왕자는 피뇨 주교를 따라 프랑스로 가서 루이 16세를 알현했다. 피뇨 주교의 영향으로 비밀리에 세례를 받았다고 알려져 있다. 베트남을 떠난 지 5년 만에 돌아왔으나 11세에 천연두로 사망했다.

했다. 응우옌푹아인을 통해 베트남에 가톨릭 포교의 기반을 마련하고자 했던 프랑스인 선교사 피에르 피뇨 드 베엔이 그를 도왔다. 피뇨는 교섭에 관한 모든 권한을 위임받은 응우옌푹아인의 어린 아들 응우옌푹까인을 데리고 프랑스로 떠났다(1784). 그러나 이들이 돌아오기도 전에 자딘은 떠이선 군대의 손에 완전히 넘어가고 말았다(1785).

떠이선 정권, 남북을 통일하고 새 왕조를 세우다

남쪽에서 떠이선 정권과 자딘 정권 사이에 치열한 공방전이 벌어지는 동안 북쪽의 찐씨 정권은 뭘 하고 있었을까? 어부지리를 노리고 두 응우옌씨가 지쳐 쓰러질 때를 기다리고 있었던 것일까?

애석하게도 찐씨 정권은 현명한 어부가 아니었다. 찐씨 정권의 통치자들은 자신들에게 유리한 상황을 적극적으로 이용하려는 의지나 자신감이 없었다. 게다가 여러 파벌로 분열돼 있었다. 띤도왕이 죽자(1782), 왕위 계승을 둘러싸고 쿠데타가 일어나 정치 불안이 심해졌다. 권력 투쟁에서 밀려난 찐씨 정권의 인사들이 떠이선 정권에 귀순해 정보를 제공하고 북벌을 권유하기도 했다.

자딘 정권을 무너뜨린 후, 응우옌반냑은 막냇동생 응우옌반후에게 1774년부터 찐씨의 지배 아래 있던 푸쑤언을 공략하게 했다(1786). 쉽사리 푸쑤언을 점령한 응우옌반후에는 주군이자 큰형인 응우옌반냑과 한 마디 상의도 없이 북쪽으로 탕롱을 향해 진군했다. 이때 응우옌반후에는 "찐씨 정권을 멸하고 레 왕조를 돕자!"라는 명분을 내세웠는데, 아직은 독자 왕조를 수립할 명분과 역량이 부족했기 때문에 레 왕조의 권위에 기대어 찐씨 정권을 타도하려고 한 것이다.

응우옌반후에의 떠이선 군대는 탕롱을 향해 빠른 속도로 진격했고, 찐씨의 장수들 대부분은 제대로 싸워보지도 않고 항복하거나 도망가기 바빴다. 응우옌반후에는 한 달도 못 돼 탕롱을 점령했고, 찐씨 정권의 마지막 군주는 도망치다가 자살했다. 응우옌씨 정권은 떠이선 군대의 공격을 4년 동안 버텼지만, 찐씨 정권은 한 달도 견디지 못한 것이다(1786).

응우옌반후에는 탕롱에 입성한 후 레 왕조의 히엔똥 황제를 알현하고 호적과 병적을 바쳤다. 황제에게 권력을 돌려주겠다는 약속을 지켰으니 자신을 의심하지 말라는 뜻이었다. 그리고 궁궐에 문무백관을 모아놓고 '통일'을 기념하는 조서를 반포하게 했다.

46년씩이나 옥좌에 앉아 있던 칠순의 병약한 황제는 새로운 지배자에게 잘 보이기 위해 높은 작위도 내리고 자신의 딸을 주겠다는 약속도 했다. 그러고 나서 며칠 뒤에 사망했고, 그의 손자가 제위에 올랐다. 그가 바로 레 왕조의 마지막 황제인 찌에우통 황제(소통제)였다.

응우옌반냑은 막냇동생이 제멋대로 벌인 일에 화도 나고 질투도 났다. 그래서 말썽꾸러기 동생을 견제하기 위해 군대를 이끌고 탕롱에 가서 새로운 황제를 알현한 후 동생과 함께 남쪽으로 돌아왔다. 동생에 대한 불신을 거두지 않은 채 말이다.

남부로 돌아온 응우옌반냑은 고민 끝에 막내 후에가 새로 확장한 지역을 포함해 자신들이 차지한 영토를 셋으로 나누기로 결정한다. 자신은 '쫑으엉(중앙) 황제'로서 꾸이년을 도읍으로 삼고 꽝남부터 빈투언까지 다스리고, 둘째 르에게 '동딘왕(동정왕)'의 칭호를 주어 가장 남쪽인 자딘 일대를 다스리게 했다. 그리고 막내 후에에게는 '박빈왕(북평왕)'의 칭호를 주고 타인호아부터 투언호아까지 다스리라고 했다. 이에 불만을 품은 응우옌반후에가 꾸이년을 공격했고, 결국 큰형으로부터 꽝남 지방 일부를 넘겨받았다. 응우옌반냑이 황제가 됐다고는 하나 허울뿐이었고, 실제로 가장 큰 몫을 차지한 사람은 막내 응우옌반후에였다.

라오스

남중국해

탕롱◉

타인호아

●동허이

투언호아
　　◉푸쑤언
　　　　●호이안
꽝남
　　　꽝응아이
　　　빈딘
떠이선●　◉꾸이년

타이

캄보디아

카인호아

빈투언

●하띠엔　자딘◉
　　미토●

1780년대 베트남의 '삼국지' 떠이선 운동이 전개되는 과정에서 남과 북의 두 정권이 세 개의 정권으로 재편됐다. 베트남 정세는 1770년대 말에 북부 탕롱의 찐씨 정권 (및 레 왕조), 중부 꾸이년의 떠이선 왕조, 남부 자딘의 응우옌씨 정권으로 재편됐다가, 1780년대 중반에 푸쑤언 정권(응우옌반후에), 꾸이년 정권(응우옌반냑), 자딘 정권(응우옌반르)으로 삼분됐다. 1780년대 말에는 응우옌씨 정권의 후예 응우옌푹아인이 자딘을 탈환하고 떠이선 왕조에 도전했다.

▨ 푸쑤언 정권(응우옌반후에)
▨ 꾸이년 정권(응우옌반냑)
▨ 자딘 정권(응우옌반르)

　　형과의 불화를 해결한 응우옌반후에는 다시 탕롱에 군대를 보냈다. 그러자 찌에우통 황제는 북쪽 변경으로 달아나 청에 구원을 요청했다(1787). 이듬해 청의 건륭제(乾隆帝)가 레 왕조를 돕는다는 구실로 20만 대군을 파견했고, 그해 11월 청의 군대가 탕롱에 입성했다. 찌에우통 황제는 청군이 온다는 소식을 접하고 청군보다 먼저 탕롱에 도착해 청의 군대를 맞이했다. 그런데 청의 장졸들은 점령군이라고 뻐

꽝쭝 황제와 떠이선 군대 1789년 꽝쭝 황제가 떠이선 군대를 이끌고
청군에 맞서 대승을 거둔 장면을 묘사한 우표이다.

기면서 베트남 사람을 업신여겼고, 찌에우통 황제는 측근과 청의 장
수들에게 의존하며 전쟁과 기근에 시달려 온 백성을 돌보지 않았다.
민심은 레 왕조로부터 떠나갔다.

응우옌반후에는 청군의 탕롱 입성 소식을 듣자마자 황제를 자칭했
다. 베트남의 합법적인 지배자로서 청군과의 결전을 지휘하기 위해서
였다. 연호를 '꽝쭝(光中)'이라 했는데, '찬란하게 빛나는 천하의 중심'
이란 뜻으로, 천명이 레 왕조를 떠나 자신에게 왔다는 확신을 반영한
연호였다. 레 왕조의 황제가 청과 결탁하여 이미 민심을 잃은 터라, 응
우옌반후에는 부담 없이 새로운 왕조(떠이선 왕조)를 세울 수 있었다.

꽝쭝 황제(응우옌반후에)는 푸쑤언에서 탕롱을 향해 진군했다. 북진
과정에서 떠이선의 군대는 10만 대군으로 늘어났다. 작은 승리에 취
해 안 그래도 떠이선 군대를 얕보던 청나라 장수들은 꽝쭝 황제로부
터 비굴하게 용서를 구하는 내용의 편지를 받고는 더욱 기고만장했다.

꽝쭝 2년(1789) 정월 초에 떠이선 군대가 청군의 요새 한 곳을 기습하자, 청의 병사들이 혼비백산해서 달아났다. 이틀 뒤 새벽에 탕롱 근교에서 전투가 벌어졌는데, 떠이선 군대가 코끼리를 앞세우고 진격하자, 청군의 기병은 놀라 달아났고 보병은 도주하다가 코끼리에게 짓밟혔다. 청군이 요새로 물러나 포탄과 총탄을 퍼붓자, 꽝쭝 황제가 직접 코끼리를 몰며 병사들을 독려했다. 요새는 금세 함락되었고, 청군의 총사령관은 혼자서 말을 타고 도망가 버렸다. 곧이어 레 왕조의 황제도 청으로 달아났다. 이는 레 왕조의 멸망을 의미했다(1789). 베트남 땅에서 중국(명)을 몰아내고 성립한 레 왕조가 중국(청)에 의존하다가 망했으니, 역사의 아이러니가 아닐 수 없다.

승리를 장담할 수 없는 전쟁을 계속하며 명예에 먹칠하고 싶지 않았던 청의 건륭제는 베트남 문제를 평화적으로 해결하기를 원했다. 꽝쭝 황제 역시 응우옌씨 정권의 후예 응우옌푹아인이 타이를 뒷배로 버티고 있는 상황인 만큼 청과의 관계를 안정시킬 필요가 있다고 생각했다. 꽝쭝 황제는 사신을 보내 건륭제의 팔순 잔치에 자신이 직접 참석할 테니, 그 대신 자신을 안남국왕으로 책봉해 달라고 요구했다. 중국 황제의 승인이 내부의 적들을 제압하는 데 도움이 된다고 여겼기 때문이다.

청으로부터 책봉을 받은 꽝쭝 황제는 약속과 달리 건륭제의 팔순 잔치에 직접 가지 않고 자신을 닮은 조카를 보냈다(1790). 베트남 문제를 책임진 청의 관리는 이를 눈치채고도 자기네 황제의 체면이 깎일까 우려해 모르는 척했다. 꽝쭝 황제는 청의 침략을 물리쳤을 뿐만 아니라 청과의 관계를 안정시킨, 능력과 권위를 겸비한 군주로 베트

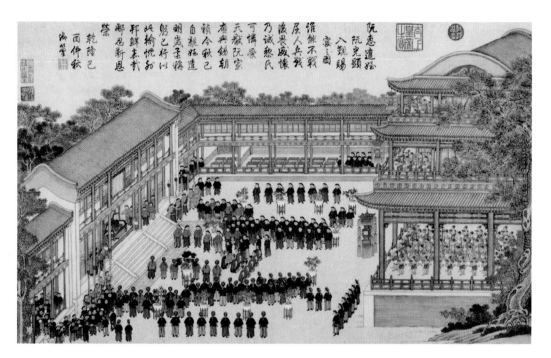

건륭제의 팔순을 축하하는 가짜 꽝쭝 황제 건륭 55년(1790), 건륭제의 만수 축전을 묘사한 그림이다. 건륭제에게 무릎을 꿇고 절하고 있는 사람이 꽝쭝의 조카다. 건륭제도 가짜라는 것을 알았지만 진짜 안남국왕(꽝쭝 황제)을 맞이한 것인 양 연기할 수밖에 없었다. 주변 이민족이 모두 청 황제의 권위에 복종하고 있다는 '허상'을 현실인 양 만방에 과시하기 위해서였다. 막대한 비용을 들여서 희극을 연출한 것이다.

남 백성들에게 각인됐다.

　꽝쭝 황제는 대청 관계의 안정을 바탕으로 개혁을 추진했다. 꽝쭝 황제가 가장 관심을 가진 분야는 농촌 문제였다. 오랜 전쟁으로 파괴된 농촌을 재건하고 농민의 현황을 파악하기 위해 토지대장과 호적을 새로 작성하고 신패(信牌, 신분증)를 발급했으며, 토지를 잃고 떠돌아다니던 백성을 동원해 황무지를 개간했고, 떠이선 운동에 적대적인 지주의 토지를 몰수하여 농민에게 분배했다. 수공업과 상업의 발달을 위해 토산물에 대한 세금을 감면하고 새로운 화폐를 주조했으며, 중국이나 유럽과의 무역을 장려했다.

또한 꽝쫑 황제는 한자 대신 베트남 고유 문자 쯔놈을 왕조의 공식 문자로 지정해 황제의 칙령, 상거래 문서 등에 쯔놈을 사용하도록 했다. 과거 시험에서도 쯔놈으로 시문을 짓게 하고, 유교 경전을 쯔놈으로 번역하게 했다. 떠이선 왕조가 쯔놈을 공식 문자로 채택한 것은 중국에 대한 자주 의식을 표현하고 백성과의 소통을 확대하기 위해서였다. 나아가 '통일의 시대'에 남과 북, 지배층과 피지배층을 하나로 묶는 데 필요한 소통의 도구로서 쯔놈의 가치를 인정했기 때문이다.

꽝쭝 박물관 꽝중 황제를 기리기 위해 응우옌 삼 형제 집터에 건립한 박물관이다. 떠이선 운동과 떠이선 왕조의 흥망성쇠에 관련된 역사 유물들이 전시되어 있다. 입구 정면에는 꽝쭝 황제의 동상이 세워져 있다.

꽝쭝 시대의 동전 동전 앞면에 '꽝쭝(光中) 통보(通寶)'라고 새겨져 있다.

그러나 꽝쭝 황제가 즉위한 지 4년 만에 40세의 나이로 갑자기 사망함(1792)으로써, 개혁 정책도 함께 실종됐다. 이듬해 큰형 응우옌반냑마저 세상을 떠나자, 떠이선 왕조의 국운이 급격하게 기울었다. 꽝쭝 황제의 뒤를 이어 까인틴 황제가 즉위했으나 나이가 어려 외척의 전횡과 파벌 싸움을 억제하지 못했다. 이러한 상황에서 떠이선 왕조는 또다시 응우옌푹아인의 도전에 직면했다.

응우옌푹아인, 다시 응우옌 왕조를 세우다

타이로 망명한 응우옌푹아인은 어떻게 됐을까? 응우옌푹아인은 타이의 수도 방콕 외곽에 정착지를 마련해 추종자를 모으고 베트남에 첩자를 보내 기회를 엿보는 한편, 타이 왕 라마 1세의 충실한 신하이자 동맹자 역할을 했다. 그리고 프랑스인 선교사나 포르투갈 상인과 만나 군사 원조를 요청했다.

떠이선 정권에서 형제들 사이에 내분이 일어나자, 응우옌푹아인은 곧바로 타이군과 함께 메콩강 삼각주에 상륙했고, 그곳에서 반격의 근거지를 마련했다. 그리고 그 이듬해에 자딘을 탈환하는 데 성공했다(1788). 자딘을 탈환할 당시 응우옌푹아인의 진영에는 옛 응우옌씨 정권의 잔여 세력뿐만 아니라 타이 왕이 파견한 병사, 캄보디아 출신 용병, 중국계 이주민 무장 세력, 피뇨 주교가 모집한 프랑스인 용병 등이 섞여 있었다.

북쪽에서 떠이선 왕조가 청의 침략을 물리치고 청과의 관계 변화에

온 힘을 쏟는 동안, 응우옌푹아인은 남쪽에서 떠이선 왕조 타도와 새로운 국가 건설을 준비했다. 전쟁에 필요한 인적·물적 자원을 확보하기 위해 호구 조사와 토지 조사를 시행하고 농사를 장려했다. 새로운 국가를 지탱할 인재를 등용하기 위해 과거를 시행했다. 무엇보다 군사력 강화를 위해 포르투갈과 영국 상인으로부터 총포를 사들이고 전함을 건조했다.

자딘을 탈환한 지 3년째 되던 해, 자딘 정권은 북벌을 개시했다 (1790). 떠이선 왕조는 꽝쭝 황제의 죽음과 뒤이은 내분 때문에 자딘 정권의 공세에 제대로 대응할 수 없었다. 한때 떠이선 운동에 기대를

1790년대 사이공 지도 1788년 자딘을 탈환한 응우옌푹아인은 프랑스인 장교에게 근대 유럽식 요새(성채)의 설계 및 축조를 부탁했고, 1790년에 팔각형의 요새가 완공되었다. 응우옌푹아인은 이곳을 근거지로 조정을 꾸리고 떠이선 왕조로부터 베트남을 되찾을 준비를 했다. 그림은 1795년 장-마리 다용(Jean-Marie Dayot)이 왕의 명을 받고 그린 사이공 지도다. 아랫부분에서 1790년 올리비에(Olivier de Puymanel) 대령에 의해 요새화된 사이공 지도임을 밝혔다. 지도 중간에 별 모양으로 그려진 건축물이 바로 그 요새 '자딘성'이다.

자롱 황제와 익선관 왼쪽은 1802년 베트남 북부와 남부를 통일하고 응우옌 왕조를 연 자롱 황제의 초상화이다. 오른쪽은 하노이의 베트남 국립역사박물관이 소장한 응우옌 왕조의 익선관이다. 중국·조선의 것보다 장식이 화려하다.

걸었던 백성들도 무거운 세금과 지배층의 권력 다툼에 염증을 느끼고 떠이선 왕조에 등을 돌렸다. 마지못해 떠이선 왕조를 인정했던 청은 자국 내 반란을 진압하느라 베트남 문제에 신경 쓸 겨를이 없었다. 자딘 정권의 군대는 꾸이년, 푸쑤언, 탕롱을 차례로 점령하여 북벌에 착수한 지 10여 년 만에 베트남을 통일했다(1802).

응우옌푹아인은 탕롱 공략에 앞서 푸쑤언에서 제위에 올라 연호를 '자롱'이라 지었다. '자롱(Gia Long, 嘉隆)'이란 '자딘(嘉定)'의 '자(Gia, 嘉)' 자와 '탕롱(昇隆)'의 '롱(Long, 隆)' 자를 합친 말로서 베트남 남단

● 원래 이름은 '탕롱(昇龍)'이었으나, 자롱 황제 때 '롱(龍)' 자에서 '롱(隆)' 자로 글자를 바꾸었다. 남부 출신으로 북부를 정복한 자롱 황제가 북부의 도시 이름에 제왕을 상징하는 '롱(龍)' 자가 붙는 것을 꺼렸기 때문이다. 민망 황제 때(1831) 다시 '하노이'로 바뀌어 오늘에 이르렀다.

의 자딘에서 북단의 탕롱까지, 즉 베트남 전체를 뜻한다. '통일'에 대한 의지와 자신감을 드러낸 연호였다. 자롱 황제는 통일의 위업을 바탕으로 응우옌 왕조를 창시했다. 응우옌 왕조는 중국의 남쪽 변경에서부터 캄보디아의 동쪽 변경에 이르기까지, 오늘날의 베트남 영토와 거의 일치한다. 응우옌 왕조는 베트남 역사상 가장 넓은 지역을 통치한 왕조였다.

통일 직후 자롱 황제는 청에 사신을 보내 자신의 국왕 책봉을 요청하면서 국호를 '남비엣(남월)'으로 정하겠다는 뜻을 전했다(1802). 남비엣은 일찍이 조타가 오늘날의 중국 동남부와 베트남 북부에 걸쳐세운 나라 이름이다. 2,000여 년이나 지난 시점에서 자롱 황제가 '남비엣'이라는 국명을 다시 끄집어낸 이유는 무엇일까? 통일 이전에 북부와 남부는 각각 '안남(安南)'과 '비엣트엉(월상越裳)'이라 불렸다. 따라서 '남비엣'이라는 국명은 안남[남]과 비엣트엉[비엣], 즉 북부와 남부를 통합한 나라라는 의미였다.

청나라 조정은 응우옌 왕조를 베트남의 합법적인 정권으로 인정한다는 의미로 국왕 책봉에 대해서는 문제 삼지 않았으나 국명을 남비엣으로 고치는 것에 대해서는 강력하게 반대했다. '남비엣'이라는 국명이 중국의 동남부, 즉 광둥과 광시를 포함했던 조타의 남비엣을 떠올리게 한다는 이유에서였다. 2년 뒤 두 나라는 결국 글자의 순서를바꾸어 '비엣남(월남)'으로 고치는 선에서 합의를 보았는데, 청과 응우옌 왕조 모두의 체면을 세울 방도였기 때문이다. 이로써 '베트남(Vietnam)', 즉 '비엣남'이라는 국명이 생겨났으니, 고분고분하지 않은이웃나라에 대해 천자의 권위를 내세우고자 한 청의 고뇌와 조공-책봉 관계를 유지하면서 제국의 길을 모색한 응우옌 왕조의 노력이 함께 반영된 결과였다. 이렇게 국호 문제가 해결되자, 응우옌푹아인은 비엣남 국왕으로 책봉받았다(1804).

한편, 자롱 황제는 푸쑤언을 '후에'로 개칭하고 새로운 통일 왕조의 도읍으로 삼았다. 후에는 자롱 황제 자신의 뿌리라고 할 수 있는 응우옌씨 정권의 근거지로서 자신의 확고한 지지 기반인 데다 지리적으로 베트남의 중앙부에 위치하여 북부와 남부 모두를 호령하는 데 적합한 지역이라고 보았기 때문이다. 그러나 북부는 여전히 응우옌씨에 대해 반감을 품고 있었고, 남부는 베트남에 편입된 지 얼마 안 돼 북부와 문화적 차이가 컸다. 결국 응우옌 왕조는 북부와 남부 어느 쪽도 완벽하게 통제하지 못했다.

후에와 흐엉강 흐엉강이 시내를 남과 북으로 가르는 도시 후에는 베트남 중앙부에 있어 남과 북을 가르는 기준점이 되기도 한다. 흐엉강은 한자로 '향강(香江)', 영어로 '퍼퓸 리버(Perfume River)'라 표기하는데, 주변 식물이 강으로 흘러들어 향기를 풍긴다고 하여 붙은 이름이다.

응우옌 왕조가 제국을 꿈꾸다

어떻게 하면 남과 북을 온전하게 다스릴 것인가? 자롱 황제는 궁극적으로 황제 권력의 강화와 중앙 집권 체제의 확립을 목표로 삼았지만, 왕조 초기의 불안정한 상황에서 통치 역량이 전국에 미치지 못하는 현실을 고려했다. 즉 중부는 중앙 정부가 직접 다스리고 남부와 북부는 지방관을 파견해 다스리게 하되, 반발을 최소화하기 위해 지방 세력에 어느 정도 자치를 허용했다.

자롱 황제는 우선 전국을 23진(鎭), 4영(營)으로 나누고 북부의 열한 개 진을 묶어서 '박타인(北城)', 남부의 다섯 개 진을 묶어서 '자딘타인(嘉定城)'으로 구성한 후, 각각 총진을 파견하여 다스리게 했다. 총진에게는 군사권과 징세권을 포함하는 광범위한 권한을 위임했다. 이때 북부와 남부 주민의 반발을 최소화하기 위해 레 왕조 관료 출신 인사나 지방 토호들을 몇 개 진의 관리로 임용했다. 또한 중부의 일곱 개 진과 수도 인근의 네 개 영을 묶어서 '직예(直隸, 황제 직할령)'로 구성하고 중앙 정부가 직접 다스렸다. 이렇게 전국을 박타인, 자딘타인, 직예의 세 지역으로 나누고 박타인과 자딘타인의 총진에게 자치에 가까운 광범위한 권한을 허용한 이유는 지역마다 문화적 차이가 크고 정치적 통합도 불완전했기 때문이다.

진과 영 밑에는 부, 부 밑에는 현을 두고 지방관을 파견했다. 현 밑에는 사(社), 리(里), 갑(甲) 등을 두고 주민들 가운데서 수장을 뽑았다. 소수 민족의 거주지에는 별도로 주를 두고 소수 민족의 수장을 주의 장관으로 임명하여 공물을 바치는 대가로 어느 정도 자치를 허용했다.

후에 황성 전경 응우옌 왕조의 황제들이 거처한 도시 후에의 구시가는 전체가 성벽과 해자로 둘러싸여 있다. 구시가 동남쪽에 자리한 황성 주변으로는 성벽과 해자가 한 번 더 둘러쳐져 있다.

　자롱 황제는 명·청의 제도를 본떠 황제 밑에 이부·호부·예부·병부·형부·공부의 6부(部)를 설치하고 각부의 장관인 상서(尙書)에게 업무를 총괄하게 했다. 그리고 베이징의 자금성을 본떠 수도에 거대한 궁성을 짓고 북쪽 변경의 랑선에서 남쪽의 자딘까지 무려 2,000킬로미터에 달하는 도로를 건설하는 등 대규모 토목 공사를 벌였다. 이는 모두 왕조의 권위를 높이고 중앙의 권력을 강화하기 위한 수단이었다.

자롱 황제는 레 왕조 때처럼 사회 혼란을 바로잡고 질서를 확립하기 위해 유교를 통치 이념으로 삼고 유학 교육을 장려했다. 수도에는 국자감, 지방에는 부학·현학 등 현 이상의 지방 행정 구역에 학교를 설립하여 유학을 가르치게 했다. 그리고 수도 후에에 문묘를 지어 공자를 제사 지내고 그 안에 진사제명비를 세워 과거 합격자를 기념했다.

자롱 황제는 자딘 정권의 국제적이고 개방적인 분위기를 계승하여 중국계 이주민이나 프랑스인 장교 등을 관리로 등용하고, 중국계 이주민의 자치와 유럽 상인의 왕래를 허용했을 뿐만 아니라 가톨릭의 포교도 묵인했다.

자롱 황제를 비롯한 응우옌 왕조의 통치자와 유학을 익힌 지식인들은 중국 문화를 존중한 것과는 별개로 베트남이 청보다 우월하다는 생각을 가졌다. 이는 주변 민족과 그들의 문화를 오랑캐(야만인)와 야만적인 문화로 간주하는 중국인(특히 한족)의 오래된 자민족·자문화 중심주의, 즉 중화사상의 영향 때문이다. 응우옌 왕조는 한족의 명나라가 멸망한 이후 중국 문명을 계승한 국가는 오랑캐인 만주족이 세운 청이 아니라 베트남이라는 자부심을 지니고 있었다. 심지어 자롱 황제는 자신의 왕국을 종종 '중국'이라고 부르기도 했다. 일종의 소중화(小中華) 의식인 셈이다. 이러한 베트남 중심의 세계관은 응우옌 왕조가 참파, 라오스, 캄보디아 및 주변의 여러 소수 민족으로부터 조공을 받았다는 사실에 의해 뒷받침됐다.

실제로 자롱 황제는 청과의 관계 정상화로 북쪽 변경이 안정되자, 남서쪽으로 눈을 돌려 세력 확장을 꾀했다. 캄보디아의 국정을 감독하는 관직을 설치하고, 캄보디아의 프놈펜에 성을 쌓고 군대를 주둔시켰다. 그리고 조공 횟수를 늘려 거의 매년 조공을 바치게 했다.

응우옌 왕조의 캄보디아 내정 간섭은 응우옌씨 정권이 떠이선 군대
와의 전투에서 패해 멸망 직전에 놓였을 무렵부터 캄보디아를 속국으
로 간주해 온 라따나꼬신 왕조(타이)와의 대립을 초래했다. 사실, 자딘
정권 시절에 응우옌푹아인(자롱 황제)은 타이 왕 라마 1세의 신하이자
동맹자로서 주종 관계를 맺고 조공을 바쳤었다. 응우옌 왕조 수립 이
후에는 조공을 면제받고 타이와 애매하게 우호 관계를 유지하다가,
라마 1세의 사망(1809)을 전후로 캄보디아 문제를 둘러싸고 타이와
적대 관계에 돌입한 것이다.

자롱 황제의 뒤를 이은 민망 황제는 부친의 중앙 집권화 정책과 베
트남 중심의 세계 질서를 완성한 인물이다. 민망 황제는 청의 제도를
본떠 중앙 및 지방의 통치 체제를 황제권과 중앙 집권을 더욱 강화하
는 방향으로 개편했다. 중앙에는 6부 위에 황제의 비서 겸 자문 기구
로서 내각을 설치하고, 다시 그 위에 기밀원을 설치해서 정치와 군사
의 주요 사안들에 대한 심의를 맡겼다.

지방에서는 탕롱과 자딘의 총진을 폐지하고 전국의 진과 영을 모두
'성(省)'으로 통일하여 지방 행정 구역을 일원화했다. 큰 성에는 총독,
작은 성에는 순무를 파견하고 총독이 인근 작은 성의 순무를 감독하게
했다. 소수 민족이 거주하는 지역에도 베트남인(비엣족) 관리를 파견하
여 직접 통치하게 했고, 소수 민족을 베트남 사회에 동화시키기 위해
베트남의 언어와 복장을 강요하는 정책도 폈다. 특히 중국계 이주민의
수가 증가하자, 이들을 억제하기 위해 무역 활동까지 금지했다.

북부와 남부에 어느 정도 자치를 허용했던 총진 제도의 폐지와 소

민망 황제 영국 외교관 존 크로퍼드가 그린 민망 황제의 초상화(1828)와 민망 황제의 인장이다.

수 민족 동화 정책은 강력한 반발을 초래했다. 북부에서는 레주이르엉이 레 왕실의 후예임을 주장하며 레 왕조의 부흥을 기치로 반란을 일으켰다(1833). 여기에는 옛 레 왕조의 근거지 주민들만이 아니라 자치권을 상실한 주변 소수 민족도 가담했다. 남부에서는 레반코이가 민망 황제의 중앙 집권화 정책에 반대하고 자딘성의 자치를 내세우며 반란을 일으켰다(1833~1835). 경제적 이익을 침해당한 중국계 이주민과 가톨릭에 호의적이었던 레반코이의 죽은 양부를 따르던 가톨릭 신자들도 레반코이의 난에 가담했다. 북부 산간 지대의 소수 민족 추장이자 레반코이의 처남인 농반번도 레반코이 일족에 대한 가혹한 숙청과 소수 민족 동화 정책에 반발하여 무장봉기를 일으켰다(1833~1835). 민망 황제는 반란을 차근차근 진압하면서 중앙 집권 체제를 강화해 나갔다.

민망 황제는 지배 체제를 안정시키려면 농민 계층의 안정이 뒷받침돼야 한다는 생각으로 토지 개혁을 단행했다. 경작지가 부족한 중부에서는 지주로부터 일정분의 토지를 몰수해 공전(公田)을 조성한 뒤, 이를 가난한 농민들에게 분배했다. 반면에 농경지가 풍부한 남부에서는 대토지 소유를 허용하여 지주들에게 토지를 개간하고 촌락을 건설하는 일까지 맡겼다.

민망 황제는 경작지의 확대를 통한 농업 생산력의 발전에도 각별한 관심을 쏟았다. 특히 메콩강 삼각주에서는 개간에 필요한 농기구와 자금을 국가에서 대주고 개간한 토지는 일정 기간 세금을 면제해주는 정책을 펴 농민의 개간을 유도했다. 그 결과 메콩강 삼각주에서 생산된 쌀만으로 전국의 수요를 충당했을 뿐만 아니라 중국을 비롯한 이웃나라에 수출할 수 있을 정도가 됐다.

민망 황제는 동남아시아에서 베트남 중심의 세계 질서를 완성하기 위해 캄보디아 병합을 시도했다. 우선 1831년에 캄보디아를 침공해 타이군을 캄보디아에서 축출한 후, 쫓겨났던 캄보디아 왕을 복위시켰고(1834), 같은 해 그가 아들 없이 죽자 이듬해 초 친베트남 성향의 공주를 명목상의 캄보디아 임금 자리에 앉혔다. 그리고 캄보디아를 베트남의 영토로 간주하여 그 아래 베트남식 행정 구역을 설치하고 관리의 임면권부터 군사권까지 모든 것을 베트남인이 장악하게 만들었다. 캄보디아인에게 베트남의 문화를 강요하는 동화 정책도 시행했다.

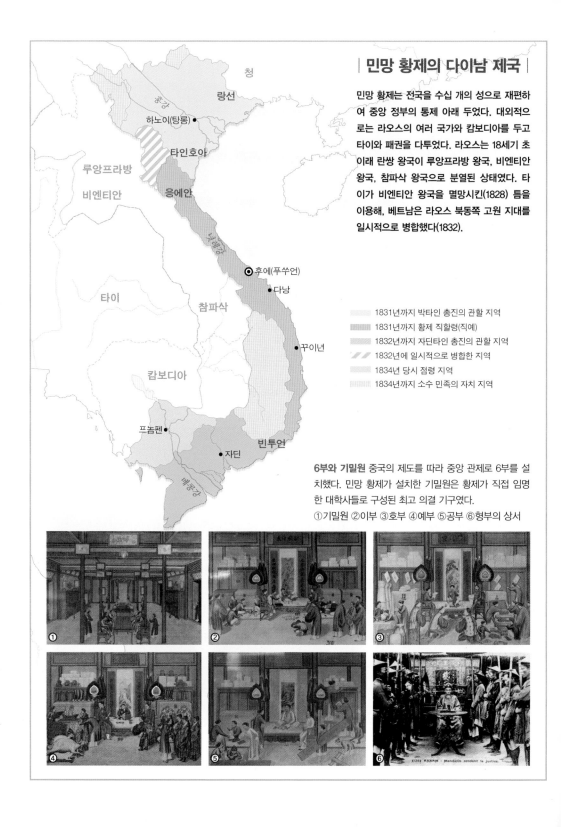

| 민망 황제의 다이남 제국 |

민망 황제는 전국을 수십 개의 성으로 재편하여 중앙 정부의 통제 아래 두었다. 대외적으로는 라오스의 여러 국가와 캄보디아를 두고 타이와 패권을 다투었다. 라오스는 18세기 초 이래 란쌍 왕국이 루앙프라방 왕국, 비엔티안 왕국, 참파삭 왕국으로 분열된 상태였다. 타이가 비엔티안 왕국을 멸망시킨(1828) 틈을 이용해, 베트남은 라오스 북동쪽 고원 지대를 일시적으로 병합했다(1832).

청
랑선
하노이(탕롱)
타인호아
루앙프라방
비엔티안
응에안
후에(푸쑤언)
다낭
타이
참파삭
꾸이년
캄보디아
프놈펜
빈투언
자딘

1831년까지 박타인 총진의 관할 지역
1831년까지 황제 직할령(직예)
1832년까지 자딘타인 총진의 관할 지역
1832년에 일시적으로 병합한 지역
1834년 당시 점령 지역
1834년까지 소수 민족의 자치 지역

6부와 기밀원 중국의 제도를 따라 중앙 관제로 6부를 설치했다. 민망 황제가 설치한 기밀원은 황제가 직접 임명한 대학사들로 구성된 최고 의결 기구였다.
①기밀원 ②이부 ③호부 ④예부 ⑤공부 ⑥형부의 상서

캄보디아에 대한 군사적 성공에 고무된 민망 황제는 나라 이름을 '비엣남'에서 '다이남'으로 고쳤다(1838). '다이남(Đại Nam, 大南)'이란 '중국 이남에서 가장 위대한 나라'라는 뜻으로 중국과 맞먹는 '제국'을 건설하겠다는 의지를 드러낸 것이다. 민망 황제는 청나라를 제외한 다른 주변국과의 관계에서 이를 국호로 사용하려 했다. 하지만 민망 황제의 '다이남 제국'은 금세 취약함을 드러냈다. 민망 황제 사후 10년도 지나지 않아 베트남 군대는 캄보디아의 친(親)타이 세력과 타이 군대의 반격을 받고 물러나야 했다(1847). 이렇게 베트남의 캄보디아 병합 시도는 실패로 끝나고 말았다.

민망 황제 재위 전반기인 1820년대는 서구 열강이 동남아시아 식민지 분할에 본격적으로 뛰어든 시기였다. 영국은 1819년에 이미 점령한 싱가포르를 중심으로 1826년 말레이반도 남쪽에 '해협 식민지'를 건설하는 한편, 무력으로 꼰바웅 왕조(미얀마)를 굴복시키고 얀다보 조약을 체결하여 미얀마를 식민지로 삼기 위한 첫발을 내디뎠다. 영국의 위력을 목격한 타이는 같은 해 영국의 시장 개방 요구를 받아들였다. 서구 열강은 베트남에도 손을 뻗었다. 1821년 프랑스가 베트남에 외교 사절을 파견해 통상 수교를 요구했다. 4년 뒤에는 영국도 베트남에 사절을 파견했다. 이러한 서구 열강의 개방 요구에 민망 황제는 어떻게 대응했을까?

민망 황제는 서구 열강의 통상 수교 요구를 단호하게 거부했다. 시장 개방으로 쌀 수출이 확대되면 베트남 국내 쌀 가격이 폭등하여 농촌 경제의 안정을 해칠 우려가 있었기 때문이다. 아편 유입으로 금·은이 해외로 유출되고 풍기 문란같이 풍속을 어지럽히는 문제가 발생하는 일도 막아야 했다. 무엇보다 서구 열강의 침략에 대한 두려움이 통상 수교 거부 정책을 편 근본적인 이유였다.

같은 맥락에서 민망 황제는 가톨릭 포교를 금지했다(1825). 가톨릭 선교사와 신자를 서구 열강의 앞잡이로 간주했기 때문이다. 지배 체제의 안정을 위해 유교를 장려한 민망 황제는 가톨릭 신앙의 확산으로 농촌 사회의 윤리적 토대와 사회 통합의 기초가 무너질까 경계했다. 남부에서 레반코이의 반란이 일어났을 때 다수의 가톨릭 신자가 가담한 일은 가톨릭에 대한 황제의 부정적 인식을 더욱 강화했고, 이는 가톨릭에 대한 박해로 이어졌다.

그렇다고 해서 민망 황제를 어리석고 꽉 막힌 인물로 보아서는 안된다. 그는 서구 열강의 침략을 경계하면서도 서양의 기술을 배우고 국제 정세에 관한 정보를 얻으려고 노력했다. 1820년 즉위한 이래 베트남 조정은 매년 적게는 두 척, 많게는 여섯 척에 이르는 관영 무역 선단을 해외로 파견했다. 이들 선단은 말레이반도의 믈라카·페낭·싱가포르(영국령 해협 식민지)와 자와의 바타비아(네덜란드령 동인도), 필리핀의 마닐라(누에

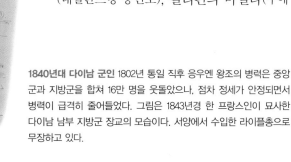

1840년대 다이남 군인 1802년 통일 직후 응우옌 왕조의 병력은 중앙군과 지방군을 합쳐 16만 명을 웃돌았으나, 점차 정세가 안정되면서 병력이 급격히 줄어들었다. 그림은 1843년경 한 프랑스인이 묘사한 다이남 남부 지방군 장교의 모습이다. 서양에서 수입한 라이플총으로 무장하고 있다.

바에스파냐 부왕령) 등지로 향했다. 선단에 승선한 상인들은 궁중에서 사용될 소비재와 소총·탄약·대포 같은 군수 물자 등을 수입했고, 기술자들은 새로운 기술과 정보를 획득하고 언어를 익혔으며, 유학을 공부한 젊은 관료들은 국제 정세에 관한 정보를 수집했다. 이들이 제출한 보고서는 종종 정부의 정책에 반영됐다. 특히 서양 증기선에 관심을 가진 민망 황제는 재위 후반기 10여 년에 걸쳐 4척의 증기선을 구매하여 연구하게 했다. 그 결과, 그가 사망하고(1841) 몇 년 뒤 베트남 장인들이 제작한 증기선이 생산되기도 했다.

민망 황제는 불완전한 정치적 통합과 서구 열강의 침략적 접근에 대응하기 위해 이처럼 중앙 집권 체제를 강화하고 통상 수교 거부 정책을 폈다. 캄보디아 병합을 시도하고 '다이남 제국'을 추구한 것도 국내외의 위기를 돌파하기 위한 노력의 일환이었다. 그러나 이러한 노력이 열매를 맺기도 전에 베트남은 더 강력한 제국의 침략에 직면하게 된다.

응우옌 왕조의 잔영
'후에 황성'

후에는 140년 동안(1635~1775) 응우옌씨 정권의 도읍, 14년 동안(1788~1802) 떠이선 왕조의 도읍, 143년 동안(1802~1945) 응우옌 왕조의 도읍이었던, 수도 경력만 세 차례나 되는 유서 깊은 도시이다. 후에는 흐엉강을 경계로 북서쪽의 구시가와 남동쪽의 신시가로 나뉘는데, 옛 도성은 구시가에 있다.

'낀타인'이라고 불리는 구시가는 정사각형 모양의 계획도시로 길이 10킬로미터, 높이 7미터에 달하는 성벽과 해자로 둘러싸여 있는데, 자롱 황제 때 건설이 시작(1804)되어 민망

응오문 황성의 정문으로 민망 황제 때 세워졌다(1833). 정오가 되면 태양이 성문 위로 떠 오른다고 해서 '응오(Ngọ, 午)문'이라고 부른다. 중앙에 있는 세 개의 성문 중 가운데는 황제만 지나다닐 수 있고 그 양옆으로 문관·무관이 출입했다. 좌우의 작은 성문은 궁인들이 이용했다. 지붕을 황색 기와로 덮고 용마루 위에 용 조각상을 얹어 황제의 권위를 드러냈다.

황제 때 완성(1832)됐다. 황성은 구시가의 동남쪽 중앙에 있다.

황성은 '호앙타인'이라고 불리는데, 역시 길이 2.5킬로미터, 높이 6.5미터에 이르는 성벽과 해자로 둘러싸여 있다. 베이징의 자금성을 본떴지만, 규모는 훨씬 작다. 자금성의 성벽은 길이 4킬로미터, 높이 10미터에 달한다. 제1·2차 인도차이나 전쟁을 거치면서 많은 건물이 파손됐는데, 일부만 복원됐다.

황성에 있는 네 개의 성문 중 제일 크고 유명한 것이 '응오문'인데, 위에서 보면 오목(凹)한 모양이다. 5미터 높이의 석축 위에 2층의 누각을 올렸고(전체 높이 17미터), 그 아래 다섯 개의 출입문을 낸 거대한 성문으로, 보는 사람을 압도하는 위용을 과시한다.

응오문을 지나 황성 내부로 들어가서 가장 먼저 만나게 되는 건물이 '타이호아전'이다. 타이호아전은 황제의 즉위식, 새해맞이 인사 등 궁중 행사가 거행되던 곳으로, 평소에는 황제가 조정 대신이나 사신을 접견하는 장소로 사용됐다. 앞마당에는 정1품부터 종9품까지 문·무관의 품계를 새긴 품계

타이호아전 자롱 황제 때 처음 세워졌다(1805). 이중으로 된 지붕에 황제를 상징하는 황색 기와를 얹은 단층 건물이다. 지붕을 받치는 석주와 지붕의 용마루에 용을 조각했다.

석이 세워져 있다.

타이호아전의 뒤편, 즉 황성의 중앙 뒤편에는 '뜨껌성' 터가 있다. 뜨껌성은 황성의 핵심 구역으로 외부인의 출입이 철저하게 통제되던 곳이다. 원래 정사각형 모양으로 담장(둘레 길이 930미터)이 둘러 있고, 그 안에 황제가 국정을 처리하거나 휴식을 취할 때 사용하던 여러 전각이 있었으나 전쟁으로 대부분 파괴됐고 일부만 복원됐다.

타이호아전의 왼쪽(황성의 남서쪽 구역)과 오른쪽(황성의 남동쪽 구역) 양쪽에는 응우옌 왕조의 역대 황제와 선조의 위패를 모신 '종묘(宗廟)'가 있다. 왼쪽 구역의 '테또묘'와 '흥또묘'는 각각 역대 응우옌 왕조 황제의 위패, 자롱 황제 부모의 위패를 모신 건물이고, 오른쪽 구역의 '타이또묘'와 '찌에우또묘'는 각각 역대 응우옌씨 정권 군주의 위패, 응우옌호앙(응우옌씨 정권의 창시자)의 부친 응우옌낌의 위패를 모신 건물이다.

테또묘의 앞뜰에 있는 '히엔럼각'은 3층짜리 누각으로 응우옌 왕조 수립에 공을 세운 신

테또묘 정면 13칸의 기다란 단층 건물이다. '테또(세조)'는 자롱 황제의 묘호이다. 본래 자롱 황제의 위패만 모신 사당이었으나, 후대 황제의 위패도 함께 모셨다. 정중앙에는 자롱 황제, 오른쪽에는 2·4·9·8·10대 황제, 왼쪽에는 3·7·12·11대 황제의 위패를 모셨다.

하늘의 공덕을 기리는 건물이다. 히엔럼각과 테또묘 사이에 청동으로 만든 커다란 솥 아홉 개가 일렬로 놓여 있는데, 테또묘에 모셔진 각각의 황제를 상징한다.

뜨껌성의 왼쪽(황성의 북서쪽 구역)에는 자롱 황제가 모친을 위해 세운 '지엔토궁'과 민망 황제가 모친을 위해 세운 '쯔엉싸인궁'이 있다. 역대 황태후와 황후의 생활 공간으로서 정자와 연못, 화원을 만들어 편안하게 쉴 수 있도록 배려한 점이 특징이다.

1945년 8월 베트남의 독립과 함께 응우옌 왕조가 소멸한 이후 두 차례 전쟁을 겪으면서 후에 황성은 큰 수난을 겪었다. 황성 안에서 전투가 벌어지기도 했다. 전쟁이 끝난 후에도 '봉건 시대의 잔재'라는 이유로 한동안 폐허 상태로 방치됐다. 1990년대 이후 도이머이(베트남식 개혁·개방 정책)가 본격적으로 추진되고 1993년에 유네스코 세계 문화유산으로 등재되면서 조금씩 옛 모습을 찾아가고 있다.

지엔토궁 원래 이름은 장수무강을 기원하는 의미의 '쯔엉토(長壽)궁'이었지만, 1916년 건물을 증축하며 영원한 생명을 뜻하는 '지엔토(延壽)궁'으로 바뀌었다.

4장

프랑스의 식민 지배와 독립운동

19세기 말 베트남은 프랑스의 침략을 받아 식민지로 전락했다. 응우옌 왕조는 프랑스령 인도차이나 연방의 감독을 받는 꼭두각시 정부에 불과했다. 식민지 정부가 무거운 세금을 부과하고 술과 소금에 대한 전매 제도를 시행하면서 베트남의 농민과 노동자는 빈곤의 늪에 빠졌다. 한편 식민지 교육 기관을 통해 배출된 지식인 중에 민족 운동 지도자들이 등장했다. 1900~1910년대에는 전통 교육을 받은 세대가 민족 운동을 주도했으나, 점차 서구식 교육을 받은 세대로 주도권이 넘어갔다. 1920년대 후반부터는 식민 지배 체제를 부정하는 혁명 운동이 등장했다. 이후 민족주의 세력과 사회주의 세력이 민족 운동의 주도권을 놓고 경쟁을 벌였으나, 민족 통일 전선을 중시한 호찌민 등의 노력으로 사회주의 세력이 민족 운동을 주도하게 됐다.

1854년	까오바꽛의 반란
1862년	제1차 사이공 조약
1885~1888년	근왕 운동
1887년	프랑스령 인도차이나 성립
1905~1909년	동유 운동
1912년	베트남 광복회 조직
1925년	베트남 청년 혁명 동지회 결성
1927년	베트남 국민당 창당
1930년	인도차이나 공산당 창당
1940년	일본군의 베트남 진주
1941년	베트민 결성

1853~1856년	크림 전쟁
1917년	러시아 볼셰비키 혁명
1919년	코민테른 결성
1922년	소련 성립
1924~1953년	스탈린 집권

1848년	2월 혁명
1871년	독일 제국 성립
1914~1918년	제1차 세계대전
1929년	대공황 시작
1939~1945년	제2차 세계대전

1882년	영국의 이집트 점령
1905~1911년	이란의 입헌 혁명
1908년	청년 튀르크 혁명
1923년	튀르키예 공화국 수립
1932년	이라크 독립, 사우디아라비아 성립

1876년	강화도 조약
1895년	을미 의병
1910년	한·일 병합 조약
1919년	3·1 운동 발발
1925년	조선 공산당 결성
1927~1931년	신간회 운동

1854년	미·일 화친 조약
1868년	왕정복고
1889년	대일본 제국 헌법 반포
1894~1895년	청·일 전쟁
1904~1905년	러·일 전쟁
1931~1932년	만주사변
1937~1945년	중·일 전쟁
1941~1945년	아시아·태평양 전쟁

1857~1858년	세포이 항쟁
1877년	영국령 인도 제국 성립
1885년	인도 국민 회의 결성
1905년	무슬림 연맹 결성
1930~1931년	간디, 소금 행진

1842년	난징 조약
1850~1864년	태평천국 운동
1884~1885년	청·프랑스 전쟁
1911년	신해혁명
1919년	5·4 운동, 중국 국민당 결성
1921년	중국 공산당 결성
1923~1927년	제1차 국·공 합작
1937~1945년	제2차 국·공 합작

1886년	미얀마, 영국령 인도에 편입
1896~1902년	필리핀 혁명
1928년	인도네시아 국민당 결성
1932년	타이 입헌 혁명

프랑스의 침략과 지배를 받다

뜨득 36년, 제국이 식민지로 전락하다

때는 1883년, 응우옌 왕조의 네 번째 황제인 뜨득 황제가 즉위한 지 36년째 되던 해였다. 당시 다이남의 달력에 그해는 '뜨득 36년'이라 기록되어 있다. '뜨득(嗣德)'은 '선제의 업적을 계승한다'라는 뜻인데, 연호치고는 대단히 겸손한 표현이 아닐 수 없다. 민망 황제 때 마련된 훌륭한 제도를 충실하게 따르겠다는 의미였을 것이다. 그러나 당시의 베트남은 민망 황제 때의 제도로 도저히 해결할 수 없을 만큼 심각한 위기에 직면해 있었다.

　그해 7월에 뜨득 황제가 53세의 나이로 후에의 황궁에서 숨을 거두었다. 황족과 조정 신료가 모인 자리에서 황태자에게 대통을 잇게 하라는 유조(임금의 유언)가 발표됐고, 황태자는 큰 소리로 울면서 재궁(임금의 관)을 향해 큰절을 올렸다. 평소에 부친과 사이가 나빠 태자 자리에서 쫓겨날 위기에 몰렸으니, 진심으로 슬퍼했을 것 같지는 않다. 섭정으로 위촉된 대신들과도 사이가 좋지 않던 황태자는 즉위한지 3일 만에 석연치 않은 이유로 황제 자리에서 쫓겨났다가 3개월 뒤감옥에서 굶어 죽었다. 그 뒤로도 응우옌 황실은 섭정과의 불화나 질병등의 이유로 1년 사이에 황제가 세 번이나 바뀌는 대혼란을 겪었다.

뜨득 황제가 사망하고 한 달이 지난 8월에 후에 조정은 프랑스의외교관 아르망이 보낸 외교 문서에 경악했다.

우리는 당신네 왕조를 철저하게 파괴하여 뿌리를 뽑고 전 국토를 동서남북에 걸쳐 한 치도 남김없이 점령할 수 있다. …… 우리가 제시하는 조건들을 무조건 받아들일지 거절할지 생각하는 데 내일부터 계산하여 48시간의 여유를 주겠다. 만일 거절한다면 최악의 사태가 벌어질 것이니, 각오하는 편이 좋을 것이다. …… '안남'이라는 단어는 역사에서 영원히 사라지고 말 것이다.

조정 신료들은 베트남의 외교권 박탈, 영토 할양, 프랑스의 내정 간섭 허용 등을 규정한 '조건들'을 검토하고서 큰 충격에 빠졌다. 이미두 차례의 조약*으로 베트남 남부 지역을 프랑스에 떼어 준 터라 더내놓을 게 없다고 생각했기 때문이다. 그렇다고 프랑스의 침략에 맞서싸워 이길 자신도 없었다. 후에 조정이 우물쭈물하는 사이 프랑스 군대가 베트남 중부 해안에 상륙하여 후에를 향해 진격했다. 프랑스의

● 1862년의 제1차 사이공 조약, 1874년의 제2차 사이공 조약을 말한다.

무력시위에 굴복한 후에 조정은 프랑스가 강요한 불평등 조약°에 서명해야 했고, 그 결과 베트남은 프랑스의 보호국 신세가 되고 말았다.

뜨득 황제가 다스리던 시기는 베트남이 제국에서 식민지로 전락하는 전환점이었다. 민망 황제가 공들여 건설한 다이남 제국이 그의 손자 대에 완전히 해체되어 버린 것이다. 대체 뜨득 황제의 재위 기간에 어떤 일이 있었던 걸까? 베트남이 프랑스의 식민지로 전락하게 된 역사적 배경을 알아보자.

내부의 위기에 직면하다

다이남 제국이 해체될 조짐은 이미 민망 황제가 사망한 직후부터 나타났다. 민망 황제의 뒤를 이어 즉위한 티에우찌 황제는 재위 기간(1841~1847) 내내 소수 민족의 반란에 시달렸다. 소수 민족이 반란을 일으킨 이유는 민망 황제가 소수 민족의 자치권을 박탈하고 그들에게 베트남 문화를 강요했기 때문이다. 특히 캄보디아에서 일어난 반베트남 저항 운동은 '다이남 제국'을 꿈꾸던 베트남의 팽창 정책에 종지부를 찍는 계기가 되었다. 티에우찌 황제가 국내 소수 민족의 반란을 진압하기 위해 캄보디아 주둔 베트남군 일부를 불러들이자, 캄보디아의 친타이 세력과 타이 군대가 이를 기회로 반격에 나서면서 결국 베트남군은 캄보디아에서 완전히 물러나야 했다(1847).

● 1883년 8월에 제1차 후에 조약, 1884년 6월에 제2차 후에 조약을 맺었다.

티에우찌 황제가 캄보디아 철군을 결정한 데에는 프랑스 해군의 위협이 한몫했다. 제1차 아편 전쟁(1840~1842) 이후 동아시아에서 영국의 성공적인 세력 확장에 자극을 받은 프랑스는 1843년과 1845년 베트남 해안에 전함을 보내 영토 할양, 통상 수교, 선교사 석방 및 가톨릭 신자 박해 금지 등을 요구했다. 1847년에도 수감된 선교사의 석방과 선교의 자유를 요구하며 다낭 앞바다에 나타났는데, 이 과정에서 프랑스 군함 두 척이 베트남 함선을 격침하고 항구를 파괴하는 사건이 일어났다. 프랑스 해군의 무력시위에 큰 충격을 받은 티에우찌 황제는 불안과 분노를 이기지 못하고 41세의 나이에 뇌졸중으로 사망했다.

티에우찌가 사망하자 유약한 군주를 세워 권력을 장악하려던 권신의 도움으로 둘째 아들이 이복형을 제치고 18세의 나이에 제위에 올

티에우찌 황제의 묘 티에우찌 황제는 임종 전 자신의 묘를
국가적 낭비 없이 소박하게 지을 것을 명했다고 한다.

랐다(1847). 그가 바로 뜨득 황제다. 그는
어릴 때 천연두를 앓았는데, 그 후유증으
로 얼굴에 마맛자국이 생기고 성불구가
됐으며 그 때문에 외모와 신체에 대한
열등의식이 있었다. '황위 찬탈자'라는
오명도 그를 괴롭히는 요인이었다. 이
러한 약점 때문에 뜨득 황제는 뛰어난
학식에도 불구하고 권신에게 휘둘렸
고, 국내의 반란과 외세의 침략에
직면했을 때 지도력을 제대로 발휘
하기 어려웠다.

뜨득 황제 응우옌 왕조 역대 군주 중 가장 길게
재위했으나 베트남이 식민지로 전락하는 기로
에서 제 역할을 다하지 못했다.

　　가장 강력한 반란은 북부에서 일
어났다. 당시 홍강 삼각주는 인구 밀도가 높은 데다가 경작지 개발이
이미 한계점에 도달한 상황이라 흉년이 들거나 자연재해가 일어나면
많은 유민이 발생했다. 뜨득 7년(1854), 홍강 삼각주 일대에서 메뚜기
떼가 농작물을 다 먹어 치우는 바람에 많은 농민이 아사 위기에 놓였
다. 이에 유학자 까오바꽛이 레 왕조의 후예를 자처하는 자와 함께
농민을 선동해 반란을 일으켰다. 까오바꽛은 당대 저명한 시인으로
뜨득 황제로부터 재능을 인정받고 황족과 교류했으며 하급 관리로
일을 한 적도 있었다. 그러한 인물이 왜 반체제 운동에 뛰어들게 된
것일까?

　　원래 홍강 삼각주는 오랫동안 베트남의 정치와 문화의 중심지로서
다수의 과거 합격자와 관료를 배출해 온 지역이었다. 그런데 중부를

근거지로 응우옌 왕조가 성립하면서 중부와 남부 출신 과거 합격자가 늘어났다. 특히 조정의 권신이 과거 제도를 중부와 남부 출신에게 유리하도록 운용하면서, 북부 출신 과거 합격자가 급격히 줄어들었다. 까오바꽛은 출신 지역에서 치르는 성 단위 과거 시험인 향시에 급제했으나, 이후 수도에서 치르는 회시에서 연거푸 떨어졌다. 이에 응우옌 왕조에 반감을 갖게 되었고, 자연재해를 계기로 앞장서서 반란을 이끌었다. 수개월 동안 홍강 삼각주 일대를 휩쓴 이 반란은 까오바꽛이 전사하면서 잦아들었지만, 그 뒤에도 레 왕조의 부흥을 내건 반란이 계속해서 일어났다. 까오바꽛의 반란은 후에 조정에 대한 북부의 불만을 대변하는 사건으로 다이남 제국의 허약함을 드러냈다.

후에 조정을 괴롭힌 것은 농민 봉기만이 아니었다. 1850년대 이후 20여 년 동안 박보만(통킹만)의 다도해 지역에 거점을 둔 해적 집단이 수시로 북부 해안을 약탈했다. 18세기 말 이래 박보만의 해적은 주로 남중국해를 왕래하는 무역선을 약탈했는데, 중국뿐만 아니라 베트남 출신도 다수 있었다. 떠이선 왕조는 청과 전쟁을 벌일 때 해적을 수군으로 활용한 적도 있다. 두 차례의 아편 전쟁을 계기로 남중국해의 제해권을 장악한 영국 해군이 무역의 안전을 위해 다도해 해적 소탕 작전을 벌이자, 해적들은 홍강 삼각주 방면으로 진출해 노략질을 일삼았다. 여기에 박해받는 가톨릭 신자, 삶의 터전을 잃은 유민, 레 왕조의 부흥을 꿈꾸는 반란 집단이 가세하여 반왕조 세력으로 발전하기도 했다. 남부에서도 크메르·말레이인 해적이 노략질을 일삼았다.

비슷한 시기에 남중국 각지에서 생겨난 반청 무장 집단들이 청 관군의 토벌을 피해 베트남 북부 산악 지대를 침략했다. 청의 지배 체제

중국 동남부 해안에서 해적을 토벌하는 영국 해군(1866) 영국 해군의 군함 두 척이 해안에 정박한 십수 척의 해적선에 포격을 가하고 있다. 영국 해군에 밀려난 해적들은 남쪽으로 내려와 베트남 북부 해안을 약탈했다.

를 뒤흔들었던 태평천국 운동*의 여파로 중국계 무장 집단이 변경을 넘어왔는데, 특히 유영복이 이끄는 흑기군은 홍강을 통한 베트남-중국 무역을 독점하면서 반(半)독립 세력으로 자리 잡았다. 응우옌 왕조의 관군은 중국계 무장 집단과 싸워 패전을 거듭했고, 그 결과 1870년대에 이르러 북부 산악 지대에 대한 통제권을 상실했다.

● 청 왕조 타도와 토지의 균등 분배를 포함한 각종 사회 개혁을 주장한 대규모 농민 봉기로, 한때 베이징을 위협했다가 진압되었다(1851~1864). 베트남 북부에서 할거한 중국계 무장 단체는 대부분 태평천국의 잔당이었다.

가톨릭 박해 민망 황제 재위기 베트남에서 포교한 프랑스 출신 가톨릭 선교사 피에르 보리가 처형되는 장면을 묘사한 그림이다.

뜨득 황제는 민망 황제가 건설한 허울뿐인 제국을 계승했다. 그리고 그가 다스리던 시기에 제국은 서서히 해체됐다. 민망 황제가 제국을 실현하기 위해 단행한 캄보디아 병합은 막대한 비용과 희생을 치르고도 결국 실패로 끝났다. 뜨득 황제는 언제 터질지 모르는 타이와의 전쟁에 대비해야 하는 불안정한 변경을 물려받았다.

민망 황제의 소수 민족 동화 정책과 가톨릭 탄압은 거센 반발을 초래했다. 그의 치세에 베트남인(비엣족)과 소수 민족, 조정과 가톨릭 신자 사이에 적대감이 고조됐다. 뜨득 황제는 민망 황제의 가톨릭 탄압 정책을 계승해 프랑스인 선교사와 베트남인 신도들을 처벌했다. 따라서 뜨득 황제 재위 기간에 프랑스가 쳐들어오자 중국계 이주민들과 가톨릭 신자들은 주저 없이 프랑스에 협력했다.

뜨득 황제는 자롱 황제가 베트남을 통일하고 46년 뒤에 즉위했다. 하지만 오랫동안 별개의 나라였던 북부·중부·남부 사람들이 같은 나라 백성이라는 의식을 공유하는 데는 좀 더 오랜 시간이 필요했다. 그 후로도 북부와 남부에서 반란이 끊이지 않았고, 뜨득의 조정은 그때마다 무자비하게 진압했다. 베트남은 지역감정을 해소하지 못한 상태에서 프랑스의 침략을 받아야 했다.

농민 봉기를 진압하고 해적과 중국계 무장 단체를 토벌하느라 힘이 분산된 베트남은 프랑스의 침략에 효과적으로 대응하지 못했다. 무엇보다도 황제와 집권 세력에게 위기를 헤쳐 나갈 역량이 부족했다.

프랑스에 국권을 빼앗기다

뜨득 황제가 즉위하고 5년 뒤, 프랑스에서는 루이 나폴레옹(나폴레옹 3세, 나폴레옹 1세의 조카)이 쿠데타를 일으켜 황제 자리에 올랐다(1852). 나폴레옹 3세는 나폴레옹 1세의 영광을 상기할 만한 업적, 즉 전쟁의 승리나 식민지의 획득을 통해 자신의 권력을 강화하려고 했다. 나폴레옹 3세의 무모하리만큼 모험적인 팽창 정책은 군사적 성공이나 영적인 승리 또는 새로운 시장 개척을 꿈꾸는 프랑스의 해군, 가톨릭 교회, 산업 자본가의 지지를 얻었다.

프랑스는 왜 베트남을 팽창 정책의 표적으로 삼았을까? 나폴레옹 3세가 베트남 침략을 위한 위원회를 소집했을 당시(1857), 프랑스는 유럽 열강 가운데 아시아에 식민지를 갖지 못한 유일한 나라였고, 황제는 이를 제국의 수치로 여겼다. 그런데 프랑스로서는 대단히 다행스럽게도, 동남아시아의 대륙부에 유럽 열강 중 어느 나라도 깃발을 꽂지 못한 지역이 남아 있었다. 그중 한 곳이 베트남이었다. 베트남은 특히 중국 시장에 접근하는 통로로서 프랑스의 관심을 끌었다.

프랑스 정부는 후에 조정에 외교 사절을 파견해 가톨릭 포교의 자

프랑스군의 자딘성 공격(1859) 1790년 완공된 사이공의 자딘성은 1833년 레반코이 반란군에 의해 함락되어 그들 활동의 근거지가 되었다. 2년 뒤 이를 진압한 민망 황제는 반란의 근거지였다는 이유로 자딘성의 규모를 절반으로 줄였다. 그 결과 자딘성은 1859년 2월 프랑스와 에스파냐 연합군의 공격에 쉽게 무너졌다.

유, 통상 수교 등을 요구했다. 예상대로 후에 조정은 이들의 요구를 받아들이지 않았고, 이를 빌미로 프랑스는 침략 전쟁을 일으켰다. 에스파냐도 베트남에서 자국인 선교사를 처형한 일을 구실로 프랑스의 침략에 일부 병력을 보냈다. 프랑스·에스파냐 연합군은 중부 해안에 상륙해 다낭을 점령했으나 베트남군의 강력한 저항에 부딪혀 후에로 진격하지 못했다(1858). 이에 프랑스·에스파냐 연합군은 방어가 취약한 남부로 공격의 방향을 돌려 자딘성과 사이공을 점령했다(1859).

　당시 후에 조정은 북부에서 일어난 가톨릭 교도의 반란으로 골머리를 앓고 있었다. 게다가 주전파와 주화파로 분열되어 프랑스의 침략에 대한 일관성 있는 대책을 세우지 못했다. 내우외환에 직면한 후에 조정은 내란 평정이 더 중요하다는 판단 아래 프랑스와의 협상에 나섰다. 프랑스군이 점령한 사이공에 파견된 베트남 협상단은 프랑스 측의 압력에 굴복해 그들이 제시한 불평등 조약을 받아들였다(1862, 제1차 사이공 조약).

조약은 가톨릭 포교의 자유를 인정하고 남부의 세 개 성(省)을 프랑스에 할양하며, 다낭을 비롯해 항구 세 곳을 개방하고 배상금으로 은 400만 량을 지급한다는 등의 12개 항목으로 이루어져 있었다. 이 조약은 이른바 베트남 식민지화의 첫 단계였다. 이 조약으로 베트남 남부의 세 개 성이 프랑스에 할양됨에 따라 자롱 황제의 통일 이래 60년 동안 응우옌 왕조의 지배를 받던 메콩강 삼각주 지역이 다시 별개의 정치 체제를 이루게 됐다.

프랑스에서는 메콩강 삼각주 일대에 건설한 최초의 베트남 식민지를 '코친차이나'라고 불렀다. 프랑스 정부는 코친차이나 현 단위에까지 프랑스인 감찰관을 파견해 베트남인 통역관이나 이장의 도움을 받아 주민을 다스리는 식민지 지배 체제를 만들었다. 베트남인 협력자는 식민지 사회에서 특권 계급을 형성했다.

프랑스는 왜 첫 번째 식민지로 메콩강 삼각주 지역을 선택했을까? 첫째, 베트남 최대의 곡창 지대인 이 지역이 프랑스에 경제적 이익을 가져다줄 것으로 기대했기 때문이다. 당시 중국의 해안 도시에서 인구가 증가하고 동남아시아 각지에서 플랜테이션 농업이 발전하면서 쌀에 대한 수요가 급증했고, 그에 따라 쌀의 국제 시장 가격이 폭등했다. 예상대로 프랑스인 무역상들은 이 지역에서 생산한 쌀을 수출해

부를 축적할 수 있었다. 이는 베트남 농민을 희생했기에 가능한 일이었다. 둘째, 메콩강을 거슬러 올라가 중국 시장에 접근하기 위해서였다. 그런데 메콩강에 탐험대를 파견하여 조사한 결과, 메콩강은 급류와 암초가 많아 통행에 적합하지 않으며 북부의 홍강을 통해 중국에 접근하는 것이 훨씬 유리하다는 사실을 알게 되었다. 이에 프랑스는 홍강 삼각주를 정복할 야심을 품게 되었다.

뜨득 26년(1873), 메콩강 탐험대에도 참여했던 프랑스의 해군 장교 가르니에가 200명도 안 되는 병사를 거느리고 20여 일 만에 하노이성을 비롯한 홍강 삼각주 지역을 점령했다. 북부 지방에 대한 후에 조정의 통제가 느슨한 탓에 가능한 일이었다. 이에 후에 조정이 3년 전에 응우옌 왕조에 귀의한 흑기군(중국계 무장 집단)에 도움을 요청했고, 흑기군은 하노이 근교에서 벌어진 전투에서 가르니에를 살해했다.

통일궁 1868년 프랑스가 사이공 중심부에 코친차이나 식민지 총독의 관저로 사용하기 위해 지은 건물이다. 베트남이 프랑스로부터 독립하고 난 뒤 한동안 '독립궁'이라 불렸고, 1975년 남북 통일을 계기로 '통일궁'이라는 지금의 이름으로 바뀌었다.

당시 프랑스는 프랑스·프로이센 전쟁의 패배와 나폴레옹 3세의 실각, 파리 코뮌의 성립과 내전 등 정치적 혼란을 수습하느라 베트남에 군대를 증파할 여력이 없었다. 따라서 홍강 삼각주에서 군대를 철수시키고 사이공에서 후에 조정과 두 번째 조약을 맺었다(1874, 제2차 사이공 조약).

이 조약에서 후에 조정은 코친차이나에 대한 프랑스의 주권을 인정하고 프랑스의 국익에 반하는 제3국과의 조약은 체결하지 않기로 약속했다. 또한 하노이를 비롯한 주요 항구 도시에 프랑스 영사관을 설치하고 프랑스 영사에게 영사 재판권을 부여한다는 데 동의했다. 프랑스에 홍강을 이용한 통상도 허용했다.

제2차 사이공 조약은 일시적인 타협에 불과했다. 프랑스의 여론은 홍강 삼각주에 대한 독점적인 지배, 즉 홍강 삼각주 지역의 식민지화를 요구했다. 물론 이를 잘 알고 있던 후에 조정도 프랑스의 재침략

제1차 후에 조약(1883) 베트남 협상단의 대표 쩐딘뚝(왼쪽 첫 번째), 프랑스 측 대표 아르망(왼쪽 세 번째) 등이 조약문에 서명하고 있다.

에 대비하기 위해 청에 원조를 요청했다.

뜨득 35년(1882), 사이공 주둔 프랑스 해군 사령관 리비에르가 600명의 병사를 이끌고 하노이를 점령했다. 1년 뒤에는 홍강 삼각주의 주요 지역을 점령했다. 이에 후에 조정이 청과 흑기군에 원병을 요청하자, 청의 군대가 국경을 넘어 베트남 북부의 산악 지대에 진주했고, 흑기군이 프랑스군을 공격하여 사령관 리비에르를 살해했다(1883).

10년 전 가르니에가 살해되었을 때와 달리, 프랑스 정부는 대규모 병력을 베트남에 파병했다. 프랑스의 외교관 아르망이 공갈·협박으로 가득한 최후통첩을 후에 조정에 보낸 것도 바로 이때였다. 뜨득 황제는 최후통첩을 받기도 전에 사망한 터라 더 큰 치욕은 피할 수 있었다. 뜨득 황제 사망 후 제위 계승을 둘러싼 정치적 내홍을 겪던 후에 조정은 프랑스군의 침략에 제대로 대응할 수 없었다. 프랑스군이 후에 가까이까지 진격하자, 휴전을 요청하고 또다시 프랑스가 내민 불평등 조약을 받아들였다(1883년 제1차 후에 조약, 1884년 제2차 후에 조약).

두 차례의 후에 조약에서 후에 조정은 베트남이 프랑스의 보호국임을 인정하고 외교권을 프랑스에 넘겨주기로 약속했다. 아울러 북부 전역에서 베트남 군대를 철수하고 프랑스 군대의 주둔을 인정하기로 했다. 한편, 프랑스는 베트남 북부를 보호령으로 삼아 북부의 주요 도시에서 베트남 관리에 대한 통제권을 가질 수 있게 됐다. 이제 베트남은 완전히 프랑스의 식민지가 된 것이다.

베트남이 프랑스의 손에 넘어갔다는 사실을 도저히 받아들일 수 없었던 청은 1년 전(1882) 후에 조정의 요청으로 베트남에 파견한 군대를 물리지 않고 흑기군과 함께 프랑스군에 대응하게 했다. 그러자 프랑스군이 청군을 공격하면서 전쟁이 일어났다. 이를 청·프랑스 전쟁(1883~1885)이라 한다. 여기서 패배한 청은 종주국으로서 권리를 완전히 포기하고 베트남에서 완전히 손을 떼야 했다. 응우옌 왕조는 베트남 중부(안남)에 대한 지배권을 인정받았지만, 실제로는 프랑스인 관리의 지휘와 감독을 받는 종속적인 지위를 감수해야 했다.

프랑스의 식민 지배를 받다

청·프랑스 전쟁에서 승리한 프랑스는 베트남에서 독점적 권한을 행사하게 됐다(1885, 톈진 조약). 2년 뒤에 프랑스는 베트남과 캄보디아를 합쳐 '프랑스령 인도차이나 연방'을 창설하고 총독을 파견하여 다스리게 했다. 6년 뒤에는 라오스도 연방의 일원으로 편입했다. 이는 인도차이나 식민지 전체에 대한 통일된 정책을 마련하기 위해서였다. 인도차이나 총독은 프랑스 정부의 통제를 받긴 했지만, 인도차이나 연방 정부(총독부)의 장관으로서 연방의 행정·입법·사법·군사권을 장악했다.

프랑스는 베트남 남부를 '코친차이나', 중부를 '안남', 북부를 '통킹'이라 칭하고, 각각 직할 식민지·보호국·보호령으로 규정하여 위상과 통치 방식을 달리했다. 이는 세 지역이 식민지로 편입된 시기가 각기 다르고 각각의 편입 과정이 복잡했기 때문이다.

제일 먼저 식민지가 된 코친차이나는 직할령이라는 위상에 걸맞게 종래의 지방 행정 조직이 해체되고 프랑스의 지방 행정 제도가 도입됐으며, 인도차이나 연방의 총독이 프랑스인을 지방관으로 임명했다. 보호령인 통킹에서는 전통적인 지방 행정 조직이 유지됐지만, 코친차이나처럼 프랑스의 '직접 통치'가 이루어졌다. 각 성의 장관은 프랑스인과 베트남인이 공동으로 임명됐고, 부 이하의 장관은 베트남인으로 충원됐으나 프랑스인 고위 관리의 지휘와 감독을 받았다.

안남은 보호국으로서 응우옌 왕조의 통치가 인정되는 지역인 만큼 전통적인 지방 행정 조직이 그대로 유지됐고, 응우옌 왕조의 황제가 직접 베트남인을 지방관으로 임명했다. 하지만 이들은 인도차이나 연방 총독이 파견한 프랑스인 고위 관리의 지휘와 감독을 받아야 했다. 이런 사정은 중앙 정부도 마찬가지였다. 즉 후에 조정의 내각을 구성하는 각 부 장관에는 베트남인과 프랑스인이 함께 임명됐고, 프랑스

프랑스령 인도차이나 연방

인도차이나 연방은 3 보호국(안남, 캄보디아, 라오스), 1 보호령(통킹), 5 직할 식민지(코친차이나, 하노이, 하이퐁, 다낭, 바탐방) 등으로 이루어졌다. 하노이와 하이퐁은 통킹에서, 다낭은 안남에서 분리하여 직할 도시로 편입했고(1888), 바탐방은 타이로부터 빼앗아 직할 식민지로 편입했다(1907).

수도	사이공 (1887~1902) 하노이 (1902~1945) 사이공 (1945~1954)

지도 표기:
중국
통킹
하노이
하이퐁
박보만 (통킹만)
루앙프라방
라오스
타이
후에
다낭
안남
바탐방
캄보디아
프놈펜
코친차이나
사이공
메콩강

폴 두메르 인도차이나 연방 제11대 총독 폴 두메르는 이후 프랑스 공화국 대통령 자리에까지 오른다.

연방 정부의 문장과 인장 인도차이나 연방의 총독은 입법·행정·사법 모든 분야에서 최고 권력을 가졌고, 총독이 입법한 법령은 오직 프랑스 대통령만이 수정할 수 있었다. 총독의 행정 명령은 대통령의 허가를 거치지 않고 즉시 발효되었다.

함응이 황제 응우옌 왕조의 제8대 황제. 12세의 어린 나이에 황제가 되자마자 신하들에게 이끌려 저항 운동의 구심점 역할을 했다. 1888년 프랑스군에 체포된 후 알제리로 유배당해 그곳에서 일생을 마쳤다.

인 고위 관리가 황제를 대신해서 내각 회의를 주관했다. 황제는 실권이 없는 명목상의 국가 원수에 불과했다.

인도차이나 연방 정부가 직면한 과제는 식민 정부의 권위를 확립하고 식민지 주민의 충성을 확보하는 일이었다. 이러한 과제를 수행하는 데 가장 큰 걸림돌은 끊임없이 일어나는 반프랑스 저항 운동과 막대한 재정 적자였다.

저항 운동은 프랑스의 침략과 동시에 시작됐다. 특히 1885년 프랑스군의 후에 점령 직후 황궁을 탈출한 함응이 황제가 프랑스에 맞서 싸우라는 조칙을 반포하자, 각지에서 전·현직 관료와 유학자들이 무장봉기를 일으켰다. 식민 정부는 저항 운동을 강력하게 진압하는 한편, 저항 운동 지도자의 투항을 유도하는 회유책도 병행했다.

식민 정부의 위신을 세우려면 군대의 힘만으로는 한계가 있었다. 통치의 효율을 높여 주는 각종 근대 시설과 도로·교량·철도·전신 같은 인프라 구축이 필요했는데, 모두 막대한 비용이 소요되는 일이었다. 게다가 저항 운동 진압에 드는 비용도 엄청났다. 비용 마련을 위해 식민 정부는 세입을 늘려야 했다.

폴 두메르 총독은 인도차이나 연방 정부가 식민지의 술, 소금, 아편, 담배 등의 생산과 판매를 독점하고 베트남인을 비롯한 현지인에게 소비를 강요하는 방식을 택했다. 그뿐만 아니라 고율의 관세를 부과하고 유통세, 물품세 등 간접세의 품목을 확대했다. 이제 개인이 술을 빚거나 소금을 만드는 행위는 철저히 금지됐고, 몰래 만들다가 적발되면 감옥에 가거나 벌금을 내야 했다. 그 결과 베트남의 술값은 4년 사이(1902~1906)에 6배 가까이 올랐고, 비슷한 시기(1897~1907)에 소금 가격은 5배나 상승했다. 두메르 총독이 시행한 전매(專賣) 사업과 세제 개혁으로 식민 정부의 재정은 적자에서 흑자로 돌아섰지만, 현지인의 조세 부담은 한층 더 무거워졌다.

두메르 총독은 식민지의 인프라 구축을 위한 대규모 공공사업을 추진하기 위해 공채를 발행했다. 특히 철도 부설 사업을 위해 발행한 공채는 2억 프랑이나 됐다(1897). 이들 공공사업은 식민지 주민보다는 프랑스인과 식민 통치의 편리를 위해 추진된 것이었지만, 공채 상환 비용은 세금의 형태로 모두 현지인이 부담해야 했다.

두메르의 뒤를 이어 총독으로 부임한 폴 보는 식민 통치를 안정시키고 저항 운동을 약화하려면 현지인의 자발적 협력을 끌어내야 한다고 생각했다. 이에 전임자들이 소홀히 한 교육 제도의 개혁과 의료 시설의 개선에 착수했으며, 현지인 관리의 봉급을 올려 주고 현지인에 대한 체벌을 없애려고 노력했다.

이른바 '협력 정책'은 대체로 후임 총독들에게 계승됐고, 실제로 교육 기관과 의료 기관의 수가 늘어났다. 하지만 2,500만 명이나 되는 현지인의 복지를 향상하기에는 턱없이 부족했다. 1910년대에 인도차이나 전체를 통틀어 중학교가 여섯 곳이었는데, 그중 세 곳만이 현지인 학생을 위한 시설이고, 나머지 세 곳은 극소수의 프랑스인 학생만 다닐 수 있는 곳이었다. 같은 시기에 의료 기관도 100개 이상 늘어나기는 했으나, 몇 안 되는 시설 좋은 병원은 프랑스인만을 위한 곳이었고, 현지인이 이용할 수 있는 곳은 의료의 수준이 낮은 진료소 정도였다. 애당

주석궁 하노이를 점령한 프랑스가 하노이의 도시 구조를 재설계하는 과정에서 인도차이나 총독의 관저로 사용하기 위해 건설한 곳이다. 1901년에 공사에 착수하여 1906년에 완공했다. 프랑스로부터 독립한 뒤 오늘날까지 베트남 주석의 관저로 사용되고 있다.

초 현지인 복지를 위한 예산이 매우 적게 배정된 탓이었다.

이 같은 협력 정책은 식민 통치자가 인도주의 원칙을 준수하려 한 게 아니라, 어디까지나 현지인을 회유하여 식민 정부에 대한 반감을 줄이고 식민 통치에 협조적인 현지인을 양성하기 위함이었다. 따라서 저항 운동이 식민 통치에 위협이 될 때면 가차 없이 탄압했다.

식민 지배로 경제와 사회가 변하다

프랑스의 식민 지배는 베트남의 경제와 사회에도 큰 변화를 가져왔다. 이는 첫 식민지 코친차이나에서 먼저 나타났다. 우선 쌀 생산량이 눈에 띄게 증가했다. 프랑스인의 메콩강 삼각주 개발이 지속해서 이루어진 결과였다. 1870년대에 30만 헥타르 정도였던 코친차이나의 논 면적이 1900년대에는 약 117만 헥타르, 1930년대에는 약 212만 헥타르로 증가했다. 쌀 수출량도 1870년에 28만 톤 가량이었던 것이 1928년에는 약 179만 톤으로 증가했다. 1928년의 쌀 수출액은 같은 시기 인도차이나 전체 수출액의 69퍼센트나 차지했다. 쌀 수출이 아니었다면, 인도차이나의 무역 수지는 늘 적자를 면치 못했을 것이다.

쌀 수출의 증가로 베트남의 농민들이 이전보다 더 잘살게 된 걸까? 쌀 수출의 이익은 대부분 코친차이나의 수도 사이공에 거주하는 무역상, 정미업자 같은 도시의 부유층, 그리고 많은 토지를 소유한 지주 계층에 집중됐다. 반면에 개발 과정에서 소외된 소작인 계층은 소작료와 세금 및 채무 부담이 무거워진 탓에 전보다 더 가난해졌다. 코친차이나의 소작인은 소작료와 부채 상환이란 명목으로 수확량의 40~60퍼센트를 지주에게 바쳐야 했다.

1860년대 후반 이래, 코친차이나 식민지 정부는 독립운동가의 토지, 버려진 토지, 미등록 상태의 토지를 몰수해 프랑스인이나 베트남인 협력자에게 무상으로, 또는 약간의 등기 수수료만 받고 팔아넘겼다. 이 과정에서 미개척지 개발에 필요한 자본을 보유하고 식민지 정부와 연줄도 가진 프랑스인·베트남인 지주 계층이 생겨났다. 1930년대 코친차이나는 토지 소유자의 2.5퍼센트가 코친차이나 논 전체 면적의 45퍼센트를 소유했을 정도로 토지 소유의 불균등이 심각했다. 지주 계층은 도시의 부유층, 식민 정부의 베트남인 관리와 함께 식민지 사회의 특권 계층으로서 식민 통치에 적극적으로 협조했다.

쌀 다음으로 주력한 수출 상품은 고무였다. 베트남에 고무나무가 처음 소개된 것은 19세기 말이지만, 이른바 '플랜테이션 농업'●으로서 고무나무 재배가 본격적으로 시작된 것은 20세기 초였다. 주로 베트남 중부와 남부의 고원 지대에 프랑스의 농업 회사가 농장을 세워 고무를 생산했다. 1910년대 초에 약 200톤에 불과했던 고무 생산량이 1930년대 초에는 1만 톤이 넘어 프랑스 기업가에게 큰 부를 안겨 주었다. 반면에 고무 농장은 노동자의 생지옥으로 악명을 떨쳤다.

고무 농장은 온갖 독충과 해충이 득실대고 풍토병에 걸리기도 쉬운

● 서양의 기업이 제공한 자본과 기술을 바탕으로 현지인이나 이주 노동자의 값싼 노동력을 이용해 단일 작물을 경작하는 농업 경영을 말한다. 주로 무역 상품으로서 가치가 큰 고무, 후추, 차, 커피, 사탕수수 등이 재배됐다.

코친차이나의 고무 농장 프랑스의 기업들은 1920년대부터 본격적으로 베트남에서 고무 농장을 운영하며 큰 수익을 얻었다. 하지만 이곳의 노동 환경은 극도로 열악했다. 나무에 깔려 노동자의 팔다리가 부러지기 일쑤였고 말라리아 같은 전염병이 창궐했으며, 거의 매일 사망 사고가 발생했다. 프랑스의 유명한 타이어 제조 회사 '미슐랭(Michelin)'도 당시 베트남에서 고무 농장을 운영한 기업 가운데 하나다.

울창한 밀림 속에 있었다. 노동자들은 형편없는 식사와 불결한 작업 환경 속에서 감독관에게 채찍을 맞아가며 휴식이나 휴일 없이 매일 열두 시간 이상 중노동에 시달렸다. 작업 할당량을 채우지 못하거나 도망치다 붙들리면 사정없이 두들겨 맞았다. 임신한 여성에게도 가혹한 매질이 가해졌기에 유산하는 일이 많았다. 어렵사리 태어난 아기들도 영양실조, 열악한 위생 상태 등으로 태어난 지 얼마 안 돼 사망하곤 했다. 1926~1927년에 운영된 노동자 700명 이상의 대규모 고무 농장 20곳을 조사·연구한 결과에 따르면, 노동자의 사망률이 최소 12퍼센트에서 가장 심각한 경우 47퍼센트에 달하기도 했다. 인도차이나 식민지의 고무 농장은 제국과 식민지, 자본가와 노동자의 착취와 피착취 관계를 극명하게 보여 주었다.

농민과 노동자의 희생을 자양분으로 삼아 새로운 근대적 도시가 식민지의 농촌과 밀림 사이에서 우뚝 솟아올랐다. 도시 건설의 주역은 쌀이나 고무 수출로 부유해진 지주와 자본가 및 식민지 관료였다.

인도차이나 식민지 최초의 근대적 도시는 베트남 남부의 정치 중심지이자, 프랑스령 코친차이나의 수도인 사이공이었다. 프랑스인들이 코친차이나를 정복한 후 자딘성 남쪽에 사이공강을 따라 운하를 파고 시장, 창고 등을 세운 뒤로 유럽과 중국의 선박이 사이공으로 몰려들었다. 이후 30년 동안 운하를 따라 200개가 넘는 정미소가 세워지면서 메콩강 삼각주에서 생산한 쌀 대부분이 사이공을 통해 해외로 수출됐는데, 이것이 도시 성장의 밑거름이 됐다.

하노이 오페라 극장 프랑스인들은 베트남에 프랑스의 문화와 생활 양식을 도입했는데, 그중 하나가 오페라였다. 하노이의 오페라 극장은 파리 국립 오페라 극장(팔레 가르니에)을 모방해 만들었다(1911).

이후 사이공에 프랑스풍의 건물들이 들어서기 시작했다. 1873년, 프랑스·에스파냐 연합군과 베트남군의 공방전으로 파괴된 자딘성의 폐허 위에 코친차이나 총독부(오늘날의 통일궁)가 세워졌고, 1880년에는 노트르담 성당이 건설됐다. 옛 자딘성과 사이공강 사이에는 1890년에 사이공 오페라 극장이, 1898년에 사이공 재판소가 세워졌으며, 그 주변에 호텔, 각종 상점이 들어섰다.

사이공이 상업 도시로 성장한 것과는 달리, 북부의 하노이는 인도차이나 식민지 정부의 정치 중심지로 정비됐다. 1880년대에 하노이성의 동쪽, 호안끼엠 호수 주변에 프랑스인 마을이 조성되면서 성 요셉 성당(하노이 대교회)이 세워졌고, 1890~1900년대에는 중앙 우체국, 중앙 형무소(오늘날의 호아로 수용소), 오페라 극장 등이 들어섰다. 하노이성의 서쪽에는 인도차이나 총독부(오늘날의 주석궁)가 건설돼 프랑스 식민 제국의 위용을 과시했다.

사이공과 하노이를 비롯한 식민지 도시는 식민 통치의 경제적·정치적 중심지 역할뿐만 아니라 프랑스풍의 서구 문화를 베트남 사회에 전파하는 역할도 했다. 서구 문화 전파에 가장 중요한 역할을 한 것은 도시에 들어선 프랑스식 교육 기관이었다.

식민지 정부는 관청이나 기업에서 근무할, 언어가 통하고 말 잘 듣는 토착 엘리트를 양성하기 위해 학교를 세웠다. 식민 통치가 강고해질수록, 저항 운동이 실패를 거듭할수록, 서구 문화를 배우기 위해 식민지 교육 기관에 입학하는 현지인이 늘어갔다. 그리고 이들 중 적지 않은 수가 식민 통치자의 의도와 달리 민주주의와 민족주의, 자유와 평등의 이념으로 무장한 독립운동가, 혁명가로 성장하게 된다.

⊙ 식민지 시대에 널리 보급된 국어 '꾸옥응으'

'꾸옥응으(Quốc Ngữ)'. 국어
(國語)를 베트남 문자로 표
기한 것이다. 꾸옥응으는 오
늘날 베트남의 공식 문자로
베트남어를 로마자 알파벳
으로 표기한다는 점이 가장
큰 특징이다. 꾸옥응으가 보
급되기 전에 베트남의 공식
문자는 한자였고, 시가 창작
의 문자로서 쯔놈이 사용되
기도 했다. 꾸옥응으는 누가
만들었으며, 언제부터 국어,

알렉상드르 드 로드 프랑스 아비뇽 출신의
예수회 선교사로, 1640년에 베트남에서
추방된 뒤 로마로 돌아가 《베트남어-포르
투갈어-라틴어 사전》(1651)을 편찬했다.

즉 국가가 공인한 공용어 표기 문자가 된 것일까?

로마자 알파벳으로 베트남어 표기를 처음 시도한 사람은 17세
기 초 베트남에 파견된 포르투갈인 가톨릭 선교사들이었다. 이
들의 노력을 계승해 알파벳으로 베트남어를 표기하는 방법을
처음으로 완성한 사람은 17세기 전반기에 베트남에서 활약한
프랑스 출신의 가톨릭 선교사 알렉상드르 드 로드였다. 로드 신
부는 가톨릭 신앙을 널리 퍼뜨릴 목적으로 오늘날 꾸옥응으의
모체가 되는 로마자화한 베트남어 표기법을 만들었다. 하지만

알파벳 표기는 가톨릭 포교의 수단으로만 사용됐기 때문에 19세기 말까지 베트남 사회에 널리 퍼지지 못했다. 꾸옥응으가 본격적으로 보급된 것은 베트남이 프랑스의 식민지가 된 이후의 일이다.

프랑스가 베트남을 침략할 당시 가장 격렬하게 저항한 세력은 유학을 익힌 관료와 향촌 지식인 및 그들의 지도를 받은 농민들이었다. 유학자들은 한자나 쯔놈으로 쓴 문장을 통해 응우옌 왕조에 대한 충성심을 고취했다. 프랑스인 통치자들은 저항 의식을 자극하는 유학자들을 무력화시키기 위해, 나아가 베트남의 전통문화를 부정하고 베트남 사회에 프랑스 문화를 주입하기 위해 꾸옥응으를 보급했다.

프랑스인으로서는 꾸옥응으 대신에 프랑스어를 보급하는 편이 더 낫지 않았을까? 그래야 현지인과 소통이 더 원활했을 테니까. 그런데도 식민 당국이 프랑스어와 함께 꾸옥응으를 공용어로 채택한 것은 선교사와 친프랑스 성향의 베트남인 가톨릭 신자들 덕분이었다. 이들은 베트남인에게 프랑스어보다 꾸옥응으가 배우기 더 쉽다는 점, 그리고 꾸옥응으를 익히는 것이 프랑스어 학습과 프랑스 문화 습득에도 도움이 된다는 점 등을 강조했다. 프랑스인 통치자로서는 베트남인 가톨릭 신자들의 협력이 절실했기에 이들의 제안을 무시할 수 없었다.

꾸옥응으의 보급은 남부에서 시작됐다. 코친차이나 식민 정부는 꾸옥응으를 공문서의 문자로 인정하고 학교에 베트남어(꾸옥응으) 교과목을 도입했다(1878). 또 프랑스령 인도차이나 연

쯔엉빈끼와 《자딘바오》 창간호 어려서 프랑스 신부에게 라틴어를 배운 쯔엉빈끼는 학자이자 교육자로 서 꾸옥응으의 보급에 힘썼다. 특히 1865년 4월 15일 사이공에서 꾸옥응으로 표기된 최초의 신문 《자 딘바오》를 발행했다.

방이 성립한 후에는 과거 시험 답안을 꾸옥응으로 작성하기도 했다(1896).

남부의 가톨릭 신자로서 꾸옥응으의 연구와 보급에 앞장선 인 물은 쯔엉빈끼였다. 쯔엉빈끼는 베트남 사회를 개혁하려면 프 랑스의 근대 문명을 받아들일 수밖에 없다는 생각에서 식민 통 치에 협력했다. 쯔엉빈끼는 프랑스의 선진 문물을 흡수하는 과 정에서 베트남인의 정체성을 지키려면 꾸옥응으가 널리 보급되 어야 한다고 생각했다. 그는 베트남 최초의 신문인《자딘바오》 를 발행했을 뿐만 아니라, 중국과 베트남의 고전을 베트남어로 번역하면서 꾸옥응으로 표기했다. 쯔엉빈끼 등의 노력 덕분에 꾸옥응으는 신문이나 잡지 같은 대중 매체를 통해 빠른 속도로 베트남 사회에 퍼져 나갔다.

꾸옥응으로 된 신문과 잡지 및 각종 저작물이 등장하면서, 처음에는 알파벳으로 베트남어를 표기하는 데 거부감을 느끼던 중부와 북부의 지식인들도 점차 한자를 버리고 꾸옥응으를 사용하게 됐다. 뜻글자인 한자와 한자를 빌려 만든 불완전한 표기인 쯔놈과 달리, 꾸옥응으는 소리글자여서 쉽게 익힐 수 있다는 장점이 있었다. 베트남의 지식인들 사이에 민중을 계몽하거나 민족적 일체감을 형성하는 데 꾸옥응으가 매우 쓸모 있다는 생각이 널리 퍼졌다.

20세기에 들어오면서 꾸옥응으는 반프랑스 민족 운동의 도구로 적극 활용됐다. 저항 정신과 민족의식이 꾸옥응으를 통해 고취됐고 투쟁 방침도 꾸옥응으를 통해 전파됐다. 특히 꾸옥응으가 농촌으로 보급되면서 문자를 읽을 수 있는 농민이 점차 늘어났고, 그 결과 혁명가들이 반프랑스 투쟁에 농민을 동원할 수 있는 객관적인 조건이 마련됐다. 무엇보다도 혁명가 자신이 꾸옥응으를 매개로 각성한 새로운 세대였다.

2 | 민족 운동이 전개되다

1905년 요코하마의 선술집에서 망국의 한을 토로하다

1905년 4월, 일본 요코하마 해변의 한 선술집에서 두 남자가 마주 앉았다. 한 사람은 청에서 온 망명객, 다른 한 사람은 베트남에서 온 망명객이었다. 탁자 위에는 술잔 외에 종이와 붓이 놓여 있었으니, 서로 말이 통하지 않아서 글(한문)로 소통하기 위함이었다. 두 사람 모두 향시 급제자로 중국 고전에 익숙했다. 한 사람은 망할 위기에 처한 나라의 백성, 다른 한 사람은 이미 망한 나라의 백성이었지만, 외세의 압제로부터 동포를 구해야 한다는 사명감에 동병상련의 정을 느꼈다.

나라가 없는 것보다 더 애통스러운 일이 없고, 또 나라가 없어진 사람이 나랏일을 의논하는 것보다 더 애통한 일이 없습니다. …… 프랑스 사람이 어찌 우리 베트남 사람을 더 곤경에 빠뜨리고 더 어리석게 합니까? 슬프다! 다시 삼사 년을 지내면 베트남 사람이 절반이나 망하고 다시 십 년이 지나면 베트남 사람의 씨가 없을 것 같습니다. 이는 지나친 우려가 아니라 프랑스 사람이 정말 우리 베트남 사람을 사람으로 대접하지 아니하고 잡아먹을 짐승으로 대하기 때문입니다.

-《월남망국사(越南亡國史)》³⁾

베트남 출신 망명객은 글을 쓰다 말고 눈물을 펑펑 쏟았다. 청에서 온 망명객도 눈시울이 뜨거워지는 것을 억누르며 붓을 들었다.

저도 손님과 아침부터 저녁까지 쉬지 않고 필담을 해왔습니다. 이제 손님이 구술한 베트남의 사정을 이렇게 기록했으나 실제 상황의 십 분의 일 정도도 쓰지 못했을 것입니다. …… 그 참혹한 사정을 어찌 글이나 말로 표현할 수 있겠습니까?

-《월남망국사》

다시 베트남의 망명객이 눈물을 닦을 새도 없이 글을 써 내려갔는데, 붓으로 한 획 한 획 그을 때마다 피를 한 움큼씩 쏟는 듯했다.

앞에서도 말씀드렸듯이, 우리 베트남이 망한 후로 프랑스 정부가 바다를 통해 외국을 왕래하는 것을 엄격하게 금하고 있습니다. 몰래 월경하다 적발된 사람은 사형에 처하고, 죄를 감하여도 '꼰다오'라는 작은 섬의 감옥에 가둡니다. 설령 망명에 성공하더라도 온 식구와 친척을 다 잡아 죽입니다. 제가 죽음을 무릅쓰고 일본에 온 이유는 선생님으로부터 우리 베트남이 프랑스의 압제에서 벗어날 방략을 구하고, 아울러 일본 정부로부터 무기 등의 원조를 얻기 위해서입니다. 감히 선생님께 조언을 구합니다.

- 《월남망국사》

청에서 온 망명객이 골똘히 생각하다가 붓을 들었다.

일본 정부가 쉽게 무기를 내어주지는 않을 것입니다. 우선 일본 정계 인사들과 친분을 쌓으십시오. 제가 소개해 드리겠습니다. 그런데 무기 원조보다 더 중요한 것이 있습니다. 베트남 사람 스스로 내적인 실력을 기르는 일입니다. 《역전(易傳)》에 "하늘의 운행이 강건하니[天行健], 군자는 이것을 본받아 스스로 힘쓰고 쉬지 않는다[君子以自强不息]"라고 했습니다. 무슨 뜻이겠습니까? 어느 나라 사람이든 쇠망하지 않으려면 스스로 실력을 길러야 한다는 뜻입니다. 한 치의 어긋남도 없이 일 초도 쉬지 않고 운행하는 하늘처럼 말입니다.

- 《월남망국사》

밤이 깊어지자 두 사람은 다음을 기약하며 서로 절을 하고 헤어졌다. 두 사람 중 청의 망명객은 정치 개혁을 비롯해 청 사회 전반을 근본적으로 뜯어고치는 개혁을 추진하다가 보수파의 탄압을 받고 일본으로 망명한 량치차오였고, 베트남의 망명객은 반프랑스 무장 투쟁을 조직한 경력이 있는 판보이쩌우였다. 판보이쩌우가 일본까지 가서 량치차오를 만난 이유는 무엇일까? 량치차오의 조언을 받은 판보이쩌우는 베트남의 독립을 위해 어떤 일을 했을까?

일본 망명 시절 판보이쩌우와 량치차오 두 사람이 처음 만났을 당시 판보이쩌우(왼쪽)는 38세, 량치차오는 32세였다. 판보이쩌우보다 7년 먼저 일본에 망명한 량치차오는 저술과 언론 활동으로 국제적인 명성을 얻었다. 량치차오의 글은 중국뿐만 아니라 베트남에도 영향을 미쳐 판보이쩌우에게 민족주의와 민주주의라는 새로운 비전을 제시했다.

황제를 위해 의병을 일으키다

판보이쩌우는 프랑스가 베트남 남부 정복을 완료한 1867년에 베트남 중부 응에안성의 가난한 유학자 집안에서 태어났다. 그는 부친의 영향으로 어려서부터 유교 경전을 비롯한 중국 고전을 학습했다.

판보이쩌우가 18세 되던 해(1885)에 후에 주둔 프랑스군 사령관의 무례한 행동에 분개한 황제의 측근들이 황제의 이름으로 프랑스의 침략에 맞서 싸우라고 호소하는 내용의 조칙을 반포했다. 이 조칙을 '근왕령(勤王令)'이라고 부르는데, '근왕'이란 임금에게 충성을 다한다는 뜻이다. 이에 베트남 중부 지방에서 전·현직 관료와 지방의 유학자

근왕령 프랑스에 맞서 싸워야 한다고 주장한 주전파 관리들은 함응이 황제를 옹립한 뒤 황제를 모시고 수도를 탈출하여 근왕령을 발표했다.

등이 농민을 이끌고 의병을 조직하여 반프랑스 무장 투쟁을 벌였는데, 이를 '근왕 운동'이라 한다. 판보이쩌우도 학우들과 함께 '사자근왕대'를 조직하였지만, 사전에 발각돼 실행에 옮기지는 못했다.

근왕 운동은 프랑스의 식민 정책에 타격을 주기는 했으나 무기와 장비, 조직력과 훈련 상태 등 거의 모든 면에서 열악했기에 프랑스군의 진압 작전에 무너질 수밖에 없었다. 프랑스 식민 당국이 끝까지 싸운 저항 운동 지도자를 잔혹하게 처형한 반면, 순순히 항복한 사람은 살려 주는 술책을 부리자, 투항하는 사람이 속출했다.

프랑스 식민 당국은 후에 주둔 프랑스군 수비대를 공격하고 황궁을 탈출한 함응이 황제를 대신해 그의 친형이자 뜨득 황제의 둘째 양자를 황제(동카인 황제)로 옹립했다(1886). 이후 중부의 산악 지대에 자리 잡은 함응이 황제의 정부를 불법으로 규정하고 근왕 운동에 가담한 사람들을 역적으로 몰았다. 근왕 운동 세력 내부의 동요가 심해진 상황에서 1888년 말 함응이 황제가 체포되어 알제리로 유배되었다는 소식이 전해지자, 근왕 운동에 참여한 사람들의 사기가 급격히 떨어졌다. 근왕 운동의 구심점이 사라져 버린 셈이었기 때문이다.

근왕 운동을 주도한 사람들은 유교 사상의 신봉자로서 전통적 지배 체제를 복구하려고 했을 뿐, 베트남 사회의 개혁에 관해서는 그다지 관심을 두지 않았다. 게다가 황제에 대한 맹목적인 충성만 강조했을 뿐, 지역을 초월하는 반프랑스 연대를 끌어내지 못했다. 이 때문에 근왕 운동은 베트남 사회 저변으로 널리 퍼지지 못한 채 소멸했다.

근왕령이 반포된 그해 잠시나마 근왕 운동에 발을 담갔던 판보이쩌우는 어떻게 됐을까? 그는 이후 15년 동안 고향에 칩거하면서 과거 준비에 전념했고, 향시에 세 번 떨어졌다가 네 번째 도전에서 1등으로 합격했다(1900). 판보이쩌우는 왜 프랑스의 꼭두각시 정권이 주관하는 과거를 준비하는 데 20대 청춘을 다 바쳤을까?

판보이쩌우 자신의 말을 들어보면 이렇다. "사람들이 과거 합격증이 없는 사람의 말은 듣지 않기 때문입니다." 유교 사회였던 베트남에서 과거 합격자는 사회 지도층 인사로 대접받았고, 과거 합격증은 사람들을 동원하는 데 유용한 수단이었다. 판보이쩌우의 사자근왕대가 민중 동원에 실패한 것도 구성원 중에 과거 합격자가 단 한 명도 없었기 때문이다. 이때의 실패를 거울삼아 판보이쩌우는 15년 동안 책 속에 파묻혀 지냈고, 향시에 급제하자마자 독립운동에 뛰어들었다.

전통 교육을 받은 판보이쩌우가 주도한 민족 운동

독립운동 시작 초기에 판보이쩌우는 전국에 흩어져 있는 근왕 운동 세력을 규합하고 독립운동의 구심점이 될 황족을 찾아내려고 했다. 1901년, 그는 고향 응에안에서 무장봉기를 계획했으나 사전에 발각돼 실패했다. 1904년에는 20여 명의 동지와 함께 '유신회'를 조직하고 자롱 황제의 자손인 끄엉데를 회장으로 추대했다. 유신회는 일본의 메이지 유신을 염두에 두고 지은 명칭이었다. 판보이쩌우와 동시대 베트남인들은 전쟁에서 청과 러시아를 차례로 격파하고 아시아에서 유일하게 열강의 반열에 오른 일본을 부러워했다.

그들이 보기에 그 비결은 일본 및 대부분의 서구 열강에만 있는 특별한 정치 체제, 즉 입헌 군주제에 있었다. 당시까지 베트남인들이 알고 있던 군주제는 국가 권력이 군주 1인에게 집중되고 군주가 인민으로부터 어떠한 견제도 받지 않는 전제 군주제였다. 그런데 입헌 군주제는 군주가 헌법이 정한 제한된 권력만 행사하며, 인민이 의회를 통해 정치에 참여하는 정치 체제였다.

물론 군주가 없는 입헌 정치 체제, 즉 공화제가 대안이 될 수도 있었다. 하지만 단 한 번도 군주 없는 정치 체제를 상상해 본 적이 없는 사람들에게 공화제는 지나치게 급진적으로 여겨졌다. 판보이쩌우가 입헌 군주제에 대해 확신을 가지게 된 것은 그가 과거를 준비하는 중에 틈틈이 읽은 신서(新書) 때문이었다. '신서'란 세계의 정세, 사상, 지리, 역사 등과 관련하여 1900년대 전후 주로 중국이나 일본의 지식인들이 직접 저술하거나 서양 근대 사상서들을 번역한 서적을 말한다. 한문으로 쓰였기 때문에 중국이나 일본뿐만 아니라 한국이나 베트남의 지식인들에게도 서양에서 유래한 새로운 지식과 사상을 전파하는 주요 매체였다.

주로 중국을 통해 유입된 신서는 장차 민족 운동을 이끌어 나갈 새로운 세대에 지대한 영향을 끼쳤다. 대략 1860년부터 1880년 사이에 태어나 1900년경부터 베트남 독립운동의 주역으로 부상하기 시작한 이들은 유교 교육을 받은 마지막 세대이자 서양 학문을 접한 첫 번째 세대였다. 판보이쩌우는 바로 이 세대를 대표하는 인물이었다.

끄엉데와 판보이쩌우 판보이쩌우(오른쪽)는 군주가 있는 입헌 정치 체제, 즉 입헌 군주제를 지향했다.

판보이쩌우가 읽은 신서 중《무술정변기(戊戌政變記)》와《신민설(新民說)》은 바로 훗날 일본에서 만나게 될 량치차오가 저술한 책이었다. 판보이쩌우는 량치차오의 글을 통해 서양의 정치사상에 접근할 수 있었다.

량치차오는 1898년 '변법자강(變法自疆)'으로 불리는 개혁 운동이 보수파의 반격으로 실패하자, 일본으로 망명하여《신민총보(新民叢報)》등의 잡지를 발간하면서 헌법과 의회·정당 등 서양의 정치 제도, 사회 계약설·사회 진화론 등 서양의 정치사상을 열정적으로 소개했다. 특히 중국이 서구 열강의 침략으로부터 살아남으려면 국가가 국민의 자유와 권리를 보장하고 국민은 국가와 민족을 위해 헌신하는 덕성을 갖춰야 한다고 역설했다. 량치차오는 국가의 주권이 국민에게 있다고 보았지만, 아직 중국인은 민주적 정치 제도를 운용할 능력이 부족하므로 공화제가 아니라 입헌 군주제가 최상의 대안이라고 주장했다.

유교 사상과 근왕 운동의 테두리에서 크게 벗어나지 못했던 판보이쩌우는 량치차오의 책을 비롯한 신서를 읽으면서 국제 정세를 읽는 안목이 생기고 베트남 독립운동이 나아가야 할 방향도 명확히 설정하게 됐다. 그 방향이란 바로 민족주의와 민주주의를 바탕으로 하는 새로운 독립 국가의 건설이었다.

민족주의는 북부와 남부, 중부로 분열된 베트남 사람들은 물론 친프랑스 성향의 가톨릭 신자들까지 하나의 운명 공동체라는 의식을 부여하고 그들을 반식민지 저항 운동에 동원하는 데 설득력 있는 논리를 제공할 것으로 기대됐다. 민주주의는 기존의 군주정을 대신해서 독립 이후에 새로 성립할 민족 국가의 조직 원리를 제공할 것이었다.

1905년, 판보이쩌우는 독립운동 자금을 마련하고 무기를 사들이기 위해 일본으로 떠났다. 아시아의 모범생 일본이라면 같은 아시아인인데다가 같은 한자 문화권에 속해 있는 베트남을 도와줄 것으로 기대했기 때문이다. 게다가 일본에는 판보이쩌우가 꼭 만나고 싶었던 중국의 망명객 량치차오가 있었다.

량치차오는 판보이쩌우에게 두 가지를 권유했다. 하나는 프랑스에 억압당하는 베트남의 실상을 글로 써서 세계에 널리 알리라는 것이

동유 운동에 참여한 유학생들과 《월남망국사》 판보이쩌우는 책을
쓰고 유학생을 파견하며 독립을 준비했다. 판보이쩌우와 량치차오
가 나눈 대담을 담은 《월남망국사》(오른쪽)는 1906년 현채(玄采)가
번역해 조선에 소개해 큰 인기를 얻기도 했다.

고, 다른 하나는 베트남 젊은이들에게 외국 유학을 권하라는 것이었
다. 이에 판보이쩌우는 《월남망국사》 등을 저술해 식민지 현실을 고
발하고 베트남인의 각성과 단결을 촉구했다. 또한 베트남에 몰래 돌
아와 청년 세 명을 일본으로 데려갔다. 이듬해(1906)에는 끄엉데도
합류했다. 이때부터 일본에서 유학하는 베트남 학생의 수가 점점 늘
어나 1907년에는 100여 명, 1908년에는 200명을 넘어섰다. 판보이쩌
우가 주도한 일본 유학 보내기 운동을 '동유(東遊) 운동'이라고 한다.
동유의 '동(東)'은 일본을 뜻한다. 판보이쩌우는 동유 운동을 통해
베트남 사회의 개혁과 독립운동을 이끌어 나갈 인재가 나오길 기대
했다.

한편, 근왕 운동에 참여할 때부터 이미 무장 투쟁을 주창한 판보이 쩌우는 유학생들을 일본의 군사 학교에 입학시키고자 했다. 그러나 일본 정부의 허가를 받지 못해 끄엉데를 비롯한 몇몇 학생만 군사 학교에 입학할 수 있었다. 량치차오의 소개로 일본 정치인들을 만나기는 했으나 무기를 지원하겠다는 약속은 받아내지 못했다.

일본에서 무장 투쟁을 위한 준비가 여의치 않자, 판보이쩌우는 다시 베트남에 잠입해 호앙호아탐을 만났다(1907). 호앙호아탐은 유일하게 살아남은 근왕 운동의 지도자로서 북부에서 반프랑스 무장 투쟁을 벌인 인물이었다. 두 사람은 판보이쩌우가 중부에서 무장봉기를 일으키면 호앙호아탐이 북부에서 프랑스군을 공격하기로 합의했다.

1908년 3월, 베트남 중부에서 과중한 세금 및 부역을 거부하고 소금과 술의 전매에 항의하는 농민들의 시위가 일어나 어수선해진 상황을 이용해, 6월에 판보이쩌우 일당이 무장봉기를 일으켰다. 동시에 하노이에서 프랑스 군대를 대상으로 한 독살 계획도 추진됐다. 그러나 이 계획이 사전에 누설되는 바람에 호앙호아탐의 군대는 퇴각했고 무장봉기는 실패로 끝났다.

안 그래도 동유 운동을 의심하던 프랑스 식민 당국은 이 사건을 계기로 대대적인 탄압을 개시했다. 자금 지원이 끊긴 데다가 가족에 대한 탄압 소식이 들려오자, 유학생 대부분이 귀국하거나 중국으로 망명했다. 판보이쩌우마저 일본에서 추방당해 홍콩으로 떠나면서 동유 운동은 막을 내렸다(1909).

일본으로부터 군사 원조도 얻지 못하고 추방까지 당하자, 판보이쩌우는 일본에 대한 기대를 접었다. 게다가 일본의 한국 침략을 지켜보면서 일본이 프랑스보다 더 위험할 수 있다는 인식도 갖게 됐다. 한편, 일본에서 쑨원을 비롯한 중국의 혁명가들을 만나면서 량치차오의 영향에서 벗어나 공화제에도 관심을 두게 됐다.

1911년, 중국에서 신해혁명이 성공했다는 소식을 듣고 판보이쩌우는 서둘러 중국의 광둥으로 갔다. 아시아 최초의 공화주의 혁명을 직접 체험하기 위해서였다. 그다음 해 1월, 중국에서는 쑨원을 임시 대총통으로 하는 중화민국이 수립됐고, 곧이어 청 왕조가 멸망했다.

광둥은 중국의 가장 남쪽에 있는 성으로, 베트남 사람이 많이 이주해 베트남 독립운동의 근거지 역할을 했다. 판보이쩌우는 광둥의 중심 도시 광저우에서 동지 100여 명과 함께 유신회를 해산하고 '베트남 광복회'를 조직했다(1912). 베트남 광복회는 무력으로 프랑스 세력을 축출하고 독립을 쟁취한 후에 '베트남 민국'이라는 이름의 민주 공화국을 수립한다는 목표를 내걸었다. '베트남 광복군'도 창설했다.

베트남 광복회의 가장 큰 문제는 자금난이었다. 판보이쩌우는 자금 문제를 해결하기 위해 암살이나 파괴 활동을 통해 광복회의 명성을

베트남 광복군의 100원짜리 군용 수표 베트남 광복회는 군자금을 마련하기 위해 수표를 발행했지만 큰 성과를 거두지는 못했다. 군용 수표 윗부분에 있는 두 개의 깃발은 모두 베트남 민국의 국기이다.

높이려고 했다. 광복회는 인도차이나 총독 암살을 시도했고(1912), 하노이 호텔에 폭탄을 던져 프랑스인 장교를 살해했다(1913). 그러나 곧 250여 명이 체포됨에 따라 광복회의 국내 조직이 큰 타격을 입었다. 게다가 프랑스의 외교적 압력을 받은 광둥의 지방 정부가 판보이쩌우를 체포하자, 광복회는 거의 붕괴하고 말았다(1914).

1917년에 석방된 판보이쩌우는 중국에서 활동을 재개하려 했지만, 조직은 해체되었고 중국 정부의 지원도 기대할 수 없었다. 베트남의 젊은 세대에게도 구시대 인물로 인식돼 호응을 얻지 못했다. 1925년 중국 상하이에서 프랑스 경찰에 체포된 판보이쩌우는 15년 동안 가택 연금 상태로 지내다 쓸쓸하게 세상을 떠났다(1940).

판쭈찐, 판보이쩌우와 다른 길을 모색하다

1906년 봄, 20대 후반의 한 베트남 청년이 중국 광둥에 판보이쩌우를 만나러 왔다. 판보이쩌우의 글에 자극을 받고 찾아온 판쭈찐이었다. 의기투합한 두 사람은 함께 일본으로 건너가 동유 운동을 전개했지만 오래지 않아 결별했다. 두 사람이 갈라서게 된 이유는 무엇일까?

판쭈찐은 1872년에 베트남 중부 꽝남성의 지주 집안에서 태어났다. 부친이 근왕 운동에 참여했다가 억울하게 배신자로 몰려 처형당한 뒤, 판쭈찐은 향시와 회시에 연이어 급제하여 벼슬을 얻었다. 하지만 후에 조정의 무능과 부패에 실망해 벼슬을 그만두었다. 이후 판보이쩌우를 만나 같은 뜻을 품고 일본까지 가게 되었다.

판쭈찐은 응우옌 왕조로 대표되는 베트남의 구체제가 프랑스의 식민 통치보다 더 해롭다고 생각했는데, 이는 신서를 통해 접한 서양 정치사상의 영향과 실망스러웠던 공직 생활 경험에서 비롯된 것이었다. 독립한 후에도 군주제가 존속한다면 차라리 프랑스의 식민지로 남는 게 낫다고 주장할 정도였다. 판쭈찐은 식민 통치 자체를 긍정한 것은 아니지만 식민 통치를 받는 동안 열심히 프랑스로부터 서구 문명을 배워야 독립을 앞당길 수 있다고 생각했다.

군주제를 지지한 판보이쩌우와 달리, 판쭈찐은 군주제를 폐지하고 공화제를 시행해야 한다고 주장했다. 군주제야말로 베트남 개혁의 최대 걸림돌이라고 생각했기 때문이다. 판보이쩌우는 폭력을 사용해서라도 프랑스 세력을 축출해야 한다고 주장했으나, 판쭈찐은 폭력은 절대로 사용해서는 안 되며 개혁을 위해서는 어느 정도 프랑스의 도움을 받아야 한다고 주장했다. 근왕 운동 세력에 부친이 처형당한 경험 때문에 판쭈찐은 폭력을 극도로 혐오했다. 판쭈찐은 독립을 달성하려면 개혁이 필요하다는 판보이쩌우의 주장에는 공감했다. 그러나 지향하는 정치 체제 및 독립운동의 방법에 대한 견해 차이를 극복하지 못해 결국 판보이쩌우와 갈라설 수밖에 없었다.

베트남으로 돌아온 판쭈찐은 프랑스 식민 당국의 힘을 빌려 베트남의 구체제를 타파할 목적으로 프랑스인 총독에게 공개적으로 편지를 보냈다(1906). 이 편지에서 판쭈찐은 베트남인 관리가 프랑스인 통치자를 등에 업고서 백성을 착취한다고 지적하면서, 프랑스 식민 당국에 과거제 폐지, 법령 개혁, 교육 시설 확충 등을 요청했다. 이 편지는 총독의 반응을 끌어내지는 못했지만, 개혁을 지지하는 지식인들에게

동낀 의숙 성별, 나이, 신분, 능력에 구애받지 않고 누구나 입학할 수 있는 학교였다. 또한 학비를 받지 않았고 교과서와 학용품도 무상으로 내주었다. 예산은 기부금을 받아 충당했다.

큰 반향을 불러일으켰다. 개혁에 대한 열망은 '동낀 의숙(東京義塾)'이 라는 학교의 설립으로 이어졌다.

　1907년, 하노이에서 개교한 동낀 의숙은 일본의 게이오 의숙을 모 방해서 세운 사립학교였는데, 판쭈찐을 비롯한 여러 지식인이 참여했 다. 동낀 의숙은 나이를 불문하고 누구나 학생으로 받아들였고 여성 에게도 입학을 허용했다. 가르치는 내용도 역사, 지리, 수학, 과학, 체 조 등 근대 교육의 교과목들로 구성했다. 수업은 꾸옥응으로 진행했 는데, 이는 꾸옥응으가 서양의 사상과 기술을 가르치는 데 한자보다 유용하고 편리하다고 여겼기 때문이다. 동낀 의숙은 한 달에 두 번 강

말년의 판쭈찐(왼쪽)과 판보이쩌우 전통 교육을 받은 세대를 대표한 두 사람은 민족 운동의 방법을 달리했지만 서로 존경했다. 두 사람 모두 서구 사상의 영향으로 개혁을 추구했지만, 서양 언어에 익숙하지 못했기에 한문으로 번역된 서적들을 통해 서구 문명을 접해야 했다.

연회를 열어 국산품 애용, 복장과 두발의 서구화 등을 설파했다. 량치차오나 판보이쩌우의 저작들을 꾸옥응으로 번역, 출판하여 학생뿐만 아니라 일반 대중에게도 새로운 지식을 소개하고 민족의식을 불어넣었다.

동낀 의숙의 교육이 점차 급진적 색채를 띠게 되면서 프랑스의 식민 통치를 비판하고 민중 봉기를 호소하는 판보이쩌우의 글을 배포하는 데에 이르자, 식민 당국은 학교를 폐쇄했다(1908). 동낀 의숙이 폐교될 즈음에 베트남 중부에서 농민들이 전개한 세금 납부 및 부역 거부 운동을 부추겼다는 혐의로 식민 당국이 판쭈찐을 체포했다. 판쭈찐은 이후 꼰다오 감옥에 갇혔다가(1908~1911) 프랑스 파리로 추방되어 감시당하는 신세가 됐다(1915). 파리에서도 판쭈찐은 프랑스의 식민 통치와 군주제를 비판하는 글을 계속해서 발표했다. 특히 안남의 카이딘 황제가 프랑스를 방문했을 때 그에게 권력 남용, 낡은 관습의 유지, 무분별한 사치 등을 이유로 퇴위를 요구하는 공개서한을 보내기도 했다(1922).

1925년에 귀국한 판쭈찐은 이듬해 사이공에서 세상을 떠났다. 사이공에서 6만여 명의 시민이 장례식에 참석했고 대규모 반프랑스 시위가 벌어졌다. 전국 각지에서 학생들은 식민 당국의 탄압을 무릅쓰고 동맹 휴학을 한 후 개별적으로 장례식을 치렀다. 판쭈찐의 장례식을 계기로 전개된 일련의 사건은 그간 전통 교육을 받은 세대가 주도하던 민족주의 운동의 마지막을 장식한 사건들이었다.

서구식 교육을 받은 신세대의 민족 운동

판보이쩌우가 중국에서 체포되고 판쭈찐이 프랑스로 추방당할 무렵인 1910년대 중반, 베트남에서는 프랑스식 교육을 받고 자란 새로운 세대가 민족 운동을 주도하기 시작했다. 새로운 세대는 어떻게 생겨났으며, 어떤 점에서 기성세대와 달랐을까? 새로운 세대의 지식인들은 어떤 방식으로 독립을 이루려고 했을까?

새로운 세대는 식민지 교육의 산물이었다. 프랑스 식민 당국은 식민지를 효율적으로 다스리고 식민 통치에 드는 비용을 절감하려면 토착 지배 엘리트의 협조가 필요하고, 그들을 지배 체제에 끌어들이려

잡지 《남풍》과 팜꾸인 팜꾸인은 월간지 《남풍》을 창간(1917)하여 베트남 민족 문학을 소개했다. 특히 '국어는 국혼'이라고 하여 꾸옥응으 보급을 통해 베트남인의 민족의식을 고취하려고 했다.

면 프랑스식 교육을 시행할 필요가 있다고 판단했다. 이에 소학교, 중학교, 대학교 등 각급 학교를 세워 현지인 관리를 양성했다. 물론 이러한 혜택을 누릴 수 있는 현지인은 극소수였다. 하지만 유럽식 교육을 받은 사람이 점차 늘면서 이전 세대와 다른 세계관을 가진 새로운 지식층이 형성되었다. 그리고 바로 이 신세대 안에서 민족 운동을 이끌 지도자들이 탄생했다.

대체로 1880년과 1900년 사이에 태어나 1910~1920년대에 민족 운동을 주도한 신세대 지식인들은 프랑스의 무력과 서구의 근대 문명에 압도된 나머지 프랑스의 식민 지배를 당연한 것으로 받아들이고 그 속에 안주하면서 베트남 사회의 개혁을 추진하려고 했다. 북부에서는 응우옌반빈과 팜꾸인 등이 프랑스인의 도움을 받아 신문이나 잡지를 발간하면서 전통적 가치를 비판하고 서구 사상과 꾸옥응으를 보급했다. 팜꾸인은 베트남 사람들이 잘 뭉치지 못해 누군가에게 예속될 수밖에 없으므로 프랑스의 보호는 피할 수 없으며, 독립보다 '국혼(민족정신)'의 각성이 더 시급하다고 주장했다.

남부에서는 부이꽝찌에우 등이 입헌당을 결성(1917)하여 식민 지배의 틀 안에서 경제적 근대화를 추진하려고 했으며, 식민 당국에 이를 위한 제도 개혁을 요구했다. 이들은 경제적 근대화 없이는 정치적 독립을 이룰 수 없고, 경제적 근대화를 달성하려면 식민 통치에 참여하여 베트남인의 권익을 지켜야 한다고 주장했다.

입헌당은 당원들이 대부분 지주나 자본가 집안 출신이라 정당이라기보다는 이익 집단의 성격이 강했다. 이들이 주장하는 '경제적 근대화'란 베트남인 지주와 자본가가 부를 축적할 수 있는 사회적 기반을 마련하는 일이었다.

당시 베트남의 주요 산업은 농업과 무역업이었는데, 그중에서도 벼농사와 쌀 수출이 가장 큰 비중을 차지했다. 쌀의 유통과 수출을 장악한 세력은 중국계 이주민이었다. 응우옌 왕조의 박해를 받던 중국계 이주민들은 프랑스인 통치자들에게 적극적으로 협조했으며, 프랑스 식민 당국과 협력하여 베트남 경제를 장악해 나갔다. 이에 베트남인들 사이에서 반중 감정이 고조되었고, 입헌당은 이러한 기류에 편승하여 중국인 배척 운동을 벌였다. 입헌당은 중국인 배척을 요구하는 집회와 시위를 조직하고 언론 활동을 펼치는 한편, 베트남 자본으로 정미소와 은행을 세워 중국 자본에 맞섰다.

입헌당은 자신들의 요구를 식민 통치에 반영하고자 코친차이나 식민지 평의회의 개혁을 요구했다. 평의회는 코친차이나에 거주하는 프랑스인과 베트남인 특권 계층의 이익을 대변하는 기구로서 베트남인의 참여를 엄격하게 제한했다. 총독은 입헌당의 요구를 받아들여 베트남인 평의원의 수를 6명에서 10명으로 늘리고, 베트남인 선거권자의 수를 2,000여 명에서 2만여 명으로 늘리는 개혁을 단행했다(1922).

입헌당은 중국인 배척 운동과 제도 개혁 운동으로 일시적으로나마 진보적인 지식인의 지지를 얻을 수 있었다. 하지만 입헌당이 식민 통치자와 타협하면서 지주와 자본가의 기득권을 유지하는 선에서 만족해하는 모습을 보이자, 진보적인 젊은 민족주의자들은 입헌당과 결별하고 독자 행동을 개시했다.

대체로 1900년을 전후로 한 시기에 태어나 1920~1930년대 민족 운동을 주도한 베트남의 진보적 민족주의자들은 대부분 프랑스식 교육을 받았고, 일부는 프랑스에 유학한 경험이 있었다. 유학생들은 식민 본국 프랑스에서 자유주의나 사회주의에 심취할 수 있었지만, 그러한 사상이 식민지 베트남에서 결코 용납되지 못한다는 현실에 좌절했다. 베트남의 젊은 지식인들은 학교에서 배운 자유와 평등의 이념이 왜 베트남에 적용될 수 없는지 고민하지 않을 수 없었다. 게다가 학교를 졸업해도 베트남인은 취직과 승진에 어려움을 겪었다. 이러한 상황에서 진보적 지식인들은 식민 지배의 철폐와 독립을 추구하는 급진주의로 나아갔다.

남부의 지주 집안에서 태어난 응우옌안닌은 프랑스에서 대학을 졸업하고 베트남으로 돌아와 사이공에서 프랑스어 신문《라 클로슈 펠레(La Cloche Fêlée)》를 발행했다(1923). 응우옌안닌은 신문을 통해 베트남 청년들에게 민족의식을 불어넣고 식민지 관리들의 무능과 식민 당국의 언론 통제를 비판했다.

1925년에 판보이쩌우가 체포되자, 응우옌안닌은 '판보이쩌우 구명 위원회'를 조직하고 식민 제도의 폐지와 강제 연행 금지, 베트남인의 언론·집회의 자유를 주장하면서 식민 당국을 격렬하게 비판했다. 이 일로 응우옌안닌은 18개월 동안 징역살이를 해야 했고, 신문사는 폐쇄당했다(1926).

1927년에 감옥에서 풀려난 응우옌안닌은 프랑스로 건너가 주로 베트남인 사회주의자와 교류했고, 사이공에 돌아온 후에는 베트남어로 된 소책자를 발간하면서 사회주의 운동을 벌였다. 1939년에 유럽에서 제2차 세계대전이 발발하자, 응우옌안닌은 반정부 선동 등의 죄목으

응우옌안닌

꼰다오 감옥 프랑스는 베트남 남쪽 꼰다오 제도에서 가장 큰 섬인 꼰썬섬에 꼰다오 감옥을 만들어 정치범의 유배지로 이용했다. 판쭈찐, 응우옌안닌 등 독립운동가들이 옥고를 치른 곳으로 유명하다.

로 구속되었고, 이듬해 금고 5년을 선고받고 꼰다오 감옥에 갇혔다가 그곳에서 병으로 사망했다(1943).

응우옌안닌이 식민지 법률의 테두리 안에서 독립운동을 벌이느라 애쓰는 동안, 중국 광둥에서는 '떰떰싸'라는 비밀 결사가 조직됐다. 그들은 무력으로 식민 정부를 타도하려고 했다. 1924년, 떰떰싸 회원 팜홍타이가 광저우에서 인도차이나 총독에게 폭탄을 던졌으나 암살에 실패했고, 쫓기던 팜홍타이는 강물에 뛰어들어 자살했다.

비록 떰떰싸의 총독 암살 시도는 실패로 끝났지만, 베트남 민족 운동이 크게 변화하는 계기가 되었다. 식민 통치에 협력하거나 합법적인 테두리 안에서 식민 정부를 비판하는 방법으로는 독립은커녕 사회 개혁조차 이룰 수 없다는 인식이 점차 퍼지면서 베트남 민족 운동이 혁명적 성격을 띠게 된 것이다. 그 결과 광저우에서 떰떰싸가 '베트남 청년 혁명 동지회'로 재편됐다(1925). 이와는 별개로 하노이에서는 베트남 국민당이 결성됐다(1927).

3 | 사회주의 세력이 민족 운동을 주도하다

베트남 청년이 민족 해방의 길을 찾다

1920년 7월. 파리의 센강 서안에 있는 어느 아파트에서 한 베트남 청년이 프랑스의 사회주의 정당인 '노동자 인터내셔널 프랑스 지부(이하 SFIO로 약칭)'의 기관지 《위마니테(L'Humanité)》를 읽고 있었다. 이해가 잘 안 되는 부분이 있는지, 여러 차례 반복해서 읽기도 했다. 간혹 신문을 잡은 두 손이 감전된 듯이 부르르 떨렸다.

> 부르주아(자산 계급)의 속박에서 벗어나기 위한 프롤레타리아(무산 계급) 투쟁의 선봉인 공산당은 민족 문제에도 관심을 기울여야 한다. …… 모든 민족과 식민지 해방 운동이 소련과 더 긴밀할 수 없을 정도로 연합을 형성할 수 있는 정책을 마련할 필요가 있다. …… 오랫동안 억압당한 민족과 국민 사이에 자리 잡은 민족 정서에 특별한 주의와 관심을 두어 다루어야

할 의무가 계급 의식적인 공산주의자 프롤레타리아에게 있다. …… 프롤레타리아 그리고 세계의 모든 민족과 국가의 고통당하고 있는 대중이 연대와 연합에 자발적으로 힘쓰지 않는다면, 자본주의에 대한 승리는 성공적으로 완수될 수 없다.

- 레닌, 〈민족과 식민지 문제에 관한 테제〉[4]

갑자기 청년은 신문을 움켜쥔 두 손을 번쩍 들고 연설이라도 하듯 큰 소리로 외쳤다. "열사들이여, 동포들이여! 우리에게 필요한 건 바로 이것입니다. 여기에 우리가 해방에 이르는 길이 있습니다." 아무도 없는 빈방에서 청년의 외침이 쩌렁쩌렁 울려 퍼졌다. 이 외침은 그로부터 25년 뒤 베트남에서 거대한 환호성으로 메아리치게 된다.

청년은 훗날 베트남 독립의 주역이 될 호찌민이었다. 청년 호찌민이 읽은 기사는 소련 공산당 지도자 레닌이 발표한 〈민족과 식민지 문제에 관한 테제〉를 프랑스어로 번역한 글이었다. 호찌민이 레닌의 글을 읽고 감격한 이유는 무엇일까? 레닌의 글은 호찌민과 그 동포들의 운명에 어떤 영향을 끼쳤을까?

베트남 청년이 파리에 가다

호찌민은 원래 이름이 응우옌신꿍으로 응에안성의 가난한 학자 집안에서 태어났다(1890). 열한 살에는 '반드시 성공할 사람'이라는 뜻을 지닌 '떳타인'이라는 이름을 얻었다. 떳타인은 향시 급제자였던 부친의 뜻에 따라 어려서부터 중국 고전을 공부했다. 부친과 절친한 사이였던 판보이쩌우가 종종 찾아와 열띤 토론을 벌이곤 했는데, 두 어른의 대화는 소년 떳타인이 독립운동가로 성장하는 데 큰 영향을 끼쳤다. 판보이쩌우가 그에게 일본 유학을 권했지만 떳타인은 일본보다는 프랑스에 가고 싶었다. 서양이 흥성한 근원을 파악하려면 진짜 서양인 프랑스에 가야 한다고 생각했기 때문이다.

신서를 통해 서구 사상을 접한 부친은 적과 싸워 이기려면 먼저 적을 알아야 한다는 생각으로 떳타인을 프랑스식 교육 기관에 보냈다. 떳타인은 후에에서 중학교를 졸업하고 1907년 프랑스식 국립 대학인 국학에 입학했다. 이곳에서 프랑스어·역사·지리·과학 등을 배웠으니, 신세대 지식인의 자격을 갖춘 셈이다. 하지만 학업을 다 마치지는 못했다. 판쭈찐을 감옥으로 보낸 1908년의 세금 납부 거부 운동에 간

후에 국학 호찌민, 응오딘지엠 등 베트남의 많은 지도자가 학창 시절을 보낸 학교로 1896년에 설립됐다. 학교 건물 앞 광장 가운데에 호찌민의 동상이 서 있다.

여했기 때문이다. 경찰에 쫓기는 신세가 된 떳타인은 안남을 떠나 코친차이나에서 잠시 교사로 일하다가 1911년 프랑스 상선의 주방 보조가 되어 베트남을 떠났다. 더 넓은 세상에 나가 보면 어딘가에서 베트남이 프랑스의 굴레에서 벗어날 길을 찾을 수 있으리라고 기대했기 때문이다.

수년 동안 미국, 영국 등지를 떠돌던 떳타인은 제1차 세계대전이 끝날 무렵 프랑스 파리에 정착했다. 전쟁이 벌어지는 동안 프랑스 정부는 전장으로 떠난 프랑스 노동자들의 빈자리를 메꾸기 위해 베트남에서 수만 명을 징발했다. 이를 계기로 프랑스 거주 베트남인의 수가 폭증하면서, 프랑스에서 민족 운동을 벌일 기회가 마련되었다. 당시 파리에서는 판쭈찐이 베트남 교포 사회의 구심점이었지만, 프랑스 정부의 압력으로 거의 활동하지 못하고 있었다. 떳타인은 그러한 상황을 바꾸어 놓았다.

1919년 1월, 제1차 세계대전 승전국 지도자들이 파리에서 전후 처리 문제를 협상하고 전후 국제 관계를 이끌어 갈 원칙을 제시할 때 식민지 문제가 논의됐다. 특히 미국 대통령 윌슨은 민족 자결주의 원칙이 포함된 '14개 조 평화 원칙'을 발표해 전 세계 피지배 민족의 독립에 대한 열망에 불을 지폈다. 세계 각지의 민족 운동 단체들이 파리에서 독립의 대의를 천명했다.

떳타인은 판쭈찐과 함께 '안남 애국자 연합'이라는 단체를 결성한 후 '안남 민족의 요구'라는 제목의 청원서를 파리 강화 회의에 참석한 각국 대표에게 제출했다. 여기에서 그는 프랑스 의회에 베트남 대표를 상설할 것과 언론·결사의 자유 등을 요구했다. 당시 '응우옌아이

파리 강화 회의 파리 강화 회의의 빅 4(Big 4)로 불린 네 명의 지도자로, 왼쪽부터 로이드조지 영국 총리, 비토리오 오를란도 이탈리아 총리, 조르주 클레망소 프랑스 수상, 우드로 윌슨 미국 대통령이다. 제 1차 세계대전의 종결을 위해 개최한 이 회의에서 윌슨은 '각 민족은 자신의 운명을 스스로 결정한 권리가 있으며, 이 권리는 다른 민족의 간섭을 받을 수 없다'라는 내용의 민족 자결주의를 제안했다. 이 제안은 우리나라 3·1 운동같이 당시 식민지 상태에 있던 나라들의 독립운동을 고양했다.

꾸옥(Nguyễn Ái Quốc, 阮愛國)'이라는 이름으로 청원서를 작성했는데, 이때부터 '애국(愛國)자 응우옌'이라는 뜻을 지닌 이 이름으로 활동했다. 하지만 미국 대표단만 잠시 관심을 보였을 뿐, 전승국 대표 대부분은 청원서에 아무런 반응도 보이지 않았다. 파리 강화 회의에서 식민지 문제가 논의되기는 했지만 결국 아무런 결정도 내려지지 않았다.

비록 베트남 독립 청원은 받아들여지지 않았지만, 이 일로 프랑스의 베트남 교포 사회에 베트남 독립의 대의가 널리 퍼지게 되었고, 응우옌아이꾸옥은 유명인사가 됐다. 덕분에 그는 프랑스 경찰의 집요한 감시를 받았지만, 별 탈 없이 SFIO에 입당할 수 있었다(1919). 그런데 왜 하필이면 사회주의 정당에 가입했을까?

프랑스 정계에서 SFIO가 억압받는 민족의 투쟁에 동정심을 보여 주는 유일한 정당이었기 때문이다. 자본주의에 대한 반감도 응우옌아이꾸옥이 사회주의를 택하는 데 중요한 작용을 했다. 자신의 조국을 식민지로 만들어 착취하는 악랄한 프랑스의 경제 체제가 바로 자본주의였기 때문이다. 독립 청원을 외면한 나라들에 대한 분노와 실망도 자본주의에 대한 비판 의식을 강화했다. 또한, 사적 이익 추구를 옹호하는 자본주의보다 평등하고 소박한 생활을 강조하는 사회주의 쪽이 어린 시절에 배운 공자의 가르침에 더 가까워 보였다.

당시 SFIO에서는 볼셰비키 혁명을 둘러싸고 온건파와 급진파 사이에 심각한 균열이 일어났다. 1917년 러시아에서 '10월 혁명(볼셰비키 혁명)'이 일어나, 레닌과 볼셰비키당(훗날의 소련 공산당)이 앞선 '2월 혁명'으로 들어선 임시 정부를 타도하고 권력을 장악했다. 레닌은 자본주의 국가들의 압력에 맞서 전 세계 자본주의 국가의 타도와 프롤레타리아트 독재 등을 정강으로 내걸고 '코민테른(Communist International, 국제 공산당)'을 창설했다(1919). SFIO의 급진파는 볼셰비키 혁명의 대의와 코민테른 가입을 지지했다. 응우옌아이꾸옥은 베트남 독립운동을 지지하리라 기대하면서 급진파에 가담했다.

1920년 투르에서 SFIO 전당 대회가 열렸는데, 핵심 쟁점은 코민테른 가입 여부였다. 인도차이나 대표 자격으로 전당 대회에 참석한 응우옌아이꾸옥은 프랑스의 사회주의자들이 피지배 민족의 독립운동을

투르 대회에서 발표하는 응우옌아이꾸옥 응우옌아이꾸옥은 1920년 12월 투르에서 열린 SFIO 대의원
회에 참석해 코민테른의 원칙에 헌신하겠다는 의지를 밝혔다.

지원하는 데 앞장서야 한다고 주장했다. 의견을 좁히지 못해 결국 응
우옌아이꾸옥을 포함해 코민테른 가입에 찬성하는 급진파 당원들은
대거 탈당하여 프랑스 공산당을 창건했다.

　프랑스 공산당의 주요 인물이 된 응우옌아이꾸옥은 《위마니테》(투
르 대회 이후 프랑스 공산당의 기관지)를 비롯한 좌파 신문에 식민지 해
방의 대의를 호소하는 글을 기고했을 뿐만 아니라, 마다가스카르, 알
제리 등 프랑스의 식민 통치를 받는 여러 나라의 민족주의자들과 함께

국제 식민지 연맹을 조직하고(1921), 연맹의 기관지 《르 파리아(Le Paria)》에 식민지 정책을 비판하는 글을 실었다.

응우옌아이꾸옥은 꾸준히 공산당 동료들에게 식민지 문제에 관한 관심을 촉구했다. 그러나 프랑스의 다른 좌파와 마찬가지

응우옌아이꾸옥의 풍자화 프랑스 식민 지배의 실상을 보여 주기 위해 응우옌아이꾸옥이 직접 그린 삽화로, 《르 파리아》에 게재되었다.

로 프랑스 공산당의 지식인들도 서유럽 중심주의에 사로잡혀 식민지 문제를 가볍게 취급했다. 프랑스의 좌파에 실망한 응우옌아이꾸옥은 그를 감시하던 경찰들을 따돌리고 베트남 민족을 위해 '행동'할 사람들을 찾아서 소련으로 향했다(1923).

응우옌아이꾸옥이 파리를 떠나 모스크바로 향하게 된 계기, 더 나아가 사회주의 성향을 지닌 순박한 애국자에서 마르크스-레닌주의 혁명가로 변모하게 된 결정적인 계기는 1920년 레닌이 코민테른 제2차 대회에 제출한 〈민족과 식민지 문제에 관한 테제〉였다. 서구 자본주의 국가는 저개발 국가를 식민지로 착취함으로써 지배 체제를 유지하므로, 서구의 사회주의자가 자본주의 체제를 무너뜨리려면 식민지의 민족 해방 운동을 적극적으로 지원해야 한다는 것이 이 테제의 핵심이다. 레닌의 〈테제〉에 대해 응우옌아이꾸옥은 흥분에 가득 차서 "기적을 가져다주는 지혜의 책", "베트남 혁명가와 인민의 나침반"이

라고 불렀다.

　응우옌아이꾸옥이 보기에 레닌은 베트남 민족이 절실하게 도움을 갈구하는 시기에 도움을 약속한 유일한 국가 수반이었다. 그리고 식민지가 세계 자본주의 체제의 사활이 걸린 자본주의(혹은 제국주의)의 최전선이라는 관점을 명쾌하게 제시한 거의 유일한 사람이었다. 레닌의 언행은 말로만 피압박 민족의 투쟁을 지지할 뿐 행동으로 보여 주지 않는 프랑스의 동지들과 너무도 비교됐다.

베트남 청년 혁명 동지회가 결성되다

경찰의 감시와 체포될 위험보다 동지들의 무관심과 몰이해에 더 절망감을 느낀 파리의 베트남 청년 응우옌아이꾸옥에게 구원의 손길을 뻗은 곳은 모스크바였다. 모스크바의 코민테른 본부는 세계 혁명에서 식민지의 역할이 중요하다는 확신 아래 아시아와 아프리카 출신 독립운동가들을 공산주의 혁명가로 양성할 계획을 세웠다. 응우옌아이꾸옥은 코민테른의 계획에 딱 들어맞는 인물이었다.

　코민테른이 설립한 동방 노력자 공산대학에 입학한 응우옌아이꾸옥은 이곳에서 식민지의 혁명을 이끌 지도자가 되기 위한 훈련을 받으면서 세계 각국에서 온 혁명가들과 두루 사귀었다. 또한 코민테른 제5차 대회(1924) 등 각종 대회에 참석해 식민지의 억압당하는 인민들이 수동적인 태도를 보이는 것은 아직 조직과 지도자가 없기 때문이며, 코민테른이 식민지 문제에 적극적으로 나서서 이들의 해방과

코민테른 제5차 대회 1924년에 열린 코민테른 제5차 대회 참석을 위해 응우옌아이꾸옥이 발급받은 대표자 증서이다. 그는 이 대회에서 동방부 상임위원에 선출되었다.

혁명을 도와야 한다고 주장했다. 그 결과 응우옌아이꾸옥은 아시아의 식민지를 대표하는 혁명가로서 인정받았을 뿐만 아니라, 코민테른이 식민지 문제에 더욱 큰 관심을 기울이도록 만들었다. 모스크바에서 자신이 해야 할 일을 다 끝냈다고 생각한 응우옌아이꾸옥은 중국의 광저우로 향했다(1924).

그는 왜 베트남의 하노이나 사이공이 아니라 중국의 광저우로 향했을까? 베트남은 아직 사회주의 혁명이 일어날 만한 여건을 갖추지 못했다고 판단해서다. 우선, 베트남 각지에 흩어져 있는 공장이나 농장 혹은 광산에서 일하는 노동자들은 자신들이 노동 계급에 속한다는 의

식조차 없었고, 그 수도 전체 인구의 약 2퍼센트에 불과했다. 따라서 식민 통치에 대항해 민중 봉기를 주도하기는커녕 일으킬 능력도 없었다. 인구의 다수를 차지하는 농민은 착취당하는 정도로 보면 혁명적 잠재력이 있었지만 조직력이 약했다. 중간 계급은 민족 독립의 대의에 동조하는 경향이 있음에도 수가 적고 우유부단했다. 무엇보다도 이들 모두에게 사회주의나 공산주의는 아직 낯선 개념이었다. 게다가 프랑스 식민 당국은 모든 종류의 급진 운동을 가차없이 탄압했다. 이러한 상황에서 베트남에 들어가 혁명 운동을 조직한다는 것은 섶을 지고 불길 속으로 뛰어드는 것이나 마찬가지였다.

1924년 응우옌아이꾸옥이 광저우에 도착했을 당시, 그곳은 혁명의 열기로 들끓었다. 한 해 전(1923) 남방의 군벌들로부터 광저우를 되찾은 중국 국민당의 지도자 쑨원은 당내 분열을 극복하고 기강을 확립하기 위해, 베이징 정부를 비롯한 북방의 군벌을 타도하고 외교적 고립에서 벗어나기 위해 소련 공산당에 지원을 요청했다. 이에 코민테른은 중국 국민당의 개편을 도울 요원들을 광저우로 파견했다.

코민테른의 세계 전략은 레닌의 〈민족과 식민지 문제에 관한 테제〉에 이론적 기초를 두고 있다. 레닌은 중국이나 베트남의 혁명가들이 '아직 산업화가 이루어지지 않은 저개발 국가에서, 다시 말해 아직 자본주의 사회가 도래하지도 않은 나라에서 어떻게 사회주의 혁명을 달성할 수 있는가'라는 딜레마에 직면해 있다며, 이에 대해 "부르주아 민주주의자와 일시적으로 연합해야 한다"라는 처방을 내렸다. 여기서 '부르주아 민주주의자'란 자산 계급 출신의 민족주의자로서 제국주의에 저항하는 세력을 뜻한다. '일시적 연합'이라 함은 프롤레타리아트

(노동 계급)가 부르주아(자본 계급)에 대한 계급 투쟁을 잠시 미뤄두고 부르주아와 힘을 합쳐 제국주의 세력에 맞서 싸워야 한다는 의미였다. 외세를 완전히 몰아낸 후에야 사회주의 혁명을 위한 투쟁(계급 투쟁)이 본궤도에 오를 수 있다는 것이 코민테른이 제시한 세계 전략의 핵심이었다.

레닌과 그 후계자들은 중국에서 프롤레타리아트 혁명(사회주의 혁명)은 시기상조이며 그보다 먼저 부르주아 혁명(시민 혁명)이 일어나야 한다고 보았다. 그리고 부르주아 혁명을 추진하기에 가장 적합한 조직이 바로 중국 국민당이라고 판단했다. 이에 따라 코민테른은 중국 국민당을 도울 요원들을 파견하고 중국 공산당에 중국 국민당과 연합하도록 압력을 가했다. 이에 중국 공산당원이 개인 자격으로 국민당에 가입하는 방식으로 제1차 국·공 합작이 성사되었다(1924). 제1차 국·공 합작은 중국 국민당이 '북벌'을 추진해 북방의 군벌을 제압하고 중국을 통일함으로써 '국민 혁명'을 완수하는 토대가 됐다.

광저우에서 응우옌아이꾸옥은 국·공 합작의 우호적인 분위기에서 코민테른의 보호를 받으며 레닌의 〈테제〉에 따라 베트남 혁명 정당을 조직하기 위한 핵심 인력을 양성했다. 당시 광저우에는 판보이쩌우를 비롯해 베트남 애국지사들이 다수 활동하고 있었다. 응우옌아이꾸옥은 특히 민족주의 단체 떰떰싸의 단원들처럼 혈기 왕성한 청년들에 주목했다. 청년들은 마르크스-레닌주의에 대해 잘 몰랐지만, '적의 적은 나의 친구'라는 관점에서 소련과 사회주의에 대해 막연하게 우호적인 감정을 품고 있었다.

1925년 응우옌아이꾸옥은 1년 전 인도차이나 총독 암살 미수 사건

동방 노력자 공산대학과 황푸 군관학교 동방 노력자 공산대학(왼쪽)은 동아시아의 공산주의 운동을 지원하기 위해 1921년 코민테른이 모스크바에 설립한 교육 기관으로, 호찌민을 비롯해 중국의 덩샤오핑, 우리나라의 조봉암 등이 이 대학에서 교육받았다. 황푸 군관학교(육군군관학교)는 1924년 중국 국민당이 북벌에 나설 국민 혁명군을 조직하기 위해 소련의 지원을 받아 설립한 군 지휘관 양성 기관이다.

으로 조직이 와해된 떰떰싸의 옛 단원들과 다른 청년들을 규합해서 '베트남 청년 혁명 동지회(이하 '청년')'를 조직했다. '청년'은 겉으로는 민족 운동 단체처럼 보였지만, '청년'을 움직이는 핵심 조직은 '공산 청년단'이었다. 그런 의미에서 '청년'은 민족주의 단체이자 베트남 최초의 사회주의 단체였다. 응우옌아이꾸옥은 혁명의 황무지나 다름없는 식민지 베트남에서 사회주의 혁명의 싹을 틔우려면 우선 민족 해방이라는 토양부터 조성해야 한다고 판단했기에, '청년'의 강령에 사회주의와 민족주의를 결합했다.

응우옌아이꾸옥은 광저우에 '베트남 혁명을 위한 특별 정치 연구소'라는 이름의 혁명가 양성소를 세워 청년들을 가르쳤다. 우수한 청년들은 광저우의 황푸 군관학교나 모스크바의 동방 노력자 공산대학에 입학시켰다. 이렇게 훈련받은 청년들은 베트남에 잠입하여 '청년'의 국내 조직을 만들었고, 타이로도 조직망을 확장했다. 그 결과 1929년에는 '청년'의 회원 수가 1,000여 명에 이르렀다.

인도차이나 공산당이 결성되다

1927년 4월 광저우의 베트남 혁명가들에게 날벼락이 떨어졌다. 북벌 과정에서 공산당의 세력 확장을 우려한 국민 혁명군 총사령관 장제스가 상하이에서 쿠데타를 일으켜 공산당원에 대한 학살을 명령했고, 그 여파가 광저우까지 몰아친 것이다. 광저우에서만 수백 명이 총살당했는데, 그 희생자 중에는 베트남 청년들도 섞여 있었다. 신변의 위험을 느낀 응우옌아이꾸옥은 광저우를 빠져나가 모스크바로 향했다. 구심점을 상실한 '청년'은 회원 수가 늘어나기는 했지만, 1929년에 인도차이나 공산당(북부)과 안남 공산당(남부)으로 분열하고 말았다. 이듬해에는 '청년'과는 무관한 인도차이나 공산주의 연맹이 결성돼 베트남 사회주의 운동의 주도권 다툼에 뛰어들었다.

한편 중국 국민당이 공산당원을 축출하고 북벌을 재개하면서 중국 통일을 향해 나아가자, 사회주의에 거부감을 느끼던 베트남 지식인 중에서 중국 국민당의 '국민 혁명'을 베트남 독립운동의 모델로 삼아야 한다는 주장이 생겨났다. 이에 1927년 말 하노이에서 응우옌타이혹 등이 비밀리에 '베트남 국민당'을 창당했다.

베트남 국민당의 지도부는 대체로 식민지 시대에 태어나 프랑스식 교육을 받은 청년들로서 교사, 학생, 기자, 소상인, 하급 관리 출신이 많았다. 이들은 무장 투쟁을 통한 식민 정부 타도와 민주 공화국 수립을 지향했다. 베트남 국민당은 창당한 지 2년 만에 베트남 북부에서 1,500여 명의 당원을 확보할 정도로 빠른 속도로 성장하여 '청년'과 독립운동의 주도권을 놓고 경쟁했다. 하지만 식민 정부 타도에만 몰두한 나머지 독립 이후 국가 건설에 대한 구체적인 계획을 세우지 못했고, 투쟁 전략도 엉성한 데다 당원의 돌출 행동을 제어할 규율이나 지도력도 부재했다.

1929년 2월 베트남 국민당원 일부가 지도부의 반대를 무릅쓰고 하노이에서 고무 농장 등에 노동자를 알선하여 막대한 이익을 챙기던 악질적인 프랑스인을 암살했다. 이 사건이 식민 당국의 탄압을 초래했고, 베트남 국민당은 당원과 조직원 400여 명이 체포되는 엄청난 타격을 입었다.

이때 간신히 체포를 면한 응우옌타이혹은 괴멸 직전에 놓인 당을 재건하기 위해 시기상조라는 당내 반대 의견을 무릅쓰고 대규모 무장봉기를 기획했다. 이에 따라 베트남 국민당군은 1930년 2월 하노이 근처 옌바이에 주둔한 프랑스군 병영을 공격했다. 그러나 기대와는 달리 베트남인 병사들이 진압에 나서면서 반란은 실패했고, 이어 북부 곳곳에서 무장봉기가 일어났지만 모두 맥없이 진압당했다. 그 결과 수천 명이 체포되고, 응우옌타이혹을 비롯한 국민당 지도자 대부분이 처형당하고 말았다. 극소수의 당원만이 체포를 면하고 중국으로 망명했다. 이후에도 그들은 독립운동을 계속했지만, 베트남 국민당은 독립운동의 주도권을 완전히 상실했다.

응우옌타이혹 처형 베트남 국민당의 당수 응우옌타이혹은 옌바이 사건으로
수감되었다. 1930년 6월 17일 그를 비롯한 국민당 지도부 열세 명이 처형됐다.
가운데 단두대가 보이고, 왼쪽에 하얀 수의를 입은 28세의 응우옌타이혹이 서
있다. 옌바이 사건이 실패하고 난 뒤 618명이 피고인으로 재판정에 섰고, 그중
35명이 사형을 선고받았다.

죄수복을 입은
응우옌타이혹

    1920년대 이후 아시아 각지에서 민족주의 세력과 사회주의 세력이
민족 운동의 주도권을 놓고 치열하게 경쟁을 벌였고, 독립 이후에는
국가 건설을 둘러싸고 내전을 벌이기도 했다. 그런데 유독 베트남에
서는 일찌감치 사회주의 세력이 독립운동과 국가 건설의 주도권을 장
악했는데, 그 계기가 바로 앞서 언급한 '옌바이 사건'이다. 이 사건으
로 베트남의 민족주의자들이 엄청난 타격을 입으면서 사회주의자들
이 독립운동 세력을 규합하는 데 유리한 입장에 서게 된 것이다.

    1930년 1월, 타이에 머물던 응우옌아이꾸옥이 외국인의 정치 활동
에 비교적 관대한 홍콩에 잠입했다. '청년'에서 갈라져 나온 두 개 정

당을 포함해 베트남의 사회주의 정당을 하나로 합치기 위해서였다. 그는 코민테른이 파견한 대표라는 권위를 이용해 2월 '청년'에서 갈라져 나온 두 정당의 대표를 불러 모았고, 그 자리에서 두 당을 해체하고 '베트남 공산당'을 창당하여 함께하기로 합의했다. 여기에는 사회주의 이념에 동조하는 누구라도 입당할 수 있게 했다.

창당 직후 응우옌아이꾸옥은 베트남 공산당이 프롤레타리아트 정당임을 공개적으로 선포하면서 프랑스 제국주의와 베트남 내 반혁명 세력을 타도하고 노동자-농민의 정부를 수립하기 위해 투쟁할 것이라고 밝혔다. 하지만 '청년' 시절부터 옹호해 온 레닌주의적 관점, 즉 혁명에 동조한다면 지식인, 소상공인, 부농, 지주 할 것 없이 누구와도 연대해야 한다는 관점을 견지했다.

그런데 베트남 공산당 내부에서 응우옌아이꾸옥의 권위에 도전하는 인물이 나타났다. 모스크바에서 훈련받고 돌아온 20대의 사회주의자 쩐푸였다. 응우옌아이꾸옥이 프랑스에 반대하는 지주와 상공인도 참여시키는 '통일 전선'을 강조했던 데 반해, 쩐푸는 모든 자산 계급을 배척할 것을 주장했다. 또한 농민의 역할을 강조한 응우옌아이꾸옥과는 달리, 노동자가 혁명의 구심점이 돼 농민을 지도해야 한다고 주장했다. 이러한 쩐푸의 견해는 1928년 제6차 대회에서 제시된 코민테른의 새로운 정책을 반영한 것이었다. 레닌에 이어 소련의 최고 권력자가 된 스탈린의 영향으로 코민테른은 통일 전선을 불신하고 민족 해방보다 계급 투쟁을 우선하는 노선을 채택했다.

1930년 10월 홍콩에서 열린 회의에서 베트남 공산당 지도부는 코민테른의 지시에 따라 노동 계급의 역할과 계급 투쟁을 강조하는 새로운 강령을 채택했다. 마찬가지로 캄보디아와 라오스의 혁명도 병행하라는 코민테른의 지시에 따라 당명을 '인도차이나 공산당'으로 바꾸었다. 당명에서 '베트남'이라는 이름을 떼어냄으로써 민족의 독립보다 계급 투쟁을 우선한다는 당의 입장을 강조한 것이다. 그리고 쩐푸를 당 총서기로 선출함으로써 쩐푸에게 당을 이끌어 갈 권위를 부여했다. 젊은 당원들에게 모욕당하고 영향력까지 상실한 응우옌아이꾸옥은 겸허하게 당의 결정을 받아들였다.

쩐푸 응우옌아이꾸옥과 노선을 달리하며 등장한 쩐푸는 계급 투쟁을 우선하는 인도차이나 공산당의 초대 총서기가 되었다.

홍콩에서 베트남 사회주의자들이 당의 진로를 놓고 갑론을박을 벌이는 동안, 베트남에서는 노동자와 농민의 파업과 시위가 들불처럼 번져 갔다. 1920년대 말부터 전 세계 자본주의 경제를 강타한 대공황이 베트남에도 여파를 미치면서 1930년대 초부터 각지에서 해고 위기에 놓인 노동자들이 파업을 일으켰다. 게다가 홍수와 가뭄이 잇따르고 대공황의 영향으로 쌀값마저 폭락하자 굶주린 농민들도 시위를 벌이거나 폭동을 일으켰다. 이 중 가장 큰 규모의 농민 봉기가 베트남 중부의 응에안성과 그 바로 남쪽 하띤성에서 일어났다(1930~1931).

응에-띤 소비에트 1930년 응에-띤 소비에트의 봉기를 기리는 그림(1957)이다. 여름부터 일어난 봉기가 9월 초 대규모로 번졌고, 프랑스 군대는 여러 대의 전투기를 동원해 소비에트 군중 한가운데에 폭탄을 떨어뜨리고 총을 쏘아댔다. 9월 12일 하루에만 217명의 사망자가 나왔다.

    응에안과 하띤에서는 인도차이나 공산당의 지방 조직이 농민 시위를 주도했다. 농민들은 공산당의 지도에 따라 지방관을 몰아내고 농민의 자치 기구인 '소비에트(soviet)'를 건설했다(1930). 이른바 '응에-띤 소비에트'는 소작료와 세금을 인하했으며, 지주의 토지를 빼앗

● '평의회'를 뜻하는 러시아어로, 노동자나 농민의 자치 기구를 말한다.

아 가난한 농민들에게 분배했다. 일부 과격한 농민은 지주와 지방관을 처형하기도 했다. 식민 당국의 탄압을 우려한 당 지도부는 폭력에 의존하지 말라는 지침을 내렸으나 성난 농민을 제어할 수는 없었다.

　그러나 농민과 노동자의 저항 운동은 전투기까지 동원한 프랑스 군대의 무자비한 진압으로 이듬해 완전히 괴멸됐다. 식민지 경찰은 봉기 가담자 검거에 나서서 5만여 명을 체포했다. 특히 인도차이나 공산당은 최대의 위기를 맞았다. 쩐푸를 비롯한 당 지도부 대부분이 체포되고, 각지에서 수많은 당원이 투옥됐다. 응우옌아이꾸옥마저 홍콩에서 영국 경찰에 체포되어 투옥되었다.

소비에트의 실패는 단순히 무력의 열세 때문만은 아니었다. 중부지방의 대규모 농민 봉기는 전국으로 번지지 못했고, 도시의 중간 계급은 농민의 폭력에 냉담한 반응을 보였다. 무엇보다도 노동자와 농민에게만 의존하고 나머지 모든 계층을 배척한 당 지도부의 편협한 정치 노선이 봉기의 확산을 막았다. 농민은 베트남 인구의 대다수를 차지했지만 정치의식이 성숙하지 못했고, 혁명의 선봉대 노릇을 할 노동자는 전체 인구의 2퍼센트에 불과했다. 쩐푸가 이끈 인도차이나 공산당은 베트남의 현실을 고려하지 않고 코민테른의 지시에 맹목적으로 따른 대가를 톡톡히 치러야 했다.

베트남 독립 동맹이 결성되다

베트남 국민당과 달리, 인도차이나 공산당은 코민테른의 지원과 살아남은 당원들의 활약 덕분에 가까스로 재기에 성공했다. 특히 1930년대 중반 국제 정세의 변동에 따른 코민테른의 정책 변화에 적응하면서 점차 침체기에서 벗어났다. 한편, 코민테른의 도움으로 홍콩의 감옥에서 석방된 응우옌아이꾸옥은 프랑스 경찰의 감시를 피해 무사히 모스크바로 탈출했다(1934).

1935년에 개최된 제7차 대회에서 코민테른은 계급 투쟁과 프롤레타리아트 혁명을 강조하며 통일 전선을 부정했던 제6차 대회의 극좌 노선을 폐기하고 전 세계의 진보적인 민주 세력과 광범위한 동맹을 맺어야 한다는 새로운 전략을 채택했다. 반공·극우 노선을 표방한 독일의 나치즘과 이탈리아의 파시즘, 일본 군국주의에 맞서 반파시즘 통일 전선을 형성할 필요를 느꼈기 때문이다. 코민테른의 새로운 노선은 민족 해방과 통일 전선을 중시한 응우옌아이꾸옥의 견해에 가까운 것이었다.

1936년 프랑스에서 반파시스트 동맹을 표방하는 '인민 전선'이 집권하자, 프랑스의 식민지 정책에도 변화가 생겼다. 식민지의 정치범들이 석방되고, 그들의 정당 활동도 제한적으로나마 허용됐다. 이에 잠시나마 인도차이나 공산당이 합법적으로 활동할 수 있는 길이 열렸다. 인도차이나 공산당은 코민테른의 새로운 전략에 따라 온건한 합법 투쟁을 표방하고 모든 계층으로부터 당원을 확보하려고 노력했다. 그 결과 1938년까지 꾸준히 당원이 증가했고, 노동자와 농민 및 소수민족의 지지도 점차 늘어 갔다.

1939년 제2차 세계대전 발발 직전에 프랑스에서 인민 전선 내각이 붕괴하면서 공산당이 불법 단체로 규정되자, 인도차이나의 식민 당국도 급진적인 정치 단체를 불법화하고 사회주의자 검거에 나섰다. 인도차이나 공산당은 2,000여 명의 당원이 체포당하는 타격을 입었지만, 오랜 비밀 결사 활동의 경험과 지지자들의 도움으로 살아남았다. 한편 1938년 모스크바를 떠나 중국에 몰래 들어와 팔로군(중국 공산당의 군대)에서 간부로 일하던 응우옌아이꾸옥은 1940년부터 베트남의 인도차이나 공산당 지도부와 연락을 취하기 시작했다.

응우옌아이꾸옥이 중국에 잠입할 당시 베트남을 둘러싼 국제 정세는 급변하고 있었다. 1937년 일본이 중·일 전쟁을 일으키자, 국민당과 공산당이 다시 한번 손을 잡았다(제2차 국·공 합작). 이에 따라 베트남 사회주의자들의 중국 활동이 비교적 수월해졌다. 1940년 나치 독일의 침공을 받은 프랑스가 독일에 항복하자, 일본이 인도차이나의 프랑스 식민 정부를 겁박해 베트남 북부에 군대를 주둔시켰다. 북으로 베트남-중국 간 국경을 차단해 중국을 고립시키고 남으로 동남아시아 침략의 교두보를 마련하기 위해서였다. 프랑스가 일본의 겁박에 물러서는 모습을 지켜본 베트남 사람들은 독립이 꿈이 아니라 현실이 될 수 있다는 희망을 품게 됐다.

1940년 9월 프랑스 식민 정부의 약화를 틈타 베트남-중국 간 국경 인근의 박선에서 인도차이나 공산당 지방 조직이 무장봉기를 일으켰으나 곧바로 진압당했다(박선 봉기). 같은 해 11월 남부에서도 공산당 지방 조직이 무장봉기를 일으켰다. 그러나 전투기와 장갑차를 앞세운 프랑스군을 당해낼 수 없었다. 5,000여 명이 체포되고 핵심 당원을 포함한 100여 명이 처형당하고 말았다. 이 같은 '코친차이나 봉기'의 실패는 남부에서 인도차이나 공산당의 영향력을 약화시켰다.

응우옌아이꾸옥은 1941년 5월 베트남으로 넘어와 국경 지대의 밀림 속에 독립운동 기지를 건설하고 '인도차이나 공산당 제8차 전체 회의'를 열었다. 이 회의에서 프랑스와 일본이라는 두 제국주의 세력에 맞서 민족 해방 투쟁을 전면화하고 이를 위해 각계각층의 애국 세력을 규합하여 통일 전선을 구축할 단체로서 '베트남 독립 동맹(越南獨立同盟)'을 결성했다. 줄여서 '베트민(越盟)'이라고도 불리는 이 단체

박선 봉기(왼쪽)와 코친차이나 봉기 1940년에 일어난 이 두 차례의 봉기는 비록 실패했지만 5년 뒤 터진 8월 혁명의 경험적 밑거름이 된 중요한 사건으로 평가받는다.

의 이름에는 '베트남' 민족의 '독립'을 최우선 과제로 삼겠다는 응우옌 아이꾸옥과 새로운 당 지도부의 의지가 담겨 있었다.

> 우리 당이 인도차이나 혁명에서 계급 투쟁의 문제를 무시한다는 뜻은 아니다. …… 그러나 현재는 민족이 일차적으로 중요하며, 특정 계급에 유익하나 민족에 해로운 모든 요구는 민족의 생존에 종속돼야 한다. 이 순간 우리가 민족 해방의 문제를 해결하지 못한다면, 모든 인민의 독립과 자유를 요구하지 않는다면, 우리나라의 모든 인민이 계속 짐승 같은 삶을 살아야 할 뿐만 아니라, 개별적인 사회 계급의 특정한 목표 역시 수천 년이 지나도 달성할 수 없을 것이다.
> — 〈인도차이나 공산당 제8차 전체 회의 결의문〉[5]

금성홍기 1940년 코친차이나 봉기에서 처음 사용된 금성홍기는 이후 베트민의 깃발, 베트남 민주 공화국의 국기로 사용되었다. 1955년 제1차 인도차이나 전쟁 이후 별의 5각을 더 뾰족하게 수정하여 오늘날의 모습이 되었다.

응우옌아이꾸옥은 제국주의 타도를 최우선 목표로 내세웠지만, 그렇다고 계급 문제를 간과하지는 않았다. 다가올 투쟁에 대비해 노동자와 농민을 든든한 지지 기반으로 확보해야 했기 때문이다. 그러나 당장은 지주나 자본가 출신 애국 세력을 포용해야 했기에 비교적 온건한 사회 개혁 노선을 표방했다. 이에 '지주가 소유한 모든 토지 몰수' 같은 과격한 구호가 '소작료 인하, 프랑스인 통치자와 베트남인 부역자의 재산 몰수' 같은 비교적 온건한 구호로 바뀌었다.

베트민 창설 이후 모든 정치 활동은 베트민의 이름으로 행해졌다. 인도차이나 공산당은 배후에서 조종할 뿐 전면에 나서지 않았다. 베트민의 활동도 농민 단체, 노동자 단체, 학생 단체 등을 통해 간접적으로 이루어졌다. 공산당에 대한 거부감을 누그러뜨리기 위해서였다.

1941년 6월 독일이 소련을 침공하자, 베트민은 연합국 지지를 선언했다. 그로부터 6개월 뒤 일본은 미국과 영국 등 연합국을 상대로 전쟁을 일으켜 연합국의 식민지나 다름없던 동남아시아에 대한 침략을 개시했다(아시아·태평양 전쟁). 당시 베트민의 적이라고 할 수 있는 프랑스의 비시 정부(친독 정권)와 일본이 독일의 속국 또는 동맹국이고, 베트민의 친구라고 할 수 있는 소련이 미국·영국 등과 연합했기 때문에, 베트민은 '적의 적은 나의 친구'라는 관점에서 연합국 측에 가담한 것이다.

레닌주의자인 응우옌아이꾸옥이 보기에, 제2차 세계대전은 제1차 세계대전과 마찬가지로 제국주의 국가 간의 전쟁이었다. 즉 독일·이탈리아·일본 등 뒤늦게 식민지 쟁탈전에 뛰어든 제국주의 국가들이 미국·영국·프랑스 등 기존 제국주의 국가들의 식민지를 노리고 시작한 전쟁이었다. 무엇보다 1920년 코민테른 제4차 대회에서 레닌이 언급한 것처럼, 제1차 세계대전으로 인해 러시아에서 볼셰비키 혁명이 일어났듯이, 새로운 세계대전의 여파로 새로운 사회주의 국가가 탄생할 수 있었다. 따라서 공산당의 가장 중요한 임무는 제국주의 세력 간의 갈등을 이용해서 적절한 순간에 베트남의 권력을 장악할 준비를 하는 것이었다. 그리고 그 적절한 순간을 놓치지 않으려면 스스로 무력을 보유해야 했기에, 베트민은 북부 산악 지대 곳곳에 유격대를 조직했다.

인도차이나 공산당은 베트민을 내세워 베트남에서 프랑스 식민 정부와 일본군 양쪽을 상대하는 투쟁을 주도할 수 있었다. 물론, 경쟁 세력이 없지는 않았다. 중국에 망명한 베트남 민족주의 세력은 중국 국민당의 도움을 얻어 '베트남 혁명 동맹회'를 결성했다(1942). 그러나 조직 내 민족주의 세력의 분열과 사회주의 세력의 조직 침투로 제대로 된 활동을 펴지 못했다.

응우옌아이꾸옥은 베트민 조직의 내부 역량을 강화하는 일뿐만 아

베트민 유격대 베트민은 보응우옌잡(맨 왼쪽) 장군의 지휘 아래 프랑스 식민 정부와 일본군을 상대로 게릴라전을 펼쳤다. 이 유격대가 이후 베트남 해방군 선전대와 베트남 인민군으로 발전한다.

니라 베트민에 대한 국제적 지원을 확보하는 데도 주의를 기울였다. 이런 맥락에서 1942년 중국의 지원을 얻기 위해 다시 중국으로 넘어 갔는데, 당시 '호찌민(胡志明)'이라는 이름으로 된 가짜 신분증을 가지고 다녔다. 응우옌아이꾸옥이 호찌민이라는 이름으로 불리게 된 것은 바로 이때부터다. 호찌민은 중국 남부에서 중국 국민당 계열의 군벌 에게 일본군 첩자라는 의심을 받고 1년 가까이 감금됐지만, 인도차이나 공산당의 구명 노력과 중국 공산당의 도움으로 석방될 수 있었다 (1943). 호찌민은 중국 남부에 머무르면서 중국 국민당으로부터 무기와 자금 제공을 약속받았다.

1944년 9월 호찌민이 베트남에 돌아왔을 때, 당 지도부는 총봉기를 앞두고 있었다. 당시 유럽에서는 연합군이 동·서 양쪽에서 독일군을 몰아붙이고 있었고, 아시아·태평양에서도 연합군이 일본군을 향해 포위망을 좁혀 가고 있었다. 베트남에서는 날로 악화하는 경제 상황 때문에 노동자의 파업이 증가했고 당원의 수도 늘어났다. 이러한 변화에 고무된 당 지도부가 무장봉기를 감행할 '결정적인 순간'이 도래했다고 판단한 것이다.

호찌민은 무장봉기에 반대했다. 베트민에 대한 지지는 확산되고 있지만, 아직 베트민의 봉기에 호응해 전국 단위의 무장 투쟁이 가능할 정도로 역량이 성숙한 것은 아니라고 판단했기 때문이다. 호찌민은 1940년의 박선 봉기와 코친차이나 봉기의 실패에서 교훈을 얻어야 한다고 당 지도부를 설득했다. 즉, 아직은 전면적인 무장 투쟁의 단계로 넘어갈 때가 아니라는 이야기였다. 당장은 정치 선전 활동에 주력해야 한다고 주장하면서 '베트남 해방군 선전대(오늘날 베트남 인민군의 모체)'를 창설해 대중의 정치적 역량을 키우며 다가올 봉기를 준비하자고 제안했다.

인도차이나 공산당은 기회만 오면 언제든지 총공격을 감행할 수 있도록 착실하게 준비해 나갔다. 그리하여 제2차 세계대전이 막바지에 이른 1945년 여름 마침내 '결정적인 순간'이 도래했을 때, 그들은 그 기회를 잡을 수 있었다.

● 젊은 여성 혁명가 응우옌티민카이의 사랑

1930년 10월, 홍콩의 한 아파트에서 베트남 공산당 중앙위원회가 열렸다. 코민테른 대표로서 회의를 주재한 응우옌아이꾸옥의 눈에 활기찬 젊은 여성 당원 하나가 확 들어왔다. 그 여성 당원의 이름은 응우옌티민카이. 코민테른 극동국이 그의 보좌관으로 파견한 인물이었다.

응우옌티민카이는 1910년 응우옌아이꾸옥의 고향이기도 한 응에안성의 한 관리 집안에서 태어났다. 민카이는 고향에서 중등학교까지 진학했는데, 학교에서 미래의 인도차이나 공산당 지도자 쩐푸를 만나 혁명 운동에 뛰어들었다. 1927년 쩐푸와 함께 신월혁명당을 창당하고 집행위원으로 선출됐는데, 당시 나이 17세였다. 3년 뒤에 코민테른의 지시로 홍콩에 가서 만나게 된 혁명가가 바로 응우옌아이꾸옥이다.

나이 차이가 스무 살이나 됐지만 두 남녀는 사랑에 빠졌고 결혼까지 생각하게 됐다. 두 사람은 혁명가로서 경찰에 쫓기는 신세였기에 흔적을 남기지 않았고, 그래서 두 사람의 사적인 관계에 대해서는 알려진 것이 거의 없다. 두 사람의 결혼을 강력하게 부인하는 베트남 정부의 공식 입장과는 달리, 두 사람이 정식 혼례를 올리지는 않았지만 사실상 부부 관계로서 함께 살았다고 주장하는 학자들도 있다. 어쨌든 두 사람의 관계는 오래가지 못했다. 1931년 봄 응우옌아이꾸옥은 코민테른 극동국에 민카이와의 결혼을 허가해 달라고 요청했다. 그러나 얼마 후 민카이와 응우옌아이꾸옥이 차례로 홍콩 내 영국 경찰에 체포되면서 두 사람의 동거는 끝이 났다. 민카이는 몇 달 동안 감옥에 있다가 응우옌아이꾸옥보다 먼저 석방됐다. 이후 4년 동안 서로 떨어져 있으면서 두 사람의 마음도 점차 멀어졌던 듯하다.

석방 이후 민카이는 당 지도부의 일원으로 꾸준히 활동했고, 1935년 모스크바에서 열린 코민테른 제7차 대회에 인도차이나 공산당 대표로 파견됐다. 대회에 참석한 민카이는 식민지 여성에 대한 착취를 고발하면서 미래의 혁명에서 식민지 여성이 중요한 역할을 담당할 것이라는 내용의 연설을 했다.

당시 모스크바에 머무르고 있던 응우옌아이꾸옥은 인도차이나 공산당 대표가 아니라 코민테른 극동국 참관인 자격으로 대회에 참석했다. 두 사람은 4년 만에 재회했고 당의 진로에 관해 대화도 나누었다. 하지만 옛 연인을 바라보는 응우옌아이꾸옥의 마음은 쓸쓸했을 것이다. 민카이가 새로운 젊은 연인과 눈길을 주고받는 장면을 지켜봐야 했을 테니까. 민카이 역시 혁명의 대의를 위해 불편한 마음을 억지로 눌렀는지도 모른다.

민카이의 새 연인은 '청년' 시절 응우옌아이꾸옥이 총애하던 제자 레홍퐁이었다. 레홍퐁은 민카이보다 다섯 살 연상으로 미남인 데다가 총명했고, 모스크바 유학생 출신으로 당을 이끄는 실세였다. 민카이와 레홍퐁은 코민테른 대회가 끝나자마자 정식으로 결혼했다. 그리고 신혼의 달콤함을 즐길 겨를도 없이 서로 반대 방향으로 지구 반 바퀴를 돌아 홍콩에서 만난 후 함께 사

응우옌티민카이와 레홍퐁 민카이(왼쪽)와 레홍퐁은 코민테른 제7차 대회에 참석하기 위해 모스크바로 함께 여행했을 때 사랑에 빠졌던 듯하다. 두 사람 모두 베트남 혁명을 위해 목숨을 바쳤다.

이공에 잠입했다. 남편 레홍퐁이 코민테른 대표로서 상하이, 홍콩, 사이공 등지를 왕래하는 동안, 민카이는 사이공에서 코친차이나 지역위원회 위원으로 활동했다.

1940년 11월 코친차이나 봉기가 실패로 끝났을 때 사이공에서 수백 명의 공산당원이 체포됐는데, 그중에 민카이도 포함돼 있었다. 1941년 3월 민카이는 동료들과 함께 사이공 군사 법정에서 사형을 선고받고 곧바로 총살당했다. 죽기 전 민카이는 사이공 감옥에 수감 중이던 남편 레홍퐁과 잠시나마 만날 수 있었다. 민카이가 사형당한 후 꼰다오 감옥으로 이송된 레홍퐁은 고문과 열악한 환경에 시달리다가 1942년 병으로 사망했다.

고인이 된 옛 연인에 대해 응우옌아이꾸옥은 어떻게 생각했을까? 1941년 베트민 결성 직후에 응우옌아이꾸옥은 당원 교육용으로 발행한 잡지에 다음과 같은 시를 실었다.

베트남 여자들은 언제나
우리 조국과 민족을 위해 희생해왔다.
쯩 자매의 부름에는 수많은 사람이 호응하여
조국과 민족을 구하러 나섰다.
오랜 혁명 운동 동안
우리 자매들은 자주 투쟁에 참여하여
황금의 심장, 강철 같은 용기로
여러 번 용감하게 싸웠고,
응우옌티민카이처럼
여러 사람이 사형 선고를 받았다.
이제 기회가 가까워졌으니,
프랑스를 물리치자. 일본을 물리치자. 인민과 가정을 구하자.
— 〈여자들〉, 《독립 베트남》 제104호[6]

응우옌티민카이의 이름은 오늘날 베트남 곳곳의 거리와 학교의 이름으로 남아서 베트남 사람들의 마음속에 기억되고 있다. 조국과 민족을 위해, 혁명의 대의를 위해 자신의 모든 것을 바친 여성으로서 말이다.

식민 지배의 유산,
호찌민 콜로니얼 건축

프랑스인들은 100여 년 동안 베트남을 통치하면서 곳곳에 식민 도시를 건설했다. 주로 식민 도시에 모여 살았던 프랑스인들은 자기 나라에서 유행하던 건축 양식으로 건물을 지었는데, 이렇게 식민 본국인들이 식민지에 모국의 건물을 본떠 만든 건축 양식을 '콜로니얼 (colonial) 건축 양식'이라고 부른다. 프랑스의 식민 도시였던 하노이, 하이퐁, 다낭 등지에는 오늘날에도 콜로니얼 양식으로 지은 건물이 곳곳에 남아 있다. 특히 베트남 최초의 식민 도시이자 코친차이나의 중심지였던 호찌민시는 프랑스 사람들이 많이 거주한 도시였던 만큼, 남아 있는 콜로니얼 건축물이 많다.

인민위원회 청사 | 1908년에 완공된 인민위원회 청사 건물은 원래 코친차이나 식민지의 수도 사이공의 시청으로 건축되었다. 중앙에 놓인 시계탑, 사각 외벽과 붉은 지붕, 아치형 창문과 난간, 박공(朴工, 삼각형 모양의 지붕 측면)을 장식한 조각상 등을 보면, 파리 시청을 본떠 만들었음을 알 수 있다. 파리 시청보다 규모도 작고 웅장한 맛도 떨어지지만, 베트남에 남아 있는 가장 우아한 콜로니얼 건물로 평가된다. 1975년 베트남 통일 이후에 호찌민시 인민위원회 청사(호찌민 시청)로 사용되고 있다. 건물 앞에는 광장을 만들고 호찌민 동상을 세웠다.

인민위원회 청사 호찌민시를 대표하는 건물이자 시청이다. 공무원들이 근무하는 곳이라 여행자들이 내부를 구경할 수 없지만, 건물 외부는 기념 사진을 찍는 관광 명소이다.

호찌민 시립 박물관 | 1890년에 완공된 호찌민 시립 박물관 건물은 원래 코친차이나의 물산을 전시하는 박람회장으로 예정되었지만, 완공된 지 얼마 안 돼 코친차이나 총독의 거처가 되었다. 도리스 양식의 열주(列柱, 일정한 간격으로 늘어선 기둥), 신상(神像)을 새긴 박공 등 19세기 유럽에서 유행하던 네오 르네상스 양식을 도입한 웅장한 건물로 식민 통치자의 권력과 위용을 한껏 과시한다. 1945년 3월 일본군이 프랑스 식민 정부를 무너뜨리면서 일본 총독의 거처가 되었고, 8월에는 남베트남 인민위원회 청사, 10월에는 프랑스군 사령부, 1948년 프랑스가 인도차이나를 재점령한 이후에는 베트남국 총리 관저로 사용되는 등 베트남의 정치 상황이 변할 때마다 건물의 주인도 바뀌었다. 베트남 통일(1975) 이후에는 베트남 고등법원, 혁명 박물관으로 사용되다가, 1999년에 시립 박물관으로 개명돼 오늘에 이르렀다.

호찌민 시립 박물관 네오 르네상스 양식의 웅장한 건물로 오랫동안 코친차이나 식민지 총독의 거처로 사용되었다. 1999년 호찌민시의 역사를 전시하는 박물관으로 변신해 오늘에 이르고 있다.

노트르담 성당 | 1883년에 완공된 가톨릭 교회로, 로마네스크 양식으로 건축되었다. 두꺼운 벽, 둥근 아치, 단단한 창간벽, 커다란 탑 등 로마네스크 양식의 특징이 잘 나타나 있다. 두 개의 첨탑이 좌우 대칭을 이루고 있는데, 여섯 개의 동종이 걸려 있는 첨탑의 높이는 58미터에 달한다. 건축 자재로 쓰인 붉은 벽돌과 스테인드글라스는 프랑스 성당의 느낌을 제대로 살리기 위해 프랑스에서 수입해 왔다.

호찌민시의 콜로니얼 건축은 비록 식민 지배의 잔재이지만, 베트남 근현대사의 흔적이자 베트남에 현존하는 프랑스 문화의 상징으로서 전 세계 여행객을 끌어모으는 베트남 역사 문화유산이다.

노트르담 성당 성당 내부는 높은 아치형 구조 (높이 21미터)로 이루어져 있으며, 1,200명이 동시에 미사를 볼 수 있다. 예배 장소뿐만 아니라 관광 명소로도 유명하다.

5장

독립과 전쟁, 분단과 통일

1945년 8월 베트민은 총봉기를 일으켜 일본군을 제압하고 응우옌 왕조를 무너뜨렸다(8월 혁명). 9월에는 독립을 선언하고 베트남 민주 공화국을 수립했다. 하지만 프랑스군이 복귀하여 식민 통치를 재건하려고 하면서 이듬해 제1차 인도차이나 전쟁이 발발했다. 1950년부터 베트민은 중국의 지원 아래 대규모 반격을 개시했고, 1954년 디엔비엔푸 전투에서 승리함으로써 전세를 역전시켰다. 이에 제네바 협정이 체결되어 프랑스군이 물러나게 됐으나, 강대국의 간섭으로 베트남은 남북으로 분단되었다. 이듬해 남부에서는 친미 반공 성향의 베트남 공화국이 성립했다. 1960년 남베트남 민족 해방 전선과 남부 해방군이 결성돼 남베트남 정부의 독재 정치에 맞서면서 남베트남 정부의 지배가 흔들리자, 1965년 미국은 북베트남 폭격과 지상군 파병을 단행했다. 1968년 북베트남의 뗏 공세로 미국의 승리가 불가능하다는 인식이 널리 퍼졌고, 1973년 파리 평화 협정으로 미군은 결국 베트남에서 철수했다. 1975년 북베트남이 공세 끝에 베트남을 통일했다.

1945년	8월 혁명, 베트남 민주 공화국 수립
1946년	제1차 인도차이나 전쟁 발발
1954년	제네바 협정, 베트남 분단
1955년	베트남 공화국 수립
1960년	남베트남 민족 해방 전선 결성
	제2차 인도차이나 전쟁 발발
1964년	통킹만 사건
1968년	뗏 공세
1973년	파리 평화 협정 체결
1975년	사이공 함락, 베트남 통일
1976년	베트남 사회주의 공화국으로 국호 변경
1978년	베트남군, 캄보디아 침공
1986년	도이머이 정책 채택
1989년	베트남군, 캄보디아에서 철수
1995년	동남아시아 국가 연합(ASEAN) 가입
2007년	세계 무역 기구(WTO) 가입

1951년	소련·베트남 수교
1953년	스탈린 사망, 흐루쇼프 집권
1956년	스탈린 격하 운동, 중국과 이념 논쟁 시작
1962년	쿠바 미사일 위기
1991년	소련 붕괴, 러시아 연방 성립

1949년	북대서양 조약 기구 (NATO) 결성
1955년	바르샤바 조약 기구 결성
1989년	베를린 장벽 붕괴
1993년	유럽 연합(EU) 성립

1948년	이스라엘 건국, 제1차 아랍·이스라엘 전쟁
1973년	제1차 석유 파동
1978년	제2차 석유 파동
1980년	이란·이라크 전쟁
1988년	팔레스타인, 독립국 선언
1991년	걸프 전쟁

1945년	광복, 분단
1948년	대한민국 정부 수립
1950년	한국 전쟁 발발
1965년	베트남 파병 개시
1973년	한국군 베트남에서 철수
1992년	한국·베트남 수교

1964년	북베트남 폭격 개시
1965년	베트남에 지상군 파견
1969년	닉슨 독트린 발표
1970년	캄보디아 침공
1972년	닉슨의 중국 방문, 소련 방문
1973년	미군이 베트남에서 철수 완료
1995년	미국·베트남 국교 정상화

1950년	라오스, 파테트라오 성립
1968년	캄보디아, 크메르 루즈 성립
1970년	캄보디아, 론 놀 정권 수립
1975년	캄보디아, 프놈펜 함락, 민주 캄푸치아 수립
	라오스 왕국 붕괴, 라오 인민 민주 공화국 수립
1997년	라오스, 동남아시아 국가 연합 가입
1999년	캄보디아, 동남아시아 국가 연합 가입

1946년	국·공 내전 개시
1949년	중화 인민 공화국 수립
1950년	중국·북베트남 수교
1973년	중국·베트남 국경 분쟁 개시
1979년	미국·중국 수교, 베트남 침공
1991년	중국·베트남 국교 정상화

1 독립을 선언했으나
프랑스가 다시 침략하다

광장에 울려 퍼진 독립 선언

1945년 9월 2일 하노이, 빨간 바탕에 황금 별이 박힌 깃발이 시내 곳곳에서 펄럭였다. "베트남인을 위한 베트남", "프랑스 식민주의 타도", "호찌민 지지" 같은 구호가 베트남어, 프랑스어, 영어, 중국어, 러시아어로 적힌 리본들이 거리마다 휘날렸다. 공장과 상점은 문을 닫았고, 멀리서 온 농민들, 하얀 셔츠를 입고 손을 흔드는 노동자들, 호각 소리에 맞춰 노래 부르는 아이들까지 남녀노소 할 것 없이 바딘 광장으로 모여들었다.

오후 두 시가 조금 넘었을 때 한 무리의 사람들이 광장 한가운데 있는 높은 단상에 올라갔다. 카키색 양복을 입고 하얀 샌들을 신은 남자가 마이크 앞에 섰다. 호찌민이었다. 이제 그는 일개 망명자가 아니라 한 국가의 원수, 즉 베트남 민주 공화국 임시 정부의 주석이었고, 그와 함께 단상에 오른 사람들은 임시 정부의 각료들이었다. 호찌민은 준비해 온 종이를 꺼냈다. '독립 선언문'이었다.

프랑스 혁명 와중인 1791년 (프랑스 헌법의 전문으로) 채택된 〈인간과 시민의 권리 선언〉에도 이런 구절이 나옵니다. "모든 인간은 자유롭고 평등한 권리를 가지고 태어났으며, 이 자유와 평등의 권리는 영원히 누릴 수 있어야 한다."…… 그런데도 프랑스의 식민주의자들은 80년 이상 자유, 평등, 박애란 이름으로 우리 조국을 침범하고 우리 국민을 억압해 왔습니다. 그들은 인간성과 정의에 어긋나는 행동을 했습니다.

호찌민은 계속해서 프랑스 식민주의자들이 저지른 범죄를 나열했다. 짧은 순간이지만 형장의 이슬로 사라진 동지, 기근으로 굶어 죽은 동포들의 모습이 머릿속을 스쳐 지나갔을 것이다.

이러한 이유로 베트남 전 인민을 대표하는 우리 베트남 임시 정부 구성원들은 다음과 같이 선언합니다. 우리는 지금부터 프랑스와의 모든 식민지적 관계를 청산할 것이며, 지금까지 프랑스가 베트남을 대표해 맺은 모든 조약을 폐기할 것이며, 프랑스가 우리나라에서 불법적으로 취득한 모든 특권을 폐지할 것입니다. 베트남 전 인민은 프랑스 식민주의자들의 어떠한 재침략 시도에도 한마음으로 저항할 것입니다.

호찌민은 잠시 연설을 멈추고 군중에게 물었다. "동포들이여. 알아들었습니까?" 수십만 군중이 "예!" 하고 우렁차게 대답했다. 호찌민은

독립 선언문을 낭독하는 호찌민 1945년 9월 2일, 하노이의 바딘 광장에 임시로 세운 연단에서 호찌민이 독립 선언문을 읽고 있다. 오른쪽에서 네 번째가 호찌민이다(오른쪽 사진).

옅은 미소를 지으면서 연설을 이어 갔다.

이러한 이유로 우리 베트남 민주 공화국 임시 정부는 전 세계에 다음과 같이 엄숙하게 선언합니다. 베트남은 자유와 독립을 쟁취할 권리를 가지고 있으며, 사실상 이미 독립국입니다.

독립 선언식이 끝난 후 군중은 해방의 감격을 안은 채 사방으로 흩어졌다. 하늘에 미군 전투기 편대가 나타나자, 군중 일부가 환호했다. 1944년 가을만 하더라도 호찌민과 베트남의 사회주의자들은 반프랑스 무장 투쟁을 벌일 내부 역량이 없다고 판단했다. 그런데 어떻게 1년도 채 안 되는 사이에 이렇게 국민의 대표를 자처하며 베트남 민주 공화국 임시 정부의 이름으로 독립을 선언할 수 있었을까?

8월 혁명과 베트남 민주 공화국

1944년 11월, 미군 중위 루돌프 쇼가 정찰기를 타고 중국-베트남 국경 지대를 비행하다가 엔진이 고장 나 낙하산으로 탈출했다. 프랑스 식민 당국이 수색대를 파견했으나 베트민이 몇 발짝 더 빨랐다. 베트민 부대원들은 미군 조종사를 밀림 속에 있는 비밀 기지로 인도했다. 턱수염을 기른 50대 중반의 남자가 유창한 영어로 "안녕하시오. 조종사! 어디서 오셨소?"라며 환대하자, 쇼 중위는 감격한 나머지 그 남자를 와락 끌어안았다. 그 남자는 다름 아닌 호찌민이었다.

미군 조종사가 찾아온 것은 호찌민에게 행운이었다. 1941년 12월 일본의 진주만 공격으로 미국이 중립을 깨고 제2차 세계대전에 참전한 이후, 호찌민은 미국을 주목하게 되었다. 일본군이 베트남에 진주한 1940년 이래 베트남은 프랑스 식민 통치자와 일본 점령군을 동시에 상대해야 했고, 그 과정에서 호찌민은 미국의 지원이 필요하다고 느끼게 되었다. 미국·영국과의 동맹을 위해 코민테른을 해체한 소련 정부와 사회주의 조직이라는 이유로 베트민을 경계하는 중국 국민당 정부로부터 제대로 된 지원을 기대하기 어려운 상황이었던 만큼, 미국과의 연대는 점점 더 절실해져 갔다.

1943년부터 중국에 있는 미국의 관리나 장교와 접촉을 시도해 온 호찌민은 쇼 중위를 구조한 일을 계기로 미국의 고위급 인사와도 접촉할 수 있게 됐다. 호찌민은 미국이 베트민을 베트남 민족의 대표로 인정하고 항일 운동을 군사적으로 지원해 준다면 연합군 측에 인도차이나 주둔 일본군에 관한 정보를 제공하겠다고 했다. 이에 대해 미국 측은 조심스러운 반응을 보였는데, 호찌민이 사회주의자라는 점이 꺼림칙했기 때문이다. 그러나 1945년 3월, 일본군이 쿠데타를 일으켜 프랑스령 인도차이나 정부를 타도하자 상황이 급변했다. 연합군 측에 정보를 제공해 온 기존의 정보원들이 체포되거나 국외로 탈출해 버렸기 때문이다. 이를 대신할 수 있는 새로운 첩보망이 필요했는데, 호찌민의 베트민 외에 뾰족한 대안이 없었다. 이에 미국 전략 사무국(OSS, 미국 중앙 정보국의 전신)이 직접 나서서 베트민에 요원을 파견하고 무기와 무전기, 의약품 등을 지원하기 시작했다.

　　일본군의 쿠데타는 벼랑 끝에 몰린 일본이 인도차이나에서 최후의 결전을 준비하려는 것이었다. 1945년에 접어들자 연합군의 승리는 시간문제로 보였다. 연합군은 전략 폭격으로 도쿄를 비롯한 일본의 주요 도시들을 초토화했고, 일본 열도뿐만 아니라 프랑스령 인도차이나로 진격할 계획을 세우고 있었다. 만약 연합군이 베트남에 상륙한다면, 베트남의 프랑스 군대가 연합군에 가담하여 일본군에 총부리를 겨눌 가능성이 대단히 컸다. 이에 3월 9일, 인도차이나의 일본군은 프랑스군을 무장 해제하고 총독을 비롯한 고위 관리들을 연금하여 프랑스 식민 정부를 무너뜨린 후 베트남·라오스·캄보디아에 괴뢰 정권을 세웠다. 이로써 80여 년 간의 프랑스 식민 통치는 종식되고, 일본군

미국 전략 사무국과의 연대 1945년 호찌민과 미국 전략 사무국 대원들이 함께 찍은 사진이다. 뒷줄 왼쪽에서 세 번째 인물이 호찌민, 다섯 번째 인물이 보응우옌잡이다.

사령관이 지배하는 군정이 시작됐다.

일본군은 베트남을 식민지로 경영할 계획도, 그럴 만한 여유도 없었다. 그저 베트남의 자원을 동원해 패전을 늦출 심산이었다. 응우옌 왕조의 황제 바오다이에게 '독립'을 선포하라 요구한 것도 자신들의 전쟁에 베트남의 협력을 끌어내기 위해서였다. '독립'을 선언한 바오다이 황제는 입헌 군주제를 채택하고 온건한 민족주의자 쩐쫑낌을 수상으로 임명했다. 그러나 새로운 '베트남 제국'은 치안, 국방, 외교, 재정 등의 주요 권한이 없는 이름뿐인 국가였다. 한 해 전 가을 태풍 때부터 시작된 기근과 전염병이 약 200만 명의 목숨을 앗아갔지만, 제국 정부는 아무런 대책도 세우지 못했다. 일본군이 군량미 확보를 목적으로 미곡 공출을 강행하고 곡식 창고 개방도 막았기 때문이다. 아사에 직면한 농민들은 일본군에 격렬하게 항의했고, 일본군은 총칼로 그들을 윽박질렀다.

새로운 '독립' 국가는 무능했을 뿐만 아니라 일본군의 무력에 의존했기에 권위를 인정받지도, 지방을 통제할 수도 없었다. 프랑스 식민 정부가 제거된 뒤 들어선 베트남 제국 정부가 이렇게 약체를 면치 못하는 상황에서 일본군까지 절망적인 상황으로 몰리자 권력의 공백이 발생했다. 그 공백을 메운 정치 세력이 바로 베트민이다.

바오다이 응우옌 왕조의 제13대 황제이자 베트남의 마지막 황제이다.

일본군의 쿠데타가 일어난 3월 9일 저녁, 인도차이나 공산당 중앙 위원회는 인민을 조직화해 총봉기를 준비해야 한다는 결론을 내렸다. 베트민은 '베트남 해방군'을 결성하여 일본군을 습격하고 곡식 창고 등을 공격했다. 북부와 중부의 농촌에서는 '인민 혁명 위원회'를 창설하여 제국 정부의 행정 조직을 대체해 나갔다. 6월 초에는 북부 산악 지대에서 인구가 100만에 달하는 해방구°가 탄생했다.

베트민은 '곡식 창고를 열어 아사를 면하자!'라는 구호 아래 기근에도 쌀을 공출하는 일본군에 분노한 농민을 조직하여 수천 개의 창고

● 공산 혁명 과정에서 공산당 정권이 통치하는 지구를 말한다.

를 털었다. 동시에 부유한 사람들에게 베트민에 합류해 굶주린 사람들을 구제하자고 호소했다. 기근에 대한 투쟁은 효과가 있었다. 기근으로 어려움을 겪던 지역과 베트민이 대담하게 게릴라전을 펼친 지역에서 베트민의 영향력이 커져 갔다.

8월 초 미국이 히로시마에 원자폭탄을 투하하고 소련이 일본에 선전 포고를 하자, 인도차이나 공산당은 즉각적인 총봉기를 결의했다(8월 12일). '혁명'이 시작된 것이다. 일본이 항복을 선언한 다음 날(8월 16일), 베트남 해방군은 미국 전략 사무국의 지원을 받으면서 북부 산악 지대에서 홍강 삼각주를 향해 진격했다. 같은 날 북부 전역의 농촌에서 농민들이 봉기를 일으켜 정부 관리를 내쫓고 '인민 해방 위원회'를 설치했다. 혁명은 도시로 번져 베트민과 베트남 해방군을 환영하는 대규모 시위가 벌어졌고, 기가 죽은 정부군은 항복했다. 간혹 일본군이 해방군에 맞서기는 했으나 곧 대세에 따랐다.

8월 17일, 하노이에 침투한 베트민 대원 중 하나가 누구의 제지도 없이 시립 오페라 극장 발코니에 내걸린 베트남 제국기를 찢고 황금별이 그려진 베트민의 붉은 깃발을 달았다. 이틀 뒤에는 거리 곳곳에 이 붉은 깃발이 나부꼈고, 베트민 대원들은 수만 명의 군중과 함께 행진하면서 시청, 경찰서, 의사당, 교도소 등을 점령했다. 일찌감치 사태를 파악한 하노이 주둔 일본군 사령부는 베트민 지도부와 협상한 뒤 불개입을 선언했다. 해 질 무렵 하노이는 완전히 베트민의 수중에 들어갔다. 하노이 시민들은 깃발을 흔들며 베트남 독립과 제국 정부 퇴진을 외치면서 해방의 기쁨을 만끽했다. 며칠 뒤 하노이에 입성한 호찌민은 베트민을 기반으로 베트남 민주 공화국 임시 정부를 수립

8월 혁명, 하노이 해방의 날 1945년 8월 19일, 하노이 시민들이 총독 관저 앞에 모여 베트남의 독립을 촉구하는 시위를 벌였다. 2주 뒤 총독 관저는 베트남 민주 공화국 정부 청사가 됐다. 오늘날에는 베트남 정부의 영빈관(오른쪽)으로 사용되고 있다.

했다.

하노이 해방 소식은 베트민이 다른 지역을 장악하는 데도 도움이 되었다. 5년 전 코친차이나 봉기 당시 식민 정부의 탄압으로 조직이 궤멸하다시피 한 남부의 공산당 세력도 민족주의 세력의 협력을 간신히 끌어냄으로써 총봉기에 동참할 수 있었다.

8월 30일, 바오다이 황제는 수만 명이 모인 후에 황성의 응오문에서 임시 정부의 대표에게 황제의 상징인 옥새와 보검을 넘겼다. 이로써 응우옌 왕조 143년의 역사가 끝났고, 1,000여 년간 지속된 베트남의 왕조 시대도 막을 내렸다. 베트남 역사에서는 이 사건을 '8월 혁명'이라고 부른다. 8월 혁명은 9월 2일에 정점에 도달했다. 바로 그날 호찌민이 하노이의 바딘 광장에서 베트남의 독립을 선언했다. 독립 선언과 동시에 베트남 민주 공화국 임시 정부는 '임시 정부'라는 딱지를 떼고 베트남 유일의 공식 정부가 됐다.

프랑스 식민주의자들이 돌아오다

1945년 7월 말과 8월 초에 열린 포츠담 회담에서 연합국은 인도차이나 주둔 일본군의 무장 해제를 위해 중국 국민당군과 영국군이 북위 16도선을 경계로 각각 북쪽과 남쪽에 진주한다는 데 합의했다. 미군은 일본 점령 문제에 몰두하고 있었기에 인도차이나 분할 점령에는 참여하지 않기로 했다. 프랑스는 이 일에서 배제됐지만, 인도차이나에 거주하는 자국민의 상황을 파악한다는 핑계로 하노이에 프랑스군 선발대를 파견했다. 이는 종전 이후 베트남에 사회주의 정권이 들어서면 그만큼 아시아에서 소련의 영향력이 확대될 것을 우려한 미국이 프랑스의 인도차이나 복귀에 반대하지 않았기에 가능한 일이었다.

베트남인들 사이에서 9월 2일의 감격과 흥분은 오래 가지 못했다. 일주일 뒤에 중국 국민당 군대가, 그 사흘 뒤에는 영국군이 각각 베트남의 북과 남에 들어왔기 때문이다. 10월 초에는 프랑스군이 사이공에 상륙하여 영국군의 협조 아래 남부의 주요 도시와 시설을 장악하고 베트민 세력을 몰아냈다. 베트민은 곳곳에서 무력 충돌을 일으키며 저항했으나 결국 늪이나 밀림으로 밀려날 수밖에 없었다.

1946년 2월 중국 국민당 정부는 충칭에서 프랑스와 협정을 맺어 인도차이나에 대한 프랑스의 주권을 인정하고, 6월까지 베트남에서 군대를 완전히 철수하기로 약속했다. 3월에는 프랑스가 영국군으로부터 북위 16도선 이남에 대한 권한을 넘겨받고 '코친차이나 공화국'이라는 괴뢰 정권을 수립했다. 북위 16도 이북에서는 국민당군이 약탈을 일삼으면서 민족주의 세력을 부추겨 베트남 민주 공화국 정부에 대항하도록 만들었다. 베트남 정부는 국민당 군대의 비위를 맞추기 위해 금품을 바치고 인도차이나 공산당을 자진 해산하는 시늉을 해야 했다.

이에 앞서 장제스의 후원 속에 중국 남부에서 정치 활동을 전개하던 베트남 국민당 등 민족주의 세력의 지도자들이 중국 국민당군을 따라 베트남에 들어왔다. 호찌민은 프랑스에 맞서려면 민족주의 세력과 대립·충돌하기보다는 연합해야 한다고 판단했다. 그래서 1946년 1월 총선거를 통해 민족주의 정당들도 참여하는 연립 정부를 구성하고, 몇 달 뒤에는 계급·종교·정치 이념을 초월하여 프랑스에 대항하는 통일 전선을 구축하려 했다. 하지만 하노이의 베트남 정부는 민족주의 정당의 도전뿐만 아니라 공산당 내 강경파의 반발에도 대처해야 했다. 당의 강경파는 이른바 '반혁명 분자(반공주의자)'를 제거하고 프랑스의 복귀에 비타협적으로 투쟁하자고 주장했다.

무엇보다 중요한 것은 베트남 전역을 손에 넣으려 할 게 분명한 프랑스군을 상대하는 일이었다. 호찌민은 프랑스군이 하노이에 상륙한 1945년 10월부터 프랑스 측과 협상에 들어갔다. 호찌민은 베트남의 독립을 보장하기만 한다면 일정 기간 프랑스군의 주둔을 허용하고 독립을 유예할 수 있다는 타협안을 제시했다. 그러나 '독립'이라는 용어를 절대 용납해서는 안 되며, '코친차이나(남부)'는 프랑스의 식민지이므로 협상에서 제외해야 한다는 드골 총리의 지시를 받은 프랑스 측 대표와의 협상은 난항을 거듭했다. 1946년 3월에 가서야 양측은 간신히 합의에 도달했다. 주요 내용을 보면 첫째, 베트남 민주 공화국은 프랑스 연방 내에서 자신의 정부와 의회 및 군대를 가진 '자유 국가'가 된다. 둘째, 프랑스군이 북부에 주둔하는 것을 허용하되 그 수를

1만 5,000명으로 제한하며, 이들은 5년 뒤에 완전히 철수한다. 셋째, 베트남의 세 지역(통킹, 안남, 코친차이나) 통합 문제에 대해 국민 투표를 시행한다 등이었다(호찌민-생트니 협정).

합의 내용이 발표되자, 베트남 사람들은 놀라움과 분노를 금치 못했다. 특히 민족주의자들은 호찌민을 반역자로 매도하면서 군중을 선동했다. 곳곳에서 프랑스군과 베트민 군대 사이에 소규모 무력 충돌이 일어났다. 베트남 문제의 평화적 해결을 위한 합의에도 불구하고 베트남인과 프랑스인의 갈등이 점차 고조됐다.

이런 암담한 분위기에서 3월의 합의를 구체화하기 위한 회담이 7월에 프랑스에서 열렸으나 프랑스 측이 코친차이나 식민지를 포기하려하지 않아 결렬되고 말았다. 다만 미래에 닥쳐올 광범위한 문제에 대해 큰 틀에서나마 논의한다는 의미에서 일단 '잠정 협정'을 체결한다는 데는 양측이 의견을 모았다(9월 6일). 한편 호찌민이 자리를 비운 사이 하노이에서는 공산당 강경파가 득세하여 민족주의 세력을 숙청하고 프랑스와의 무력 충돌을 주도했다.

호찌민은 자국 협상단이 철수한 후 파리에 홀로 남아 약속한 잠정협정의 내용을 논의한 뒤 서명했다(9월 14일). 모두 14개 조항으로 구성된 잠정 협정은 베트남 남부에서의 휴전, 이듬해 초 양국 간 협상 재개 등의 내용을 포함하고 있었다. 그러나 이 협정은 글자 그대로 '잠정'적인 것에 지나지 않았다. 지켜지기 어려운 보잘것없는 성과였다. 협상 과정에서 호찌민은 프랑스 주재 미국 대사 등과 접촉하여 미국의 개입을 요청했으나, 워싱턴 역시 냉담한 반응을 보였다. 낙심한 호찌민은 프랑스 측 협상 상대에게 말했다. "우리가 당신네 한 사람을

잠정 협정 1946년 9월 14일, 호찌민은 프랑스 해외영토부 장관 무테와 함께 '잠정 협정'에 서명했다. 협정의 가장 중요한 내용은 10월 30일을 기하여 남부에서 휴전에 들어간다는 것이었다. 이 협정은 18일에 프랑스 내각의 승인을 거쳐 19일에 발표되었다. 발효일은 10월 30일로 예정되었다.

죽이는 동안 당신들은 우리 열 사람을 죽이겠지요. 하지만 우리 땅에서 먼저 없어지는 것은 당신들이 될 거요."

제1차 인도차이나 전쟁

호찌민과 무테가 잠정 협정에 서명하기 나흘 전인 1946년 9월 10일, 프랑스 식민 당국은 베트남 정부와 어떠한 협의도 없이 하노이 동남쪽에 있는 항구 도시 하이퐁의 관세권을 접수했다. 관세 수입이 절실했던 베트남 정부는 잠정 협정 위반이라며 11월 11일 프랑스 정부에 철회를 요구했다. 하지만 프랑스 정부는 협정 체결 이전의 사안이라며 곧바로 하이퐁과 랑선에 군대를 파견하여 세관을 점령했다.

11월 20일 결국 일이 터졌다. 프랑스 초계정이 하이퐁 항구로 밀수품을 반입하려던 중국 선박을 나포하자 베트남 의용대가 초계정에 발포했고 이에 초계정이 응사하면서 양자 간에 치열한 전투로 비화한 것이다. 이는 육상으로까지 확대되었다. 며칠 후 사건이 마무리되는 듯했지만, 프랑스 측이 돌연 강경책으로 선회해 하이퐁에 대한 대대적인 함포 사격과 공습을 결정했다. 이 공격으로 민간인 1,000여 명이 사망했고, 하이퐁은 프랑스군에 점령당했다.

이른바 '하이퐁 사건'이 발생하자, 베트남 정부와 프랑스 정부 간에 사태 악화를 막기 위한 협상이 12월 초 하노이에서 시작됐다. 하지만 프랑스는 하이퐁을 포기하려 하지 않았고, 베트남 측도 하이퐁 점령이 하노이 점령을 예고하는 것이라며 인민들에게 무력 대응을 호소하자는 강경파가 득세하면서 협상은 결국 실패로 끝났다. "피비린내 나는 전쟁이란 사치를 양측 다 감당할 수 없다"라며 평화를 호소하던 호찌민도 12월 중순이 되기 전 프랑스에 무력 대응한다는 데 동의했다.

같은 달 19일 베트남 의용대가 일방적으로 무장 해제를 명하는 프랑스군에 맞서 하노이의 프랑스군 시설을 공격함으로써 전쟁이 시작됐다. 하노이를 탈출한 호찌민은 이틀 후 독립과 통일을 위해 끝까지 투쟁할 것을 호소했다.

전쟁 발발 당시에 베트남 민주 공화국의 군대는 정규군 약 6만 명, 비정규군(의용대, 게릴라 등) 수십만 명을 확보했으나 소총과 자동화기

제1차 인도차이나 전쟁 안남 해안에 상륙하고 있는 프랑스 해병대원들(왼쪽)과 산악 지대 요새에서 야포 사격을 준비 중인 베트남 포병들의 모습이다. 현대식 무기로 무장한 프랑스군에 맞서 베트남군은 게릴라전을 벌였고, 실제로 상당한 타격을 입혔다.

는 약 3만 6,000정, 대포는 고작 55문에 불과했다. 인도차이나 주둔 프랑스군은 병력이 훨씬 적었지만(1947년 3월에는 약 7만 5,000명), 탱크와 전투기를 비롯한 현대식 무기로 무장하고 있었다. 정규전으로는 도저히 승산이 없다고 판단한 베트남군은 도시를 버리고 산악 지대로 퇴각하여 장기 항전을 준비했다.

프랑스군은 예상대로 하노이를 비롯한 주요 도시를 장악했지만, 산악과 밀림 또는 늪지에 숨어서 신출귀몰하는 베트남군을 상대하느라 고전했다. 군사적 해결을 선호하는 프랑스 장군들은 대규모 군사 작전으로 베트남 정부에 타격을 가함으로써 전쟁을 승리로 이끌 수 있다고 생각했다. 문제는 병력이 충분하지 않다는 점이었다. 프랑스 장군들은 기회가 있을 때마다 본국에 병력 증파를 요청했으나, 항상 기대에 훨씬 못 미치는 규모였다. 프랑스 국민 대다수는 제국의 부활을

원했지만 자기 아들이나 남편의 희생까지 바라지는 않았고, 정부는 전사자 수가 선거에 미칠 영향을 두려워했기 때문이다. 게다가 정권 또는 대외 정책이 바뀔 때마다 장군들이 교체되곤 한 탓에 대규모 토벌 작전도 번번이 실패할 수밖에 없었다.

프랑스 정부는 군사 작전으로 별 성과를 거두지 못하자 정치적 해결을 모색했다. 정글 속으로 들어간 베트남 민주 공화국 정부 대신 베트남에 친프랑스 정권을 수립하고, 이 정권을 협상 테이블에 앉혀 프랑스가 원하는 방향으로 베트남 문제를 해결한다는 구상이었다. 이를 위해 프랑스 정부는 민족주의 세력의 지지를 받으면서도 프랑스에 협조할 만한 인물을 찾았으니, 바로 전 황제 바오다이였다. 8월 혁명 이후 바오다이는 공화국의 '보통 시민' 응우옌푹빈투이로서 한때 베트남 민주 공화국 정부의 최고 고문으로 활동하다가 1946년 이후 홍콩에서 망명 생활을 하고 있었다.

1947년 말엽부터 프랑스 정부는 바오다이와 접촉했다. 그리고 1948년 6월 바오다이에게 베트남의 독립을 약속했고, 1949년 3월에는 새로 수립될 '베트남국'이 코친차이나, 즉 남부까지 통합한 하나의 국가임을 인정했다. 이는 물론 바오다이의 베트남국에 힘을 실어 베트남 민주 공화국의 정통성을 부인하기 위해서였다. 아울러 인도차이나 전쟁을 식민지(베트남)와 식민 제국(프랑스) 간 대결이 아니라 자유 베트남(베트남국)과 공산주의 베트남(베트남 민주 공화국) 간 대결로 몰고가 미국의 경제적·군사적 지원을 얻으려는 목적도 있었다.

1949년 4월에 귀국한 바오다이는 6월에 프랑스와 미국, 그리고 민족주의자들의 지지를 얻어 수도 사이공에서 베트남국의 국가 원수로 취임했다. 그러나 베트남국은 재정, 외교, 국방 등에서 여전히 프랑스의 통제를 받았다. 독립의 약속을 믿고 바오다이 정부를 지지했던 민족주의자 중 일부는 정부에서 할 수 있는 일이 거의 없음을 깨닫고 호찌민 정부 측에 가담했다.

미국이 프랑스를, 중국이 베트남을 돕다

1949년 10월 1일, 중국에서 공산당이 4년간의 내전을 끝내고 '중화 인민 공화국'을 선포하면서 인도차이나를 둘러싼 국제 정세에 두 가지 큰 변화가 생겼다. 첫째, 중국의 공산화에 큰 충격을 받은 미국이 아시아에서 공산주의의 확산을 막고자 프랑스를 적극적으로 지원하게 된 것이고, 둘째, 호찌민 정부가 새로 들어선 중국 정부의 지원을 받아 총공세를 펴기 시작했다는 것이다.

1949년 11월에 중화 인민 공화국 정부는 인도차이나를 비롯한 아시아 지역의 민족 해방 운동을 적극적으로 지원하겠다고 발표했고, 이것은 홀로 프랑스에 맞서 싸워 온 호찌민 정부에 큰 희망을 주었다. 1950년 1월에 호찌민이 베이징을 방문하기에 앞서 국교를 맺자는 전문을 보내자, 중국은 국제 사회에서 최초로 베트남 민주 공화국을 베트남의 유일한 합법 정부로 승인했다. 그 뒤를 이어 소련과 동유럽의 사회주의 국가들, 몽골과 북한도 베트남 민주 공화국을 승인하고 외교 관계를 맺었다.

중국 정부는 그해부터 호찌민 정부를 원조하기 시작했다. 중국과 소련의 베트남 민주 공화국 승인은 미국의 동남아시아 정책에 영향을 주었다. 그전까지 트루먼 행정부는 호찌민의 개입 요청에 일절 대응하지 않았고, 인도차이나 전쟁에서 프랑스를 돕지도 않았다. 호찌민의 사회주의뿐만 아니라 프랑스의 식민주의도 용납할 수 없었기 때문이다. 하지만 중화 인민 공화국 수립을 계기로 미국 내에서 "정부 내 '반역자(공산주의자)'로 인해 중국을 잃었다"라는 비난 여론이 들끓자, 곤경에 처한 트루먼 행정부는 아시아에서 공산주의의 확산에 매우 단호하게 대처해 나갔다. 미국은 소련이 호찌민 정부를 승인한 지 일주일 만에 바오다이 정부(베트남국)를 승인했다. 같은 날 영국도 바오다이 정부를 승인했다. 그리고 6월에 한국 전쟁이 일어나자, 미국은 드디어 인도차이나 전쟁에 개입하기로 결정하고 프랑스에 대한 군사 원조에 나섰다. 이제 베트남은 자기 의지와 무관하게 냉전의 최전선에 내몰리게 됐다. 이는 호찌민도 우려하던 상황이었다.

한국 전쟁이 발발한 1950년 6월 이후 인도차이나의 프랑스군에 대한 미국의 군사 원조는 갈수록 규모가 커졌다. 1950년 1억 달러였던 원조액이 1952년에는 3억 달러, 1954년에는 13억 달러를 넘어섰다. 군사 고문단도 파견했다. 그런데 이들 원조는 바오다이 정부를 통해 전달된 것이 아니라 대부분 프랑스군 당국에 직접 전달됐다. 베트남 사람 대부분이 바오다이 정부를 자신들의 정부로 인정하지 않은 것은 당연했다.

한편, 중국의 군사 원조는 호찌민 정부에 큰 힘이 됐다. 무기와 군수품 지원은 물론이고, 중국에서 파견한 군사 고문단이 베트남의 군 간부들을 훈련하고 전략과 전술에 관한 조언을 해주었다. 베트남의 군인

마오쩌둥과 호찌민 1950년 3월 호찌민은 모스크바에서 돌아오는 길에 다시 베이징에 들러 마오쩌둥을 만나 군사적·경제적 지원을 약속받았다. 사진은 1955년 1월 호찌민(오른쪽)이 중국 정부가 자신을 위해 마련한 환영회에서 마오쩌둥과 함께 앉아 있는 모습이다.

들이 중국에 가서 훈련받기도 했다. 여전히 탱크나 전투기는 보유하지 못했으나 이제 베트민 군대는 소총과 기관총, 박격포 등으로 보병을 무장시켰고 포병 및 병참 지원도 받게 됐다. 무엇보다 중요한 변화는 호찌민 정부가 프랑스와 싸워 이길 수 있다는 자신감을 얻게 됐다는 점이다. 오랫동안 기다려온 '총반격'의 시기가 도래하고 있었다.

1950년 9월, 동북 변경의 산악 지대에서 베트민 군대가 대규모 공세를 시작했다. 예상을 뛰어넘는 강력한 공격에 놀란 프랑스군은 혼란에 빠져 다수의 사상자와 포로, 군수품을 남겨둔 채 패주했다. 같은 해 11월까지 호찌민 정부는 북부 산악 지대 대부분을 장악했다.

1951년 2월, 인도차이나 공산당은 전당 대회를 통해 조직을 재정비하면서 '베트남 노동당'으로 개칭했다. 전당 대회에서는 반제국주의 투쟁을 계급 투쟁의 우위에 둠으로써 민족주의 세력을 투쟁에 끌어들여야 한다는 호찌민의 노선이 재확인됐지만, 이데올로기 학습, '반혁명 분자'에 대한 엄격한 처벌을 강조하는 중국 공산당의 지침이 채택됐다. 베트남도 사회주의 혁명을 앞당겨야 한다는 중국 공산당의 입김이 작용한 것이다. 이는 당에 대한 호찌민의 영향력이 약화했다는 의미이기도 했다.

그렇지만 호찌민은 여전히 당원, 비당원 할 것 없이 대부분의 베트남 사람들에게 존경을 받았다. 그는 늘 낡은 갈색 반바지에 고무 샌들을 신고 다녔는데, '호 아저씨'라 불리며 농민과 노동자, 어린이나 아낙네와 친근하게 담소를 나누는 모습은 영락없이 청빈한 성자였다. 호찌민은 인도차이나 공산당의 창건자이자 국가의 지도적 인물이었지만, 마오쩌둥이나 김일성과 달리 절대 권력을 틀어쥔 독재자가 아니었다. 그는 자신의 의지를 일방적으로 관철하려 하기보다는 대화를 통해 상대방을 설득하려고 했다. 하지만 냉철한 정세 분석에 근거해 단호하게 결정을 내릴 줄도 알았다.

베트남 노동당에서 호찌민이 '문(文)'을 상징하는 인물이라면, '무(武)'를 상징하는 인물은 보응우옌잡이었다. 1951년 당시 40세였던 보응우옌잡은 베트남 민주 공화국의 국방부 장관이자 베트남 인민군 총사령관이었다. 하이퐁 사건 후 하노이 시민들에게 무력 대응을 호소한 인물이기도 했다. 그는 체계적으로 군사학을 배운 적은 없지만, 독학으로 손자나 나폴레옹의 병법을 연구하고 중국 인민 해방군의 경험도 참고하면서 베트남 현실에 맞는 전법을 고안했다.

보응우옌잡은 빈약한 무기로 압도적인 화력을 갖춘 적과 맞서 싸워

베트남 인민군 총사령관 보응우옌잡 탁월한 전략으로 프랑스와의 전쟁을 승리로 이끌었기에 '붉은 나폴레옹'이라는 별명을 얻었다. 1954년 1월, 디엔비엔푸 전투를 앞두고 촬영한 사진이다.

야 했다. 이러한 난제를 해결하는 과정에서 그의 '3불(不) 전술'이 탄생했다. "적이 원하는 시간에 싸우지 않는다", "적에게 유리한 장소에서 싸우지 않는다", "적이 예상하는 방법으로 싸우지 않는다"라는 3불 전술에는 베트민 군대가 프랑스군보다 베트남의 지리에 더 익숙하고 더 많은 베트남 사람의 지지를 얻을 수 있다는 확신이 전제되어 있었다. 실제로 베트민 군대는 밀림 속에서 병력과 군수 물자를 신속하게 이동할 수 있었고, 주민의 제보를 통해 프랑스군의 주둔이나 이동 상황에 대해 소상히 파악할 수 있었기에 원하는 시간과 장소에서 프랑스군이 예측할 수 없는 방법으로 전투를 벌일 수 있었다. 중국의 군사적 지원까지 받게 되자, 보응우옌잡은 게릴라전에서 탈피하여 대규모 정규전도 구사할 수 있게 됐다. 프랑스군은 매년 새로운 부대와 무기로 증강됐지만, 베트민 군대의 다발적인 공세에 맞서 각지로 흩어졌기에 항상 수세에 몰릴 수밖에 없었다.

한편, 프랑스 국내에서는 전쟁이 시작되고 수년이 지나도록 전세가 호전될 기미가 보이지 않자 반전 여론이 힘을 얻기 시작했다. 프랑스의 전쟁 수행 능력에 대한 미국 정부의 회의감도 날로 커졌다. 특히 1953년 3월, 미국 대통령 아이젠하워는 백악관을 방문한 프랑스 총리에게 프랑스에 대한 군사 지원을 늘리겠다면서, 그 대신 인도차이나에서 과감한 작전을 펼칠 것을 요구했다. 프랑스 정부는 국내의 비판 여론에도 불구하고 결정적인 승리를 가져다줄 대규모 군사 작전을 모색해야 했다. 명예로운 철수를 위해서라도 승리는 꼭 필요했다.

디엔비엔푸로 가는 길

1953년 11월, 프랑스군 사령관 나바르는 서북 변경 산악 지대의 요충지 디엔비엔푸에 공수 부대를 파견했다. 나바르가 라오스에 인접한 산골 마을 디엔비엔푸에 주목한 이유는 1953년 초부터 베트민 군대가 라오스의 혁명 운동을 지원하기 위해 라오스 북부에서 활동했기 때문이다. 디엔비엔푸는 베트민 군대가 라오스 진입의 출발점으로 삼은 마을이었다. 베트민 군대가 라오스에서 작전을 펼친 이유는 라오스 혁명을 지원하여 '붉은 인도차이나'를 만들려는 목적도 있었지만, 라오스 영토를 통과하여 베트남 남부를 공격할 수도 있기 때문이었다. 게다가 프랑스군의 전력을 분산하는 효과도 있었다.

나바르가 디엔비엔푸를 점령한 목적은 라오스에 대한 베트민 군대의 공격을 차단하고 서북 변경을 장악하는 데 있었다. 나아가 디엔비엔푸에 강력한 전술 진지를 구축하고 정예 부대를 배치한 상태에서 베트민의 주력 부대를 유인한다면, 큰 승리를 거둘 수 있다고 생각했다. 베트민 병사들이 산에서 내려와 좁은 평지를 가로질러 진지에 접근해올 때, 네이팜탄과 포탄을 사정없이 퍼부을 작정이었다.

디엔비엔푸 요새의 약점은 험준한 산악 지대에 고립돼 있어서 보급과 증원이 오직 항공 수송으로만 가능하다는 데 있었다. 만약 하늘길이 차단된다면 요새 수비병들이 오래 버틸 수 없을 뿐만 아니라 안전한 철수도 불가능했다. 그러나 나바르는 '기술의 힘'을 신봉했고 '인간의 정신적·육체적 능력'을 과소평가했다. 그는 베트민 군대가 대규모 병력 동원 능력과 장기 작전에 필요한 보급 능력을 갖추지 못했다고 판단했다. 하물며 무거운 야포를 끌고 수백 킬로미터의 험한 산길을 통과해서, 그것도 프랑스 공군의 눈을 피해 무슨 수로 산꼭대기까지 갈 수 있겠는가? 앵뽀시블르(impossible)!

보응우옌잡을 비롯한 베트민 지휘관들은 나바르의 의도를 곧바로 알아차렸다. 하지만 디엔비엔푸는 피할 수 없는 도전이었다. 만약 디엔비엔푸 요새를 방치한다면 요새의 활주로에서 출격한 프랑스 폭격기들이 베트민 기지와 병사들에게 자유자재로 포탄을 퍼부을 터였다. 시간이 지나면 요새는 더욱 견고해질 테고, 북부 산악 지대에서 베트민 군대의 우세도 조만간 확언하기 어려워질 것이었다.

중국 군사 고문단도 디엔비엔푸 공격을 권고했는데, 이듬해(1954) 4월 스위스 제네바에서 열릴 국제 평화 회담에 영향을 주기 위해서였

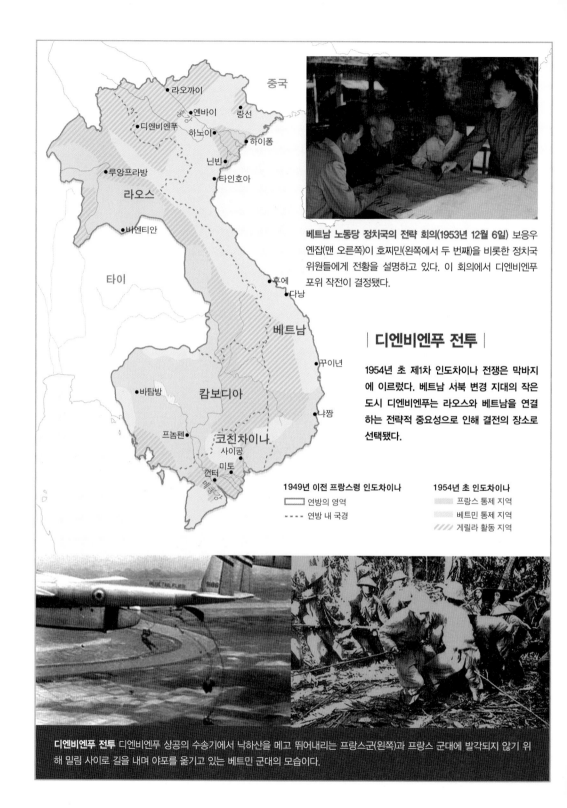

중국

라오까이

옌바이

랑선

디엔비엔푸

하노이

하이퐁

닌빈

타인호아

루앙프라방

라오스

비엔티안

타이

후에

다낭

베트남

꾸이년

바탐방

캄보디아

나짱

프놈펜

코친차이나

사이공

미토

껀터

베트남 노동당 정치국의 전략 회의(1953년 12월 6일) 보응우옌잡(맨 오른쪽)이 호찌민(왼쪽에서 두 번째)을 비롯한 정치국 위원들에게 전황을 설명하고 있다. 이 회의에서 디엔비엔푸 포위 작전이 결정됐다.

| 디엔비엔푸 전투 |

1954년 초 제1차 인도차이나 전쟁은 막바지에 이르렀다. 베트남 서북 변경 지대의 작은 도시 디엔비엔푸는 라오스와 베트남을 연결하는 전략적 중요성으로 인해 결전의 장소로 선택됐다.

1949년 이전 프랑스령 인도차이나

☐ 연방의 영역

---- 연방 내 국경

1954년 초 인도차이나

프랑스 통제 지역

베트민 통제 지역

//// 게릴라 활동 지역

디엔비엔푸 전투 디엔비엔푸 상공의 수송기에서 낙하산을 메고 뛰어내리는 프랑스군(왼쪽)과 프랑스 군대에 발각되지 않기 위해 밀림 사이로 길을 내며 야포를 옮기고 있는 베트민 군대의 모습이다.

다. 중국과 호찌민 정부는 제네바 회담이 8년에 걸친 전쟁을 끝낼 좋은 기회가 될 것이라 예상했고, 디엔비엔푸에서 승리한 쪽이 협상의 주도권을 쥐게 되리라 판단했다.

1953년 12월, 베트남 노동당 정치국은 디엔비엔푸 공격을 결정하면서 보응우옌잡을 총사령관으로 임명했다. 디엔비엔푸로 떠나는 보응우옌잡에게 호찌민은 당부의 말을 건넸다. "야전 사령관으로서 자네는 전권을 가지고 있네. 이번 싸움은 실로 중차대하므로 어떤 일이 있더라도 기필코 승리해야 하네. 자네는 승리를 확신할 때만 싸워야 하네."[7]

1954년 1월 말, 베트민 군대는 디엔비엔푸를 포위한 상태에서 공격 명령이 떨어지기만을 기다리고 있었다. 하지만 후방의 보급 기지에서 디엔비엔푸의 베트민 진지에 이르는 도로는 보수 공사가 덜 된 상태였다. 따라서 전투가 길어지면 탄약과 식량의 보급이나 환자 후송이 어려워질 게 뻔했다. 포병 진지는 지상에 노출돼 있어서 프랑스군의 대응 사격에 취약했고, 아직 지정된 위치에 도달하지 못한 포병 부대도 있었다. 이에 반해 디엔비엔푸의 프랑스군 진지는 참호와 교통호(참호와 참호 사이를 안전하게 다닐 수 있는 호)를 구축하고 지뢰를 매설하고 외곽을 철조망으로 둘러싸는 등 방어 준비가 철저해 보였다. 게다가 베트민 군대는 전차와 야포가 월등히 많고 제공권을 장악한 적에 맞서 평탄한 지형에서 낮에 전투해 본 경험이 없었다.

1954년 1월 25일 공격 개시 여섯 시간 전에 보응우옌잡은 돌연 공격을 무기한 연기한다는 명령을 내렸다. 장병들이 격렬하게 항의했지만, 공격할지 말지 결정할 권리는 정부로부터 전권을 위임받은 자신에게 있다며 결정을 굽히지 않았다. 반발하는 지휘관들에게는 호찌민의 조언을 언급하면서 '100퍼센트의 승리'를 확신할 수 없다면 공격해서는 안 된다는 논리를 내세웠다.

이때부터 보응우옌잡의 '100퍼센트 이기는 전투'가 준비되기 시작했다. 우선 베트민 병사들은 프랑스군 진지 주변에 수백 킬로미터에 달하는 교통호를 파서 보병이 지상에 노출되지 않고도 진지에 접근할 수 있는 통로를 만들었다. 산 중턱에는 야포를 숨길 수 있을 정도로 깊은 구덩이를 팠다. 또한 밀림 사이에 난 작은 길을 트럭과 야포가 지나갈 수 있는 큰 도로로 확장했는데, 전체 길이가 100킬로미터에 달했다. 도로가 끝나는 곳에서부터 산 중턱까지는 야포를 사람의 힘으로 끌어올렸는데, 거리가 10킬로미터가 넘는 곳이 허다했다.

3월 중순에 이르러 베트민 군대는 디엔비엔푸 주변에 야포 150여 문을 배치할 수 있었다. 이는 프랑스군 포병(야포 60여 문)의 두 배가 넘는 화력이었다. 프랑스군은 적들이 그렇게 짧은 시일 안에 그렇게 많은 야포를 끌고 왔을 것이라고는 상상도 하지 못했다. 수시로 정찰기를 띄우고 정찰대를 파견했지만, 철저하게 위장한 베트민 진지를 찾아내지 못했기 때문이다.

디엔비엔푸 전투에는 5만여 명의 병사뿐만 아니라 수십만 명의 노동자와 농민도 참여했다. 전시 근로자들은 수개월에 걸쳐 끊임없이 도로를 보수하고 건설했다. 트럭 운전사들은 며칠 밤을 새워 가며 폭격과 악천후를 뚫고 보급품을 실어 날랐다. 짐꾼들은 대부분이 탄약과 식량인 보급품을 전선으로 나르기 위해 자전거나 수레를 끌고 당나귀나 말을 몰았다. 커다란 야포는 분해돼 운반됐다. 베트남 북부의 타인호아에 사는 어느 농민은 약 50킬로그램의 쌀을 등에 메고 수백 킬로미터 떨어진 디엔비엔푸까지 걸어갔다.

북베트남 각지에서 수십만 명의 농민이 자발적으로 장거리 여행에 나서고, 낯선 병사들에게 기꺼이 쌀을 양보하도록 만든 거대한 힘의 정체는 무엇일까? 전쟁 초만 하더라도 농민 대부분은 전쟁에 말려들고 싶어 하지 않았다. 그러한 농민들을 설득해서 병사로 또는 전시 근로자로 만든 것은 호찌민 정부의 능력이었다. 1945년 '기근에 대한 투쟁'을 벌일 때부터 베트민은 농민의 마음을 사로잡기 시작했다. 농민들에게 베트민은 굶주림을 면하게 해준 고마운 존재였다. 게다가 베트남 민주 공화국 정부는 농민

자전거로 군수 물자를 운반하는 짐꾼들 짐꾼들은 프랑스군의 폭격을 피해 낮에 자고 밤에 행군했으며, 하룻밤에 험한 산길을 15킬로미터씩 걸었다. 베트민의 승리는 이같이 후방에서 협력한 다수의 베트남인이 있기에 가능했다.

베트민 군대의 승리 프랑스군의 디엔비엔푸 요새 본부를 함락한 베트민 군대가 금성홍기를 꽂고 있다. 이 사진은 베트남 전쟁 박물관에 전시되어 있다.

들에게 전쟁에서 승리하면 토지를 주겠다고 약속했다. 이는 지주의 토지를 몰수해서 가난한 농민에게 나눠 준다는 것으로, 프랑스인이나 바오다이 정부는 할 수 없는, 호찌민 정부만이 할 수 있는 약속이었다. 자신이 죽더라도 가족이나 자손이 땅을 가질 수 있다는 희망이야말로 가난한 농민들이 호찌민 정부의 동원에 기꺼이 호응하게끔 만든 원동력이었다.

1954년 3월, 므엉타인 분지의 언덕 위에 조성된 10개의 전술 진지(디엔비엔푸 요새)에는 포병과 전차 부대를 포함해 약 1만 6,200명의 프랑스군이 주둔하고 있었다. 베트민 5개 사단(4만 9,500명)은 이날의 공격을 위해 프랑스군 진지가 내려다보이는 산꼭대기에 진을 쳤다. 3월 13일 오후 5시, 베트민 포병 부대가 디엔비엔푸의 프랑스군 진지를 향해 일제히 사격을 개시했다. 혼을 쏙 빼놓는 무시무시한 포격이 끝나자마자 베트민 보병 부대가 돌격했다. 그날 오후 10시 무렵, 베트민 군대는 계획했던 대로 전술 진지 중 한 곳을 점령했다.

그날 밤 디엔비엔푸의 프랑스군 장병들은 누구 할 것 없이 참담한 기분에 사로잡혔다. 그날 오후에 그들이 경험한 것은 제1차 세계대전 때 베르됭*에서 그들의 아버지 세대가 경험한 것만큼이나 끔찍한 악몽이었다. 차라리 베르됭이 나았다. 디엔비엔푸에는 퇴로가 없었다. 이 악몽은 그로부터 2개월이 지나서야 끝났다.

● 1916년 2월부터 12월까지 11개월 동안 프랑스의 베르됭 요새를 두고 벌어진 공방전에서 프랑스군과 독일군 양쪽을 합해 90만 명이 넘는 사상자가 발생했다.

● 마지막 황후, 남프엉

1932년 어느 날, 프랑스에서 베트남으로 향하는 여객선에서 두 남녀의 눈이 마주쳤다. 남자는 19세의 청년 황제 바오다이, 여자는 18세의 양갓집 규수 응우옌흐우티란이었다. 청년은 이목구비가 뚜렷하고 어딘지 우수에 찬 듯한 여성에게 반했다. 여인도 위엄 있고 듬직한 인상의 청년에게 호감을 느꼈다.

1934년 3월, 후에의 황궁에서 두 남녀는 정식으로 혼례를 올렸고, 여인은 황후가 됐다. 응우옌 왕조의 마지막 황후가 된 이 여성을 '남프엉 황후'라고 부른다. 종실의 원로들은 이 결혼에 반대했는데, 황후가 가톨릭 신자였기 때문이다. 반면에 프랑스인 식민 통치자와 가톨릭교회는 이 혼사를 열렬히 환영했다. 프랑스 시민권자이자 가톨릭 신자인 여성이 황후가 된다면, 바오다이 사후에 식민 통치에 협조적인 가톨릭교도가 황제로 즉위하리라는 기대가 있었기 때문이다.

무엇보다도 황제 자신의 의지가 대단했다. 자신처럼 프랑스에서 공부하며 서양 문물을 익힌 신여성이 황후로서 적합하다는 생각 때문이었다. 황제가 뜻을 굽히지 않자, 결국 종실도 양보할 수밖에 없었다. 게다가 이 여성은 가톨릭 예식을 고집하지 않고 불교식 전통 혼례에 따랐다.

이후 젊은 황후는 품위 있는 언행과 각종 황궁 행사를 깔끔하게 처리하는 솜씨로 궁 내외의 칭송을 받았다. 1945년 8월 혁명으

남프엉 위 사진은 결혼할 당시 남프엉의 모습이고, 오른쪽은 1939년 파리에서 25세의 남프엉 황후가 남편 바오다이 황제와 두 딸과 함께 촬영한 사진이다. 남편과는 달리 베트남 사람들의 존경과 사랑을 받았다.

로 바오다이가 황제 자리에서 물러나자, 황후도 평민으로 강등됐다. 바오다이가 베트남 민주 공화국의 최고 고문직을 수락하고 하노이로 떠난 뒤로는 황궁에서 나와 자녀들과 함께 후에의 한 안가에서 살았다. 남프엉은 평민이 된 후에도 불평 한마디하지 않고 품위와 자존심을 지켰기에 새로운 공화국의 국민으로부터 여전히 존경받았다.

호찌민은 구 황실에 대한 예우로 생활비에 보태라며 1만 동이라는 거액을 건넸으나, 남프엉은 감사 표시를 한 후 이 돈을 모두 자선 단체에 기부했다. 베트민이 독립 국가 건설 및 대프랑스 항쟁을 위해 전국적인 금 모으기 운동을 전개할 때는 직접 모금 행사장에 나와 자신이 갖고 있던 금은보화와 장신구를 내놓았다. 1946년에 프랑스인들이 베트남으로 돌아왔을 때는 프랑스인 고위 관료에게 프랑스의 간섭을 사양한다는 내용의 편지를 보냈다. 이 또한 남프엉의 명성을 높이는 데 한몫했다.

하지만 바오다이가 홍콩으로 망명하고, 제1차 인도차이나 전쟁이 시작되자 남프엉은 베트남을 떠날 작정을 하게 된다. 프랑스에 협조할 생각도 없었지만, 사회주의 정권에 투신할 의사도 없었기 때문이다. 1947년, 남프엉은 자녀들과 함께 프랑스로 망명했다.

남프엉은 남프랑스의 휴양 도시 칸에 있는 친정 소유의 저택에서 자녀를 키우고 정원을 돌보면서 조용히 지냈다. 반면 남편 바오다이는 파리, 칸, 모나코 등을 떠돌며 술, 도박, 여성에 탐닉했다. 결국 남프엉은 바오다이와 이혼했다(1955). 이후 남프랑스의 한적한 시골 마을 샤브리냐크에서 살다가, 49세의 나이에 심장마비로 세상을 떠났다(1963). 그녀의 무덤은 샤브리냐크의 마을 공동묘지에 있는데, 묘비에는 '대남 제국 남프엉 황후의 무덤[大南南芳皇后之墓]'이라고 쓰여 있다.

2 | 제네바 협정으로 베트남이 분단되다

1954년 7월, 스위스 제네바

때는 1954년, 제1차 인도차이나 전쟁이 일어난 지 9년째 되던 그해, 전쟁의 종결을 위한 회담이 시작되었다. 회담이 시작된 지 75일째 되던 7월 20일 늦은 저녁, 스위스 제네바의 팔레데나시옹(국제 연합 제네바 사무국 건물)에 베트남 민주 공화국, 프랑스 공화국, 캄보디아 왕국 등 교전국 대표들이 모였다. 지난 2개월 반 동안 9개국 대표들이 8차례의 전체 회의와 23차례의 소회의를 거치며 피 말리는 협상을 거듭한 끝에 합의에 도달했기 때문이다. 교전국 대표들이 한 명씩 나와 '베트남 정전 협정', '라오스 정전 협정', '캄보디아 정전 협정'(이들 협정을 통틀어 '제네바 협정'이라고 한다)에 차례로 서명했다. 베트남 정전 협정엔 어떤 내용이 들어가 있었을까?

제네바 협정 체결 1954년 7월 20일, 베트남 민주 공화국의 국방부 차관 따꽝브우가 베트남 인민군 총사령관 자격으로 '베트남, 라오스, 캄보디아에서 적대 행위를 끝내기 위한 협정'에 서명했다.

【제1조】임시 군사 분계선(북위 17도선)을 따라 쌍방의 군대가 철수한 후에 각자의 영역에서 재편한다. 베트남 인민군(베트민 군대)은 군사 분계선의 북쪽으로, 프랑스 연합군은 남쪽으로 철수해야 한다. ……
【제2조】쌍방의 군대가 임시 군사 분계선 양쪽에 있는 재편 예정 지역으로 이동하는 기간은 본 협정이 발효되는 날로부터 300일을 넘을 수 없다.
【제10조】쌍방의 군사령관은 …… 자신이 통제하는 모든 군대에 베트남에서 모든 적대 행위를 완전히 중지할 것을 명령하고 이를 시행한다.

여기서 '군사 분계선'이란 쌍방(베트민군과 프랑스군)이 합의를 거쳐 설정한 군사 활동의 경계선이다. 따라서 제1조와 제2조는 이 군사 분계선, 즉 북위 17도선을 경계로 300일 이내에 베트민 군대는 그 이북으로, 프랑스군은 그 이남으로 이동해야 한다는 내용이다. 이는 베트남이 북위 17도선을 경계로 남과 북으로 분단되며, 북쪽은 베트남 민주 공화국, 남쪽은 프랑스의 뒤를 이어 베트남국이 지배하게 된다는 의미였다. 베트남 민주 공화국 대표단 단장 팜반동은 협정 조인 과정을 지켜보는 내내 착잡한 심정을 감출 수 없었다.

75일 전, 5월 8일부터 시작된 회의에서 프랑스 대표단은 양측 점령 지역을 중심으로 베트남을 둘로 나눌 것을 요구했다. '분단'이라니? 팜반동은 단호하게 반대하면서 인도차이나 3국의 완전한 독립과 프랑스 군대의 전면 철수 등을 요구했다. 이때만 하더라도 향후 프랑스 연합 참여도 검토해 보겠노라 여유를 부릴 수 있었다. 하지만 얼마 지나지 않아 팜반동은 자신이 제어할 수 없는 어떤 '거대한 힘'이 회담을 지배하고 있음을 깨달았고, 결국 그 힘 앞에 무릎을 꿇어야 했다.

7월 21일, 협정 조인이 끝난 지 몇 시간 뒤에 마지막 전체 회의가 열렸다. 영국·미국·프랑스·소련·중국 등 5대 강대국 대표와 캄보디아 왕국·라오스 왕국·베트남국 등 인도차이나의 프랑스 연합 3개국 대표, 마지막으로 베트남 민주 공화국 대표까지 모두 9개국 대표가 한자리에 모였다. 영국의 외교부 장관 이든이 '최종 선언문'을 발표했는데, 그중 가장 중요한 부분은 '총선거'에 관한 언급이었다.

베트남에 관한 한, 독립·통일·영토 보존의 원칙을 존중하는 기초 위에서 정치적 문제를 해결함으로써, 베트남인에게 보통 선거에 의해 세워진 민주적 기관이 보장하는 본질적 자유를 누릴 수 있게 한다. 또한, 평화 회복에 충분한 진전이 있었음을 확인하고, 민족적 의지를 자유롭게 표현하는데 필요한 모든 조건을 마련하기 위해 1956년 7월에 총선거를 치른다.

'총선거'는 남북 통틀어 실시된 국회의원 선거에서 가장 많은 의석을 차지한 정치 세력에게 통일 국가의 정권을 맡긴다는 구상으로, 일시적으로 분단된 베트남이 평화적으로 통일을 이룰 수 있는 유일한 방법으로 제시됐다.

호찌민과 바오다이에 대한 베트남 현지의 평판으로 미루어 볼 때, 총선거가 실시되면 호찌민의 승리가 거의 확실했다. 문제는 총선거가 '제대로' 실시될 수 있을지 그 여부가 불투명하다는 데 있었다. 최종 선언문은 아무런 법적 구속력이 없었기에, 남과 북 어느 한쪽이 총선거를 거부하더라도 이를 강제할 방법이 없었다.

무엇 때문에 호찌민 정부가 분단을 받아들일 수밖에 없었던 것일까? 팜반동을 무릎 꿇게 한 그 '거대한 힘'이란 무엇일까?

제네바 협정으로 베트남이 분단되다

1954년 5월 7일, 베트민 군대가 디엔비엔푸 요새를 점령하고 프랑스 군의 항복을 받아냈다. 약소 민족의 군대가 정규전에서 제국주의 열강의 군대와 맞서 싸워 승리를 거둔 것이다. 이 전투의 승리로 베트민 군대의 사기는 하늘을 찌를 듯했다. 미국 중앙 정보국(CIA)은 디엔비엔푸의 베트민 군대가 2~3주 안에 홍강 삼각주에 도달할 수 있을 것이라 예상했다. 당시 베트남의 프랑스군은 베트민 정규군 병력(약 7만 6,000명)의 두 배가 훌쩍 넘는 20만 명에 가까웠지만, 사기가 떨어진 데다 자신들에게 적대적인 주민들에게 둘러싸인 채 고립돼 있었다. 바오다이 정부가 창설한 베트남 국군은 오합지졸에 불과했다. 베트민 군대가 하노이에 입성하는 것은 시간문제였다.

그러나 호찌민 정부도 오랜 전쟁으로 지쳐 있었다. 주변 강대국들도 전쟁을 빨리 끝내라고 독촉했다. 결국 영국과 미국, 소련이 나서서 제네바 회담이라는 무대를 마련했다. 이들은 한국 전쟁과 제1차 인도

디엔비엔푸 전투 이후 수용소로 이송되는 프랑스군 포로(1954)
디엔비엔푸 전투에서 프랑스군은 약 1,600명이 전사하고 4,800명이 부상했으며, 1,600명이 실종되고 8,000명이 포로가 됐다. 베트민 군대는 약 7,900명이 전사하고 1만 5,000명이 부상했다.

차이나 전쟁으로 고조된 국제 사회의 긴장을 해소하고 각기 자국의 국내 문제 해결에 집중할 수 있기를 기대했다. 4월 26일에 개막된 제네바 회의에서는 한반도 문제를 먼저 논의했고, 인도차이나 문제는 5월 8일부터 논의를 시작했다. 인도차이나 문제와 관련하여 영국과 소련은 중국을 자신들과 동급의 주연 배우로 인정하는 데 합의했다. 전쟁에서 호찌민 정부의 든든한 후견인 노릇을 한 만큼 중국이 호찌민 정부에 가장 큰 영향력을 행사할 수 있는 국가였기 때문이다.

프랑스 대표단은 휴전을 제의하면서 라오스와 캄보디아에서 베트민 군대가 철수하고, 베트남에서 양측 군사 점령지를 둘로 재편할 것을 요구했다. 이에 팜반동은 휴전 제의는 받아들이면서도 베트남과 라오스 왕국, 캄보디아 왕국 즉 인도차이나 3국의 완전한 독립, 모든 외국 군대의 철수, 총선거를 통한 재통일 등을 요구했다. 그런데 팜반동은 '외국 군대'의 범주에 베트민 군대를 포함하지 않았다. 베트남·라오스·캄보디아의 세 민족이 하나의 집단으로 긴밀하게 결합해 있으므로, 라오스와 캄보디아에서 베트남은 '외국'이 아니라는 논리였다. 즉 라오스와 캄보디아에서 베트민 군대를 철수시킬 생각이 전혀 없다는 뜻이었다. 여기에는 앞으로 베트민 군대를 통해 그 지역들의 반프랑스·반왕정 사회주의 세력을 지원함으로써 장차 베트남이 인도차이나 연방의 맹주 노릇을 하겠다는 구상이 자리 잡고 있었다. 그러나 이는 라오스와 캄보디아의 자주성을 훼손하는 것으로, 두 왕국 정부가 받아들일 수 없는 구상이었다.

중국 대표단 단장 저우언라이 역시 호찌민 정부의 요구가 지나치다며 라오스와 캄보디아에서 베트민 군대를 철수시켜야 한다고 팜반동

팜반동과 저우언라이 제네바 회담에서 인도차이나 문제를 논의한 첫날(1954년 5월 8일) 팜반동(왼쪽)과 저우언라이가 함께 찍은 사진이다.

을 설득했다. 국·공 내전과 한국 전쟁을 연거푸 치른 중국은 경제 성장과 민생 안정이 최우선 과제였다. 따라서 미국의 군사 개입으로 인도차이나와 맞닿은 중국 남부 지역이 위험해지는 상황을 막으려면 회담이 결렬되지 않도록 적극적으로 관여해야 했다. 더 나아가 베트남을 북과 남으로 나누어 북쪽은 호찌민 정부가 차지하고 남쪽은 바오다이 정부가 차지하게 하자는 소련의 제안을 지지했다. 팜반동은 전쟁 기간 내내 베트민을 지원한 소련과 중국의 요구였던 만큼, 기가 막힐 노릇이었지만 받아들일 수밖에 없었다.

　이는 소련과 중국이 사실상 프랑스의 손을 들어준 것이나 마찬가지였다. 소련은 회담에서 프랑스를 지지하여 프랑스 내에서 소련에 우호적인 여론을 조성함으로써 서유럽 국가들의 반소련 동맹에 균열을 내고 싶어 했다. 그리고 1년 전까지 미국과 전쟁을 치른 중국은 미국이 베트남과 자기네 국경 가까이에 접근하는 것을 막아야 했다. 그러려면 이번 회담에서 미국이 인도차이나의 미래에 개입할 여지를 일절 남겨서는 안 됐는데, 이는 사회주의 형제 국가 베트남과의 '우의(友誼)'보다 중요한 문제였다. 지난 2,000년 역사가 증명하듯 베트남이 지나치게 강해지면 중국이 형 노릇 하기 어려워진다는 사실도 베트남을 편들지 않은 이유였다. 중국은 베트남이 동생의 분수를 지킬 수 있는 정도로만 세력을 유지하길 희망했다.

6월 말부터 협상은 세부 사항에 관한 논의로 넘어갔다. 휴전선의 위치에 관해 프랑스 대표는 북위 18도선을, 팜반동은 북위 13도선을 고집했다. 잠시 중국에 들른 저우언라이는 호찌민을 중국으로 불러 휴전선의 위치를 북위 16도선으로 조정하자는 타협안을 제시했다. 중국의 타협안을 받아들이면 호찌민 정부에 대한 경제 원조를 크게 늘리겠다는 당근책도 제시했다. 휴전이 성립하지 않으면 동남아시아에서 공산주의 확산을 막으려는 미국이 이를 빌미로 군사적으로 개입하게 될 것이라 경고도 했다. 호찌민은 미국이 개입하면 총선거를 통한 평화 통일조차 어려워질 수 있다는 생각에 저우언라이의 제안을 받아들였다.

팜반동이 호찌민의 조언에 따라 어쩔 수 없이 북위 16도선을 받아들이자, 프랑스 측이 기다렸다는 듯이 북위 17도선을 들이밀었고, 협상은 다시 난항에 빠졌다. 소련 대표는 협상이 결렬되는 사태를 막기 위해 영국, 프랑스, 중국, 호찌민 정부 대표를 모아 놓고 북위 17도선

중국

라오까이

베트남 민주 공화국 · 랑선

옌바이

· 하노이

· 하이퐁

· 타인호아

통킹만

라오스

비엔티안

· 동허이

17°

비무장 지대
군사 분계선

타이

· 후에

· 다낭

· 꽝응아이

· 뿔래이꾸
· 꾸이년

캄보디아

베트남국

· 나짱

분단된 베트남 제네바 협정에 따라 군사 분계
선(북위 17도선)을 기준으로 남북으로 5킬로
미터 구간이 비무장 지대가 되었다. 남부의
베트남 인민군과 게릴라 부대는 군사 분계선
을 넘어 북쪽으로, 북부의 프랑스군과 바오다
이 정부군은 군사 분계선의 남쪽으로 이동했
다. 그 결과 베트남은 북쪽의 베트남 민주 공
화국과 남쪽의 베트남국으로 분단됐다.

프놈펜

· 떠이닌
· 비엔호아
· 사이공

껀터

을 종용했다. 결국 7월 20일 밤에 정전 협정이 체결되었다.

그런데 협정서의 잉크가 채 마르기도 전에 정전 협정 자체를 부정
하려는 조짐이 나타났다. 9개국 중에 두 나라가 정전 협정 서명을 거
부한 것이다. 바로 미국과 바오다이의 베트남국이었다. 미국 정부는
'총선거에 의한 통일'이라는 최종 선언문 조항이 호찌민 정부에 승리
를 가져다줄 것이고, 이는 결국 베트남 전역의 공산화로 이어지리라

보았다. 그래서 최종 선언문뿐만 아니라 제네바 협정 자체를 지지하지 않겠노라며 서명을 거부했다. 총선거에서 이길 자신이 없던 바이다오 정부도 분단이 베트남 민족의 뜻에 어긋난다는 구실로 여기에 동조했다.

회담이 끝나고 며칠 뒤 미국 정부는 남베트남, 라오스, 캄보디아에서 비공산주의 정부를 지원할 것이라 발표했다. 인도차이나 3국에 사회주의 정부가 들어서는 상황은 무슨 수를 써서라도 막겠다는 뜻이었다. 총선거가 제대로 치러질 수 없는 것은 물론이고, 프랑스군이 철수한 후에 미국이 인도차이나에 적극적으로 개입할 가능성이 농후해졌다.

제네바 협정은 일단 제1차 인도차이나 전쟁이라는 큰불을 끄기는 했지만, 전쟁의 불씨까지 꺼뜨리지는 못했다. 특히 회담 과정에서 드러난 호찌민 정부와 중국 정부의 의견 차이는 후일 양국 관계에 부정적 영향을 끼칠 터였다. 그렇지만 제네바 협정을 통해 호찌민 정부는 프랑스 세력을 내쫓고 독립을 확보했으며, 전쟁으로 피폐해진 국가를 재건할 기회를 얻었다. 디엔비엔푸에서 승리하지 못했다면 결코 얻을 수 없는 귀중한 성과였다.

북베트남이 사회주의 개혁을 추진하다

1954년 10월, 호찌민과 동지들은 8년 만에 하노이로 돌아왔다. 제네바 협정에 따라 북위 17도선 이북을 합법적으로 지배하게 된 베트남 민주 공화국 정부(이하 북베트남 정부)에서 모든 권력은 베트남 노동당이 장악했다. 북베트남 정부가 직면한 가장 중요한 과제는 사회주의 개혁을 통한 북부의 재건과 남부의 해방이었다. 그런데 개혁을 어떻게 추진할 것인가를 놓고 노동당 안에서 견해 차이가 생겨났다.

호찌민을 비롯한 온건파는 분단을 고착화하려는 외세(미국)와 그 앞잡이(남베트남 정부)에 반대하면서 정치적 성향과 종교를 불문하고 민족의 통일을 지지하는 모든 세력을 포용하자고 주장했다. 그러나 남베트남 정부가 총선거를 거부하면서 선거를 통한 평화 통일의 가능성이 사라지자, 온건파의 실용주의 노선은 힘을 잃었다. 급진파는 지주와 자본가 계급을 타도하고 농업과 공업을 집단화하는 등 사회주의 사회로 신속하게 전진할 수 있는 급진적인 개혁을 요구했다. 급진파는 베트남에 파견된 중국 고문단의 영향을 받아 중국식 사회주의 개혁을 모델로 삼았다. 그중에서도 급진파가 농촌에서 계급 투쟁을 수행하기 위해 추진한 정책이 바로 중국 공산당이 국·공 내전 시기부터 진행한 이른바 중국식 토지 개혁이었다.

급진파가 추진한 중국식 토지 개혁은 지주와 부유한 농민의 토지를 무상으로 몰수하여 가난한 농민에게 무상으로 분배하는 방식으로 진행되었는데, 전체 농민의 생산 의욕을 고취하면서도 지주 계급을 타도하는 데 목적이 있었다. 1954년과 1956년 사이에 북베트남 정부는 중국 고문단의 지도를 받아 중국 공산당이 했던 방식으로 토지 개혁을 시행했고, 그 결과 북부에서는 지주 계급이 소멸하고 다수의 농민이 자기 땅을 갖게 됐다.

그러나 그 과정에서 심각한 문제점이 드러났다. 특히 빈농 출신의

토지 개혁 북베트남의 농민들이 토지 대장을 불태우고 있다. 북베트남 정부의 토지 개혁은 베트남 인구의 최대 다수를 차지하는 가난한 농민의 지지를 확보하는 수단이기도 했다. 전쟁 기간에 호찌민 정부는 실제로 빈농에게 토지를 약속하면서 지지를 호소하기도 했었다.

노동당원들이 토지 개혁을 위해 설치된 특별 인민재판소를 지주나 부농에게 보복할 수단으로 악용했다. 조금이라도 자기들 마음에 들지 않으면 무조건 '반혁명 세력'으로 몰아붙여 적법한 절차도 거치지 않고 처형하곤 했다. 전쟁 기간에 베트민을 지원한 '애국 지주'들도 '악덕 지주'로 찍혀 총살당하는 일이 종종 일어났다. 이처럼 무자비하고 무분별한 토지 개혁에 반발하여 일부 지방에서는 농민 봉기가 일어나기도 했다.

토지 개혁은 노동당에 대한 지식인들의 불신을 초래했다. 애초 베트남의 진보적 지식인들은 민족의 독립과 온건한 개혁 조치를 결합한 베트민의 강령을 열렬하게 지지했다. 그러나 전쟁 기간에 이데올로기 학습을 요구하는 중국 공산당의 지침이 도입되면서, 지식인들은 고통스러운 자아비판을 강요당했다. 전쟁이 끝나고 민족 문제가 일단 해결되자, 지식인들은 토지 개혁에 대한 비판적 여론에 편승하여 당의 독선적인 태도와 문학·예술에 대한 과도한 규제를 비판했다. 이들은 표현의 자유가 혁명이 내세우는 가치와 상충하지 않는다고 주장했다. 하지만 당 지도부는 지식인들의 이런 소극적 저항에도 불안을 느꼈다. 이에 혁명을 완수하려면 지식인을 엄격하게 통제해야 한다고 주장하면서 비판적 지식인들을 구속하거나 공장 또는 시골로 보내 노동계급처럼 생각하도록 재교육받게 했다.

북베트남 정부는 경제의 균형 발전을 위해 공업에도 관심을 기울였다. 중국과 소련 및 동유럽 사회주의 국가들로부터 무상 원조를 받거나 차관을 들여와 공장과 발전소를 세웠다. 1961년에는 소련과 중국을 모방하여 경제 개발 5개년 계획을 수립했다. 그러나 1960년대 중반부터 '남부 해방 전쟁'이 본격적으로 시작되면서 경제 개발에 쓰일 인력과 자원이 전쟁에 투입되고, 미국의 공습으로 산업 시설이 파괴되어 경제는 주춤할 수밖에 없었다.

한편, 북베트남 정부는 제1차 인도차이나 전쟁 종전 직후부터 평화적 수단, 즉 남북 총선거를 통한 통일을 추구하겠다고 천명했다. 이에 제네바 협정에 따라 남부의 노동당원 일부가 북쪽으로 이동했지만, 상당수의 당원은 총선거 준비를 위해 남부에 남았다. 그러던 1955년 10월, 프랑스를 대신해 북위 17도선 이남을 지배하게 된 베트남 공화국(이하 남베트남 정부)이 1956년 7월이 되기 전에 실시하기로 예정되었던 총선거를 거부하고 나섰다. 동시에 남부의 노동당원에 대한 탄압을 강화했다. 이제 북베트남 정부는 기존의 통일 정책을 폐기하고 새로운 대안을 모색해야 했다.

남베트남 정부가 반공 정책을 펴다

제네바 회담이 한창이던 1954년 6월, 사이공의 바오다이는 응오딘지엠을 총리로 임명했다. 응오딘지엠은 식민지 시기에 안남 왕국의 고위 관료로서 프랑스로부터 베트남의 주권을 확보하기 위해 개혁을 추진하다가 식민 당국의 방해로 좌절되자 망설임 없이 관직에서 물러났다. 이 일을 계기로 비타협적 민족주의자로서 명성을 얻었다. 또한 독실한 가톨릭교도로서 여러 차례 공산당이 주도한 농민 봉기를 진압한 경험이 있었고, 큰형이 베트민 요원에게 암살당한 일로 공산주의에 적대감을 가지게 된 반공주의자였다. 전쟁 중에는 미국으로 건너가 존 F. 케네디 상원 의원을 비롯한 정계의 인사들과 교분을 쌓기도 했다. 바오다이가 그를 총리 자리에 앉힌 것도 남부의 반공주의자 중에 그만 한 명성을 가진 정치인이 없는 데다, 그의 이런 이력이 미국의 원조를 끌어내는 데 유리하리라 판단했기 때문이다.

당시 미국 정부는 남베트남이 무너지면 인접한 라오스와 캄보디아뿐만 아니라, 동남아시아 전체가 공산화될 수 있다는 '도미노 이론'을 공표한 후였다. 워싱턴은 북베트남 정부를 소련과 중국의 충실한 심복으로 여겼고, 베트남 노동당을 투표로든 전쟁으로든 베트남을 통일할 수 있는 유일한 정치·군사 세력이라 판단했다. 따라서 그들에게는 베트남의 통일을 저지하고 사이공 정부를 강화하는 것만이 동남아시아에서 미국의 이익을 도모할 유일한 방법이었다. 20년이 지난 후에는 미국도 깨닫게 됐지만, 북베트남 정부는 사실 소련이나 중국의 꼭두각시가 아니었다. 베트남 노동당은 인도차이나 이외 지역에 혁명을 수출하는 데 관심이 없었다. 어쨌든 미국 정부는 남베트남이 강력한 반공 기지가 되기를 희망했고 응오딘지엠은 미국이 그러한 자신들의 희망을 실현할 것으로 기대하는 인물이었다.

미국에서 돌아온 응오딘지엠은 바오다이의 지명으로 총리가 되기는 했지만, 바오다이가 아닌 자신이 새로운 남베트남의 주인이 되고자 했다. 1955년 10월, 미국의 지지를 확신한 응오딘지엠은 입헌 군주제와 공화제를 놓고 양자택일을 묻는 국민 투표를 시행했다. 당시 바오다이의 지도력 부재에 신물이 나 있던 남베트남의 유권자 대부분은 공화제를 지지했다. 그런데도 응오딘지엠은 부정 선거를 감행했고, 그 결과 공화제 찬성표가 유효표의 98퍼센트를 웃도는 믿기 힘든 상황이 연출되었다. 그 뒤에 시행된 대통령 선거에서도 부정을 저질러 유권자 수(45만 명)보다 더 많은 66만 표를 얻었다.

국민 투표의 승리로 의기양양해진 응오딘지엠은 베트남 공화국의 독립을 선언하고 초대 대통령에 취임했다. 아울러 제네바 협정에서 1956년 7월 이전에 실시하기로 예정되었던 남북 총선거를 거부했다. 미국은 남베트남의 독립 선언과 총선거 거부를 지지하며 베트남 공화국을 곧바로 승인했다. 이제 임시 휴전선에 불과했던 북위 17도선은 두 국가 간의 국경선처럼 돼 버렸다.

1956년 3월, 응오딘지엠은 남부만의 국회의원 선거를 시행했다. 이때도 반대파 정치인들에게 압력을 가해 후보 등록조차 하지 못하게 만들었다. 응오딘지엠의 지지자들로만 구성된 국회에서는 대통령에게 거의 절대적인 권력을 부여하는 헌법을 제정했다. 이로써 입법부는 사실상 행정부에 예속됐다. 헌법은 언론·출판·집회·결사의 자유를 명시했지만, 그 자유는 언제든지 정부에 의해 박탈당할 수 있었다. 사회주의와 사회주의 정당은 당연히 불법이었다.

1955년 초부터 그 이듬해까지 남베트남 정부는 '공산주의자 고발 운동'을 벌여 남부에 잔류한 노동당원을 색출했고, 이 과정에서 수백 명이 감옥에 가거나 처형당했다. 지방의 관리들은 주민들을 정부에 대한 충성도에 따라 분류했고, 조금이라도 의심스러운 사람은 재교육 수용소에 보냈다. 1956년 1월에는 급기야 국가 안보를 해친다고 생각되는 인물들을 무차별적으로 체포하는 지경에 이르렀다. 이에 수천 명이 체포돼 군사 재판을 받고 정치범 수용소에 갇혔다. 이들 대부분은 사실 사회주의자가 아니라 응오딘지엠의 독재에 항거해 자유와 민주주의를 외치는 사람들이었다. 이렇게 '시민적 자유'를 일절 허용하지 않는 응오딘지엠의 권위주의적 통치는 자기편이 될 만한 반공주의자들까지 적으로 만들어 나갔다.

권력 기반이 취약해진 응오딘지엠은 가톨릭교도와 자기 가족에게 의존했다. 응오딘지엠은 정부와 군대의 요직에 가톨릭교도를 임용했고, 동생 응오딘뉴를 대통령 고문으로 앉히고 그에게 비밀경찰을 이용하여 정적들을 숙청하는 임무를 맡겼다.

미국 대통령의 환영을 받는 응오딘지엠(1957) 응오딘지엠이 워싱턴을 방문하자 미국 대통령 아이젠하워(왼쪽에서 첫 번째)가 공항까지 마중을 나가 기대에 가득 찬 눈으로 악수를 청했다. 이러한 기대가 실망으로 바뀌는 데는 그리 오랜 시간이 걸리지 않았다.

미국 부통령 존슨과 악수하는 응오딘뉴(1963) 응오딘뉴는 반체제 인사를 무차별적으로 잡아들이고, 사이공의 마약 사업을 장악해 비자금을 확보했다. '공산화 저지'라는 목표에 매몰된 미국 정부는 부패한 독재 정권을 후원했다.

    한편, 농민의 지지가 필요했던 응오딘지엠은 소작료를 낮추고 지주의 토지 소유를 제한하는 내용의 다소 온건한 토지 개혁을 시도했다. 하지만 지주와 결탁한 관리들의 방해로 별다른 성과를 거두지 못했다. 관리들의 부정부패와 높은 소작료 때문에 고통받던 농민들은 점차 노동당원들의 반정부 선전에 귀를 기울이게 됐다. 응오딘지엠이 불교에 관대해지라는 가톨릭계의 권유마저 거부하고 불교를 탄압하자, 불교 신도들도 정부에 등을 돌렸다.

    남부에서 응오딘지엠 정부에 대한 비판 여론이 고조되고 노동당원에 대한 탄압이 심화하자, 남부의 노동당원들은 북부의 동지들에게 '남부의 해방'을 적극적으로 지원해 달라고 요구하기 시작했다.

북베트남이 남부의 해방을 꾀하다

남부의 노동당원들이 지원을 요청했을 때, 하노이의 노동당 중앙 위원회는 이들에게 지하로 숨어들어 반정부 운동을 조직하라고 지시할 뿐 남부에 직접 개입하려고 하지 않았다. '남부의 해방'보다는 '북부의 재건(사회주의화)'이 더 시급하다고 판단했기 때문이다. 게다가 중국도 북부의 사회주의 건설이 더 긴급한 과제라며 남부에서 혁명을 일으킬 때가 아니라고 조언했다.

무장 투쟁을 통해 남부를 해방해야 한다고 처음 주장한 사람은 남부의 노동당 지도자 레주언이었다. 남부에서 '공산주의자 고발' 운동이 한창 전개되던 1950년대 중반 레주언은 북부의 당 지도부에 무장 투쟁을 허가해 달라고 요청했다. 요청이 받아들여지지 않자 〈남부 혁명의 길〉(1956)이라는 글을 통해 남부에서 무장봉기를 일으켜 권력을 장악할 준비를 해야 한다고 주장했다. 이러한 활동을 통해 레주언은 당 지도부에 '남부 해방'의 중요성을 일깨웠고, 당내에서 영향력을 키워 나갔다. 그 결과 1960년 쟁쟁한 경쟁자들을 제치고 베트남 노동당의 최고 책임자인 제1서기로 선출됐다.

한 해 전인 1959년, 레주언의 주도로 베트남 노동당 중앙 위원회 제15차 총회가 열렸다. 총회에서 레주언은 응오딘지엠 정권에 반대하는 목소리가 날로 커지고 있는 작금의 상황이 민족 통일을 위한 '황금 같은 기회'라고 주장하면서, 남부의 반정부 세력에게 무장 투쟁을 허용하지 않는다면 혁명 운동이 궤멸할 수 있다고 경고했다. 반면에 호찌민은 미국의 군사적 개입을 초래할 수 있는 무장 투쟁을 선불리 결정

베트남 노동당 제3차 전당 대회(1960) 호찌민(첫째 줄 가운데)이 정치 현황을 보고하고 있다. 이 대회에서 레주언(첫째 줄 왼쪽)이 보응우옌잡(둘째 줄 왼쪽), 쯔엉찐(첫째 줄 오른쪽, 전임 제1서기) 등을 제치고 제1서기로 선출됐다. 그리고 남부에서 통일 전선 조직을 건설한다는 계획이 채택되어, '남베트남 민족 해방 전선' 결성에 영향을 주었다.

하면 안 된다면서, 비폭력 정치 투쟁을 통한 점진적 해방을 주장했다. 총회에서는 양측의 주장을 절충하여 정치 투쟁과 무장 투쟁을 병행한다는 내용의 '결의안 15'를 채택했다. 이는 북베트남 정부에 남부의 해방이 북부의 재건만큼이나 중요한 과제가 됐음을 뜻했다.

'결의안 15'에 따라 북베트남 정부는 남부의 무장 투쟁을 지휘할 간부를 파견하고 반정부 세력에 무기를 제공하기로 결정했다. 문제는 군사 분계선을 넘어 남쪽으로 당원을 파견하거나 무기를 운송할 방법이 없다는 점이었다. 그래서 북베트남 정부는 라오스 동부와 캄보디아 동부로 우회하여 남베트남으로 향하는 통로를 개척했다. 이를 '호찌민 루트'라고 부른다. 물론 이는 모든 군사 활동을 중단한다는 제네바 협정의 결의를 위반하는 행동이기에 은밀하게 진행되었다.

1960년 12월, 남부에서 '남베트남 민족 해방 전선'이라는 반정부 단체가 결성됐다. 남베트남 민족 해방 전선은 남베트남 정부에 반대하는 농민, 노동자, 지식인, 소수 민족, 불교도, 신흥 민족 종교 신도 등이 참여한 통일 전선 단체였지만, 북부에서 파견된 노동당원이 실권을 쥐고 있었다.

남베트남 민족 해방 전선은 남베트남 정부 타도를 목표로 민족주의와 반제국주의를 내세웠다. 사실상 사회주의자들이 이끄는 단체임에도 마르크스-레닌주의를 내걸지 않은 이유는 사회주의에 동조하지 않는 반정부 세력까지 포섭하기 위함이었다. 남베트남 민족 해방 전선은 농촌에 근거지를 만들고 세금도 거두면서 반정부 선전 활동을 벌였으며, 비협조적인 촌장이나 지방 관리를 처단하기도 했다. 또한 응오딘지엠 정부에 대한 대중의 적대감에 편승하여 열정적이고 유능한 사람들을 끌어모을 수 있었다.

1961년, 노동당은 남부에서 민족 해방 전선의 군대를 창설했다. 이른바 '남베트남 해방군(약칭 '남부 해방군')'이었다. 남부 해방군은 북베트남(베트남 인민군)의 통제를 받지 않는 독자적인 군대였지만, 북부에서 파견된 노동당원의 지휘를 받았고 북부에서 제공한 무기로 무장했다. 창설 당시 남부 해방군의 수는 1만 명가량이었으나, 북부에서 내려오거나 남부에서 자발적으로 가입하는 인원이 많아 3년 후에는 약 10만 명으로 늘어났다. 노동당 중앙 위원회가 남부의 당원들에게 무장 투쟁을 허가하기 전부터 이미 남부의 농촌에서는 노동당원들이 게릴라 활동을 벌이고 있었는데, 남베트남 민족 해방 전선과 남부 해방군이 조직되면서 게릴라 활동이 더욱 활발해졌다. 그 결과 대부분의 농촌 지역에서 남베트남 정부의 권위가 거의 통하지 않게 됐다. 남베트남 정부에서는 이들을 '베트콩('베트남 공산주의자'라는 의미)'이라 불렀다.

농민을 반정부 게릴라로부터 차단하기 위해 남베트남 정부는 남베트남 군대가 통제하는 도시형 촌락을 조성하고 농민들을 그곳으로 이주시키는 '농업 도시 계획(1959)', '불온사상'에 물들지 않은 농민을 남부 해방군의 영향을 받지 않는 지역으로 이주시키는 '전략촌 계획(1962)' 등을 도입했다. 그러나 중간 관리의 부정부패, 강제 집행에 대한 농민들의 반발 등으로 인해 모두 실패했다.

남베트남 민족 해방 전선의 세력 확대와 남부 해방군의 공세, 광범위한 민심 이반과 반정부 운동의 확산이라는 위기를 맞아 응오딘지엠 정부는 폭력과 외세에 의존하는 것 이외에 달리 대처할 방법이 없었다. 응오딘지엠 정부의 위기는 애초부터 베트남국과 베트남 공화국이 베트남 민주 공화국을 약화할 목적으로 프랑스와 미국에 의해 '억지로' 창출됐다는 사실에서 비롯됐다. 특히 응오딘지엠 정부는 국민의 지지나 동의를 기반으로 탄생한 정부가 아닌 만큼, 경찰의 폭력과 미국의 원조에 의존할 수밖에 없었다. 경찰과 미국에 의존할수록 정부에 대한 국민의 신뢰는 형편없이 추락했다. 그러나 응오딘지엠 정부와 미국 정부는 이런 사실을 애써 외면했다. 결과적으로 응오딘지엠 정부는 파국을 맞이했고, 미국 정부는 체면을 구겨야 했다.

미국 정부는 원래 응오딘지엠 정부가 민주주의와 인권을 존중하면

상공에서 본 전략촌과 울타리 응오딘지엠은 농민들과 남베트남 민족 해방 전선의 접촉을 차단하기 위해 미국의 지도와 재정 지원 아래 농촌 지역에 8,600개의 '전략촌'을 건설하고, 농민들을 전략촌으로 강제 이주시켰다. 전략촌에는 끝이 뾰족한 나무로 울타리를 둘러 게릴라의 침투를 막으려고 했다. 1962년에 시작된 '전략촌 계획'은 이듬해 발생한 쿠데타로 응오딘지엠이 사망하면서 흐지부지되고 말았다.

북부의 사회주의 정권에 성공적으로 대처할 수 있다고 믿었다. 그래서 응오딘지엠에게 비판 세력을 포용하고 친인척을 권력에서 배제하라고 충고했다. 그러나 응오딘지엠은 미국 정부가 제공하는 경제 원조와 군사 원조에 감사해하면서도 미국의 충고는 내정 간섭이라 여겨 받아들이지 않았다.

1961년에 미국의 대통령으로 취임한 존 F. 케네디는 미국이 개입하지 않더라도 남베트남 스스로 방어할 수 있도록 응오딘지엠에 대한 확고한 지지 표명과 함께 군사 지원을 강화했다. 그러나 응오딘지엠은 이마저도 내정 간섭을 우려하며 마냥 반기지만은 않았다. 실제로 남베트남 관리와 미국 군사 요원 간에 의견 충돌이 일어나기도 했다.

특히 미국 언론이 응오딘지엠 정부의 무능과 부패를 꼬집기 시작하자 남베트남 정부와 미국 정부 사이에 갈등이 생겨났고, 이는 시간이 갈수록 증폭됐다. 그러던 중 미국 정부가 결정적으로 응오딘지엠에 대한 지지를 철회하게 될 사건이 발생했다.

1963년 6월, 사이공에서 불교 승려 틱꽝득이 정부의 불교 탄압에 맞서 분신자살하는 사건이 일어났다. 분신 장면이 언론을 통해 전 세계에 보도되면서 베트남뿐만 아니라 해외에서도 응오딘지엠 정부를 규탄하는 목소리가 고조됐다. 이에 남베트남의 군 고위 장성들이 더는 응오딘지엠을 지지하지 않겠다고 공표했다.

불교 승려 틱꽝득의 소신공양 응오딘지엠 정부가 석가탄신일 행사를 방해하고 불교 집회를 강제로 해산하자, 틱꽝득은 이에 항의하여 사이공의 캄보디아 대사관 앞에서 자기 몸에 석유를 끼얹고 불을 붙였다. 화염 속에서 조금도 흐트러짐 없이 죽음을 맞이하는 장면은 베트남뿐만 아니라 전 세계에 큰 충격을 주었다. 응오딘뉴의 부인이 "땡추의 바비큐 쇼"라고 조롱하자, 전 세계가 경악했다.

케네디는 응오딘지엠에게 동생 응오딘뉴를 퇴진시키라고 요구했다. 이에 격분한 응오딘뉴는 미국 군사 요원을 추방하고 북베트남과 협상을 통해 남베트남의 중립화를 추진하겠다고 응수했다. 케네디 정부는 응오딘뉴의 계획이 미국의 전략적 이익에 심각한 위협이 된다는 결론을 내렸다. 같은 해 11월, 즈엉반민 장군 등이 미국 정부의 묵인 아래 쿠데타를 일으켰고, 그 과정에서 응오딘지엠 형제는 처참하게 살해당했다.

미국 정부는 즈엉반민이 남베트남 민족 해방 전선과 남부 해방군에 대해 단호한 조처를 해주길 기대했다. 응오딘지엠에 반대했던 남베트남 사람들도 민주화와 부정부패 척결을 요구했다. 그러나 즈엉반민에게는 남부 해방군 소탕과 사회 개혁을 추진할 의지와 능력이 없었다. 게다가 쿠데타 이후 권력에서 소외된 장군들이 즈엉반민 군사 정부에 불만을 품었다. 1964년 1월, 다시 쿠데타가 일어났다. 응우옌카인 장군이 미국의 지지 아래 즈엉반민 군정을 전복하고 새로운 군사 정부를 수립했다. 그러나 무능하기로는 응우옌카인도 즈엉반민 못지않았다. 남베트남의 정치는 점점 더 큰 혼란에 빠졌다.

또다시 전쟁의 길로 나아가다

1963년 12월, 북부의 베트남 노동당은 미국의 군사 개입을 피하고자 정규군의 남부 파견을 자제하는 대신, 미국이 군사 개입을 하기 전에 남베트남 정부를 무너뜨릴 수 있도록 남부의 동지들에게 게릴라 활동을 강화하라는 지침을 내렸다. 그러나 북부의 지도자들이 기대했던 것과는 달리, 두 차례의 쿠데타에도 불구하고 남베트남 정부는 붕괴하지 않았다. 점점 더 많은 남부의 농촌 지역이 남베트남 민족 해방 전선의 손에 들어갔지만, 미국이 지원하는 남베트남 정부를 무너뜨리기에는 역부족이었다. 이에 북부의 직접 개입을 요구하는 목소리에 힘이 실리게 됐다.

1964년 3월, 마침내 베트남 노동당 정치국은 남부에 대한 직접적인 군사 개입을 결의하고, 응우옌찌타인 장군을 북위 17도선 이남의 중부 고원으로 파견하기로 했다. 응우옌찌타인의 북베트남 정규군은 호찌민 루트를 통해 중부 고원에 침투하여 근거지를 마련하는 한편, 북부의 병력 및 무기와 식량을 남부로 원활히 전달하기 위해 호찌민 루트를 더욱 남쪽으로 확장했다.

그럼에도 가장 큰 문제가 남아 있었다. 만약 북베트남 정규군의 침투를 빌미로 미군이 개입한다면 어떻게 해야 할까? 북베트남이 미국과 맞서 싸우려면 사회주의 동맹국 소련과 중국의 군사 지원이 절대적이었다. 그런데 소련과 중국은 북베트남이 남부에서 큰일을 벌이는 것을 탐탁지 않게 여겼다.

소련은 북베트남이 소련의 발전 모델을 따라 풍요롭고 강력한 국가로 거듭나면, 무력을 사용하지 않더라도 남부의 인민들이 저절로 사회주의를 선택하리라 기대했다. 따라서 북베트남이 무력을 통한 남부의 해방을 추진하자, 소련의 정치 지도자들은 자신들의 평화 공존 노력에 흠집이 갈 수 있다며 신경질적인 반응을 보였다. 당시 소련 공산당 제1서기 흐루쇼프는 미국과의 냉전이 초래한 인류 공멸의 위기를 해소하고 거액의 군사비 부담을 덜기 위해 자본주의 진영과 사회주의 진영의 '평화 공존론'을 제창하고 있었다. 중국도 남베트남의 혁명 세력을 지원하고는 있었지만 북베트남의 역할이 "남부 형제들이 자력갱생 정신을 배양하도록" 지원하는 데 그쳐야 한다고 여겼다.

그러나 1960년 중·소 분쟁*으로 중국과 소련의 갈등이 격화하자 중국은 애초의 미지근한 태도에서 벗어나 베트남 남부를 무력으로 해방한다는 레주언의 노선을 지지하기 시작했다. 이는 사회주의 세계의 맹주 자리를 놓고 소련과 벌이는 경쟁에서 유리한 자리를 차지하기 위함이기도 했다. 소련도 미국의 직접적인 군사 개입이 시작된 후로는 북베트남에 대한 군사 원조를 늘리게 된다. 베트남이 미국 진영으로 넘어가는 사태를 방지하고, 중국의 도전에 맞서 베트남 동지들의 마음을 붙들어 매기 위해서였다.

한편, 1963년 11월 케네디 암살 직후 대통령직을 승계한 존슨은 베트남 사정, 특히 사회주의 국가들 사이의 분열과 갈등을 파악하지 못한 채 여전히 도미노 이론을 신봉했다. 존슨이 처음부터 직접 개입을 염두에 두었던 것은 아니다. 존슨은 남베트남 정부가 스스로 북베트남과 남베트남 민족 해방 전선의 공세를 극복하도록 도와 주는 선에서 베트남 문제를 해결하고 싶어 했다. 그렇지만 남베트남 정부가 정치적 혼란에 빠져 민족 해방 전선의 세력 확대를 막지 못할 게 분명해

● 중국과 소련 사이에 일어난, 국제 공산주의 운동 원칙에 대한 논쟁이다. 중국은 평화 공존을 주장하는 소련이 서양 제국주의와 유사해졌다고 비판했고, 소련은 중국이 마르크스주의를 편협하게 해석한다고 비판했다. 이후 중국과 소련은 국제 공산주의 운동에서 동맹국을 확보하기 위해 치열한 경쟁을 벌였고, 북베트남을 자기 편으로 만드는 데 혈안이 됐다.

흐루쇼프와 회담하는 호찌민(1957) 소련의 지원이 절실했던 호찌민은 모스크바를 방문해 흐루쇼프를 비롯한 소련 지도자들과 만났다. 호찌민은 소련 지도자들로부터 경제·군사 지원 등을 약속받았지만 평화적 방법으로 통일해야 한다는 충고도 들어야 했다.

지면서 직접적인 군사 개입을 결심하게 됐다.

1964년 8월 2일, 통킹만에서 정찰 중이던 미국 구축함 매덕스호가 북베트남 어뢰정의 공격을 받고 교전을 벌였다. 이틀 뒤 매덕스호는 두 번째 공격을 받았다고 보고했으나 곧바로 악천후로 인해 공격받았는지의 여부가 불확실하다는 후속 보고를 했다(통킹만 사건). 군사 개입의 명분을 찾고 있던 존슨은 후속 보고를 무시한 채 즉각 북베트남 해군 기지에 대한 보복 공격을 명령했다. 그리고 미군 보호와 북베트남의 침략을 저지한다며 자신에게 무력 사용 권한을 부여해 달라고 의회에 요청했다. 8월 7일, 미국 의회는 존슨의 요청안을 거의 만장일치로 통과시켰는데, 이를 '통킹만 결의'라고 한다. 이 결의로 존슨은 대베트남 무력 행사에 관한 한 거의 무제한의 권한을 거머쥐었다.

존슨이 무제한의 권한을 어떻게 행사해야 할지 고민하는 동안, 남베트남에서는 또다시 쿠데타가 일어나 응우옌카인 정부가 무너지고, 응우옌까오끼 등이 권력을 장악했다(1964년 12월). 정치적 혼란으로 남부의 군사적 상황은 날로 악화했다. 1964년 당시 남베트남 정부군은 50만 명에 달했지만 10만 명밖에 되지 않는 남부 해방군에게 절절매고 있었다. 정부군 지휘관들은 토벌 작전에 열의가 없었고, 심지어

통킹만 사건의 단초, 매덕스호 1964년 7월 31일 미 해군 구축함 매덕스호가 남베트남 특공대의 북베트남 해군 기지 습격 작전을 지원하는 임무를 띠고 통킹만의 북베트남 영해에서 작전을 개시했다. 8월 2일, 북베트남 영해에서 벗어나 항해 중이던 매덕스호는 북베트남 어뢰정 세 척이 공격해 오자 즉각 반격을 가해 북베트남 어뢰정에 큰 손실을 입혔다. 8월 4일 다시 북베트남 영해에 침투해 정찰 임무를 수행 중이던 매덕스호가 밤중에 북베트남 군함으로 추정되는 목표물에 포격을 가했다. 이후 매덕스호의 함장은 북베트남 측으로부터 공격을 받았는지 확실하지 않다고 보고했으나, 미국 정부는 미 해군 군함이 공해상에서 북베트남으로부터 공격을 당했다고 발표함으로써 이 사건을 북베트남 폭격의 명분으로 삼았다. 당시 국방부 직원이었던 엘즈버그는 1972년에 북베트남의 두 번째 공격(8월 4일)은 존재하지 않았으며 미국 정부가 베트남 전쟁 개입을 위해 사건을 조작했다고 폭로했다.

은밀하게 민족 해방 전선과 협상하기도 했다. 미국 정보기관들은 미국 정부가 결정적인 행동에 나서지 않으면 가까운 시일 안에 남베트남이 공산주의자들 손에 떨어질 것이라고 경고했다.

한편, 하노이의 당 지도부는 남부의 지휘관들에게 미국이 지상군을 파견하기 전에 최종 승리를 거둘 수 있도록 총력을 기울일 것을 요구하면서 남베트남의 미군 시설에 대한 공격을 명령했다. 1965년 2월, 남부 해방군이 베트남 중부 쁠래이꾸의 미군 헬리콥터 기지를 공격했다. 여기서 미군 헬리콥터 열 대가 파괴되고 미군 병사 134명이 죽거나 다쳤다. 존슨은 즉각 북위 17도선 이북에 대한 보복 공격을 지시했다. 그리고 이삼일 뒤 또 다른 미군 기지가 공격당하자, 존슨은 북베트남 폭격 작전에 서명했다. 이때만 해도 존슨은 지상군 투입 없이 제한된 목표물만 겨냥한 전략 폭격만으로도 사태를 진정시킬 수 있다고 생각했다. 하지만 이것이 오판임을 깨닫는 데 오랜 시간이 걸리지 않았다.

북베트남은 물러설 생각이 없었다. 존슨은 채 한 달도 되지 않아 해병 2개 대대를 파병하는 내용의 명령서에 서명했는데, 남은 임기 동안 그런 종류의 서명을 질리도록 계속해야 할 운명이었다. 3월 8일, 드디어 미 해병대가 다낭에 상륙했고, 이는 미 지상군이 전투에 투입되었음을 의미했다. 이른바 '베트남 전쟁의 미국화'가 시작된 것이다.

3 베트남 전쟁에 미국이 끼어들다

1970년 6월, 베트남 중부의 어느 산속 오솔길

때는 1970년 6월 22일. 꽝응아이성 득포현의 어느 산속 오솔길에서 20대 후반의 한 젊은 여성이 동료들과 함께 좌우를 살피면서 조심스럽게 내려오고 있었다. 동료들로부터 '누님'이라고 불리는 이 여성은 검은 바지와 검은 상의를 입고 호찌민 샌들을 신고 있었으며, 오른쪽 어깨에 가방을 메고 있었는데, 가방 안에는 진료 기록부, 마취제, 붕대, 일기 등이 들어 있었다. 바로 앞에서는 10대 후반의 어린 베트남 인민군 병사가 앞장서서 걷고 있었다.

갑자기 총소리가 들리면서 젊은 여성과 어린 병사가 쓰러졌다. 매복하고 있던 미군 병사들이 일제히 사격을 개시한 것이다. 젊은 여성은 이마에 관통상을 입고 즉사했다. 전투가 끝난 뒤 미군 병사들은 오솔길로 나와 시신을 살펴본 뒤 '가방'을 챙겨서 물러났다.

당투이쩜 당투이쩜은 1967년부터 3년 동안 득포현의 어느 숲속에 마련된 진료소에서 외과 의사로 봉사했다. 그녀는 미군과 남베트남 정부군의 폭격과 습격을 피해 다니면서 수많은 북베트남군 병사들과 유격대원들, 그리고 마을 주민들을 치료했다.

　만약 젊은 여성이 가방 안에 자신의 '일기'를 넣지 않았다면, 그리고 미군 정보 장교가 그 '일기'를 군사적으로 가치 없는 문서로 여겨 파기했더라면, 이 여성의 이름과 사연은 세상에 알려지지 못했을 것이다. 이 여성의 이름은 당투이쩜(이하 투이), 사망 당시 28세였다.

　투이는 죽기 4년 전에 하노이 의과 대학을 졸업하고 안과 전문의가 되기 위한 수련 과정에 합격했다. 하지만 이 과정을 밟지 않고 전쟁터에서의 의료 봉사를 선택했다. 의대를 졸업하던 해 12월, 투이는 가족과 작별 인사를 나눈 뒤 남쪽으로 향하는 트럭에 올라탔다. 시와 소설, 서양 고전 음악을 좋아하는, 감성이 풍부하고 꿈 많은 의사가 위험한 전쟁터를 선택한 이유는 무엇일까?

북베트남 폭격의 실상

투이와 그의 동료들, 그리고 미군 병사들의 운명에 가장 큰 영향을 끼친 정치인을 한 명만 꼽으라고 한다면, 단연 미국 대통령 존슨일 것이다. 미군 파병의 최종 결정권자 존슨은 남베트남을 지키지 못하면 아시아에서 미국의 패권이 흔들릴 수 있다고 생각했고, 북베트남 및 남베트남 민족 해방 전선과 싸워 충분히 이길 수 있다고 판단했다. 무엇보다도 공산주의에 단호하게 대처하라는 국내 여론을 의식해야 했고, 베트남 상실이 자칫 대통령 선거의 패배로 이어질까 두려웠다.

미국의 관점에서 베트남 문제가 골칫거리인 이유는 남베트남이 총체적 붕괴 위기에 놓여 있어 미국이 개입하지 않을 수 없다는 데 있었다. 그렇다고 베트남에 군사 개입하면, 그리고 그 개입 기간이 길어지면, 미군에 막대한 피해가 발생하는 건 필연이었다. 존슨과 참모들은 지상군을 파견하지 않고도 북베트남에 큰 타격을 가하는 방법은 '대규모 공중 폭격'밖에 없다고 생각했다. 북베트남은 공군 전력이 빈약했기에 미군 군용기가 베트남 상공을 제집처럼 드나들면서 맘껏 폭탄을 퍼부을 수 있을 것으로 예상했다.

1964년 3월부터 이미 미 합동 참모 본부는 폭격 대상을 선정하고 필요한 군용기의 수와 폭탄의 양까지 계산했다. 폭격 대상에는 군사 시설뿐만 아니라 공장, 철도, 항만 등 사회 기반 시설도 포함됐다. 폭격의 목적은 남부의 혁명 세력에 대한 북부의 군사적 지원을 차단함과 동시에 북부에 엄청난 인적·물적 피해를 입혀 북베트남 정부를 협상 테이블로 끌어내는 데 있었다. 뜻대로만 된다면, 미국은 유리한 조

국무 회의를 주재하는 존슨 대통령 미국의 베트남 전쟁 개입을 주도한 세 사람. 대통령 존슨(가운데), 국무 장관 러스크(왼쪽), 국방 장관 맥나마라(오른쪽)가 나란히 앉아 있다. 맥나마라는 존슨이 개입을 결단하는 데 결정적인 역할을 했고 '북폭'을 열성적으로 주도했으나 곧 후회하게 된다.

건으로 신속하게 평화 협상을 마무리 지을 수 있을 터였다.

폭격 과정에서 예상되는 문제는 민간인 피해였다. 제2차 세계대전 때 연합군의 폭격으로 독일에서는 민간인 약 60만 명이, 일본에서는 민간인 약 50만 명이 사망했다. 단 하루의 폭격으로 함부르크(1943년 7월 27일)에서는 5만 명이, 도쿄(1945년 3월 9일)에서는 10만 명이 타죽거나 질식해 죽었다. 한국 전쟁 때 북한 지역에서는 약 30만 명(또는 그 이상)이 미군의 폭격으로 사망했다.

북베트남 폭격 과정에서 미국은 민간인 피해에 대해 어떤 생각을 했을까? 유감스럽게도 미국은 민간인 피해를 억제하기 위한 노력을 거의 하지 않았다. 미국의 정치인들과 군 장성들은 적의 전쟁 수행 능력과 전쟁 의지를 말살할 수 있다면, 그래서 자기 나라 군인의 피해를 줄일 수 있다면, 적국 민간인의 피해는 어쩔 수 없다는 인식을 공유했다. 하지만 그러한 속내를 겉으로 드러낼 수는 없었다. 국민 눈에 무자비한 '전쟁광'으로 비치는 것도 선거에 불리했기 때문이다.

1965년 3월 2일 새벽, 수백 대의 미군 전폭기가 북위 17도선을 넘어 북베트남의 교량, 철도, 항구, 운송 시설 등을 닥치는 대로 파괴했다. 공습 작전의 암호명은 '롤링 썬더(Rolling Thunder)'. 그날 텔레비전에 존슨이 나와 이렇게 말했다.

북폭(북베트남에 대한 폭격)이 불가피한 점에 대해서는 유감스럽게 생각합니다. 우리의 공습 목표는 제한적이었습니다. 콘크리트, 철강 시설 등을 목표로 했으며, 인명 살상은 철저하게 피했습니다.

과연 그랬을까? 확신은 없었다. 그런데도 존슨이 이렇게 말한 이유는 민간인 피해 가능성을 언급하는 순간 반전 여론이 일어나 군사 행동을 방해할 수 있었기 때문이다. 롤링 썬더 작전은 3년 8개월 뒤 존슨이 풀이 죽은 목소리로 '북폭 중단'을 선언할 때까지 계속됐다. 그동안 미군 항공기가 30만 회 출격하면서 북베트남에 258만 톤의 폭탄을 퍼부었다. 미 공군과 해군의 군용기가 제2차 세계대전 때 200만 톤(태평양 전쟁 때의 50만 톤 포함), 한국 전쟁 때 65만 톤의 폭탄을 소모한 것과 비교하면 실로 어마어마한 양이었다. 그 수많은 폭탄이 존슨의 말대로 민간인을 잘 피해 갔는지 조사 보고서를 살펴보도록 하자.

북베트남을 폭격하는 미군의 B-52 폭격기 당시 세계에서 가장 크고 강력한 폭격기였던 B-52는 괌이나 오키나와의 미군 기지에서 베트남까지 단숨에 날아가 융단 폭격을 퍼붓고 돌아갔다. 한 번 출격할 때 100발 이상의 폭탄을 투하할 수 있었다. 하지만 매우 높은 곳에서 폭탄을 투하했기 때문에 목표물을 정확하게 타격할 수 없었고, 그만큼 민간인 피해가 많을 수밖에 없었다.

1965년 6월 12일 오후 8시에 (병원에 대한) 첫 번째 공습이 있었다. 비행기 편대가 상공을 지나가더니 다시 돌아와 폭탄 24발을 투하하고 미사일 5기를 발사했다. …… (다음 날) 대규모 미국 군용기가 병원을 습격했고 차례로 병원 건물에 폭탄을 투하하거나 (피신하는 환자와 직원들을 향해) 기총소사를 가했다. …… 21일까지 계속된 공습으로 모두 140명의 환자가 살해당했다.

- 〈북베트남 보고서〉(1971)[8]

위의 보고서에 따르면, 미군이 공습 과정에서 건성으로라도 인명 살상을 피하려 한 흔적은 찾아볼 수 없다. 오히려 철저하게 살상하려는 의도가 엿보인다. 여러 차례 폭탄을 투하하고 미사일을 쏜 것으로도 부족해 불타는 건물에서 뛰쳐나온 간호사와 환자에게까지 기관총을 갈겨댔으니 말이다. 이는 조종사 개인의 일탈이 아니라, 베트남 전쟁에 임하는 미군의 표준적인 작전 절차였다. 전쟁 기간 내내 북베트남은 폭격에 시달렸다. 1967년 한 해 동안 학교 391곳, 의료 시설 95곳, 교회 80곳, 불교 사원 30곳이 미군의 폭격으로 파괴됐다.

얼마나 많은 사람이 죽었을까? 폭격으로 매주 민간인 1,000명이 죽었다고 말한 미국의 국방 장관 맥나마라의 발언에 따르자면, 롤링 썬더 작전 기간에 북베트남에서만 약 18만 2,000명의 민간인이 사망했다는 계산이 나온다. 미국 정부가 공식적으로 발표한 북베트남 민간인 사망자 수만 해도 3만 명에 달했다.

44개월 동안 지속된 미군의 공습은 북베트남의 도시들을 철저하게 파괴했다. 폭격당한 도시는 도깨비 마을처럼 폐허로 변했고, 다리는 끊어지고 철로는 휘어져 버렸다. 주민들은 불안과 긴장, 궁핍 속에서 살아야 했다. 그렇다면 과연 북베트남 정부는 미국 정부가 의도한 대로 남부에 대한 군사 지원을 중단하고 평화 협정을 구걸했을까?

북베트남 정부는 미국의 압력에 전혀 위축되지 않았다. 미군의 잦은 공습이 오히려 '나라를 지키자!'라는 구호를 내세우는 것만으로도 어렵지 않게 인민들을 전쟁에 나서게 해 주었기 때문이다. 북베트남 정부는 롤링 썬더 작전 기간에만 무려 30만 명의 병력을 남쪽으로 내려보냈다. 이는 미군의 폭격이 북베트남의 군사력 및 남부 지원 능력에 그다지 큰 타격을 주지 못했음을 의미한다.

미군의 폭격에 맞서 북베트남이 단결하다

폭탄이 터져 언제 죽을지 모르는 상황에서 북베트남 사람들은 정부가 제공하는 보호책에 전적으로 의존할 수밖에 없었다. 정부는 방공호와 지하 터널(땅굴) 등의 보호 시설을 제공하고 '농업합작사'라고 불리는 협동 농장을 통해 저렴한 가격으로 식량을 공급했다. 정부는 보호를 대가로 인민에게 자발적인 전쟁 참여를 독려할 수 있었고, 사람들도 국가를 위한 희생을 당연한 것으로 여기게 됐다. 백악관과 펜타곤에서 의도한 바와는 달리, 미군의 폭격은 북베트남 사람들을 자기네 정부를 중심으로 똘똘 뭉치게 했다.

북베트남 정부는 민족주의 정서에도 호소했다. 정부 지도자들은 지난 수천 년 동안 조상들이 외세의 침략에 맞서 싸운 역사를 상기시켰다. 게다가 호찌민을 비롯한 지도자들의 높은 도덕성과 단합된 모습은 인민에게 굳건한 믿음을 주었다. 북베트남 사람들은 자기네 지도자에게서 베트남 역사를 장식한 국난 극복 영웅들의 모습을 찾아내고 미국을 역사 속 외세 침략자와 동일시하면서, 이른바 '항미구국(抗美救國) 전쟁'에 자발적으로 동참했다.

전쟁 기간 북베트남 정부는 징병제를 통해 병력을 충원했다. 남자는 만 18세가 되면 의무적으로 입대해야 했는데, 더 이른 나이에 입대하는 청소년도 많았고, 자원입대하는 여성도 상당했다. 훗날 소설《전쟁의 슬픔》(1991)을 발표해서 국제적인 명성을 얻은 바오닌도 17세의 나이에 자원입대했다. '호찌민 청소년단'이나 '청년 돌격대'에 가입한 청소년이나 청년도 많았다. 소년들은 소년병으로 입대하거나 부상병

청년 돌격대 여성 대원(왼쪽 줄)과 남성 대원(오른쪽 줄)이 두 줄로 나란히 행진하고 있다. 입을 꾹 다물고 진지한 표정을 짓고 있는 여성과 하얀 이를 드러내며 밝게 웃는 여성의 모습이 대조적이다.

또는 탄약을 수송하거나 도로를 닦는 일을 했고, 소녀들은 부상병을 치료하거나 도로를 보수하는 일을 맡았다. 18세 이상의 건강한 남자는 무조건 입대해야 했기 때문에, 청년 돌격대는 거의 여성으로 채워졌다. 청소년단과 돌격대의 임무라고 해서 결코 안전하지는 않았다. 특히 호찌민 루트에 투입된 여성 돌격대원 중에는 미군의 폭탄에 희생된 사람이 많았다. 청년 여의사 투이도 어렸을 때 호찌민 청소년단에 가입했고, 24세에 의사로서 최전선에 투입됐다.

그럼에도 동맹국의 군사적·경제적 지원 없이 북베트남 인민의 힘만으로 폭격의 피해를 감당하기는 어려웠을 것이다. 북베트남을 가장 많이 도와준 나라는 중국이었다. 중국은 30만 명의 공병을 파견해 도로 건설 및 피해 복구를 도왔고, 공중의 적기를 지상에서 격추하는 방공 포병도 파견하여 폭격에 대응할 수 있게 했다. 중국은 무기뿐만 아니라 식량을 비롯한 생필품도 제공했고 식료품 생산 공장도 지어 주었다. 북베트남 정부는 중국인 기술자와 노동자의 도움 덕분에 매년 새로 징병한 군인 중 상당수를 남부로 파견할 수 있었다. 소련과 동유럽도 중국을 통해 군수품과 생필품을 보내왔다. 특히 소련이 제공한 전투기와 미사일은 미군기를 격추하는 데 큰 도움이 됐다.

결과적으로 롤링 썬더 작전은 실패했다. 북베트남 정부는 미국의 기대와 달리 백기 투항하지 않았고 도리어 전의를 불태웠다. 남부로 향하는 병력과 군수 물자도 줄어들기는커녕 점점 늘어났다. 반대로 미군의 피해는 감당하기 어려운 수준으로 늘어났다. 작전 기간에 격추된 미군기는 922대, 죽거나 생포되거나 실종된 조종사는 800명 이상이었다.

작전이 시작된 지 1년이 지나자 백악관과 펜타곤에서도 '북폭'의 실패를 인정하는 사람들이 생겨났다. 하지만 실패했다고 해서 폭격을 포기하지는 않았다. 1968년 말에 협상을 구실로 일시 중단된 북폭은 4년 뒤에 '사악한 이유'로 부활하게 된다. 그뿐만 아니라 폭격은 라오스, 캄보디아로 확대됐고, 전쟁이 끝날 때까지 800만 톤 이상의 폭탄이 인도차이나 각지에 투하됐다. 이 전쟁을 '제2차 인도차이나 전쟁'이라고도 부르는 이유다.

베트남 전쟁이 '미국의 전쟁'이 되다

애초에 존슨 대통령이 북폭을 명령한 이유는 지상전을 피하기 위해서였다. 그렇지만 북폭에 대한 북베트남의 보복 공격에 대비하려면 지상군을 파견해야 한다는 주장이 나왔고, 이에 존슨은 앞서 언급했듯이 베트남에 있는 미 해군과 공군 기지를 방어한다는 명목으로 해병대 2개 대대(3,500명) 파병을 승인했다.

해병대가 다낭에 상륙한 다음 날(1965년 3월 9일), 국무 장관 러스크가 "해병대는 전투에 참여하지 않고 공격을 받을 때만 발포한다"라고 발표했는데, 미국 국민은 그제야 처음으로 자기 나라 해병대가 베트남에 파견된 사실을 알았다. 이때 이미 존슨은 추가 병력 파견까지 승인한 상태였다. 물론 국민에게는 그런 사실을 알리지 않았다.

지상군을 파견한 존슨은 미군 병사들이 기지 방어와 같이 비교적 안전한 임무만 수행하기를 바랐다. 하지만 사이공의 정치적 혼란과 남베트남 정부의 군사적 무능을 직접 목격한 현지 지휘관들의 생각은 달랐다. 그들은 미국이 머뭇거리는 사이에 남베트남의 친미 정권이 붕괴할 것이라 압박하면서, 미군이 남베트남 혁명 세력을 직접 진압해야 한다고 주장했다. 군부 강경파의 압력에 굴복한 존슨은 파병 병력을 전투에 투입하라고 비밀리에 지시했다.

미 지상군의 파병은 사실 남베트남 정부의 요청에 따른 것이 아니었다. 해병대 상륙 일주일 전, 주베트남 미국 대사는 남베트남 총리에게 다음과 같이 물었다. "남베트남 정부는 미국 정부에 해병대 파견을 요청합니까?" 총리 판후이꽛은 처음 듣는 이야기에 어안이 벙벙했다.

꽛 총리는 즉시 군부의 실세 응우옌반티에우 장군에게 이 사실을 알렸다. 놀라기는 남베트남 장성들도 마찬가지였다. 하지만 미국 정부가 내민 남베트남의 미군 파병 요청서에 서명하는 것 말고는 달리 방도가 없었다. '과연 이 나라를 다스리는 자는 누구인가?' 탄식하면서 무력감과 자괴감에 빠질 수밖에 없었다.

물론 미국으로서도 할 말이 많았다. 왜 자기 나라 전쟁인데도 남베트남 군인들은 마치 강 건너 불구경하듯 하는가? 남베트남 정부군과 민병대가 남베트남 해방군 게릴라들을 효과적으로 토벌하고 미군 기지에 대한 공격을 잘 막아내기만 했어도 지상군을 파견할 필요가 없었을 텐데.

사실 남베트남 병사들에게는 목숨을 걸고 싸울 만한 동기 자체가 없었다. 베트남 공화국은 국민의 열망이나 지지가 아니라 미국의 필요에 의해 탄생했기 때문이다. 그러나 미국 정부는 이 점을 애써 외면했고, 남베트남 정부가 져야 할 짐을 대신 짊어지게 됐다고 투덜거리면서 베트남 전쟁에 직접 뛰어들었다.

미국의 베트남 전쟁 개입은 이렇게 미국과 남베트남의 상호 불신 속에서 시작됐고, 남베트남 정부와 군대를 믿을 수 없었던 미국은 '손님'이 아니라 '주인'으로서 전쟁을 치르려 했다. 이러한 현상을 '베트남 전쟁의 미국화'라고 부른다.

베트남 군사 원조 사령부 사령관 웨스트모얼랜드는 '수색과 섬멸(search and destroy)'로 불리는 군사 작전을 구상했다. '수색과 섬멸'은 적이 있을 것으로 추정되는 지역에 헬리콥터를 이용해 지상군을 투입한 뒤 신속하게 적을 찾아내 적 병력을 살상하고 적의 근거지를 파괴한 후 곧바로 철수하는 작전이다. 웨스트모얼랜드가 베트남 전쟁에서 구사한 전략은 3단계로 구성되었다. 1단계는 초반부터 미군을 대량 투입하여 남부 해방군과 인민군의 진격을 저지하는 것이었고, 2단계는 정글 속에 숨어 있는 적의 주력 부대를 찾아내 섬멸하는 것이었으며, 3단계는 농촌 지역에서 적의 게릴라를 소탕하고 민심을 얻는 것, 즉 민족 해방 전선이 지배하던 마을을 다시 남베트남 정부의 통제 아래 두는 것이었다. '수색과 섬멸'은 그중 2단계에 유효한 작전이었다.

'수색과 섬멸' 작전의 핵심은 최첨단 군사 기술과 대량 생산 능력을 결합해 최후의 게릴라가 항복할 때까지 적을 가능한 한 많이 살상하는 데 있었다. 그 결과 남베트남의 농촌에서는 포탄 터지는 소리가 끊

헬리콥터 강습 '수색과 섬멸' 작전을 수행 중인 미군 헬리콥터들이 캄보디아 국경 근처 떠이닌 부근에 있던 남부 해방군 진지에 기관총탄을 쏟아붓고 있다.

이지 않았다. 1966년의 어느 한 달 동안 미군은 남베트남 전역에서 총탄 1조 발, 박격포탄 1,000만 발, 로켓탄 480만 발을 소모했다. 1966년 한 해 동안 미군은 '통계상으로' 5만 6,000명의 베트남 인민군과 남부 해방군 병사를 살해했다. 이는 전해의 1.5배에 달하는 수치였고, 그 수치는 계속해서 늘어날 예정이었다. 이에 대통령을 비롯한 대다수의 미국인은 자기네가 전쟁에서 이기고 있다고 철석같이 믿었다.

그러나 베트남에 처음 도착한 미군 병사들은 어딜 가도 적을 발견할 수 없다는 사실에 당혹해했고, 시간이 지나면서 곳곳에 적이 깔려 있다는 사실을 깨닫고 경악했다. 그도 그럴 것이 남베트남 농촌에서 민간인과 게릴라를 구분하기가 대단히 어려웠기 때문이다. 이는 남베트남 농촌 대부분을 민족 해방 전선이 장악했고, 농민 대다수가 민족 해방 전선에 협력하거나 동조했다는 사실에서 비롯했다.

이러한 상황에 좌절과 공포를 느낀 미군 병사들은 민간인과 게릴라를 구분하려는 노력을 거의 포기하게 됐다. 그 결과 곳곳에서 민간인 학살이 벌어졌다. 게다가 미군 장교들도 부하들의 무차별적인 살상 행위를 막으려고 하지 않았다. 오히려 사살된 민간인의 수를 적군 전사자의 수로 계산해서 보고하기까지 했다. 시간이 지날수록 전사자의 수를 조작하는 일도 늘어났다. 1968년 1월 전까지 미국 정부는 틈만 나면 언론에 미군이 승리하고 있다고 떠들었다.

미군은 농민을 민족 해방 전선과 떼어놓는 일에도 관심을 가졌는데, 그 방법이 대단히 우악스러웠다. 즉 민족 해방 전선이 통제하는 농촌 마을을 '자유 폭격 지대'로 지정해 무차별 폭격함으로써 공포에 질린 농민을 남베트남 정부가 통제하는 마을로 강제 이주시키려 했다.

근거지 파괴와 게릴라 소탕 작전 한 미군 장교가 '베트콩' 근거지로 추정되는 오두막에 불을 지르고 있다(왼쪽). 미군 병사들은 마을에 불을 지르고 철수하는 임무를 '지포(Zippo)' 임무라고 불렀는데, 미군이 담배를 피우거나 불을 지를 때 사용하는 '지포 라이터'에서 따온 이름이다. 다른 미군 병사는 '베트콩' 용의자로 지목된 노인을 끌고 가고 있다. 미군의 소탕 작전은 평범한 농민과 게릴라를 분간하지 못해 종종 참혹한 결과를 초래했다.

남베트남 농민 대부분이 미군에 냉담한 반응을 보인 이유는 명백했다. 미군이 가족과 이웃을 살해하고 삶의 터전을 파괴했기 때문이다. 남부 해방군도 농민을 살해하기는 했지만, 주로 지주나 남베트남 정부에 협력하는 자들이었다. 남부 해방군은 전투 중에 마을에 손해를 끼치면 지휘관이 직접 피해자를 방문해 용서를 구하고 분노를 달랬다. 따라서 농촌의 민심은 부패하고 무능한 남베트남 정부나 인정사정없이 사람을 죽이고 마을을 불태우는 미군보다는 민족 해방의 대의를 외치면서도 마을 사람들과 어울릴 줄 아는 민족 해방 전선 쪽으로 기울 수밖에 없었다. 일부 농민은 가족과 마을을 지키기 위해 직접 민족 해방 전선에 가담해 미군과 맞서 싸웠다.

빈약한 무기로 미군에 맞서다

1966년 당시, 남베트남 정부군은 약 62만 3,000명, 미군이 약 38만 5,000명, 미국의 동맹국에서 파병한 군인이 약 5만 3,000명이었다. 그에 반해, 남베트남 혁명 세력은 정규군과 게릴라를 모두 합쳐 약 22만 5,000명에 불과했다. 게다가 남부 해방군은 폭격기도, 헬리콥터도, 탱크도 없이 빈약한 재래식 무기로 싸워야 했다. 하지만 베트남 전쟁은 우세한 병력과 화력, 기동력으로 이길 수 있는 전쟁이 아니었다.

지리에 밝은 혁명 세력은 시간과 장소를 자신들에게 유리한 쪽으로 골라 싸울 수 있었다. 남부 해방군과 베트남 인민군은 미군과의 정면 충돌을 피하면서 그들의 화력과 기동력이 위력을 발휘할 수 없는 밀

남부 해방군 남부 해방군 병사들이 습지를 순찰하고 있다.

림이나 산악 지대로 미군을 끌어들여 공격하는 한편, 농촌의 유격대와 함께 게릴라전을 펴서 미군의 후방을 어지럽혔다.

물론 혁명 세력은 미군과 전투를 벌이는 과정에서 막대한 희생을 치렀다. 1969년에 17세의 소년병이었던 바오닌은 자신이 경험한 첫 전투의 참상을 다음과 같이 묘사했다.

> 네이팜탄에 맞아 참호를 뛰쳐나온 이들은 병사건 지휘관이건 할 것 없이 모두가 이성을 잃고 빗발치는 총탄 속으로 우르르 뛰어들거나 불바다 속으로 뛰어들어 차례로 쓰러져 갔다. 머리 위로는 나무 꼭대기 바로 위까지 내려온 헬리콥터들이 중기관총의 총구를 한 사람 한 사람의 목덜미를 겨냥해 쏘아 대는 듯했다. 피가 사방으로 튀고 콸콸 쏟아져 땅을 흥건히 적셨다.
>
> – 바오닌, 《전쟁의 슬픔》[9]

중부 고원에서 벌어진 이 전투에서 500여 명의 장병 중에 살아남은 사람은 바오닌을 포함해 고작 10명뿐이었다. 그해 혁명 세력의 전사자는 15만 7,000명에 달했는데, 3년 전과 비교해 약 세 배가 늘어난 수치였다. 같은 해 미군과 남베트남 정부군의 전사자는 약 3만 2,000명에 불과했다. 하지만 미군은 승리하지 못했다.

맥나마라와 웨스트모얼랜드의 목표는 혁명 세력의 병력 보충 능력을 뛰어넘을 정도로 많은 적을 살상하여 민족 해방 전선을 무너뜨리고 북베트남군의 침투를 막는 데 있었다. 하지만 이러한 목표는 끝내 이루지 못했으니, '호찌민 루트'를 통해서 북부에서 끊임없이 새로운 병력이 보충되었기 때문이다.

호찌민 루트는 군사 분계선을 우회해 라오스와 캄보디아를 거쳐 남베트남의 후방으로 향하는, 전체 길이 약 1만 3,000킬로미터의 도로였다. 거미줄처럼 뻗은 수천 개의 크고 작은 도로를 따라 매년 수만 명의 병사와 수천 대의 트럭이 밀림과 계곡을 통과해서 남쪽으로 향했다. 병사들은 수개월 동안 하루에 12시간씩 빽빽한 밀림을 헤치며 행군해야 했다. 병사들의 배낭은 앉았다가 바로 일어설 수 없을 만큼 무거웠다. 여의사 투이도 무거운 배낭을 메고 3개월 동안 꼬박 걸어서 득포현에 도착했다. 많은 병사와 돌격대원이 밤낮없이 도로를 닦고 다리를 놓은 결과 남베트남으로 침투하는 병력이 계속해서 늘어났고, 이동 시간도 점차 줄어들었다.

베트남 인민군의 침투를 막기 위해 미군은 1964년부터 5년 동안 호찌민 루트에 하루에 300회 이상 공습을 감행했고, 1965년부터 6년 동

네이팜탄 공격(1966) 남베트남의 어느 밀림에서 네이팜탄이 터지면서 불길이 치솟고 있다. 코코넛 기름으로 만든 네이팜에 휘발유 따위를 섞어 만든 폭탄으로 투하하면 공중에서 터지면서 불이 붙어 땅에 흩어지는데, 섭씨 3,000도의 고온을 내며 지름 30미터의 불바다를 이룬다.

고엽제 살포 미군 헬기가 베트남 밀림에 에이전트 오렌지를 살포하고 있다. 미군은 게릴라가 잠복한 밀림을 말려 죽이기 위해 제초제 혼합물인 고엽제를 전방위로 살포했고, 그중 가장 많이 사용되고 가장 심각한 피해를 입힌 것이 바로 이 에이전트 오렌지다.

안 220만 톤의 폭탄을 쏟아부었다. 인민군 병사 머리 위로 폭격기와 헬리콥터의 굉음이 쉴 새 없이 이어졌고, 호찌민 루트의 일부는 폭격과 고엽제 살포로 인해 벌거숭이로 변해 버렸다.

　미군으로서는 대단히 유감스럽게도, 폭격은 인민군의 침투를 막는 데 성공하지 못했다. 공습이 끝날 때마다 도로 주변에 배치된 병사들과 돌격대원들이 곧바로 도로 보수 공사에 나섰기 때문이다. 아무리 폭격이 심해도 이튿날 새벽이면 벌써 도로가 말끔하게 정리돼 트럭이 통행할 수 있었다. 병사들은 행군 중에 철저하게 위장했고 공습경보가 울리면 잽싸게 도로 곳곳에 마련된 대피소 안으로 몸을 숨겼다. 미

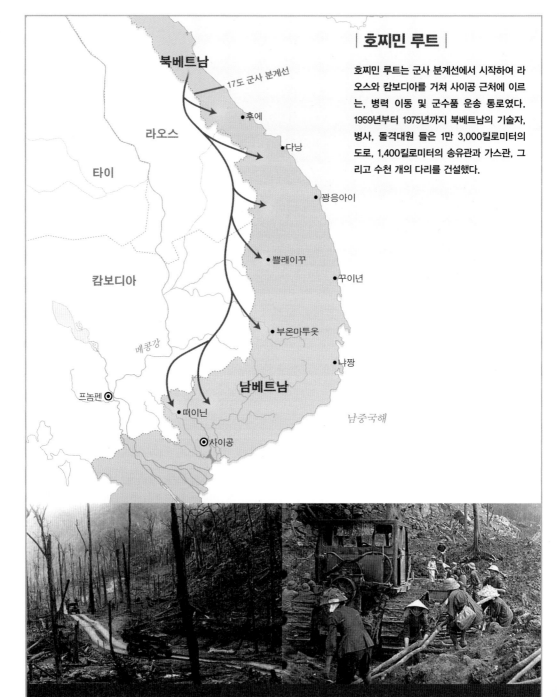

| 호찌민 루트 |

호찌민 루트는 군사 분계선에서 시작하여 라오스와 캄보디아를 거쳐 사이공 근처에 이르는, 병력 이동 및 군수품 운송 통로였다. 1959년부터 1975년까지 북베트남의 기술자, 병사, 돌격대원 들은 1만 3,000킬로미터의 도로, 1,400킬로미터의 송유관과 가스관, 그리고 수천 개의 다리를 건설했다.

북베트남

17도 군사 분계선

라오스

• 후에

타이

• 다낭

캄보디아

• 꽝응아이

• 쁠래이꾸

• 꾸이년

메콩강

• 부온마투옷

• 냐짱

남베트남

프놈펜 ◉

• 떠이닌

◉ 사이공

남중국해

호찌민 루트를 운행하는 트럭과 파괴된 도로를 복구하는 돌격대원 미군의 폭격으로 주변이 초토화됐지만, 도로는 멀쩡하게 복구되어 트럭이 지나다닌다(왼쪽). 공습이 끝나자마자 병사들과 돌격대원들이 도로를 보수했기 때문이다. 여성 돌격대원의 모습도 보인다.

군은 호찌민 루트를 봉쇄하는 데 실패했고, 이 실패는 남베트남에서 미군의 실패로 이어졌다.

1967년, 전쟁에서 이길 수 없다고 판단한 맥나마라는 존슨에게 미군 철수를 건의했고, 건의가 받아들여지지 않자 사임을 요청했다. 맥나마라보다 덜 비관적이었던 웨스트모얼랜드는 병력 증파를 요구하면서 지상군을 북베트남으로 진격시키자고 건의했다. 존슨은 병력 증강 요구는 수용하면서도 중국군의 개입과 제3차 세계대전 발발의 위험성, 이에 따른 차기 선거 패배를 우려해 '북침'은 승인하지 않았다.

미국의 서유럽 동맹국들도 자국 내 여론을 의식해 베트남 전쟁에 동참하기를 거부했다. 서유럽의 어떤 정부도 선거에서 악재로 작용할 게 뻔한 베트남 파병을 감행할 이유가 없었다. 오직 아시아·태평양의 일부 동맹국만이 공산주의 확산을 우려해 미국의 요청을 받아들였다. 당시 대한민국과 타이, 필리핀은 유권자의 심판을 두려워하지 않는 독재 정권이 지배하고 있었고, 오스트레일리아와 뉴질랜드는 독재 국가는 아니지만 동남아시아와 지리적으로 비교적 가까운 거리에 있어 미국이 주창하는 '도미노 효과'에 예민하게 반응했다.

이들 가운데 가장 많은 병력을 파견한 나라는 대한민국이었다. 1965년

베트남에 파병한 미국의 동맹국 지도자들(1966) 미국이 조직한 반공 군사 동맹인 동남아시아 조약 기구(SEATO)의 지도자들이 필리핀에 모였다. 남베트남과 한국은 회원국이 아니지만, 특별히 초청됐다. 왼쪽부터 응우옌까오끼(남베트남 총리), 홀트(오스트레일리아 총리), 박정희, 마르코스(필리핀 대통령), 홀리오크(뉴질랜드 총리), 응우옌반티에우(남베트남 대통령), 타놈 끼띠까촌(타이 총리), 존슨이다.

부터 1973년까지 8년 동안 대한민국은 약 31만 명을 남베트남에 파병했다. 이어 오스트레일리아가 5만 명, 타이는 2만 명, 뉴질랜드는 3,000명, 필리핀은 2,000명가량을 남베트남에 파병했다. 대한민국은 한·미 동맹을 강화하고 주한 미군의 감축을 막기 위해, 그리고 미국으로부터 파병에 따른 경제적 보상을 얻어내기 위해 적극적으로 파병에 나섰다.

● 당투이쩜의 일기

당투이쩜의 일기는 어떻게 됐을까? 1970년 투이가 사망한 그해, 득포현 주둔 미 육군 보병 사단에 파견된 정보장교 프레더릭 화이트허스트(이하 프레드)는 노획한 문건을 검토하여 군사적 가치가 없는 문서를 파기하는 임무를 맡고 있었다. 투이의 일기도 원래는 드럼통의 불길 속에 던져질 운명이었다. 그러나 남베트남군 통역병의 만류로 가까스로 남겨졌다. 투이의 일기를 읽은 프레드는 그의 따뜻한 인간애와 고상한 희생정신에 감동했고, 2년 뒤 베트남을 떠날 때 일기장을 자기 집으로 가져갔다.

투이의 일기는 그 후 30여 년 동안 프레드의 서류함 안에서 긴 잠을 자야 했다. 프레드는 연방 수사국(FBI)을 사직한 뒤부터 투이의 가족에게 일기장을 돌려줄 방법을 궁리했다. 일기가 출판되면 투이의 가족을 찾을 수 있을 것이란 생각으로 형 로버트와 함께 2005년 3월 텍사스 공대에서 개최된 베트남 전쟁 세미

나에 투이의 일기를 가져갔다. 그곳에서 베트남 참전 군인 출신인 사진작가 테드 엥겔만을 만나 일기의 복사본을 건넸고, 하노이에 간 엥겔만은 투이 가족이 사는 곳을 알아냈다. 여든한 살의 모친과 투이의 세 여동생은 투이의 일기를 매개로 로버트 형제와 인연을 맺었고, 형제는 투이의 가족들에게 '아들' 또는 '오빠'로 받아들여졌다. 투이의 일기는 프레드 형제와 투이 가족이 만나기 직전인 2005년 7월에 하노이에서 출판되었는데, 5,000권 이상 팔린 책이 거의 없는 베트남에서 1년 반 동안 무려 43만 권이 판매되었을 정도로 폭발적인 인기를 끌었다.

남아 있는 투이의 일기 원본은 총 두 권이다. 투이가 득포현에 도착하고 1년 뒤엣것으로, 그의 일생에서 가장 힘들고 고달픈 시기에 쓰였다. 황량한 산악 지대의 진료소에서 투이는 직접 나무를 잘라 땔감을 마련하고 참호를 파고 쌀자루를 날랐다. 때때로 중상을 입은 병사들이 수십 명씩 진료소로 후송돼 오면, 투이는 밤새워 그들을 치료했고 전기도 없는 곳에서 수술했다.

투이는 의사로서 책임감이 투철했고 환자의 아픔을 자신의 아픔으로 여겼다. 진료소를 거쳐 간 많은 병사가 친절하고 자애로운 이 의사에게 매력을 느꼈다. 투이는 몇몇 병사를 의동생으로 삼았고, 그들에게 의지하며 사랑을 키워 갔다. 간혹 환자를 잃을 때면, 투이는 가족을 잃은 것처럼 슬퍼했다.

투이는 조국의 독립과 통일을 위해 민간인 신분으로 전쟁터에 뛰어들었다. 전쟁터에서 고군분투한 4년 동안 투이는 수많은 죽음을 경험한 탓에 괴롭고 마음 아팠던 일들에 대해 털어놓고

당투이쩜 투이가 활동했던 득포현에는 그녀의 석상이 세워져 있다. 투이의 일기 원본은 미국 텍사스주 러벅에 있는 베트남 자료 보관소에 보관돼 있다. 투이의 일기는 여러 나라 언어로 번역되었고, 2008년에는 우리말 번역본도 출간되었다.

싶었다. 또 누군가는 전쟁의 참혹함과 젊은이들의 희생에 대해 기록해야 한다고 생각했다. 그래서 언제 죽음을 맞게 될지 모르는 상황에서도 내내 일기를 쓴 것이다. 일기는 그가 죽기 이틀 전인 1970년 6월 20일 자로 끝난다.

투이는 죽은 지 며칠 뒤 고산 지대에 사는 소수 민족에 의해 죽음을 맞은 자리에 매장됐는데, 전쟁이 끝난 후 진료소의 옛 동료들이 득포현의 열사 묘역으로 이장했다. 1990년에는 다시 유가족의 뜻에 따라 하노이 외곽의 열사 묘역으로 이장되었다.

4 ｜ 파리 평화 협정으로 미군이 철수하다

1968년 1월, 사이공 시내

1968년 1월 31일(음력 1월 1일) 새벽, 설 연휴 첫날을 즐기러 나온 사이공 시민들이 술집에서 나와 흐느적거리며 귀갓길에 나섰다. 술에 취해 가게 앞에서 선잠을 자는 병사들도 있었다. 설 연휴라 남베트남 병사 절반이 휴가를 받아 주둔지를 떠난 상태였다.

　새벽 2시 30분. 어두컴컴한 골목에서 사람 몇몇이 큰길로 나와 택시와 소형 트럭에 나눠 탑승했다. 달리던 택시가 주베트남 미국 대사관 철문 앞에 멈춰서자, 그들이 택시 안에서 튀어나와 갑자기 총을 쏘기 시작했다. 남부 해방군 병사들이었다. 대사관 정문 앞에서 총격전이 벌어진 지 10여 분 만에 대사관 외곽에서 폭발음이 들렸다. 또 다른 남부 해방군이었다. 이들은 폭약으로 담을 폭파하고 대사관 영내로 진입했다.

사이공의 미국 대사관 안에서 전투 중인 미군 병사 벽 뒤에 몸을 숨기고 있는 미군 병사들 옆으로 이미 사망한 것으로 보이는 두 명의 동료가 쓰러져 있다. 이 사진은 당시 미국인에게 큰 충격을 주었다. '이 전쟁, 우리가 이기고 있다고 하지 않았나?'

　미국 대사관뿐만 아니라 떤선녓 국제공항, 남베트남 합동 참모 본부, 대통령궁, 쩌런(차이나타운) 등 사이공 시내 곳곳에서 전투가 벌어졌다. 사이공뿐만이 아니었다. 같은 시각 다낭, 후에 등 남베트남의 도시 100여 곳에서 남부 해방군과 베트남 인민군이 동시다발적으로 공격을 개시했다. 이른바 '뗏(구정) 공세'가 시작된 것이다. 뗏 공세는 농촌에 잠복했던 혁명 세력이 도시로 침투해 무장봉기를 일으켜 남베트남 정부를 무너뜨린다는, 무모하면서도 대담무쌍한 작전이었다. 북베트남 정부가 야심 차게 추진한 뗏 공세는 과연 성공했을까?

뗏 공세의 충격으로 미국이 협상을 모색하다

1967년 여름, 베트남 노동당 지도부는 미국을 궁지에 몰아넣을 '총공세'를 구상했다. 남베트남의 전 도시에서 일제히 무장봉기를 일으켜 남베트남 정부를 한 방에 무너뜨리고 민족 해방 전선이 주도하는 새로운 정부를 수립해 미군이 철수하도록 압박한다는 작전이었다. 혁명 세력은 여태껏 농촌에서만 전투를 벌였지, 도시에서 전투해 본 경험이 거의 없었다. 도시에는 미군의 강력한 화력으로부터 병사들을 보호할 밀림이나 땅굴이 없었다. 게다가 중국과 소련은 북베트남의 대규모 군사 행동에 부정적인 태도를 보였다.

그런데도 북베트남 정부가 총공세를 감행한 것은 남베트남 정부에 불만을 품은 도시민들이 이를 계기로 봉기할 수 있다는 기대감과 전쟁이 뜻대로 풀리지 않는 데 따른 조바심 때문이었다. 1945년 8월 혁명 때 남부에서도 시민들이 뜨거운 호응을 보내주지 않았던가? 공격 개시 일자는 1968년 1월 31일, 바로 음력 1월 1일 설날이었다.

베트남어로 '뗏응우옌단', 줄여서 '뗏'이라고 불리는 음력 설은 베트남 최대의 명절로서, 비록 전쟁 중이라 할지라도 이날을 전후하여 2주가량 휴전하는 것이 관례처럼 돼 있었다. 따라서 기습 효과를 극대화하기에 딱 좋은 날이었다.

1968년 1월 31일 새벽, 남베트남 해방군과 베트남 인민군 8만 명이 남베트남의 100여 개 도시 곳곳에서 일제히 공격을 개시했다. 혁명 세력은 그중 13개 도시를 점령했고, 사이공에서는 미국 대사관 안까지 침투했다. 미군과 남베트남 정부군은 즉각 폭격기와 탱크를 동원해 반격에 나섰고, 2월 10일경에는 대부분의 도시에서 혁명 세력을 몰아냈다. 일부 도시는 보름이 더 지나서야 진압되었다.

군사적 측면에서 보면, 뗏 공세는 실패로 끝났고 미군은 방어에 성공했다. 혁명 세력은 약 4만 명이 전사했지만, 미군과 남베트남군 측 전사자는 약 9,000명에 불과했다. 노동당 지도부의 기대와는 달리 시민들은 봉기하지 않았다. 격렬한 시가전 중에 1만 명이 넘는 민간인이 사망했고, 약 50만 명의 난민이 발생했다. 특히 남베트남 민족 해방 전선은 미군과 남베트남 정부군의 반격을 받아 치명적인 타격을 입었다. 실전 경험이 풍부한 병사들을 다수 잃고 만 것이다. 이는 농촌에서 민족 해방 전선의 세력 약화와 그들이 통제하는 마을의 감소로 이어졌다.

뗏 공세는 확실히 미국의 군사적 승리로 끝났다. 하지만 군사적 승리가 정치적 승리로 이어지지는 않았다. 사이공에서 게릴라 소탕이 완료된 2월 1일, 미국 대통령 존슨은 기자 회견을 열어 북베트남의 뗏 공세가 실패로 끝났고, 자신이 사전에 적의 공세를 알아챘다고 말했다. '적의 대규모 공세가 시작될 때까지 미국 정부와 군대는 무엇을 하고 있었나?'라는 추궁을 피하기 위해 거짓말을 한 것이다.

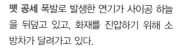

뗏 공세 폭발로 발생한 연기가 사이공 하늘을 뒤덮고 있고, 화재를 진압하기 위해 소방차가 달려가고 있다.

뗏 공세에 관한 영상을 시청하는 미국인 부부 대중 매체의 발달로 미국인들은 거실 안에서 실시간으로 생생하게 전황을 지켜볼 수 있었다. 뗏 공세에 관한 보도를 접하면서 미국인들은 전쟁에서 이길 수 없다는 사실을 깨달았다.

하지만 미국인들은 더는 속지 않았다. 신문이나 텔레비전 화면을 통해서 미국 정부의 거짓말이 들통났기 때문이다.

그전까지 전투는 대개 외신 기자들이 접근하기 힘든 농촌이나 밀림에서 벌어졌다. 그래서 미국 정부는 전황에 관한 정보를 쉽게 통제할 수 있었고, 기자들은 안전한 도시에서 군 당국이 이미 가공한 정보를 사실인 양 받아쓸 수밖에 없었다. 그런데 이번에는 기자들이 묶고 있던 숙소 근처에서 전투가 벌어진 것이다. 기자들은 군 당국의 통제를 피해 '진실'을 취재할 수 있었다. 그들이 목격한 진실은 혁명 세력이 대사관 내부에 침투할 정도로 상황이 심각하다는 것이었다. 미국

CBS 방송의 한 유명 뉴스 캐스터는 이렇게 보도했다. "도대체 무슨 일이 일어나고 있는 겁니까? 저는 (지금까지) 미국이 베트남 전쟁에서 이기고 있는 줄 알았습니다."

신문이나 텔레비전을 통해 도시를 휘젓고 다니는 적군과 곤경에 처한 미군의 모습을 본 미국인들은 큰 충격에 빠졌고, 전쟁에서 곧 이길 것처럼 선전해 온 정부에 깊은 배신감을 느꼈다. 언론은 매일같이 정부의 베트남 정책을 비판했고, 반전 시위대가 거리를 휩쓸고 다녔다. 여론은 존슨에게 완전히 등을 돌렸고, 의회도 베트남 정책에 대한 지지를 철회했다. 웨스트모얼랜드는 여론에 아랑곳 않고 20만 명의 추가 파병을 요청했다. 뗏 공세의 실패로 혁명 세력이 큰 타격을 입었을 때 끝장을 내야 한다고 생각한 것이다. 문제는 당시 미국이 베트남 전쟁에 이미 많은 병력을 소모해 비상시 필요한 예비 병력조차 부족한 상태였다는 점이다.

사면초가에 빠진 존슨은 3월 말 대국민 성명을 통해 베트남 주둔 미군은 현 수준에서 동결하고, 북베트남에 대한 공습은 제한하며, 평화 협상에 나서겠다고 발표했다. 아울러 차기 대통령 선거에 출마하지 않겠다고 했다. 맥나마라는 이미 2월 말에 국방 장관직에서 해임됐고, 웨스트모얼랜드도 추가 병력 대신 귀국행 항공편을 타게 됐다.

분노한 여론에 밀린 미국 정부는 북베트남을 압박할 뾰족한 수단이 없는 상태에서 협상을 제안해야 했다. 북베트남은 북폭을 중단시키고 미국과 남베트남 사이를 벌려 놓기 위해 미국의 협상 제안을 받아들였다. 미군 철수를 초래하게 될 평화 협상에 남베트남 정부가 반발할 게 분명했기 때문이다.

1968년 5월, 파리에서 미국과 북베트남 양측 대표가 만나 평화 협정을 위한 예비회담을 시작했다. 그러나 본회담의 조건을 놓고 양측의 주장이 팽팽히 맞서며 성과 없이 수개월을 보냈다. 그러는 사이 11월에 실시된 미국 대통령 선거에서 공화당의 닉슨이 당선됐다.

미국이 협상의 주도권을 쥐기 위해 전쟁을 확대하다

닉슨은 베트남에 평화를 구축하겠다는 공약을 내걸고 대통령에 당선됐다. 닉슨이 제창한 '베트남 전쟁의 탈미국화(또는 '전쟁의 베트남화')는 미군 철수를 암시했다. 미국인들은 당연히 닉슨이 신속하게 베트남에서 미군을 철수시킬 것으로 기대했다. 그런데 실제로 미군 철수가 완료된 것은 닉슨이 대통령에 취임하고 4년이 지난 뒤였다. 그 4년 사이에 닉슨은 북폭을 재개했고 베트남 전쟁을 오히려 캄보디아와 라오스로 확대했다. 그 과정에서 미군 병사 2만 명과 남·북 베트남 병사 50만 명이 전사했고, 140만 명이 넘는 민간인이 희생됐다.

그 희생자 중 한 사람인 투이는 죽기 한 달 전 일기장에 이렇게 썼다. "미치광이 같은 개자식 닉슨이 어리석게도 전쟁을 키우고 있다." 이 교양 있는 아가씨 말마따나 '평화'를 앞세워 대통령으로 당선된 닉슨이 유권자들을 기만하면서까지 전쟁을 키운 이유는 무엇일까?

닉슨의 목표는 패배했다는 인상을 주지 않으면서 미군을 베트남에서 철수시킴으로써 미국의 국제적 위신을 지키는 것이었다. 그러려면 미군이 철수한 후에도 남베트남 정부가 살아남아야 했다. 남베트남 정부가 유지되어야 미국이 베트남에서 지금까지 헛짓한 게 아님을 증명할 수 있었다. 이를 실현하려면 남베트남 군대를 강화해 자력으로 혁명 세력에 맞설 수 있는 국가로 만들어야 했다. 그러면서 북베트남 측과 교섭해 남베트남 정부의 존속을 보장받은 후 미군 철수를 완료하면 '명예로운 철수'가 가능하다고 보았다. 문제는 남베트남 군대를 확대하고 군비를 증강할 시간이 절대적으로 부족하다는 점이었다. 닉슨은 '전쟁의 확대'를 통해 이 문제를 해결하려 했다.

1969년 2월, 미군 폭격기가 캄보디아 동부에 있는 베트남 인민군의 거점에 폭격을 개시했다. 이들은 이후 14개월 동안 무려 3,650회에 걸쳐 수십만 톤의 폭탄을 퍼부었다. 닉슨이 캄보디아를 폭격한 목적은 베트남의 서쪽 국경선을 따라 존재하던 적의 거점을 타격하여 북베트남의 관심을 그쪽으로 돌림으로써 남베트남 군대를 강화할 시간을 버는 데 있었다. 닉슨은 이 작전을 미국 국민에게 알리지 않았는데, 베트남에 평화를 구축하겠다는 공약과 캄보디아에 대한 무자비한 폭격 사이의 모순을 논리적으로 설명할 자신이 없었기 때문이다.

같은 해 6월에는 닉슨이 남베트남 대통령 응우옌반티에우(이하 티에우)를 북태평양의 미드웨이섬으로 불러 미군 2만 5,000명을 즉각 철수시킬 계획임을 밝혔다. 미국이 이를 계기로 남베트남에서 아예 손을 뗄 것으로 의심한 티에우는 강하게 반발했다. 닉슨은 미군 철수 후에도 남베트남에 대한 미국의 지원은 계속될 것이라며 티에우를 안심시키려고 했다. 티에우는 닉슨의 말을 믿을 수밖에 없었다.

이어 7월에는 닉슨이 남태평양의 괌에서 '닉슨 독트린(괌 독트린)'을 발표했다. 미국은 앞으로 동맹국의 전쟁에 군사 개입하지 않을 것이며, 동맹국은 내란이나 외세의 침략을 당할 때 미국의 군사적 지원에 의존하지 말고 스스로 해결하라는 내용이었다. 이는 한 달 전 닉슨이 티에우에게 통보한 미군 철수와 함께 '전쟁의 베트남화'가 시작되었음을 알리는 것이었다. 닉슨은 미군이 그간 최전선에서 해오던 역할을 점차 남베트남군에 넘길 생각이었다. 이는 명백하게 베트남 전쟁에서 미군의 철수를 정당화하고, 남베트남의 안보 위기에 대한 미국의 책임을 회피하려는 논리였다.

이듬해인 1970년 4월, 미군과 남베트남 병력 2만 명이 국경을 넘어 캄보디아 내지에 있는 베트남 인민군의 은신처를 공격했다. 그러나 베트남 인민군을 몰아내는 데 실패했을 뿐만 아니라, 도리어 베트남과 캄보디아 혁명 세력에 힘을 실어 준 꼴이 돼 버렸다. 미국의 캄보

헬리콥터 착륙 지점을 향해 달려가는 남베트남 병사들 캄보디아 침공에 동원된 남베트남 병력은 약 5,000명으로 전체 침공 병력의 4분의 1에 불과했다. 그런데도 미국 정부는 남베트남 정부의 요청으로 캄보디아에 대한 군사 행동을 시작했다고 발표했다.

켄트 주립 대학교 총격 사건에 항의하는 반전 평화 시위(1970) 총격 사건이 발생하고 불과 며칠 사이에 전국 450개 대학이 항의성 동맹 휴업에 들어갔다. 5월 9일에는 10만 명 이상의 시위대가 워싱턴 D.C.를 행진했다. 수많은 시민이 백악관을 항의 방문했다. "우리는 분노한다. 왜 베트남에서 철수하지 않는가?"

디아 침공을 캄보디아로 세력을 확장할 기회로 판단한 베트남 노동당은 인민군 주력 부대를 캄보디아에 투입했다. 북베트남의 지원으로 캄보디아 공산당의 군사 조직인 '크메르 루주('붉은 캄보디아인'이라는 뜻)가 힘을 키웠다. 수십만 인명을 앗아간 미군의 무지막지한 폭격도 캄보디아의 민심이 크메르 루주로 향하는 데 큰 역할을 했다.

닉슨은 자신이 명령한 캄보디아 침공으로 국내에서 거센 반전 시위에 직면해야 했다. 특히 시위 진압 중에 대학생 네 명이 주 방위군에

라오스 침공 실패 부상을 입은 남베트남 정부군 병사들이 동료의 부축을 받으며 미군 헬리콥터에 올라타고 있다. 공식적으로 남베트남 정부군은 전사 1,146명, 부상 4,245명, 미군은 전사 176명, 부상 1,042명의 피해를 본 것으로 발표됐으나, 실제로는 그 이상의 인명 손실을 본 참담한 패배였다. 라오스 침공 실패는 미 지상군의 지원 없이는 남베트남군이 독자적으로 북베트남군을 상대할 수 없으며, 나아가 닉슨이 추진한 '전쟁의 베트남화 계획'이 한낱 몽상에 불과하다는 사실을 보여 주었다.

사살당한 사건(1970년 5월)으로 여론의 질타를 받았다. 미국 의회는 대통령이 의회의 승인 없이 전쟁을 확대할 수 없도록 규제하는 법안을 통과시켰다. 닉슨은 침공 개시 2개월 만에 캄보디아에서 미군을 철수시켰지만, 캄보디아 폭격은 국민에게 알리지 않은 채 계속했다.

북베트남 정부가 캄보디아 문제에 잠시 주력하는 동안 남베트남 군대는 미국의 지원 하에 최신 무기로 무장한 100만 대군으로 성장해 가고 있었다. 1970년 말부터 인민군이 남베트남 침투를 재개하자, 닉슨은 남베트남 군대를 라오스 침공에 앞장세웠다. 1만 명의 미군이 각종 화력과 항공기를 통해 1만 7,000명의 남베트남 군대를 측면에서 지원했다(1971년 2~4월). 라오스 침공 작전은 라오스 영토 안에 있는 베트남 인민군 기지를 파괴해 호찌민 루트를 차단하는 데 목적이 있었다. 또한 남베트남 군대가 미 지상군의 협력 없이 독자적으로 인민군을 상대할 수 있는지를 시험하는 무대이기도 했다.

그러나 라오스 침공은 베트남 인민군의 거센 반격으로 수천 명의 사상자를 낸 채 실패로 끝났고, 남베트남 군대는 영원히 회복할 수 없는 낙제 점수를 받았다. 캄보디아 침공과 라오스 침공의 실패로 평화 회담에서 주도권을 장악하려던 닉슨의 계획은 큰 차질을 빚었다.

파리 평화 협정이 체결되고 미군이 완전히 철수하다

1970년 2월부터 미국과 북베트남은 파리 근교에서 비밀리에 만나 피말리는 협상을 시작했다. 이른바 은밀히 진행하는 '막후 협상'인데, 이 막후 협상을 주도한 인물은 닉슨의 안보 보좌관 헨리 키신저와 베트남 노동당 정치국원 레득토였다. 하버드 대학 정치학 교수였던 키신저는 국제 정치를 이념이나 도덕이 아니라 국가 이익이나 세력 균형의 관점에서 바라보았다. 따라서 도미노 이론에 매몰되지 않고 중국과 소련, 북베트남과 중국 사이에 존재하는 긴장과 갈등을 예리하게 간파했다. 그래서 '소련의 위협'에 공동으로 대처하기 위해 미국이 중국과 적대 관계를 청산하고 우호 관계를 맺어야 한다고 주장했다. 마찬가지로 '북베트남 견제'라는 공동의 목표를 위해 미국이 중국의 협력을 끌어내야 한다고 생각했다. 미국이 '미군 철수'를 통해 중국에 화해의 메시지를 보낸다면, 중국은 안심하고 북베트남에 대한 지원을 축소할 것이고, 결과적으로 북베트남은 전쟁 수행에 어려움을 겪을 수밖에 없을 터였다. 그 틈을 제대로 이용한다면 미군이 베트남에서 철수하더라도 남베트남의 안전은 보장받을 수 있을 것으로 기대했다.

1971년, 키신저는 비밀리에 베이징을 방문해 저우언라이와 함께 인도차이나 문제와 닉슨의 중국 방문 등을 논의했다. 그리고 이듬해 2월에는 닉슨이 직접 중국을 방문해 마오쩌둥, 저우언라이 등을 만났다. 닉슨과 키신저는 중국 공산당 지도자들에게 북베트남을 지지·지원하는 것보다 미국과 관계를 개선하는 편이 중국에 더 큰 이익이라는 점을 강조했다. 닉슨의 중국 방문은 베트남 노동당 지도자들에게 큰 충격을 안겨 주었다. 중국이 베트남의 통일을 반기지 않는다는 사실이 분명해졌기 때문이다. 이후 중국이 북베트남을 달래기 위해 군사 원조를 늘렸음에도, 북베트남과 중국의 관계는 점점 나빠졌다.

미국과 북베트남의 협상은 양측의 견해 차이가 너무 커 처음부터 난항을 겪었다. 북베트남 측은 남베트남에서 베트남 인민군을 제외한 모든 외국 군대의 철수와 남베트남 공화국 임시 혁명 정부*의 인정을 요구했다. 반면에 미국 측은 남베트남 정부군을 제외한 모든 군대(미군과 베트남 인민군)의 철수와 남베트남 문제에 대한 북베트남 정부의

● 1969년에 남베트남 민족 해방 전선 등이 파리 평화 회담에 대응하려는 목적으로 수립한 남베트남 혁명 세력의 정부를 말한다.

닉슨의 중국 방문 중국 정부가 마련한 만찬에서 닉슨 대통령이 저우언라이 총리와 건배하고 있다. 닉슨의 중국 방문은 중국과 미국 간 관계 개선의 물꼬를 텄지만, 북베트남과 중국의 관계를 악화시켰다. 중·미 관계 개선이 북베트남의 전쟁 지속 노력을 저해할까 우려한 북베트남 정부는 중국에 대해 분노와 서운함을 감추지 않았다.

개입 중단 및 독립 국가로서 남베트남의 총선거를 주장했다. 협상의 쟁점은 두 가지로 요약할 수 있었다. 하나는 남베트남에서 철수할 외국 군대에 미군뿐만 아니라 베트남 인민군도 포함하는지의 여부였고, 다른 하나는 당시 남베트남의 두 정부, 즉 베트남 공화국 정부와 남베트남 공화국 임시 혁명 정부를 인정할 것인지의 여부였다.

　미국은 베트남 공화국 정부를 북위 17도선 이남의 유일한 합법 정부로 간주했기에, 남베트남에서 북베트남 정규군인 베트남 인민군의 철수를 요구했고 북베트남의 영향을 받는 남베트남 공화국 임시 혁명 정부를 인정하려 하지 않았다. 반면, 북베트남은 '베트남 민족'은 하나인 만큼 북베트남의 군대는 '외국 군대'가 아니며, 외세의 개입으로 수립된 베트남 공화국 정부는 정통성 없는 가짜 정부라고 주장했다. 궁극적으로 미국 정부가 생각하는 '평화'란 베트남 공화국 정부의 보존(분단의 고착화)이었고, 북베트남 정부가 생각하는 '평화'란 하나된 베트남 건설(남북통일, 곧 남베트남 정부의 소멸)이었다. 이렇듯 양측이 생각하는 '평화'의 개념이 근본적으로 달랐기에, 양측의 견해 차이는 몇 년간 좁혀지지 않았다.

1972년 3월, 약 12만 명의 베트남 인민군이 소련제 탱크를 앞세우고 군사 분계선을 넘어 남베트남 공격을 개시했다. 인민군은 남부 해방군과 함께 중부 고원과 동남부 지역을 공략했다. 사이공 서북 지역도 공격했다. 1968년 뗏 공세 이후 최대 규모의 공세였다. 북베트남이 이른바 '1972년 봄철 대공세(부활절 공세)'를 추진한 이유는 무엇일까? 당시 북베트남 정부는 중국과 미국의 우호 관계가 강화되고 남베트남 정부가 안정될수록, '남부 해방'이 요원해질 뿐만 아니라 북베트남 정부의 생존 자체가 위태로워질 수 있다고 판단했다. 따라서 상황이 더 나빠지기 전에 신속하게 무력으로 승리를 쟁취해야 했다.

미군은 1969년부터 단계적으로 철수를 진행해, 당시에는 약 6만 5,000명의 병력만 베트남에 남아 있었다. 닉슨은 지상군을 추가로 파견하지는 않았지만, 공군과 해군을 동원해 남베트남 군대를 지원했다. 미군은 진격해 오는 인민군에 격렬한 폭격과 포격을 가했으며, 이내 북베트남의 도시에 대한 공습을 재개하고 북베트남의 항구에 기뢰를 설치하여 군수 물자의 유입을 봉쇄했다.

북베트남의 봄철 대공세는 미군의 적극적인 개입으로 실패로 끝났고, 남베트남 정부는 붕괴 위기에서 벗어났다. 그러나 베트남 노동당 지도부에게 더 뼈아팠던 것은 중국과 소련의 어정쩡한 태도였다. 두 나라는 미군의 개입을 비난했지만, 이는 형식적인 비난일 뿐이었고, 북베트남에 미국과의 대화를 권유하기까지 했다. 중국과 소련은 베트남 문제로 미국과의 관계가 악화될까 걱정했다. 더욱이 닉슨이 2월의 중국 방문에 이어 5월에는 소련까지 방문해 미국과 중국·소련 사이에 긴장 완화의 분위기가 무르익었다. 봄철 대공세가 실패한 데다, 중·소의 전폭적인 지원을 기대하기 어려워진 북베트남 지도부는 '협상을 통한 미군의 완전한 철수'에 무게를 실을 수밖에 없었다.

봄철 대공세 때 파괴된 북베트남 탱크 베트남 동남부의 전략 요충지 안록에서 전투가 끝난 후, 파괴된 북베트남의 T54 탱크와 그 옆에 서 있는 남베트남 병사의 모습이다. 봄철 대공세 때 베트남 인민군과 남부 해방군은 탱크를 앞세우고 대규모 공격을 시도했으나 미 공군과 해군의 화력 지원을 받은 남베트남 군대에 의해 격퇴됐다.

1972년 7월, 파리에서 평화 회담이 다시 열렸다. 3개월에 걸친 협상 끝에 레득토는 베트남 공화국 정부의 존속을 인정한다고 말했고, 키신저는 남베트남에서 베트남 인민군의 주둔을 허용하고 남베트남 공화국 임시 혁명 정부를 인정할 것이며, 휴전 후 60일 이내에 미군 철수를 완료하겠다고 했다. 그리고 미군 철수 이후에 남베트남의 두 정부(베트남 공화국 정부와 임시 혁명 정부)가 대화로 정치 문제를 해결한다는 내용에 대해서도 양측이 합의를 보았다.

그러나 양측이 어렵게 합의한 '협정안'에 베트남 공화국 정부가 강력하게 반대했다. 남베트남에 북베트남의 인민군이 주둔한 상태에서 미군이 철수하면 무사할 수 없다는 게 불 보듯 뻔하기 때문이었다. 닉슨은 베트남 공화국 정부를 달래기 위해 대규모 군사 원조를 약속하는 한편, 협정안 수정을 요구했다. 이에 북베트남 측이 반발하면서 협상은 다시 결렬되고 말았다. 그러자 닉슨과 키신저는 전쟁을 자신들의 의도대로 끝내기 위해 북베트남 사람들에게 영원히 기억에 남을 '크리스마스 선물'을 안겨주기로 했다.

1972년 12월 18일 밤, 129대의 B-52 폭격기를 포함한 231대의 미군용기가 까마귀 떼처럼 하노이와 하이퐁의 하늘을 뒤덮었다. 이후 11일 동안 B-52 폭격기 207대(741회 출격)를 비롯한 항공기 수백 대가 두 도시에 약 2만 톤의 폭탄을 퍼부었다. 이른바 '크리스마스 대폭격'으로 일컬어지는 이 폭격으로 하노이와 하이퐁에서 수천 명의 시민이 사망하고 수천 채의 주택과 공공건물이 파괴됐다. 그 처참한 광경에 포로가 된 미군 조종사들도 경악을 금치 못했다. 닉슨의 '크리스마스 선물'에 대해 세계 여론은 다음과 같이 논평했다.

도쿄: "이보다 더 참혹한 일은 없을 것이다."

부에노스아이레스: "학살"

본(독일): "인류에 대한 범죄"

뉴욕: "문명인이라면 놀랄 것이다."

중국과 소련뿐만 아니라 유엔도 미국을 격렬하게 비판했고, 교황도 전쟁 종식을 강력하게 요구하면서 넌지시 미국을 비판했다. 미국 언론도 닉슨이 넘어서는 안 될 선을 넘었다고 했다.

게다가 미군 측의 피해도 적지 않았으니, 16대의 B-52 폭격기를 포함한 26대의 항공기가 격추됐고, 69명의 조종사가 죽거나 포로가 됐다. 조종사들 사이에서 무리한 공습 작전에 대한 불만이 터져 나왔고, 개중에는 임무가 '부도덕'하다는 이유로 출격을 거부한 조종사도 있었다. '크리스마스 대폭격'으로 더 큰 압력을 받은 쪽은 하노이가 아니라 워싱턴이었다. 닉슨은 공습을 지속할 수 없었다.

1973년 1월 23일 파리에서 레득토와 키신저가 잠정 합의한 최종 협정안은 1972년 10월에 제시된 내용과 별반 차이가 없었다. 이른바 '파리 평화 협정(베트남 전쟁의 종결 및 평화 회복에 관한 협정)'으로 가장 이득을 본 쪽은 북베트남 정부였다. 인민군의 남베트남 주둔을 인정받으면서도 미군과 그 동맹군을 베트남 밖으로 내보낼 수 있었으니 말이다. 임시 혁명 정부의 존재를 인정받은 것도 큰 소득이었다. 물론 가장 낭패를 본 쪽은 남베트남 정부였다. 명색이 '평화 협정'인 만큼, 평화 통일에 관한 원칙이 분명히 나와 있기는 했다.

【제15조】 베트남의 통일은 남북 베트남 간 협의와 합의에 기초하며, 어느 한쪽의 강요나 병합에 의하지 않고, 외부로부터의 간섭 없이 평화적 수단을 통해 단계적으로 실현한다.

하지만 이 종이 쪼가리 한 장이 남베트남을 지켜줄 것이라고는 협정에 서명한 누구도 믿지 않았을 것이다. 누가 보더라도 평화 협정은 '평화'라는 그럴싸한 단어로 세상을 속이는 미봉책에 불과했다. 자국의 이익만 철저하게 계산하는 냉혹한 국제 정치의 무대에서 남베트남은 웃음거리로 전락했다.

닉슨과 키신저는 남베트남의 안보를 희생하는 방향으로 자신들이 추구하는 평화의 개념에 약간의 수정을 가해 '명예로운 철수'를 달성할 수 있었으니, 아주 손해 보는 장사는 아니었다. 전쟁의 수렁에서 벗어났고 반전 시위대에 덜 시달리게 되었으며 국제 사회의 긴장 완화에 일조했다는 칭찬을 들을 수 있었으니 말이다.

키신저는 파리 평화 협정 체결의 공을 인정받아 노벨 평화상을 받는 영광을 누렸다. 하지만 공동 수상자로 지명된 레득토는 "베트남에 아직 진정한 평화가 오지 않았다"라는 이유를 들어 노벨 평화상 수상을 거부했다. 북베트남에 평화란 통일된 베트남 건설(남베트남 정부의 소멸)을 의미했고, 평화 협정은 자신들이 꿈꾸는 평화를 이루기 위한 수단 중 하나에 불과했기 때문이다. 1973년 3월 23일, 마지막 미군이 베트남을 떠났다.

5 | 남북이 통일되고 사회주의 개혁이 단행되다

1975년 4월, 사이공 대통령궁

1975년 4월 30일 오전 11시경, 베트남 인민군 제203 전차 여단 소속 탱크들이 남베트남 대통령궁(오늘날의 통일궁)의 철문을 쓰러뜨리고 안으로 진입했다. 843번 탱크의 지휘관 부이꽝탄 중위가 남베트남 공화국 임시 혁명 정부의 깃발을 들고 대통령궁의 꼭대기 층을 향해 뛰어갔다. 대통령궁을 지키던 남베트남 병사 중에 부이꽝탄 중위를 막는 사람은 없었다. 발코니로 나간 중위는 국기 게양대에 걸려 있던 베트남 공화국 깃발을 내리고 임시 혁명 정부의 깃발을 올렸다. 거수경례하는 중위의 뺨에 눈물이 흘러내렸다. 감격의 눈물이었다.

제203 전차 여단 병사들이 대통령궁을 점령하는 동안, 대통령 집무실에서는 베트남 공화국 대통령 즈엉반민과 국무위원들이 침통한 표정으로 점령군을 기다리고 있었다. 베트남 인민군 정치위원 부이반뚱 중령이 부하들을 이끌고 집무실에 들어섰다. 대통령이 말했다. "우리는 정부를 넘겨주기 위해 기다리고 있었습니다." 중령이 대답했다. "당신들은 우리에게 무조건 항복하는 것 이외에 넘겨줄 게 아무것도 없습니다." 남베트남 정부는 정통성이 없는 '가짜 정부'이므로, 가짜 정부에 부역한 자들이 정부를 넘겨준다는 것은 있을 수 없는 일이라는 뜻이었다.

부이반뚱 중령은 즈엉반민을 라디오 방송국으로 데리고 가서 항복 연설을 녹음하게 했다. 오후 2시 30분, 대통령의 항복 선언과 투항 명령이 라디오 스피커를 통해 남베트남 전역에 방송됐다.

대통령궁에 진입하는 인민군 탱크 사이공의 함락을 상징하는 사진이다. 1975년 4월 30일, 남베트남 정부가 수도로 내세웠던 사이공 최후의 날이다.

사이공 정부의 대통령인 나, 즈엉반민 장군은 베트남 공화국 군대에 무기를 내려놓고 남부 해방군에게 무조건 항복할 것을 호소합니다. 더 나아가 나는 사이공 정부가 모든 수준에서 완전히 해체됐음을 선언합니다. 중앙 정부로부터 지방 정부에 이르기까지 남베트남 공화국 임시 혁명 정부에 접수돼야 합니다.

곧이어 부이반뚱 중령의 음성이 라디오 스피커에서 흘러나왔다.

남베트남 해방군의 대표인 우리는 사이공시가 완전히 해방됐음을 엄숙하게 선언합니다. 우리는 사이공 정부의 대통령 즈엉반민 장군의 조건 없는 항복을 받아들입니다.

20여 년 동안 지속되어 온 전쟁이 끝났다. 총성은 멈췄고, 감격에 겨운 베트남 인민군 병사들이 사이공 시내를 누비며 승리의 기쁨을 만끽했다. 사이공 시민들은 길가에 나와 무심한 표정으로 이 '해방자'들을 바라보았다. 북베트남과 남베트남 임시 혁명 정부는 1975년 3월 10일에 중부 고원에서 공격을 개시한 지 2개월도 채 지나지 않아서 사이공을 함락하고 남베트남 정부의 항복을 받아 냈다.

1975년 대공세가 시작될 당시 남베트남에서 인민군과 남부 해방군의 병력은 다 합쳐봐야 30만 명도 채 안 됐다. 그에 비해 남베트남 군대의 병력은 110만 명에 달했다. 혁명 세력이 탱크 320대, 장갑차 250대, 화포 1,000여 문을 투입했던 데 반해, 남베트남 군대는 탱크 2,000여 대, 장갑차 1,500여 대, 화포 1,500여 문을 보유했고, 1,500여 대의 비행기와 헬리콥터를 동원할 수 있었다. 병력과 장비 면에서 빈약한 혁명 세력이 압도적으로 우세한 전력을 보유한 남베트남 군대를 무너뜨릴 수 있었던 이유는 무엇일까?

베트남이 하나가 되다

1974년 12월, 하노이의 한 허름한 건물에 노동당 정치국원들이 모였다. "승리가 눈앞에 보입니다." 당 제1서기 레주언이 운을 떼자 모든 참석자가 고개를 끄덕였다. 곧이어 파리 평화 협정 체결 이후 비밀리에 남부에서 활동했던 레득토가 남부의 상황을 설명했다.

휴전 이후 반년밖에 버티지 못할 것이라던 키신저의 예상과는 달리, 남베트남은 2년을 버텼다. 미군과 그 동맹군이 떠난 후에 남베트남 정부는 민족 해방 전선에 대한 공세를 펼쳐 많은 마을을 탈환했다. 하지만 남베트남 군대는 남부 해방군을 쫓아 여기저기 흩어지는 바람에 대규모 공세에 취약한 상태에 놓였다.

겉으로 보기에 남베트남 군대는 110만 명에 이르는 병력과 미국이 제공한 현대적 장비로 무장해 혁명 세력과 비교하면 압도적 우위에 있었다. 하지만 남베트남 장병들은 싸울 의지와 사명감, 자신감이 부족했다. 부패한 장군들은 군수 물자를 빼돌려 재산을 불렸고, 장교들은 군대라는 '직장'에서 나오는 경제적 혜택에만 관심을 두었다. 병사들은 대부분 가난한 농촌 출신으로서 형편없이 적은 봉급만으로 열악한 생활을 해야 했기에 도시 출신의 부유한 장교들에게 불만을 품었다. 그들은 기회가 왔을 때 자신들이 보기에도 '애국자'로 보이는 남부 해방군에 항복했다. 따라서 남베트남 정부와 군대는 미군 철수 이후에도 미국의 지원에 의존할 수밖에 없었다.

닉슨은 평화 협정 체결 직전에 남베트남의 티에우 대통령을 달래기 위해 10억 달러의 군사 원조를 제공했다. 그리고 남베트남이 평화 협정 체결에 참여하는 조건으로 보급과 병참 등 전투 병력을 제외한 모든 군사적 지원과 경제적 지원을 계속하겠다고 약속했다. 하지만 미국은 약속을 지키지 못했다.

1973년 10월에 제4차 중동 전쟁이 일어나면서 베트남 문제는 미국 외교 현안의 우선순위에서 밀렸고, 전쟁으로 인해 국제 유가가 폭등하면서(제1차 석유 파동) 남베트남 군사 원조 비용도 급증했기 때문이다. 게다가 같은 해 11월 미국 의회는 대통령이 의회의 선전 포고나 승인 없이 미군을 함부로 국외에서 벌어지는 전쟁에 동원하지 못하도록 전쟁 수행에 관한 대통령의 권한을 제한하는 '전쟁 권한에 관한 결의안(War Powers Resolution)'을 채택했다. 1974년 8월 워터게이트 사건●으로 탄핵 위기에 몰린 닉슨이 자진 사퇴하고, 그 뒤를 이어 대통령이 된 포드가 의회에 남베트남에 대한 추가 원조를 요청했으나 단호하게 거부당했다. 전임자들과 달리 군사 개입을 강행할 수단이 없었던 포드는 남베트남의 붕괴를 지켜볼 수밖에 없었다.

북베트남 정부가 2년을 기다린 이유는 남베트남의 정세 변화를 살

● 1972년에 닉슨의 비밀 공작원이 워싱턴 D.C.의 워터게이트 빌딩에 있는 민주당 선거 본부에 침입해 도청 장치를 설치하려다 발각된 사건이다.

피며 남베트남에 대한 군사 행동을 감행했을 경우 미국이 군사 개입할 가능성을 판단하기 위해서였다. 남베트남 정부가 임시 혁명 정부와 대화로 정치 문제를 해결할 의사가 없다는 점, 그리고 미국이 남베트남을 방어할 의지가 없다는 점이 명백해지자, 더는 남북문제의 군사적 해결을 망설일 이유가 없어졌다.

1975년 1월, 베트남 노동당 정치국은 남베트남과의 전면전을 결정했다. 디엔비엔푸 전투 당시 보응우옌잡 장군의 참모였던 반띠엔중이 인민군 총사령관으로서 남베트남에 대한 총공세를 지휘했다. 인민군 15만 명이 호찌민 루트를 통해 중부 고원으로 침투했다. 미국의 정보기관과 남베트남 군대는 인민군의 이동을 전혀 눈치채지 못했다. 따라서 3월 초에 인민군이 중부 고원에 대한 공격을 개시했을 때, 남베트남 군대는 제대로 저항도 못 한 채 순식간에 무너지고 말았다. 3월 말에는 중부 해안의 도시들도 인민군 수중에 들어왔다.

남베트남 군대의 붕괴 속도는 노동당 지도자들의 상상을 초월했다. 원래 사이공 함락까지 2년을 예상했던 노동당 정치국은 전략을 바꾸어 2개월 이내에 사이공을 점령하기로 결의했다. 4월 초에 인민군의 마지막 공격인 '1975년 봄철 대공세(일명 호찌민 작전)'가 시작됐다. 인민군은 하루에 평균 50킬로미터를 파죽지세로 진격했다. 패잔병과 피란민들이 한꺼번에 사이공으로 몰려드는 바람에 사이공은 혼란에 빠졌다. 4월 말, 인민군은 사이공을 완전히 포위했다.

미국 정부는 항공기를 통해 남베트남 정부의 고위 관리와 그 가족들을 철수시켰다. 10만 명이 넘는 남베트남 사람이 해외로 탈출하기 위해 항공권을 구매했으나, 모든 민간 항공기의 이착륙이 중단됐다.

사이공 탈출 1975년 4월 29일 사이공에서 탈출하려는 인파가 헬리콥터를 타기 위해 길게 줄을 서 있다.

수천 명의 군중이 '베트남 탈출'을 위해 공항으로 몰려들었고, 개중에는 공식적인 '철수 대상자 명단'에 오르기 위해 거액의 뇌물을 쓰는 사람도 있었다. 미국을 도왔던 수만 명이 '철수 대상자 명단'에 들지 못해 아우성을 쳤지만, 미국 정부는 침묵했다.

티에우 대통령은 미국과 군부의 압력에 밀려 사임하면서 미국에 대한 배신감을 토로했다. 하지만 타이완으로 망명하기 전에 이미 부정 축재한 막대한 재산을 해외로 빼돌림으로써 스스로 국가와 국민을 배신했음을 증명했다. 사이공 함락 이틀 전 대통령에 취임한 즈엉반민은 북베트남 정부에 협상을 제안했지만 단박에 거절당했다.

4월 30일 아침, 마지막 미군 헬리콥터가 사이공을 떠났고, 인민군이 사이공에 입성했다. 사이공 시민들이 어리둥절한 표정으로 지켜보는 가운데, 인민군이 탱크를 앞세우고 거리를 행진했다. 마지막 전투가 벌어진 일부 지역을 빼면, 인민군이 공격을 자제하고 남베트남 군대가 저항을 포기하여 사이공은 파괴와 살육을 면할 수 있었다.

　오전 11시경에 대통령궁에 진입한 인민군 장교가 건물 꼭대기 층 발코니에 임시 혁명 정부의 깃발을 게양했다. 남베트남의 마지막 대통령 즈엉반민은 남베트남 장병들에게 '무조건 항복'을 명령한 후 체포됐다. 사이공 최후의 날, 베트남 공화국이 지구상에서 완전히 소멸했음을 확인하는 순간이었다. 하노이에서는 시민들이 거리로 쏟아져 나와 승리를 자축하며 폭죽을 터뜨리고 만세를 불렀다.

사이공 시내를 행진하는 베트남 인민군 1975년 4월 30일 사이공 최후의 날, 트럭에 탄 인민군 병사들이 손을 흔들자, 길가에 나온 시민 중 일부가 손을 흔들어 환영하고 있다. 나머지 시민들은 담담한 표정으로 인민군을 바라보고 있다. 그들 마음속에는 안도감과 불안감이 교차하고 있었을 것이다.

베트남의 역사가들은 이 승리를 '1975년 봄의 대승'이라고 부르면서 '베트남 역사상 가장 빛나는 전승'으로 평가한다. 쩐흥다오, 레러이, 응우옌반후에가 각각 몽골, 명, 청의 침략을 격퇴한 이래 최대의 군사적 승리였기 때문이다. 특히 '1975년의 승리'는 전 세계에서 가장 강한 나라를 상대로 쟁취한 승리였다.

하지만 지독하게 혹독한 대가를 치르고 얻어낸 승리였다. 전쟁 기간에 남·북 베트남 통틀어 약 300만 명의 사망자와 200~500만 명의 부상자가 발생했다. 폭격으로 산업 시설과 도로·교량 등이 파괴되고, 4,000만 리터가 넘는 고엽제가 살포되어 베트남 전역이 거의 초토화되었다. 게다가 베트남 전쟁은 동족상잔의 비극이기도 했기에, 패배자의 편에 서서 일한 사람들은 공포와 불안에 떨어야 했다. 오랜 전쟁으로 인한 갈등을 해소하고 고통을 치유하기 위해 승자는 무엇을 해야 했을까?

남부에서 사회주의 개혁을 강행하다

베트남 인민군의 사이공 함락 후 보름이 지난 1975년 5월 15일, 하노이에서 전승 축하 기념식이 열렸다.

오늘 전국 4,500만 인민은 1975년 봄 총공세와 봉기를 통해 거둔 대승리에 환호하고 있습니다. 우리는 미 제국주의의 침략과 신식민주의 지배를 완전히 물리치고 우리나라의 절반인 남부를 온전히 해방했으며, 외세의 침입에 대항한 우리 인민의 항쟁사에서 가장 길고 가장 어렵고 가장 애국적이었던 전쟁을 영광스럽게 끝내며 벅찬 기쁨으로 경축하고 있습니다.

- 레주언, 〈미래를 위한 전진〉[10]

베트남 노동당 최고 지도자로서 전쟁을 승리로 이끈 레주언은 감격에 찬 목소리로 연설을 이어 갔다. 레주언이 "세계 혁명 운동의 새로운 발전 단계를 열었다"라고 자신들의 승리를 추켜세웠을 때 분위기가 한껏 고양됐다. 하지만 승리의 감격에 탐닉하기에는 통일 베트남의 현실이 너무 엄혹했다. 오랜 전쟁으로 농토가 황폐해지고 산업이 파괴되어 다수의 국민이 빈곤 상태에 놓였다. 또한, 무력으로 통일을 달성한 탓에 이웃의 친미 반공 국가들로부터 경계의 대상이 됐다. 이웃 사회주의 국가들과는 갈등이 고조되고 있었다.

베트남은 19세기 이전에 단 한 번도 단일한 정권의 지배를 받은 적이 없다. 19세기 초에 응우옌 왕조가 성립하면서 북부와 남부가 처음으로 통일됐으나, 19세기 말에 프랑스의 식민 지배를 받을 때는 남부가 '코친차이나'라는 이름으로 분리됐다. 1945년에 잠시 하나로 통일됐으나, 1954년에 제네바 협정으로 다시 남북으로 분단됐다. 이후 30여 년간 북부가 사회주의를 경험할 동안, 남부는 자본주의의 세례를 받았다. 따라서 정치적으로 통일됐다고 해서 남부와 북부의 경제적·문화적 괴리가 금방 해소될 수는 없었다.

'사이공 해방'의 그날, 사이공 거리를 행진하는 인민군 병사들의 눈이 휘둥그레졌다. 난생처음 보는 높은 빌딩과 상점 안에 쌓여 있는 갖가지 상품에 압도된 탓이었다. 반띠엔중 장군 역시 사이공의 물질적

풍요에 입을 다물지 못했다. 두려운 생각마저 들었다. 미국의 물질문명이 혁명을 집어삼키지는 않을까? 노동당 지도부는 혁명을 지키려면 하루빨리 남부에 사회주의를 도입해야 한다고 판단했다.

남과 북의 정치적 통일은 북부의 민주 공화국과 남부의 임시 혁명 정부의 통합이라는 모양새를 갖췄으나, 실상은 북부에 의한 흡수 통일이었다. 1976년 4월에 총선거가 시행돼 단일 국회가 구성됐고, 같은 해 7월에 국회는 국명을 '베트남 사회주의 공화국'으로 바꿨다. 수도는 하노이로 정하고, 사이공은 '호찌민'으로 이름을 바꾸었다. 같은 해 12월에 베트남 노동당은 당명을 '베트남 공산당'으로 고쳤다. '민주 공화국'을 '사회주의 공화국'으로, '노동당'을 '공산당'으로 변경한 것은 통일 이후 '사회주의 사회 건설'이라는 목표를 분명히 하기 위함이었다. 북부에서는 전쟁 중에 사회주의 체제가 자리 잡았으니, 통일 정부의 최대 과제는 남부를 사회주의화하는 일이었다.

'공산주의 체제'란 사회적 불평등을 초래하는 사유 재산이 완전히 철폐되고 재산의 공동 소유를 기반으로 정의로운 사회가 실현된 체제이다. 하지만 짧은 시간 안에 사유 재산 제도를 완전히 철폐할 수 없으므로, 자본주의에서 공산주의로 넘어가는 과도기에 국가나 협동조합이 개인의 사유 재산을 넘겨받아 관리하는 단계가 요청되는데, 이 단계가 바로 '사회주의 체제'이다.

베트남의 역사에서 '공동 소유'는 낯선 관념이 아니었지만, 농민들은 한 뙈기의 땅이라도 '자기 것(사유 재산)'을 얻으려고 안간힘을 썼고, 역대 왕조 국가는 농민의 사적 이익 추구를 제도적으로 보장함으로써 근로 의욕을 고취하여 재정 수입의 증대를 도모했다. 제1차 인도차이나 전쟁 당시 베트민이 가난한 농민들의 지지를 얻은 이유도 자기 땅을 가질 수 있도록 하겠다는 약속 때문이었고, 실제로 이 약속을 지켰다. 하지만 지극히 적은 토지만 가진 대다수 농민은 여전히 빈곤했고, 토지 개혁은 농산물의 대량 생산으로 이어지지 못했다.

이에 노동당은 1950년대 중반에 '합작사(合作社)'라고 불리는 일종의 협동조합을 도입해 개인의 사적 소유를 폐지하는 대신, 집단 소유와 집단 노동을 통해 농업 경영의 규모를 키우는 방식으로 농업 생산력의 증대를 꾀했다. 이러한 사회주의 개혁에 대해 농민들은 정부가 토지를 줬다가 도로 빼앗는다고 여겨 격렬하게 반발했다. 농민의 저항에 충격을 받은 노동당은 부분적으로 농민의 사적 소유를 인정한다는 타협책을 내놓았고, 농민은 자기 집에서 돼지를 키우거나 텃밭을 가꿀 수 있게 됐다. 개인 소유 텃밭의 생산성이 합작사 소유 공동 농장의 생산성보다 훨씬 높았다. 사회주의 경제는 출발 단계부터 비효율성을 드러낸 셈이다.

그런데도 사회주의 정부는 북부에서 썩 신통치 못했던 '농업의 집단화' 정책을 남부에서도 강제로 밀어붙였다. 합작사 조직을 위해 개인의 토지 소유를 포기하도록 강요한 조치는 남부 농민의 불만을 초래했다. 남부의 농민들은 강압에 못 이겨 합작사에 가입하기는 했지만, 태업으로 정부의 강요된 정책에 저항했다. 이에 쌀 생산량이 계속 감소하여, 베트남은 만성적인 식량 부족과 그로 인한 영양실조로 고통받았다.

농업 생산량의 증대를 위해 추진한 강제 이주 정책 역시 재앙을 초래했다. 정부는 북부의 주민을 미개간지가 널린 남부로, 도시의 주민을 외딴 시골의 미개간지로 강제 이주시켜 새로 농지를 개간하는 정책을 추진했다. 특히 북부 국경 지대에 거주하는 중국계 주민들을 남부로 이주시키려 했을 때 엄청난 반발에 부딪혔다. 중국과의 국경 분쟁으로 잔뜩 신경이 곤두선 베트남 정부는 중국계 주민을 박해했고, 이는 중국계 주민의 대량 탈출로 이어졌다.

사실 프랑스 식민 통치 시기에 프랑스인 지배자는 중국계 주민을 중간 관리자로 내세워 베트남을 다스렸다. 민망 황제 이래 핍박을 당하던 중국계 주민은 프랑스인을 구세주로 여기고 식민 통치에 적극적으로 협력하면서 부를 축적했다. 베트남 사람 다수가 중국계 주민을 프랑스의 앞잡이로 본 것은 당연했다. 프랑스가 물러나고 남부에 응오딘지엠 정권이 들어서자, 중국계 주민에 대한 노골적인 차별과 탄압이 이루어졌다. 이에 중국계 주민은 미군에 의지하여 탄압을 피했고, 미군의 군수 물자를 취급하면서 재산을 모을 수 있었다. 그래서 미군이 물러나고 사이공이 베트남 인민군에 함락됐을 때, 중국계 주민은 후원자를 상실한 채 박해에 노출될 수밖에 없었다.

1976년 베트남 정부는 외세와 결탁한 자본가를 처벌한다는 명분으로 남부의 중국계 주민들에게 베트남 국적 취득을 강요했다. 이에 따르지 않으면 고율의 세금을 부과하고 식량 배급에도 차등을 두었으며, 직업 선택 및 거주 이전의 자유를 박탈했다. 이에 100만 명이 넘는 중국계 주민이 해외로 탈출했다. 망명을 목적으로 배를 타고 바다를 떠도는 베트남 난민들을 일컬어 '보트피플(boat people)'이라고 부르는데, 이 중 85퍼센트가 중국계 주민이었다. 중국은 베트남의 중국계 주민 탄압에 항의하면서 베트남에 해 오던 경제 원조를 중단하고 파견

보트피플 1984년, 작은 어선에 탄 35명의 난민이 남중국해에서 미군 군함에 올라타기 위해 기다리고 있다. 이들은 바다로 나간 지 8일 만에 운 좋게 구조됐다. 베트남 사회주의 정부의 정치적 탄압과 민족 차별을 피해 해상으로 탈출한 이들은 폭풍, 질병, 해적의 약탈 등으로 언제 죽을지 모르는 운명이었다. 바다 위를 떠도는 과정에서 20만~40만 명이 사망한 것으로 추정된다. 보트피플의 참상은 국제 사회에 사회주의 베트남에 대한 부정적 인식을 심어 주었다.

한 자국 기술자들을 불러들였을 뿐만 아니라 베트남에 대한 경제 제재를 감행했다(1978). 중국계 주민에 대한 탄압은 그렇지 않아도 안 좋은 중국과의 관계를 더욱 악화시켰다.

캄보디아를 침공하고 중국에 침공당하다

북베트남과 중국의 우호 관계는 냉전 시기 미국의 압력에 공동으로 대항할 필요에서 생겨났다. 이를 바탕으로 북베트남은 미국과 싸우는 과정에서 중국으로부터 큰 도움을 받았다. 중국의 도움이 없었다면, 북베트남은 미국을 물리치지 못했을 것이다. 베트남 전쟁이 미군의 완전한 철수로 마무리되자, 동남아시아에 대한 미국의 영향력은 급격히 줄어들었다. 그리고 중국이 이제 그 자리를 대신하려고 했다. 중국은 동남아시아 국가들과 외교적·경제적 관계를 재개하거나 강화하려 노력했고, 특히 통일 베트남이 중국의 은혜에 감사하는 마음으로 중국의 지도에 순응하길 기대했다.

사실 중국은 베트남이 통일을 계기로 강성해져 중국의 권위에 도전하지 않을까 경계했다. 1954년 제네바 협정 체결 당시 베트남의 분단에 동의한 것도 그 때문이었다. 반면에 북베트남은 제네바 협정 때 중국이 베트남에 양보를 요구한 일로 인해 중국을 불신하게 됐다. 1970년대 초 중국과 미국이 관계 개선에 나섰을 때 불신은 극도에 달했다. 베트남 인민군이 사이공을 함락하자, 북베트남과 중국 간 공동의 이해관계도 함께 소멸했다. 아울러 지난 수천 년 동안 역대 중원 왕조의 침략을 받았던 역사적 경험은 베트남인들에게 중국에 대한 부정적인 인식을 남겼다. 중국에 대한 베트남의 의구심은 사이공 함락 이전부터 있었던 국경 분쟁과 영토 분쟁으로 더욱 짙어졌다.

1973년에 베트남-중국 국경에서 양국 간 첫 무력 충돌이 발생했다. 그다음 해에는 100여 건, 5년 뒤에는 1,000건이 넘는 무력 충돌이 발생했다. 영유권 분쟁은 중국이 먼저 촉발했다. 1974년에 중국은 파라셀(Paracel) 군도를 점령했다. 이에 뒤질세라 북베트남도 이듬해에 스프래틀리(Spratly) 군도 일부를 점령했다. 그리고 쌍방이 서로 침략 행위라고 비난했다. 파라셀 군도와 스프래틀리 군도는 사람이 살지 않

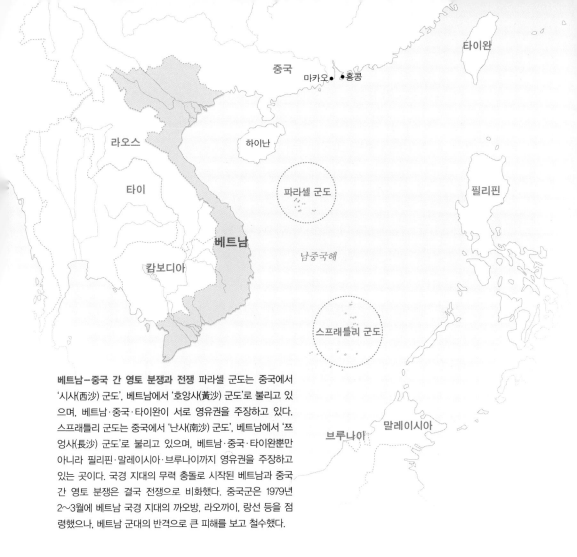

베트남-중국 간 영토 분쟁과 전쟁 파라셀 군도는 중국에서 '시사(西沙) 군도', 베트남에서 '호앙사(黃沙) 군도'로 불리고 있으며, 베트남·중국·타이완이 서로 영유권을 주장하고 있다. 스프래틀리 군도는 중국에서 '난사(南沙) 군도', 베트남에서 '쯔엉사(長沙) 군도'로 불리고 있으며, 베트남·중국·타이완뿐만 아니라 필리핀·말레이시아·브루나이까지 영유권을 주장하고 있는 곳이다. 국경 지대의 무력 충돌로 시작된 베트남과 중국 간 영토 분쟁은 결국 전쟁으로 비화했다. 중국군은 1979년 2~3월에 베트남 국경 지대의 까오방, 라오까이, 랑선 등을 점령했으나, 베트남 군대의 반격으로 큰 피해를 보고 철수했다.

는 무인도지만, 남중국해 해상 교통의 요충지이자, 석유·천연가스 등의 천연자원이 풍부한 곳이다.

이 두 나라의 갈등은 마침내 전쟁으로 발전했다(1979). 베트남과 중국 간 갈등을 격화시킨 것은 베트남의 캄보디아 침공(1978)이었다. 17세기 이래 캄보디아는 베트남의 침략과 내정 간섭에 시달렸다. 그 과정에서 캄보디아인들은 베트남에 대해 피해 의식과 적대감을 가지게 됐다. 19세기 중반에 프랑스가 인도차이나를 침략했을 때, 캄보디아 인들은 프랑스를 베트남이나 타이의 침략을 막아 줄 보호자로 인식하고 자발적으로 프랑스의 식민 지배를 수용했다. 캄보디아에서 프랑스는 베트남인들을 중간 관리자로 고용해 캄보디아인들로부터 세금을 거두고 질서를 유지했다. 따라서 캄보디아인들은 프랑스인보다 베트남인을 더 미워했다. 베트남에서 반프랑스 민족 운동이 전개되던 시기에 베트남은 캄보디아의 민족의식을 자극하는 악역을 떠맡았다.

한편 베트남인들은 캄보디아로 이주하거나 베트남과 캄보디아를 왕래하면서 캄보디아 사회에 서양 문물을 소개하기도 했는데, 그중 하나가 바로 사회주의다. 1940년대 이후 캄보디아에서는 사회주의 세력이 베트남의 영향을 받으면서 성장했고, 그 결과 캄보디아 최초의 사회주의 정당인 '크메르 인민 혁명당'이 결성되었다(1951). 인민 혁명당은 베트민의 지원 아래 빠른 속도로 세력을 확장해, 제네바 회담이 열릴 무렵에는 왕국의 절반 이상을 통제했다. 이에 전후 캄보디아의 권력을 놓고 시아누크 왕자를 중심으로 하는 왕당파와 사회주의 세력이 서로 대결하게 됐다.

제네바 회담 이후 친베트남 성향의 캄보디아 사회주의자 대부분이 북베트남을 도우러 하노이로 떠난 사이, 폴 포트를 비롯한 반베트남 성향의 급진 세력이 크메르 루주를 조직했다(1967). 론 놀 장군이 쿠데타를 일으켜 시아누크를 축출하고(1970년 3월), 미국과 남베트남이 캄보디아 침공을 개시하자(1970년 4월), 크메르 루주는 '미국과 남베트남을 물리치고 미국의 꼭두각시 정부(론 놀 정부*)로부터 인민을 해

프놈펜 함락을 자축하는 젊은 크메르 루주 병사 크메르 루주 병사 대부분은 농민 출신이었다. 내전 기간에 미군의 무자비한 폭격으로 삶의 기반을 송두리째 상실한 농민들은 론 놀 정부와 도시 주민 전체를 증오하게 됐다. 프놈펜 함락 이후 크메르 루주 지도자들이 도시 주민에 대한 폭행과 살해를 명령했을 때 농민들은 기꺼이 학살에 동참했다. 자신들이 새로운 희생자로 지목될 때까지 말이다.

방시킨다'라는 명분을 내걸고 론 놀 정부와의 내전에 돌입했다.

　반베트남 성향의 폴 포트와 그의 동료들은 처음엔 미군의 압도적인 무력에 대응하기 위해 북베트남의 지원을 받아들였다. 하지만 미군이 캄보디아에서 물러나자, 이듬해인 1971년에 북베트남과 결별을 선언

● 군인 출신 론 놀 수상을 중심으로 캄보디아 군부가 쿠데타를 일으켜 수립한 친미 반공 정부다. 론 놀 정부가 세운 크메르 공화국은 캄보디아 역사상 최초의 공화국이지만, 미국의 돈과 무기로 지탱되는 국가로서 국민의 지지를 받지 못했다.

하고 그 이후로 캄보디아 공산당 내 친베트남 세력에 대한 숙청을 감행했다. 그리고 북베트남의 영향력에서 벗어나기 위해 중국에 지원을 요청했다. 중국도 북베트남이 인도차이나 전역으로 세력을 확장하는 것을 막기 위해 무기를 제공하고 기술자와 군사 고문단을 파견하는 등 크메르 루주를 적극적으로 지원했다.

크메르 루주가 론 놀 정부를 무너뜨리고(1975) 그 이듬해 '민주 캄푸치아' 정부를 수립했을 때(1976), 베트남 정부는 새로운 캄보디아 정부와 선린 관계를 맺고자 했다. 베트남으로서는 자신에게 우호적인 정부가 프놈펜에 들어서기를 희망했지만, 베트남의 안보에 위협이 되지 않는 한, 어떠한 정부라도 받아들일 용의가 있었다. 그래서 크메르 루주가 캄보디아 내부에서 벌이는 잔악한 행위를 못 본 척했다.

크메르 루주는 농업 생산력을 높여 자립 경제를 확립한다는 명목으로 도시 주민을 강제로 농촌으로 이주시키고, 반혁명 분자를 처단한다는 명분으로 많은 사람을 수용소에 가두고 처형했다. 이 과정에서 캄보디아 인구의 4분의 1에 해당하는 약 200만 명이 처형되거나 영양실조, 질병, 가혹 행위 등으로 사망했다.

폴 포트와 동료들의 폭압적인 독재 정치는 일반 국민뿐만 아니라 공산당 내에서도 거센 반발을 불러일으켰다. 폴 포트는 비밀경찰을 동원해 반대파를 숙청하는 한편, 캄보디아 내 반베트남 민족주의 정서를 자극하고 부추겨 독재 정치에 대한 국민의 불만을 해소하는 통로로 삼으려고 했다.

크메르 루주는 과거 캄보디아 왕국이 빼앗긴 영토를 회복한다는 명목으로 수차례에 걸쳐 베트남 영토를 침공했으며, 베트남인들의 침투를 막는다는 구실로 국경을 봉쇄하고 베트남계 이주민들을 학살했다. 베트남은 캄보디아의 무력 도발에 군사적으로 대응하는 한편, 우호 협력 조약을 제안해 외교적으로 관계를 안정시키고자 했으나, 캄보디아가 불가침 조약을 고집해 협상이 결렬되고 말았다(1977).

베트남은 결국 캄보디아와의 전면전을 결정하고 1978년 12월 25일 10만 병력을 동원해 캄보디아를 침공했고, 공격 개시 후 보름 만에 수도 프놈펜을 함락했다(1979년 1월). 폴 포트와 동료들은 타이로 망명했다. 캄보디아인 대다수가 크메르 루주에 대한 반란을 꿈꾸고 있었기에 베트남 군대에 거의 저항하지 않았다. 베트남은 친베트남 인사들로 구성된 '캄푸치아 인민 공화국' 수립을 지원했다. 중국은 베트남의 캄보디아 침공이 소련의 팽창주의 및 베트남 패권주의의 일환이며, 중국에 대한 위협이라고 비난했다. 그리고 미국의 암묵적 지지를 확인한 후에 베트남 침공 계획을 실행에 옮겼다.

1979년 2월, 중국은 50만 병력을 동원해 베트남 북쪽 변경의 주요 도시들을 점령했다. 하지만 베트남의 수비대와 민병대는 미리 구축한 엄폐호와 산악 지형을 이용해 중국군에 큰 타격을 입혔다. 중국은 전쟁 개시 일주일 만에 일방적으로 승리를 선언한 뒤 철군했다.

중국은 '징벌'을 통해 베트남에 교훈을 주고 캄보디아에 주둔한 베트남군의 철수를 이끌어낸다는 애초의 목적을 달성하지는 못했다. 하지만 베트남이 국경 지대에 대규모 병력을 배치하도록 유도해 베트남에 커다란 군사적·경제적 부담을 안겨줄 수 있었다. 무엇보다도 전투가 베트남 영토 내에서 벌어졌기 때문에, 전쟁으로 인한 인명 피해와 경제적 손실은 고스란히 베트남의 몫이 되었다.

중국군 탱크를 탈취한 베트남 병사들 중국군은 훈련이 부족한데다, 장비나 통신, 병참 면에서 준비가 덜 된 상태에서 침공을 개시했기에 많은 사상자가 발생했다. 반면에 베트남군은 적은 병력에도 불구하고 오랜 전쟁으로 훈련이 잘돼 있었고, 우수한 소련제 · 미제 무기로 무장해 중국군에 큰 타격을 입힐 수 있었다.

이후 중국은 타이 국경 지역에 웅거한 크메르 루주 잔당에 계속해서 군사적 지원을 제공했다. 이에 베트남은 캄보디아의 친베트남 정권을 보호하기 위해 10년 동안 약 20만 병력을 캄보디아에 주둔시켜야 했고, 이는 베트남의 경제 성장에 커다란 부담을 안겨 주었다.

베트남 군대의 캄보디아 침공과 주둔은 중국과의 국교 단절뿐만 아니라 국제 사회에서 베트남의 경제적·외교적 고립을 초래했다. 중국과 미국 등은 베트남의 군사적 성공을 인도차이나에 붉은 제국을 건설하고자 하는, 소련의 위성국가 베트남의 팽창주의적 야욕으로 설명했다. 베트남의 호전성을 강조하는 이런 식의 정치 선전은 사실 여부와 관계없이 서유럽 국가들이 베트남에 대한 원조를 중단하고 동남아시아의 비공산주의 국가들이 베트남과의 교류를 단절하는 데 지대한 영향을 끼쳤다.

베트남은 오로지 소련 및 그 동맹국들과 교류할 수밖에 없었는데, 그들은 베트남의 경제 성장에 필요한 자원과 기술을 제공할 능력이 부족했다. 안 그래도 위기의 나락으로 떨어지던 베트남 경제는 대외 교류의 축소로 더 큰 어려움을 겪게 됐다. '1975년의 대승'에 이어 베트남에 두 차례의 군사적 성공을 안겨준 1979년은 베트남을 이렇게 경제적 빈곤과 사회적 불안 속에 몰아넣은 계기가 된 해이기도 하다. 더 나아가 1979년은 한때 서구 제국주의의 침략에 맞서 함께 싸웠던

캄보디아 주둔 베트남 병사들(1989) 베트남은 1989년에 철군할 때까지 10년 동안 캄보디아에 20만 명의 병력을 주둔시켰다. 크메르 루주 잔당과 전투를 벌이는 과정에서 베트남 병사 수만 명이 죽거나 다쳤다. 베트남은 캄보디아로부터 쌀을 공출하고 소련의 원조를 받았지만, 전쟁 비용을 도저히 감당할 수 없었다.

사회주의 형제 국가 간의 국제적 연대에 파탄을 가져온 해였다. 베트남과 중국, 캄보디아의 마르크스-레닌주의 정당이 서로 대결할 수밖에 없었던 이유는 무엇일까?

베트남의 사회주의 운동은 서구의 제국주의에 대한 민족주의적 저항에 근원을 두고 있었다. 베트남 민족주의는 프랑스의 지배 또는 미국의 간섭에서 벗어나 온전하게 베트남인의 독립 국가(또는 통일 국가)를 수립하고자 하는 열망에서 비롯됐다. 그 열망이 호찌민과 같은 극소수의 혁명가로부터 시작해 당투이쩜과 같은 평범한 베트남인들에게로 퍼져 나가는 과정이 베트남 민족 운동의 역사였다. 베트남에서는 그 열망을 실현하는 도구가 바로 '사회주의'였는데, 그것이 20세기 이후 베트남 역사의 흐름을 결정했다. 베트남은 사회주의 개혁을 내세워 인민의 지지를 확보했고, 사회주의 형제 국가 중국과 소련의 도움으로 외세의 지배와 간섭에서 벗어날 수 있었다. 이와 비슷한 과정이 중국과 캄보디아에서도 전개됐다.

그러나 일단 외부의 지배자들을 타도하고 독립과 통일을 이룩하자, 서로 '형제'라고 부르던 베트남과 중국, 캄보디아의 민족주의자들(사회주의자들)이 얼마 안 가 서로를 '적'으로 의식하게 되었다. 이는 부분적으로 예전 왕조 시대의 적대감이 부활한 탓도 있지만, 근본적으로는 온전하게 자기 영토와 인민을 갖고자 하는 각각의 민족주의적 열망에서 비롯되었다. 이로 인한 이들 나라 간의 국경 분쟁, 영토 분쟁, 이주민 박해 문제 등이 옛 왕조 시절의 원한과 결부돼 '제3차 인도차이나 전쟁'으로도 불리는, 베트남·캄보디아 전쟁과 베트남·중국 전쟁이란 결과를 낳은 것이다.

도이머이 개혁과 베트남의 오늘

1986년부터 베트남 정부는 사회주의 개혁이 초래한 경제 위기를 극복하고 국제적 고립에서 벗어나기 위해 '도이머이'라고 불리는 일련의 개혁을 추진했다. '도이머이'란 '새롭게 바꾼다'라는 뜻으로 '쇄신', '혁신' 등으로 번역할 수 있다. 도이머이 정책의 핵심은 자본주의 시장 경제 원리를 도입해 개인의 이윤 추구를 허용하고 외국 자본의 투자를 유도함으로써 경제 발전을 도모하는 데 있었다.

도이머이 정책 시행 이전인 1981년부터 베트남 정부는 개별 농가에 일정한 수확량만 합작사에 인도하게 하고 나머지는 시장 판매를 허용하는 정책을 폈다. 도이머이 정책 시행 이후 농민들은 노동자를 고용해 생산 규모를 한층 늘리고, 잉여 생산물을 자유롭게 처분할 수 있게 됐다. 1986년에는 민영 기업 설립을 허용했고 1988년에는 외국인 투자법을 시행해 외국인이 베트남 내 기업 자본의 100퍼센트까지 소유할 수 있도록 했으며, 1989년부터는 부실 국영 기업을 민영 기업으로 전환했다.

그 결과 1986년부터 1998년까지 쌀 생산량이 73퍼센트 증가했고, 2000년에는 세계 2위 쌀 수출국으로 등극했다. 국내 총생산(GDP) 성장률 역시 1986년부터 1990년까지 연평균 4.8퍼센트, 1990년대 연평균 약 7.4퍼센트, 2000년대 연평균 약 7.1퍼센트를 기록하며 괄목할 만한 경제 발전을 거두었고, 2010년대에 들어와서도 5~7퍼센트의 성장을 지속했다. 도이머이 시행 초기 100달러에 불과했던 1인당 GDP는 2021년 3,700달러를 육박했고, 1992년 58퍼센트에 달했던 절대 빈곤율°도 2002년 29퍼센트, 2021년 3.7퍼센트까지 떨어졌다.

베트남은 대외 정책에서도 과감한 변화를 추구했다. 1989년 캄보디아에서 철군한 뒤 1992년 중국과 관계를 정상화하고 1995년에는 미국과도 외교 관계를 수립했다. 오늘날 미국과 중국은 나란히 베트남의 최대 수출 시장(2021년 기준 미국 1위, 중국 2위)이자, 동시에 베트남의 주요 수입국(2021년 기준 중국 1위, 미국 6위)이다. 베트남은 동남아시아 국가 연합(ASEAN)·세계 무역 기구(WTO) 등 국제기구에도 가입해 주변국과 관계를 개선하고 글로벌 교류를 확대하며 전 세계 189개국과 외교 관계를 맺어오고 있다.

세계 경제에 적극적으로 참여하고 있는 오늘날 베트남은 2018년부

● 전체 인구 가운데 하루 1.9달러 이하로 생활하는 인구의 비율을 말한다.

경제 중심지 호찌민 과거 남베트남의 수도 사이공이었던 오늘날 호찌민시는 베트남 경제의 중심지로 통한다. 베트남에서 외국인에 의한 투자가 가장 활발한 도시이다.

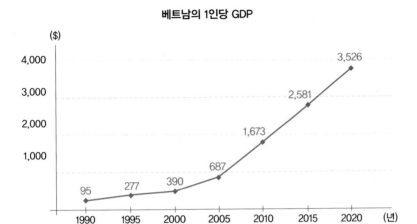

베트남의 1인당 GDP

베트남의 경제 성장 도이머이 시행 초기인 1990년 95달러에 불과했던 1인당 GDP는 2020년 3,526달러, 2021년 3,694달러로 빠르게 성장했다. 베트남 정부는 2025년까지 1인당 GDP 5,000달러 달성이라는 목표를 잡고 있다.

터 이어지고 있는 미국-중국 간 무역 분쟁의 영향으로 과거에 중국이 누렸던 '세계의 공장' 자리를 넘보고 있다. 미국 기업들이 중국 상품 대신 동남아시아 국가들의 상품 수입을 늘리면서 그 최대 수혜국으로 베트남이 떠올랐고. 미국 기업들이 현지 생산 공장을 중국에서 베트남으로 옮기는 추세가 늘어난 것도 베트남 경제 발전에 크게 이바지했다. 2022년 현재 전 세계 스마트폰 생산 가운데 베트남은 시장 점유율 13퍼센트를 차지하면서 중국(50퍼센트)에 이어 세계 2위의 스마트폰 수출국으로 부상했다.

베트남이 빠른 속도로 경제 발전을 이룩할 수 있었던 사회적 배경으로는 전체 인구에서 청년 인구가 큰 비중을 차지하고 있다는 점을

젊은 나라 베트남 베트남 청년들이 오토바이를 운전하며 신호를 기다리고 있다. 2021년 기준, 주요 소비층이라 할 수 있는 20~49세에 속하는 인구가 베트남 전체 인구의 절반을 차지한다.

들 수 있다. 2021년 기준 베트남은 평균 연령이 32.5세이고, 인구의 60퍼센트 정도가 30대 이하인 매우 젊은 나라이다. 베트남의 청년 인구는 풍부한 노동력을 제공할 뿐 아니라 왕성한 소비력으로 내수 시장을 뒷받침하면서 경제 발전을 견인하고 있다. 유행에 민감한 청년층은 온라인 시장 등에 재빠르게 침투하면서 새로운 소비문화를 활성화하기도 하고 기업들이 신규 산업을 창출하도록 촉진하고 있다.

　도이머이 정책을 통해 베트남은 급속한 경제 성장을 이루면서 오랜 빈곤에서 벗어났으며 화려한 외양을 갖춘 도시와 거대한 산업 지대를 만들어 냈다. 하지만 도이머이 정책은 그 효과만큼이나 뚜렷한 부작용도 초래했다. 특히 외국 자본 유치를 위해 저임금 정책을 시행하면서 경제가 발전함에 따라 빈부 격차가 심각해지는 문제가 대두되고 있다. 2011년 베트남 통계청의 발표에 따르면, 부유층의 월평균 개인 소득은 340만 동(약 18만 6,000원)인 반면 저소득층의 개인 소득은 36만 9천 동(약 2만 원)으로 9배 이상 격차가 벌어졌다. 지출 능력에서도 차이가 확연했는데, 의료·건강 지출에서 양 계층 간의 격차가 3.8배, 교육에서는 6배, 문화·체육·오락 부문에서는 131배나 됐다. 빈부 격차가 날로 확대되고 노동 계급이 소외된다면, 그 국가를 사회주의 국가라고 부를 수 있을까?

베트남은 2013년 개정 헌법에서 자신들의 경제를 '사회주의를 지향하는 시장 경제'라고 분명히 규정했다. 빈부 격차와 사회적 불평등을 줄여 경제적·사회적 평등의 가치를 추구하는 시장 경제를 발전시킨다는 뜻이다. 특히 2016년 1월에 열린 베트남 공산당 제12차 전당 대회에서는 "인민이 근본이다"라는 관점을 제시하며 경제의 성장보다 안정에 주력할 것을 예고했다. 평등을 지향하는 사회주의의 이상과 경제 발전을 추구하는 자본주의의 현실 사이에 존재하는 모순을 해결하는 것이 21세기 베트남의 과제가 될 것이다.

● 전쟁의 이면을 폭로한 소설 《전쟁의 슬픔》

도이머이 정책은 문학과 예술에도 변화를 가져왔다. 도이머이 이전 베트남 정부는 문인과 예술가에게 계급 투쟁의 모습을 형상화하고 공산당의 정책을 반영하면서 자본주의와 제국주의에 대한 투쟁 그리고 사회주의의 건설을 지향하는 작품을 만들 것을 요구했다. 사회주의 혁명과 무관한 사랑 타령이나 공산당의 정책에 대한 비판을 담은 작품은 '인민의 정신을 타락시키고 오염시키는 불건전한 악취미'로 간주해 배척했다.

도이머이 이후 베트남 정부는 문예 활동에 대한 통제를 완화하고 제한적인 범위에서 사회 비판을 장려해 당과 정부를 쇄신하려 했다. 이러한 분위기를 타고 1991년 소설 《전쟁의 슬픔》이 출판되며 문단에 큰 충격을 주었다. 이전까지 베트남 전쟁을 다룬 문학·예술 작품은 죄다 북베트남의 승리를 찬양하고 혁명 전사의 영웅적 희생을 기리는 내용 일색이었다. 그러나 1969년 17세의 나이로 입대해 베트남 전쟁을 일선에서 경험했던 작가 바오닌은 전쟁의 비인간성을 남김없이 드러냈고 베트남 인민군의 일탈 행위에 대해 거리낌 없이 서술했다. 특히 '1975년의 위대한 승리'에 대해서도 "정의가 승리했고, 인간애가 승리했다. 그러나 악과 죽음과 비인간적인 폭력도 승리했다."라며 냉소적 태도를 보였다. 무엇보다 '전쟁의 슬픔'이라는 제목 자체가 '불경하기 짝이 없는' 표현이었다. '영광'이 아니라 '슬픔'이라니?

바오닌의 '불경한 소설'은 언론과 동료 문인으로부터 '패배주의', '민족적 요소의 결여', '숭고한 희생에 대한 폄하' 등의 이유로 비판받았다. 그럼에도 《전쟁의 슬픔》은 1991년 베트남 작가회 최고상을 받고, 1994년 영국 일간지 《인디펜던트》가 선정한 최우수 외국 소설에 뽑히는 등 국내외에 큰 반향을 일으켰다.

오늘날 베트남의 문인과 예술가들은 문학과 예술이 정치를 위해 봉사해야 한다는 낡은 관념에서 벗어나 비교적 자유롭게 창작 활동을 펼치고 있다. 공산당의 권력 독점에 대한 비판은 여전히 금기시되고 있지만, 그 이외의 주제에 대한 비판은 당과 정부의 쇄신을 위해 필요하다는 관점에서 허용되고 있다.

호찌민의 유산 '호찌민 묘'

내가 죽은 후에 웅장한 장례식으로 인민의 돈과 시간을 낭비하지 말라. 내 시신은 화장해 달라. 위생상 좋고 땅도 절약되기 때문이다. …… 만일 내가 나라가 통일되기 전에 죽게 되면, 재의 일부를 남베트남 동지들에게 전해주라. …… 내 마지막 희망은 우리 당과 인민 전체가 단단히 뭉쳐 평화로운 베트남, 통일된 독립·민주 베트남, 번영된 베트남을 건설하여 세계 혁명에 값진 이바지를 하는 날까지 모든 노력을 다하는 것이다.

― 호찌민, 〈유언장〉 원본[11]

1965년 5월, 75번째 생일을 맞이한 호찌민은 처음으로 당의 동지와 베트남 인민에게 남길 유언장을 작성했다. 5년 전에 노동당 제1서기 자리를 레주언에게 넘겨준 이래, 호찌민은 정치적 영향력이 약화했을 뿐만 아니라, 건강도 쇠약해졌다. 미국과의 전쟁이 본격적으로 시작된 시점에서 호찌민은 삶이 얼마 남지 않았다는 것을 직감했다. 이에 당과 인민을 위해 마지막으로 봉사한다는 심정으로 유언장을 썼다.

이후에도 호찌민은 여러 번 유언장을 고쳐 썼지만, 화장해 달라는 내용만은 꼭 들어가 있었다. 마지막 유언장에는 유해를 화장한 후 셋으로 나눠 조국의 북부, 중부, 남부에 각각 뿌리고 장소를 밝히지 말아 달라는 내용을 넣었다.

1969년 9월 2일, 베트남 독립 24주년을 기념하는 날에 호찌민의 심장 박동이 멈췄다. 호찌민의 장례식은 9월 8일 하노이의 바딘 광장에서 열렸으며, 여러 사회주의 국가의 대표를

호찌민의 장례식 방부 처리된 호찌민의 시신이 유리관 속에 안치되어 있고, 레주언(베트남 노동당 제1서기, 왼쪽 앞), 똔득탕(부주석, 오른쪽 앞), 쯔엉찐(국회 의장, 왼쪽 뒤), 팜반동(총리, 오른쪽 뒤)이 장례위원으로서 관을 호위하고 있다.

포함하여 10만 명 이상이 참석했다. 레주언은 미국 침략자를 물리치고 남부를 해방하고 조국을 통일하라는 호찌민의 유지를 이행하기 위해 노력하겠다고 서약했고, 6년 뒤 사이공 함락으로 약속을 지켰다. 하지만 유언의 가장 '개인적인' 부분은 이행하지 않았다. 시신을 화장해서 뿌려 달라는 유언이었다. 애당초 노동당 지도부는 호찌민의 시신을 화장할 생각이 없었다. 대신에 소련의 레닌처럼 시신을 방부 처리해서 방문객들이 참배할 수 있도록 커다란 무덤 안에 안치할 계획을 세웠다. 호찌민 몰래 말이다.

1969년 11월, 베트남 노동당 정치국은 호찌민의 유지를 받들고 미래 세대를 교육한다는 목적으로 호찌민의 시신을 안치할 무덤 겸 기념관의 건설을 공식 승인했고, 모스크바의 레닌 묘, 워싱턴의 링컨 기념관 등을 참고해서 건축 디자인을 확정했다. 부지로 선택된 곳은 베트남 혁명의 성지, 하노이 바딘 광장이었다. 이곳은 호찌민이 독립 선언문을 낭독한 장소이자 여생을 보낸 작은 집 바로 옆이기도 하다. 무엇보다 사람들이 찾아오기 편한 장소였다.

파리 평화 협정이 체결된 해(1973)에 시작된 공사는 사이공이 함락된 해(1975)에 끝나 대중에게 공개됐다. 호찌민 묘는 높이 21.6미터, 폭 41.2미터의 웅장한 건축물로, 3층짜리 화강암 기단 위에 20개의 열주로 지탱되는 3층 대리석 건물의 형태이다. 정면 상단에는 '호찌민 주석(Chủ tịch Hồ Chí Minh)'이라는 간결한 문구만 새겨져 있다.

호찌민 묘 입구는 흰색 제복을 입은 인민군 병사가 지키고 서 있다. 대리석으로 된 복도를 따라 들어가면, 벽면에 호찌민이 생전에 자주 인용했던 "자유와 독립보다 중요한 것은 아무것도 없다"라는 문구가 보인다. 위층으로 올라가면, 호찌민의 시신이 안치된 춥고 어두운 방이 나온다. 유리관 속에 낡은 황갈색 정복을 입은 호찌민이 희미한 조명을 받으면서 잠을 자는 듯 누워 있다. 사망한 지 수십 년이 지났는데도 시신 상태가 양호한 이유는 매년

방문객을 맞이하는 호찌민 묘
베트남 사람들이 호찌민 묘를 참배하기 위해 줄을 서서 기다리고 있다.

정기적으로 러시아의 시신 방부 처리 전문가에게 관리받기 때문이다.

호찌민 묘를 방문하려면 입장 전에 보안 검색대를 통과해야 하고, 가방이나 카메라 등은 사물함에 맡겨야 한다. 반바지나 짧은 치마, 민소매 차림으로는 입장할 수 없다. 묘 안에 들어갈 때는 두 줄로 서서 정숙을 유지해야 하며, 손을 주머니에 넣거나 팔짱을 껴서도 안 된다. 실내에서 카메라나 비디오 촬영은 금지돼 있다. 왜 이토록 까다로운 규칙을 만들었겠는가? 그것은 호찌민 묘가 베트남의 독립과 통일을 상징하는 '성소(聖所)'이기 때문이다.

호찌민의 동료들이 호찌민의 유언대로 시신을 화장하지 않고 시신을 성역화된 특별한 공간에 안치한 이유는 무엇일까? 호찌민에 대한 베트남 사람들의 존경과 애정이 베트남 사회주의 정부에 대한 국민의 지지를 끌어내는 데 가장 중요한 자산이기 때문이다. 호찌민은 베트남 사람들에게 어떤 존재였을까? 호찌민이 사망한 다음 날 투이가 쓴 일기를 읽어 보자.

가장 가슴 아픈 죽음이 우리에게 닥쳤다. 호 큰아버님이 돌아가신 것이다. 나는 울지 않았지만, 표현할 수 없을 정도로 가슴이 아파 심장에서 피가 나오는 것 같았다. …… 조국의 반쪽이 화염에 싸여 있으니, 큰아버님은 저세상에서도 분명 마음이 편치 못하실 테죠. 큰아버님을 생각하며 저희는 우리 공동의 목표를 달성하기 위해 싸울 것을 맹세합니다. …… 저희와 베트남 민족, 세계 모든 무산 계급의 큰아버님께서는 결코 돌아가시지 않았다는 것을 믿습니다. 큰아버님의 명성과 사업은 만대에 살아 숨을 쉴 것입니다.

– 당투이쩜, 〈일기〉, 1969년 9월 3일[12]

투이가 고백한 것처럼, 호찌민은 비록 죽었지만, 베트남 사람들의 마음속에서 영원한 생명을 얻었다. 그리고 노동당 정치국원 중에 호찌민을 대신할 수 있는 사람은 아무도 없었다. 이제는 소멸한 무형의 자산을 계속해서 이용하려면, 눈으로 보고 경험하고 느낄 수 있는 유형의 기념물이 필요했다. 그것이 바로 호찌민 묘였다.

피아니스트 당타이손과
베트남의 현대사

1980년 폴란드 바르샤바에서 열린 제10회 쇼팽 국제 피아노 콩쿠르에서 이변이 일어났다. 22세의 한 베트남 청년이 1등상과 함께 3개 부문 특별상까지 거머쥐는 기염을 토했기 때문이다. 이 베트남 청년의 이름은 당타이손.

당시 음악계가 이를 이변이라고 평가한 이유는 처음으로 아시아 출신이 1등상을 차지했기 때문이다. 쇼팽 국제 피아노 콩쿠르는 세계에서 가장 권위 있는 피아노 콩쿠르로 손꼽힌다. 그런데 거기서 동양인이 1등을? 게다가 전쟁으로 초토화된 나라 베트남에서?

당타이손은 파리에서 음악을 배우고 하노이 음악원의 교수로 재직한 모친의 영향으로 피아노를 시작했다. 당타이손이 일곱 살의 나이로 하노이 음악원에 입학한 그해 미군의 북폭이 시작됐다. 음악원의 교수·학생들과 함께 깊은 산골로 피란 간 당타이손은 그곳에서도 모친의 지도를 받으며 고장 난 피아노로 매일같이 연습했다. 피아노 한 대를 여러 학생이 함께 사용했기 때문에 하루에 20분밖에 피아노를 칠 수 없었고, 나머지 시간에는 건반이 그려진 종이를 손가락으로 두

드리며 머릿속으로 음을 떠올리는 연상 훈련을 해야 했다.

전쟁이 끝날 무렵, 베트남을 방문한 소련의 한 피아니스트가 당타이손의 재능을 알아보고 모스크바 유학을 추천했다. 당타이손은 모스크바 음악원에 입학해 쇼팽 콩쿠르에 도전할 수 있는 기량을 쌓았다. 사실, 19살의 당타이손은 모스크바에 와서야 제대로 된 진짜 피아노를 만져 볼 수 있었다. 쇼팽 콩쿠르 1위 수상으로 당타이손은 세계 음악계의 '떠오르는 샛별'이 됐다. 베트남에 금의환향했을 때 베트남 문화부 장관이 공항까지 마중을 나왔고, 4년 뒤에는 베트남 정부로부터 '인민 예술가' 칭호를 받았다.

하지만 당타이손은 1995년 이전까지 동유럽에서만 활동했다. 베트남 정부가 그의 활동을 통제한 데다 그때까지 베트남과 미국이 적대 관계에 있었기 때문이다. 그가 캐나다 국적을 취득하고 베트남이 미국과 국교를 수립한 1995년부터 당타이손은 전 세계를 무대로 자유롭게 연주 활동을 할 수 있게 됐다. 오늘날 당타이손은 쇼팽 음악의 최고 권위자로서 국제 피아노 콩쿠르의 심사위원으로 활동하고 있을 뿐만 아니라 후진 양성에도 힘쓰고 있다.

피아니스트 당타이손의 인생 역정은 베트남 현대사의 한 단면을 보여준다. 앞서 보았다시피 베트남 현대사는 서구 문명의 도전에 대응하는 과정에서 형성됐다. 그리고 당타이손에게 서구 문명이란 특별히 '쇼팽 음악'을 의미했다. 당타이손 자신은 쇼팽 콩쿠르 1위 수상에 대해 어떻게 생각했을까? "저는 동양인도 쇼팽을 아름답게 연주할 수 있다는 것을 음악의 본고장 사람들 앞에서 보여주고 싶었습니다." 당타이손은 '동양인(베트남인)은 서양 음악을 제대로 연주할 수도, 이해할 수도 없다'라는 편견에 도전했고 결국에는 그 편견을 깨뜨렸을 뿐만 아니라 서양 음악의 대가가 됐다.

당타이손의 성공은 타고난 천재성 외에 프랑스 식민 통치를 경험하고 소련식 근대화를 추구한 베트남 현대사의 특수성과도 관련이 있다. 당타이손의 모친이 프랑스 식민 통치 시기 프랑스에서 서양 음악을 배워 아들을 음악의 길로 이끌었고, 냉전 시기 소련이 베트남에 제공한 영재 지원 프로그램을 통해 체계적으로 피아노 공부를 할 수 있었으니 말이다.

당타이손이 쇼팽 콩쿠르 1위 수상의 영광을 차지했을 무렵, 베트남은 소련을 모델로 추진하던 근대화 노선이 한계에 부딪혀 심각한 위기에 놓여 있었다. 당시 베트남은 소련과 동유럽 국가를 제외한 나머지 국가들과 교류가 단절된 상태였고, 당타이손 역시 조국의 이런 사정으로 인해 해외에서 경력을 쌓을 기회가 많지 않았다. 이후 당타이손이 활동의 제약에서 벗어나 자유롭게 세계 무대에서 활약하게 되는 시기는 베트남이 도이머이 정책을 시행한 시기와 거의 일치한다.

당타이손이 한국과 처음 인연을 맺은 것은 1992년 베트남이 한국과 국교를 수립한 해였다. 당타이손이 한국에서 첫 연주회를 연 날 객석은 텅 비어 있었다. 하지만 당타이손은 이에 아랑곳하지 않고 아름다운 음악으로 텅 빈 객석을 가득 채웠다. 당타이손에게 한국은 많지 않았던 해외 연주 기회를 마련해준 고마운 나라였기 때문이다.

그로부터 수년 뒤 냉전의 족쇄에서 완전히 풀려난 당타이손은 '현존하는 최고의 쇼팽 연주자'라는 찬사를 받으면서 뉴욕, 런던, 파리, 암스테르담, 베를린, 시드니, 도쿄 등 전 세계 여러 도시의 주요 연주회에서 모셔가는 귀한 몸이 됐다. 눈코 뜰 새 없이 바쁜 와중에도 당타이손은 여러 차례 한국을 찾아와서 연주회와 마스터 클래스를 열었다.

오늘날 한국의 피아노 음악 애호가 중에도 당타이손의 연주를 좋아하는 사람이 많다. 당타이손의 쇼팽은 절제되고 섬세한 연주로 정평이 나 있다. 한국인들이 당타이손의 연주를 좋아하는 이유는 무엇일까? 2000년 이후 여덟 차례나 내한 공연을 할 만큼 깊은 당타이손의 한국에 대한 애정과 관심에 더해, 전쟁 기간 고난과 역경을 극복한 그의 감동적인 인생 이야기가 한국인에게도 묘한 역사적 동질감을 선사하기 때문은 아닐까?

2022년 8월, 당타이손이 3년 만에 한국에서 독주회를 열었다. 예술의 전당 콘서트홀은 빈 좌석이 거의 없을 정도로 가득 찼다. 마에스트로가 무대에 등장하자 수천 명의 청중이 일제히 우레와 같은 박수를 보냈다. 잠시 후 깊은 적막을 뚫고서 마에스트로는 담담하게 라벨, 드뷔시, 프랑크, 쇼팽의 음악을 펼쳐 나갔다. 한 곡이 끝날 때마다 마에스트로는 일어서서 청중을 향해 가볍게 고개를 숙여 인사했고, 청중은 열광적으로 박수를 보냈다. 서양 고전 음악을 매개로 베트남의 연주가와 한국의 청중이 혼연일체가 된 오래도록 기억에 남을 멋진 연주회였다.

	베트남사		세계사		한국사
BC					
		3000년경	메소포타미아 문명과 이집트 문명 성립	2333년	단군왕검, 고조선 건국
		2500년경	황하 문명, 인더스 문명 성립	1500년경	청동기 문화 시작
		1240년경	아시리아, 바빌로니아 정복		
		1100년경	은 멸망, 주의 황하 유역 지배		
10세기경	청동기 문화 시작	800년경	인도, 브라만교와 카스트 제도 성립		
		671년	아시리아, 오리엔트 통일		
		6세기경	인도, 불교 성립		
5세기경	반랑 왕국 건국	492년경	그리스·페르시아 전쟁 (~479)	400년경	철기 문화 시작
		221년	진, 중국 통일·만리장성 축조		
3세기 후반	안즈엉브엉, 어울락 왕국 건국	202년	한(漢) 건국	194년	위만, 준왕을 몰아내고 고조선 왕이 됨. 준왕은 남쪽으로 내려가 한(韓)의 왕이 됨
207년	조타, 남비엣 건국				
195년	한과 국교 수립			108년	한(漢) 침략으로 고조선 멸망·한 군현 설치
179년	남비엣, 어울락 왕국 정복			69년	신라에서 박혁거세 탄생
111년	남비엣 멸망, 한 군현 설치			59년	해모수, 북부여 건국
106년	교지자사부 설치			57년	신라 건국
		27년	로마, 제정 수립	37년	고구려 건국
				18년	백제 건국
AD					
40년	쯩 자매의 저항 운동(~43)	25년	후한 건국		
187년	사섭 정권 성립(~226)				
192년	참파 왕국 건국	220년	후한 멸망, 위·촉·오 삼국 시대 시작		
		313년	밀라노 칙령으로 기독교 공인	313년	고구려 미천왕 낙랑군 축출
		320년경	인도, 굽타 왕조 창건		
		375년	게르만족의 이동 시작	391년	고구려 광개토 대왕 영토 확장(~412)
		395년	동서 로마 제국 분열		
				427년	장수왕의 평양 천도
		476년	서로마 제국 멸망		
		486년	프랑크 왕국 건국		
541년	리비, 교주 자사에 대항해 반란			540년	진흥왕의 영토 확장(~576)
544년	리비, 반쑤언 왕국 건국				
571년	리펏뜨, 반쑤언 왕국 재건	589년	수, 중국 통일		
		610년	무함마드, 이슬람교 창시	612년	살수대첩
602년	수, 리펏뜨 생포, 하노이에 교주총관부 설치	618년	당 건국		

	632년 이슬람, 정통 칼리프 시대(~661)	**645년** 안시성 싸움
	661년 아랍 제국, 우마이야 왕조(~750)	**660년** 백제 멸망
679년 당, 안남도호부 설치		**668년** 고구려 멸망
		676년 신라, 삼국 통일
		698년 발해 건국
	750년 아랍 제국, 아바스 왕조(~1258)	**751년** 석굴암, 불국사 건립
	755년 안사의 난(~763)	
	771년 카롤루스 대제, 프랑크 왕국 통일	
862년 남조, 안남 침략		
866년 당, 안남도호부 폐지, 정해군 설치	**875년** 황소의 난(~885)	
906년 쿡트어주, 정해절도사 자칭	**915년** 거란 건국	**918년** 고려 건국
938년 응오꾸엔, 박당강 전투에서 남한 군대 격퇴		
939년 응오 왕조(~963)	**960년** 송 건국	
968년 딘 왕조(~980), 다이꼬비엣 건국	**962년** 신성 로마 제국 수립	
980년 전(前) 레 왕조(~1009)		
1009년 리 왕조 성립		
1054년 '다이비엣'으로 국호 개칭	**1054년** 동서 교회의 분열	**1019년** 귀주대첩
	1066년 노르만족의 영국 정복	
1075년 과거제 최초 실시·리트엉끼엣, 송군 격퇴	**1077년** 카노사의 굴욕	
	1096년 십자군 전쟁 시작(~1270)	
	1115년 금 건국	
		126년 이자겸의 난
		1135년 묘청의 서경 천도 운동
1170년 남송·금, 다이비엣에 사절 파견		**1170년** 무신 정변(~1270)
1174년 남송, 다이비엣 군주를 안남 국왕으로 책봉		
	1206년 칭기즈 칸, 몽골족 통일	
	1215년 영국, 대헌장 제정	
1225년 쩐 왕조 성립		**1231년** 몽골의 침입(~1270)
1257년 몽골, 1차 침입(~1258)		**1236년** 팔만대장경 제작(~1251)
1284년 몽골, 2차 침입(~1285)	**1271년** 원 제국 성립	
1287년 몽골, 3차 침입(~1288)		
1288년 쩐흥다오, 박당강 전투에서 몽골군 격퇴		
1371년 참파, 탕롱 점령	**1333년** 백년 전쟁(~1453)	
	1368년 명 건국	
		1392년 조선 건국

연도	사건	연도	사건	연도	사건
1400년	호 왕조 성립				
1407년	명 지배기(~1427)				
1428년	레 왕조 성립				
		1455년	장미 전쟁(~1485)	1446년	훈민정음 반포
1470년	참파 침공, 비자야 함락				
1479년	《대월사기전서》 편찬	1492년	콜럼버스, 아메리카 항로 발견		
		1517년	루터의 종교 개혁		
1527년	막씨의 황위 찬탈(막 왕조 성립)	1536년	칼뱅의 종교 개혁		
1558년	응우옌호앙, 투언호아로 이주				
1592년	레 왕조 부흥(찐씨 정권 수립)			1592년	임진왜란
1599년	찐씨, 왕부 설치	1618년	독일, 30년 전쟁		
1627년	찐-응우옌 전쟁(~1672)	1642년	영국, 청교도 혁명	1636년	병자호란
		1668년	영국, 명예 혁명		
1677년	막씨 잔당 소멸				
1698년	응우옌씨, 자딘성 설치			1725년	탕평책 실시
1771년	떠이선 운동 시작	1776년	미국 독립 혁명		
1777년	응우옌씨 정권 멸망				
1786년	찐씨 정권 멸망	1789년	프랑스 혁명		
1789년	레 왕조 멸망	1798년	나폴레옹, 이집트 침공	1801년	신유박해
1802년	떠이선 운동 소멸, 응우옌 왕조 성립			1811년	홍경래의 난(~1812)
1825년	가톨릭 포교 금지				
1838년	다이남 제국 선포	1840년	아편 전쟁		
		1852년	나폴레옹 3세 즉위		
1854년	까오바꽛 반란	1854년	크림 전쟁		
1859년	프랑스·에스파냐 연합군, 자딘성 점령	1857년	인도, 세포이 항쟁(~1858)		
1862년	제1차 사이공 조약	1861년	미국, 남북 전쟁	1863년	고종 즉위, 흥선 대원군 집권
				1866년	병인양요
1874년	제2차 사이공 조약	1877년	오스만-러시아 전쟁	1871년	신미양요
1883년	제1차 후에 조약			1876년	강화도 조약
1884년	제2차 후에 조약			1882년	임오군란
1885년	근왕 운동(~1888)	1885년	인도 국민 회의 결성	1884년	갑신정변
1887년	프랑스령 인도차이나 성립			1894년	동학 농민 운동
				1895년	을미사변
				1896년	아관파천
				1897년	대한제국 수립
1905년	동유 운동(~1909)			1905년	을사조약
		1911년	중국, 신해혁명	1910년	한일 병합 조약
1912년	베트남 광복회 결성	1912년	발칸 전쟁(~1913)	1912년	토지 조사 사업(~1918)

연도	베트남	연도	세계	연도	한국
		1914년	제1차 세계대전(~1918)	1919년	3·1 운동, 대한민국 임시정부 수립
		1917년	러시아 혁명		
		1919년	중국 5·4 운동·인도, 간디의 비폭력·무저항 운동	1920년	봉오동 전투, 청산리 대첩
		1922년	소비에트 사회주의 공화국 연방(소련) 수립		
1925년	베트남 청년 혁명 동지회 결성			1926년	6·10 만세 운동
1927년	베트남 국민당 창당	1929년	세계 대공황	1929년	광주 학생 항일 운동
1930년	인도차이나 공산당 창당	1939년	제2차 세계대전(~1945)		
1940년	일본군의 베트남 진주				
1941년	베트민 결성				
1945년	8월 혁명, 베트남 민주 공화국 수립	1945년	포츠담 회담	1945년	8·15 광복
1946년	제1차 인도차이나 전쟁 발발	1947년	트루먼 독트린	1948년	대한민국 정부 수립
1954년	제네바 협정, 베트남 분단	1951년	캄보디아, 크메르 인민 혁명당 결성	1950년	한국 전쟁(~1953)
1955년	베트남 공화국 수립	1960년	중소 분쟁	1960년	4·19 혁명
1960년	남베트남 민족 해방 전선 성립, 제2차 인도차이나 전쟁 발발	1963년	미국 케네디 대통령 암살, 존슨 대통령직 승계	1961년	5·16 군사 쿠데타
1964년	통킹만 사건	1967년	캄보디아, 크메르 루주 조직	1965년	베트남 전쟁 파병(~1973)
1968년	뗏 공세	1968년	닉슨, 미국 대통령 당선		
1969년	호찌민 사망	1969년	닉슨 독트린		
1973년	파리 평화 협정	1973년	제1차 석유 파동	1972년	유신 헌법
1975년	사이공 함락, 남북 베트남 통일				
1976년	베트남 사회주의 공화국으로 국호 변경	1976년	캄보디아, 민주 캄푸치아 정부 수립		
1978년	베트남군, 캄보디아 침공			1979년	12·12 사태
1979년	중국, 베트남 침공	1980년	이란·이라크 전쟁(~1988)	1980년	5·18 광주 민주화 운동
1986년	도이머이 정책 채택			1987년	6월 민주 항쟁
1989년	베트남군, 캄보디아 철수	1990년	독일 통일	1988년	서울 올림픽 대회
1991년	중국과 국교 정상화	1991년	소련 해체		
1992년	베트남-한국 수교	1992년	동유럽 공산권 붕괴, 독립 국가 연합 성립	1992년	베트남과 수교
1995년	동남아시아 국가 연합(ASEAN) 가입, 미국과 국교 정상화	1994년	북·미 자유 무역 협정(NAFTA) 출범	1997년	IMF 구제 금융
2000년	미국과의 자유 무역 협정 체결	2001년	미국, 9·11 테러	2000년	남북 정상 회담, 6·15 선언
		2003년	미국, 이라크 침공		
2007년	세계 무역 기구(WTO) 가입			2007년	남북 정상 회담, 10·4 선언
		2011년	후쿠시마 원전 참사		
2015년	아세안 경제 공동체(AEC) 가입			2018년	남북 정상 회담, 판문점 선언, 평양 선언
		2022년	러시아, 우크라이나 침공		

● 베트남 역대 왕조 및 정부

반랑 왕국	기원전 5세기 ~ 기원전 258년
어울락 왕국	기원전 3세기 후반 ~ 기원전 179년
남비엣 왕국	기원전 207년 ~ 기원전 111년

무왕(조타, 재위 기원전 207 ~ 기원전 137) 남비엣의 초대 왕으로, 진의 관리였던 조타가 진 말기에 남해군·계림군·상군을 근거지 삼아 남비엣을 세워 스스로 무왕이라 칭했다.

한-수-위진남북조-당 지배기	기원전 111년 ~ 938년
응오 왕조	939년 ~ 963년

응오꾸옌(재위 939~944) 938년 박당강 전투에서 남한군을 물리치고 베트남 독립왕조 시대를 처음으로 개창한 초대 군주이다.

딘 왕조	968년 ~ 980년
전 레 왕조	980년 ~ 1009년
리 왕조	1009년 ~ 1225년

타인똥(성종, 재위 1054~1072) 유학을 장려하기 위해 문묘를 세우고 베트남 최초로 과거제를 실시했으며, 국호를 '다이꼬비엣'에서 '다이비엣'으로 바꾸었다.

쩐 왕조	1225년 ~ 1400년
호 왕조	1400년 ~ 1407년
명 지배기	1407년 ~ 1427년
레 왕조	1428년 ~ 1527년, 1592년 ~ 1789년

타이또(레러이, 재위 1428~1433) 명에 맞서 무장봉기를 일으킨 지 10년 만에 명 군대를 물리치고 레 왕조를 세워 타이또(태조)로 즉위했다.

막 왕조	1527년 ~ 1592년
찐씨 정권	1545년 ~ 1787년
응우옌씨 정권	1558년 ~ 1777년
떠이선 왕조	1778년 ~ 1802년
응우옌 왕조	1802년 ~ 1945년

민망(재위 1820~1840) 중앙 집권화 정책을 펴고 캄보디아·라오스 지역을 병합하여 '다이남 제국'을 선포하면서 응우옌 왕조의 전성기를 열었다.

프랑스령 인도차이나 연방	1887년 ~ 1945년
베트남 민주 공화국(북베트남)	1945년 ~ 1976년

호찌민(임기 1945~1969) 베트남의 독립 운동을 이끈 혁명가로, 베트남 민주 공화국 성립과 함께 주석으로 취임하여 사회주의 건설의 기초를 마련했다.

베트남국—베트남 공화국(남베트남)	1949년 ~ 1955년(베트남국), 1955년 ~ 1975년(베트남 공화국)
베트남 사회주의 공화국	1976년 ~ 현재

● 인용 출처

1) 유인선, 《베트남의 역사》, 이산, 2018, 122쪽.

2) 최귀묵, 《베트남문학의 이해》, 창비, 2010, 176~177쪽.

3) 량치차오 지음, 안명철 · 송엽휘 옮김, 《역주 월남망국사》, 태학사, 2007.

4) 클라이브 크리스티 편저, 노영순 옮김, 《20세기 동남아시아의 역사》, 심산, 2004, 127~130쪽.

5) 윌리엄 J. 듀이커 지음, 정영목 옮김, 《호찌민 평전》, 푸른숲, 2003, 388~389쪽.

6) 위의 책, 397쪽.

7) 보응우옌잡 지음, 강범두 옮김, 《디엔비엔푸》, 길찾기, 2019, 381쪽.

8) 조너선 닐 지음, 정병선 옮김, 《미국의 베트남 전쟁》, 책갈피, 2004, 106~107쪽.

9) 바오닌 지음, 하재홍 옮김, 《전쟁의 슬픔》, 도서출판 아시아, 2012, 16쪽.

10) 클라이브 크리스티 편저, 노영순 옮김, 《20세기 동남아시아의 역사》, 심산, 2004, 457~460쪽.

11) 다니엘 에므리 지음, 성기완 옮김, 《호찌민─혁명과 애국의 길에서》, 시공사, 1998, 163~165쪽.

12) 당투이쩜 지음, 안경환 옮김, 《지난밤 나는 평화를 꿈꾸었네》, 이룸, 2008, 171~172쪽.

● 참고 문헌

【한문】

· 陳荊和 編校, 《大越史記全書》(上), 東京大學東洋文化研究所 附屬東洋文獻センター 1984년.

· 陳荊和 編校, 《大越史記全書》(中), 東京大學東洋文化研究所 附屬東洋文獻センター 1985년.

· 陳荊和 編校, 《大越史記全書》(下), 東京大學東洋文化研究所 附屬東洋文獻センター 1986년.

· 張登桂 外, 《大南寔錄前編》, 卷一至卷二〈太祖嘉裕皇帝〉·〈熙宗孝文皇帝〉, 紹治四年(1844년)刊, 喃産遺存保會, 漢喃古籍文獻典藏數位化計畫(https://lib.nomfoundation.org/collection/1/volume/179/).

· 阮仲合 外, 《大南正編列傳初集》, 卷三十〈僞西傳〉, 成泰元年(1889년)刊, 喃産遺存保會, 漢喃古籍文獻典藏數位化計畫(https://lib.nomfoundation.org/collection/1/volume/162/).

【국문】

· 다니엘 에므리 지음, 성기완 옮김, 《호찌민─혁명과 애국의 길에서》, 시공사, 1998.

· 당투이쩜 지음, 안경환 옮김, 《지난밤 나는 평화를 꿈꾸었네》, 이룸, 2008.

· 량치차오 지음, 안명철 · 송엽휘 옮김, 《역주 월남망국사》, 태학사, 2007.

· 리우웨이 지음, 김양수 옮김, 《황제의 나라》, 시공사, 2004.

· 마이클 매클리어 지음, 유경찬 옮김, 《베트남: 10,000일의 전쟁》, 을유문화사, 2002.

· 바오닌 지음, 하재홍 옮김, 《전쟁의 슬픔》, 도서출판 아시아, 2012.

· 박태균, 《베트남 전쟁》, 한겨레출판, 2015.

· 보꾸인 지음, 박희병 옮김, 《베트남의 신화와 전설》, 돌베개, 2000.

· 보응우옌잡 지음, 강범두 옮김, 《디엔비엔푸》, 길찾기, 2019.

· 보응우옌잡 지음, 안경환 옮김, 《잊을 수 없는 나날들》, 지식을만드는지식, 2021.

· 서규석, 《잊혀진 문명 참파》, 리북, 2013.

· 소병국, 《동남아시아사》, 책과함께, 2020.

· 신주백 외, 《처음 읽는 동아시아사 I》, 휴머니스트, 2016.

· 오드 아르네 베스타 지음, 옥창준 옮김, 《냉전의 지구사》, 에코리브르, 2020.

· 윌리엄 J. 듀이커 지음, 정영목 옮김, 《호찌민 평전》, 푸른숲, 2003.

· 유인선, 《근세 베트남의 법과 가족》, 위더스북, 2014.

· 유인선, 《베트남》, 세창출판사, 2016.

· 유인선, 《베트남과 그 이웃 중국》, 창비, 2012.

· 유인선, 《베트남의 역사》, 이산, 2018.

· 유인선, 《새로 쓴 베트남의 역사》, 이산, 2002.

· 이병한, 《붉은 아시아》, 서해문집, 2019.

· 조너선 닐 지음, 정병선 옮김, 《미국의 베트남 전쟁》, 책갈피, 2004.

· 조동일 해설, 지준모 번역, 《베트남 최고 시인 응우옌짜이》, 지식산업사, 1992.

· 채수홍 외, 《통일 연구자의 눈에 비친 사회주의 베트남의 역사와 정치》, 서울대학교출판문화원, 2019.

· 최귀묵, 《베트남 문학의 이해》, 창비, 2010.

· 최병욱, 《동남아시아사: 전통 시대》, 산인, 2015.

· 최병욱, 《동남아시아사: 민족주의 시대》, 산인, 2016.

· 최병욱, 《베트남 근현대사》, 창비, 2008.

· 필립 랑글레·꽈익타인떰 지음, 윤대영 옮김, 《베트남 현대사: 통일에서 신공산주의로 1975~2001》, 진인진, 2017.

· 클라이브 크리스티 편저, 노영순 옮김, 《20세기 동남아시아의 역사》, 심산, 2004.

· 후루타 모토오 지음, 박홍영 옮김, 《역사 속의 베트남 전쟁》, 일조각, 2007.

【일문】

· 桃木至朗, 《歷史世界としての東南アジア史》, 山川出版社, 2008.

· 桐山昇 外, 《東南アジアの歷史―人·物·文化の交流史》, 有斐閣, 2003.

· 石井米雄·櫻井由躬雄 編, 《東南アジア史 I―大陸部》, 山川出版社, 1999.

· 石澤良昭, 《東南アジア史 多文明世界の發見》, 講談社, 2009.

· 石澤良昭·生田滋, 《東南アジアの傳統と發展》, 中央公論社, 1998.
· 池端雪浦 外編, 《岩波講座 東南アジア史 第1卷: 原史東南アジア世界》, 岩波書店, 2001.
· 池端雪浦 外編, 《岩波講座 東南アジア史 第2卷: 東南アジア古代國家の成立と展開》, 岩波書店, 2001.
· 池端雪浦 外編, 《岩波講座 東南アジア史 第3卷: 東南アジア近世の成立》, 岩波書店, 2001.
· 池端雪浦 外編, 《岩波講座 東南アジア史 第4卷: 東南アジア近世國家群の展開》, 岩波書店, 2001.

【영문】

· Reid, Anthony, Southeast Asia in the Age of Commerce 1450~1680 Volume Two: Expansion and Crisis, Yale University Press, 1993.
· Tarling, Nicholas edit, The Cambridge History of Southeast Asia Volume One, Part One: From early times to c. 1500, Cambridge University Press, 1999.
· Tarling, Nicholas edit, The Cambridge History of Southeast Asia Volume One, Part Two: From c. 1500 to c. 1800, Cambridge University Press, 1999.
· Taylor, Keith W., A History of the Vietnamese, Cambridge University Press, 2013.

처음 읽는 베트남사

1판 1쇄 발행일 2022년 12월 26일
1판 2쇄 발행일 2024년 11월 4일

지은이 오민영

발행인 김학원
발행처 (주)휴머니스트출판그룹
출판등록 제313-2007-000007호(2007년 1월 5일)
주소 (03991) 서울시 마포구 동교로23길 76(연남동)
전화 02-335-4422 **팩스** 02-334-3427
저자·독자 서비스 humanist@humanistbooks.com
홈페이지 www.humanistbooks.com
유튜브 youtube.com/user/humanistma **포스트** post.naver.com/hmcv
페이스북 facebook.com/hmcv2001 **인스타그램** @humanist_insta

편집주간 황서현 **편집** 하빛 신영숙 **디자인** 유주현 **지도** 임근선
일러스트레이션 송진욱 **사진제공** 위키미디어코먼스 셔터스톡
조판 홍영사 **용지** 화인페이퍼 **인쇄** 청아디앤피 **제본** 민성사

ⓒ 오민영, 2022

ISBN 979-11-6080-948-0 03900